Edwin Hübner

Menschlicher Geist und Künstliche Intelligenz

Edwin Hübner

Menschlicher Geist und Künstliche Intelligenz

Die Entwicklung des Humanen inmitten einer digitalen Welt

Verlag Freies Geistesleben

1. Auflage 2020

Verlag Freies Geistesleben
Landhausstraße 82, 70190 Stuttgart
www.geistesleben.com

ISBN 978-3-7725-2955-9

auch als eBook erhältlich

Satz und Umschlaggestaltung: Thomas Neuerer
Druck: Neografia, a.s., Martin-Priekopa
Printed in Slovakia

FSC www.fsc.org MIX Papier aus verantwortungsvollen Quellen FSC® C020353

Inhalt

Vorwort **11**

1. Das Ende des Menschen? **17**

«Mach's gut, Mensch!» 17

Die Maschine arbeitet neben dem Menschen 19

Mythen realisieren sich 24

Drei technische Entwicklungslinien 31

Kraftmaschinen lernen «gehen» 31 / Phonographen lernen «sprechen» 35 / Rechenmaschinen lernen «denken» 41

Der Aufstieg der Sphinx 51

Die heutige Frage der Sphinx 53

Die Menschheit ist in Gefahr 60

2. Menschliche und Künstliche Intelligenz **63**

Was ist Intelligenz? 63

Turings Lösungsversuch 67

Qualitäten, die im Denken erfahrbar sind 70

Addition und Multiplikation 70 / Der gemeinsame abstrakte Kern 73 / Rückkoppelung 78

Mitte des 20. Jahrhunderts 81

Alte Kräfte erschöpfen sich 81 / Neue Technologien und Forschungsgebiete 86 / Sie wussten, was sie taten 95

Künstliche Intelligenzen 99

Neuronale Netze 103

Natur und Unternatur 114

3. Der Transhumanismus – ein Pseudomythos 119

Grundlegende anthropologische Annahmen 119

«Mein Gehirn will»? 119 / Eine neue Metaerzählung 122

Trans- und Posthumanismus 126

Geschichtliche Aspekte 126 / Politische Aktivitäten 131

Trans- und posthumanistische Zukunftsvisionen 133

Singularität 134 / «Initiative 2045» 139 / Kosmologie 141 / Zusammenfassung der transhumanistischen Thesen 144

Mythen und Pseudomythen 145

Ursprüngliche Mythen 145 / Zerfall der großen Erzählungen 148 / Der Maschinenmythos 151

Verlust und Wiederkehr 155

Google 158

Rezept zur Auslöschung des Menschen 166

4. Der Mensch 171

Das menschliche Denken 171

Das Denken ist unhintergehbar 173 / Das Denken als Wahrnehmungsobjekt 179 / Das Denken erfasst sich selbst 181 / Das Denken ist jenseits von Subjekt und Objekt 183

Das Wahrnehmen 185

Das Auge als Camera obscura 185 / Die Welt als Konstruktion 188 / Die Wahrnehmung ist unhintergehbar 189

Das erkennende Wahrnehmen 191

Die verborgene Einheit 191 / Die Verschränkung von Ich und Welt 194 / Erkennendes Wahrnehmen ist eine Wesensbegegnung 195

Wirkendes Ich 196
Leib, Seele und Geist 199
Beziehungsebenen zur Welt 201 / Der Leib 204 / Die individuelle Seele 209
Entwicklung 212
Die Umgestaltung des Menschen durch sich selbst 212 / Möglicher Verlust der Seele 217
Die Auferstehung als wahre Singularität 222
Kindheitskräfte im Menschen 223 / Das menschliche Maß 229 / Das singuläre Ereignis der Menschheitsentwicklung 234

5. Tod und Unsterblichkeit 240
Mythen der Unsterblichkeit 240
Der Tod 240 / Alte Sagen 243 / Wandlung des Mythos 248
Unsterblichkeit 251
Reinkarnation des menschlichen Geistes 254
«Seelenwanderung» – technisch realisiert 254 / Fähigkeit, Begabung, Individualität 258 / Reinkarnation 262
Inkarnation 265
Der Leib – erlebte Sonderheit 266 / Der Leib – Fließform des Denkens 268
Vorstellendes Denken und Wollen 271
Gewordenes und Werdendes 271 / Vorgeburtlichkeit und Nachtodlichkeit 274
Mensch und Erde 276
Unsterblichkeit des Toten 279

6. Entwicklungsstufen des Denkens 283

«Trillionen mal» 283

Entwicklung des menschheitlichen Bewusstseins 289

Archaisches Bewusstsein 289 / Magisches Bewusstsein 290 / Mythisches Bewusstsein 292 / Der Übergang vom mythischen zum denkenden Bewusstsein 295 / Denkendes Bewusstsein 299 / Die Entdeckung des Ich 302

Vom lebendigen zum abstrakten Denken 304

Vom magischen Symbolismus zur symbolischen Maschine 310

Metamorphosen der Intelligenz – anthroposophische Aspekte 316

Vom wesenhaften zum abstrakten Gedanken 316 / Vom kosmischen zum menschlichen Gedanken 318 / Vom menschlichen Denken zum maschinellen Algorithmus 320

Die gegenwärtige Herausforderung 327

Die Entwicklung des Denkens 331

Imagination 333 / Inspiration und Intuition 337 / Mögliche Übungswege 339 / Scheidewege 342

7. Das Erscheinen der modernen Sphinx: die Inkarnation Ahrimans 345

Luzifer 346

Ahriman 351

Vorbereitende Entwicklungsströmungen. 354

Der Glaube an die Zahl 354 / Konservenbüchsen der Weisheit 357 / Zersplitterung der Menschen in Gruppen 359 / Alleinherrschendes Wirtschaftsleben, ohne ein freies Geistes- und Rechtsleben 360 /

Ablehnung einer spirituell-geisteswissenschaftlichen Betrachtung der Welt 361 / Einseitige, wortwörtliche Auffassung der Evangelien 362 / Der Irrwahn der Zweizahl 363 / Die Menschen auf bequeme Weise hellsehend machen 365 / Intellektualistisches Denken ohne Seelenwärme 365

Eine mögliche Zukunft 367

Spirituelle Erfahrungen 370

Gewahrwerden des Menschheitsgeistes 375

Tod und Auferstehung 380

Ahrimanische Durchseuchung der Welt 380 / Das ausgleichende Gegengewicht 382 / Ferne Zukunft am Ende aller Zeiten 386

Anmerkungen 389

Literatur 411

Vorwort

Übermenschliche Wesen werden im Laufe des 21. Jahrhunderts entstehen – so jedenfalls der transhumanistische Glaube. Andere Überlegungen gehen noch weiter und prognostizieren eine zukünftige Evolution ohne den Menschen: Künstliche Intelligenzen würden sich zu göttlicher Potenz aufschwingen und den Menschen weit hinter sich lassen. In vielen Science-Fiction-Romanen und -Filmen wird dieser trans- und posthumanistische Glaube schon vorweggenommen, er ist der Hintergrund, vor dem sich die Handlungen abspielen. Beispielsweise beschreibt Al Robertson in dem Science-Fiction-Roman *Dunkler Orbit* eine Menschheit, die von KI-Göttern regiert wird; diese ziehen im Hintergrund des Lebens die Fäden.

Solche Gedanken sind alles andere als neu. Als 1859 Charles Darwin (1809–1882) sein epochales Werk *Die Entstehung der Arten* veröffentlichte, kam alsbald die Idee auf, dass auch Maschinen eine solche Evolution vollziehen könnten. In deren Verlauf würde der Mensch verschwinden, so wie einst die Saurier. Samuel Butler (1835–1902) veröffentlichte 1863 diesen Gedanken und beschrieb ihn später ausführlich in seinem sehr bekannt gewordenen Roman *Erewhon*.[1] Rund hundert Jahre später, 1964, griff der polnische Philosoph und Schriftsteller Stanislav Lem (1921–2006) dieses Motiv in seinem meisterhaft erzählten Roman *Der Unbesiegbare* auf.[2] Auch in der seit 1961 wöchentlich erscheinenden Science-Fiction-Kultserie *Perry Rhodan* – mit über einer Milliarde verkaufter Exemplare die erfolgreichste Heftroman-Serie der Welt – wird mit der Beschreibung der extraterrestrischen Posbis eine rein maschinelle Evolution beschrieben. Solche Beispiele ließen sich beliebig vermehren.

Der Philosoph Günther Anders (1902 – 1992) machte in seinen scharfsinnigen Analysen auf eine in der Science-Fiction-Literatur liegende Signatur aufmerksam. Er bezeichnete die Science-Fiction-Autoren als Herolde – als Boten eines Lehnsherrn –, welche die Ideen von den Reißbrettern der Ingenieure stehlen und die Menschen auf die von den Technikern gerade entwickelte Zukunft vorbereiten.[3]

In der Tat sind trans- und posthumanistische Gedanken die Leitideen bei vielen Forschungsprojekten. Larry Page und Sergey Brin, die beiden Gründer von Google, sahen von Anfang an ihre Suchmaschine als embryonische Form einer Künstlichen Intelligenz. Betrachtet man die Forschungsfelder, auf denen Google – jetzt Alphabet – Gelder investierte, so kann man daran leicht ablesen, dass eine transhumanistische Auffassung dahintersteht.[4]

Ist man davon überzeugt, dass übermenschliche Intelligenzen die Zukunft der Erdevolution bedeuten, dann zählt der Mensch nicht mehr viel. Er ist bloß ein Zwischenwesen. Schon 1990 spekulierte der Roboterforscher Hans Moravec, dass nicht viel verloren ginge, wenn der Mensch verschwinden würde. Er könne sich doch stolz schätzen, wenn die von ihm geschaffenen maschinellen Kinder, die ihn weit überflügeln würden, sich als seine Nachkommen bezeichneten.[5] Vor dreißig Jahren war dies noch die skurrile Auffassung einzelner Wissenschaftler. In den letzten Jahren gewann dieser Glaube zunehmend an Verbreitung und wird heute ernsthaft diskutiert. Zudem sind Forschern auf dem Feld der Künstlichen Intelligenz entscheidende Durchbrüche gelungen. Viele Geräte verfügen heute über eine derart selbstständige Funktionalität, dass sich ihre Erbauer Sorgen zu machen beginnen, ob diese neuen Technologien noch vom Menschen beherrschbar bleiben. Ja, mehr sogar, sie fragen sich, ob die Geräte vielleicht den Menschen vernichten können. Die ernsthafte Sorge um dessen Zukunft vereint viele Wissenschaftler. «Es soll in 50 Jahren noch Menschen geben», so der gemeinsame, aus Befürchtungen heraus formulierte Wunsch von KI-Forschern auf einer internen Tagung im Frühjahr 2018.[6] Die Schöpfungen drohen ihren Schöpfer zu vernichten.

Hinter all diesen Entwicklungen steht eine zentrale Frage: Wer ist der Mensch? Was ist das Wesen des Menschen? Was unterscheidet den Menschen von seinen Schöpfungen?

Gegenwärtig ist die Auffassung weit verbreitet, dass der Mensch nur ein organisches Wesen sei. Alle seelischen und geistigen Prozesse betrachtet man als bloße Epiphänomene leiblicher Vorgänge. Dass diese Sichtweise zu unlösbaren Widersprüchen führt, wird zwar von einzelnen Wissenschaftlern festgestellt, aber in ihrer Relevanz zu wenig gewürdigt, und erst recht werden keine Konsequenzen daraus gezogen. Dass sie darüber hinaus der fruchtbare Nährboden ist, auf dem transhumanistische Visionen gedeihen, wird kaum gesehen.

Anthroposophie hat – und das wohlbegründet – eine andere Sicht auf den Menschen. Sie sieht ihn als ein mit einem Leib begabtes seelisch-geistiges Wesen. Geht man von dieser Hypothese aus, die sich einem phänomenologischen Blick auf den Menschen als sinnvoll erweisen kann, so lösen sich die durch die materialistische Auffassung entstandenen Widersprüche. Darauf wird vor allen Dingen im vierten Kapitel dieses Buches eingegangen werden.

Von ihrem Standpunkt aus hat Anthroposophie einen wichtigen Beitrag zur Erkenntnis des menschlichen Wesens zu leisten. Und es ist auch die Pflicht der anthroposophischen Bewegung, sich an der Diskussion über die Zukunft des Menschen zu beteiligen, denn sie hat Wesentliches zu seinem Verständnis zu sagen – und es steht in deutlichem Kontrast zu der Vision von Google, die im Darwinschen Sinne die Evolution durch die Schaffung einer überlegenen Rasse, die den Menschen überflügeln soll, verändern will.[7]

Der Transhumanismus tritt zwar im Gewand der Wissenschaft auf, aber im Kern hat er eine religiöse Grundstruktur; eine Heilserwartung durchzieht seine Weltsicht. In der Schaffung übermenschlicher maschineller Intelligenzen sieht er die Lösung der gegenwärtigen menschlichen Probleme. Ja, mehr sogar: Im Transhumanismus treten, in materiell-technische Vorstellungen verwandelt, uralte religiöse Motive auf, die seit Jahrtausenden weltweit in spirituellen Strömungen verfolgt wurden. Transhumanismus ist daher nichts anderes als in technischen Begriffen formulierte Spiritualität, die zugleich alles Spirituelle verleugnet.

Dies aufzuzeigen ist im Wesentlichen das Thema der ersten drei Kapitel dieses Buches. Zunächst werden gegenwärtige Entwicklungstendenzen und ihre historischen Wurzeln beschrieben, um dann aufzuzeigen, wie sich transhumanistische Grundüberzeugungen als neuer Mythos, als neue Metaerzählung an die Stelle der untergegangenen «großen Erzählungen»[8] setzen wollen.

In der Mitte dieses Buches wird der Mensch aus anthroposophischer Sicht beschrieben. Das bildet die Basis, auf der die Frage nach der Unsterblichkeit, die der Transhumanismus für den menschlichen Geist auf technischem Weg erreichen möchte, geklärt werden kann.

Dabei steht die Frage des Denkens im Zentrum. Der Transhumanismus möchte auf technisch-maschinelle Weise, also durch die Verschmelzung des menschlichen Gehirns mit Computern, eine bedeutende Erweiterung des Bewusstseins erreichen. Das bewusst geführte Denken ist auch in der anthroposophischen

Sicht das Fundament, auf dem alle menschliche Entwicklung ruht. Die geduldige Vertiefung und Verstärkung der menschlichen Denkintensität durch meditative Übungen ist ein zentraler methodischer Aspekt aller anthroposophischen Bemühungen. Die Entwicklung der inneren Seelenkräfte ist das Zentrum der Anthroposophie. Aus ihr ergeben sich die Erkenntnisse über Bereiche der Welt, die jenseits der leiblichen Sinne liegen.

Zunächst sind diese Erkenntnisse im Wesentlichen nur von Rudolf Steiner beschrieben worden. Es mehren sich gegenwärtig aber die Menschen, die wenigstens die elementaren Steinerschen Beobachtungen selbstständig erfahren und erforschen können.[9] Auch die Fruchtbarkeit der Steinerschen Ideen in der Lebenspraxis – vor allem in der Pädagogik, der Landwirtschaft, der Medizin, aber auch in weiteren Bereichen – weisen darauf hin, dass den im ersten Moment zuweilen merkwürdig erscheinenden Gedankengängen doch eine tiefere Realität zugrunde liegt.

Fasst man die geistigen Hintergründe, die Rudolf Steiner vor allem in seinem Spätwerk beschreibt, ins Auge, dann wird der geistige Kern des Trans- und Posthumanismus sehr deutlich. Vor allem in den letzten beiden Kapiteln dieses Buches werden die diesbezüglichen Schilderungen Steiners beschrieben. Aus ihnen geht hervor, dass in jedem Menschen, egal ob er Atheist ist oder sich einer bestimmten religiösen Glaubensrichtung zugehörig fühlt, ein höheres Menschheitswesen anwesend ist, das *alle* Menschen über *alle* Kontinente hinweg umfasst. Rudolf Steiner bezeichnete dieses Wesen gelegentlich als «Menschheitsrepräsentant», auch wenn er vielfach den Namen «Christus» gebrauchte. Er wies jedoch immer wieder darauf hin, dass in der Gegenwart die Aufgabe besteht, dieses Menschheitswesen über alle Konfessionen hinweg zu erkennen. Denn nur im *erlebten* Gewahrwerden des Menschheitsgeistes kann der Mensch den Gefahren, die ihm durch das Leben im Bereich der Maschinenintelligenz drohen, gewachsen sein.

Die gegenwärtigen Entwicklungen vollziehen sich rasend schnell, und sie können in ihren Konsequenzen dramatisch sein. Es kommt darauf an, sie wach wahrzunehmen und nicht zu verschlafen. Dem Versuch der aufmerksamen, bewussten Beobachtung ergeben sich dann auch die Möglichkeiten, im Alltag ausgleichende Gewichte zur Digitalisierung, mit der ja durchaus auch Chancen einhergehen, zu schaffen.

Das vorliegende Buch ist das Ergebnis jahrelangen Beobachtens und Nachdenkens. Es finden sich daher in vergangenen Veröffentlichungen des Autors einzelne Gedanken, die hier in einen Gesamtzusammenhang aufgenommen sind. In den Anmerkungen wurde auf die entsprechenden Stellen hingewiesen.

Frühling 2020 *Edwin Hübner*

1. Das Ende des Menschen?

«Die Menschheit der Erde ist deren Mittelpunkt, dasjenige, worauf es in dieser Welt ankommt.»[10]

Rudolf Steiner

«In dieser zukünftigen Welt wird die menschliche Art von einer Flutwelle kultureller Veränderungen fortgerissen und von der eigenen künstlichen Nachkommenschaft verdrängt werden.»[11]

Hans Moravec

«Im dritten Jahrtausend wird das biologische Modell Mensch auslaufen. Wer folgt nach? Oder vielmehr: was?»[12]

Jan Uwe Heuser

«Mach's gut, Mensch!»

Das zweite Jahrtausend nach Christi Geburt fand mit Nachrufen auf den Menschen seinen Abschluss. Eine bekannnte deutsche Wochenzeitung beispielsweise gestaltete ihre erste Ausgabe des Jahres 1999 als «Milleniums-Sonderausgabe» und versah sie mit dem Titel «Mach's gut, Mensch». In dem darunter abgedruckten Artikel hieß es:

«Das letzte Jahrtausend des Homo sapiens geht zu Ende. Kein Grund zur Panik. Der Mensch wird ein anderer – vernetzt und gentechnisch verwandelt, umgeben von virtuellen Welten und autonomen Robotern. ‹Gestatten›, wird irgendwann im kommenden Millenium ein neues Wesen sagen, ‹ich bin es, der Nachfolger des Homo sapiens.› [...] Im dritten Jahrtausend wird das biologische Modell Mensch auslaufen. Wer folgt nach? Oder vielmehr: was? [...] Zurzeit ist der Mensch im Begriff, sich mit einer interaktiven, rechnenden Maschinenwelt zu umgeben. Noch ein paar Generationen, dann werden sich die Maschinen womöglich selbst umbauen, den Weg aller Evolution gehen und schließlich eine eigene Art kollektiver Intelligenz entwickeln.»[13]

Ein anderer Autor schrieb 2003 im Vorwort eines Buches mit dem Titel *Was ist der Mensch?:*

«Heute pfeifen es aber die Spatzen von den Dächern, dass der alte anthropologische Schlaf ausgeträumt, die Zeit *des* Menschen abgelaufen ist, ja am Anfang des dritten Jahrtausends scheint es auch um *die* antiquierten Menschen selber geschehen. [...] Sicher ist: ‹Der Mensch› ist heute fragwürdiger als je.»[14]

Einige Jahre vorher stellte der Leiter des Mobile Robot Laboratory der Carnegie Mellow University in Pittsburgh, Hans Moravec, in seinem Buch *Mind Children* dieselbe These auf:

«In Jahrmilliarden unermüdlichen Wettrüstens ist es unseren Genen endlich gelungen, sich selbst auszubooten. [...] Was uns erwartet, ist nicht Vergessen, sondern eine Zukunft, die man aus heutiger Sicht am ehesten als ‹postbiologisch› oder auch ‹übernatürlich› bezeichnen kann. In dieser zukünftigen Welt wird die menschliche Art von einer Flutwelle kultureller Veränderungen fortgerissen und von der eigenen künstlichen Nachkommenschaft verdrängt werden. [...] Heute sind unsere Maschinen noch einfache Geschöpfe, die wie alle Neugeborenen der elterlichen Pflege und Fürsorge bedürfen und kaum als ‹intelligent› zu bezeichnen sind. Doch im Laufe des nächsten Jahrhunderts

> werden sie zu Gebilden heranreifen, die ebenso komplex sind wie wir selbst, um schließlich über uns und alles, was wir kennen, hinauszuwachsen, sodass wir eines Tages stolz sein dürfen, wenn sie sich als unsere Nachkommen bezeichnen. [...] über kurz oder lang werden sie, wie biologische Kinder, ihre eigenen Wege gehen, während wir, die Eltern, alt werden und abtreten.»[15]

Inzwischen ist der Chor der Stimmen, die solche Ansichten verbreiten, größer geworden. Und die technologische Entwicklung scheint ihnen recht zu geben. Ein Artikel in der *ZEIT* vom Ende März 2018 etwa begann mit den Sätzen:

> «Bei einem Treffen in Long Beach bei Los Angeles diskutierten kürzlich Fachleute unter Ausschluss der Öffentlichkeit über die Zukunft der *künstlichen Intelligenz* (KI). Am Ende kam die Frage auf, auf welche minimale Forderung im Umgang mit KI sich die Anwesenden einigen könnten. Dabei schälte sich ein zentrales Anliegen heraus, das alle gleichermaßen umtrieb: Es soll in 50 Jahren noch Menschen geben.»[16]

Ist die Menschheit tatsächlich dem Untergang geweiht? Kommt das Ende des Menschen auf uns zu? Diese Frage taucht nicht plötzlich aus dem Nichts auf, sondern hat eine lange Geschichte. Einige historische Entwicklungslinien seien im Folgenden skizziert.

Die Maschine arbeitet neben dem Menschen

Es ist erstaunlich, wie schnell sich gegenwärtig die technologische Entwicklung vollzieht; man könnte auch sagen: Es ist gespenstisch. Ihre Geschwindigkeit hat eine Dimension angenommen, die das menschliche Maß überschreitet. Heute ist das für jeden sichtbar, die Tendenz ist aber schon seit Langem zu beobachten. Schon Ende des 18. Jahrhunderts gab es Stimmen, die die Beschleunigung des Lebens beklagten. So heißt es 1809 in einem Flugblatt in Magdeburg:

> «Man sucht in der Geschichte vergeblich nach einem Gegenstück zu den Begebenheiten unserer Tage, in denen die Ereignisse so viele, von so eigener Art und in so kurzen Zwischenzeiträumen einander folgen, dass sie die Welt in Erstaunen setzen. So verschlang, wenn ich mich so ausdrücken darf, ein Heute das Gestrige.»[17]

Solche Stimmen hatten durchaus recht. Die Beschleunigung des Lebens im 18. Jahrhundert lässt sich beispielsweise an der Entwicklung der Fortbewegung der Menschen ablesen. Der Antrieb dazu kam aus dem Wirtschaftsleben. Die europäische Wirtschaft wuchs und stellte das Transportsystem vor immer größere Aufgaben. Die zunehmende Menge an Agrarerzeugnissen, Industrierohstoffen und Fertigprodukten musste zum Teil über weite Strecken transportiert werden. Um ihren Handel zu organisieren, waren die Unternehmer genötigt, öfters zu verreisen. So wurden, zuerst vor allem in Großbritannien, die Straßen ausgebaut und befestigt, damit die Pferdegespanne und Kutschen leichter und schneller vorankamen. Das ermöglichte eine höhere Transportleistung und eine Verdichtung des fahrplanmäßigen Linienverkehrs mit Schnellkutschen. Indem man ein dichteres Netz von Wechselstationen, eine sorgfältigere Wartung der Kutschen und eine bessere Pflege des Pferdebestandes einrichtete, konnte man die Reisegeschwindigkeit deutlich erhöhen: von durchschnittlich 6,5 km/h um 1750 auf 9,6 km/h um 1800 und zuletzt auf 12 bis 16 km/h um 1830. Die Reisezeit für die etwa 80 km lange Strecke von London nach Oxford verkürzte sich dadurch von zwei Tagen um 1750 auf 6 Stunden im Jahre 1830. Das Postkutschennetz verdreifachte sich in Großbritannien zwischen 1785 und 1835 von 3069 auf 9233 Meilen. Das Netz der Wasserstraßen vervierfachte sich auf der britischen Insel von rund 1000 Meilen im Jahre 1760 auf 4000 Meilen um 1830.[18]

Rund einhundert Jahre später, im November 1920, machte Rudolf Steiner (1861–1925) in einem Vortrag[19] ebenfalls auf die große Geschwindigkeit der Veränderungen aufmerksam. Um diese Tatsache quantitativ fassbar zu machen, verglich er die von der Maschine übernommene Kraft mit der eines Pferdes, wenn es seine tägliche Arbeitszeit ein ganzes Jahr lang verrichten würde. Das waren in Deutschland 1870 – also in einem Kriegsjahr – 6,7 Millionen Pferdekraftjahre. 1912 wurde in demselben Gebiet durch die Maschinenkraft 79 Millionen Pferdekraftjahre gearbeitet. Da das Land damals auch etwa 79 Millionen Einwohner hatte, konnte man sagen, dass neben jedem Menschen in Deutschland zugleich ein Pferd ein ganzes Jahr arbeitete.[20] Der Mensch liefert gewissermaßen seine eigene Tätigkeit an die Maschine aus.

> «Neben ihm steht die Maschine und verrichtet die Arbeit, die er vorher selber verrichten musste. [...] Ja, was liegt denn da eigentlich vor? Der Mensch hat aus seinem Denken heraus die Mechanismen konstruiert. Indem er sie konstruiert hatte, hatte er seinen Verstand, seinen aus der Naturwissenschaft heraus gewonnenen Verstand, in die Mechanismen hineingelegt. Es war gewissermaßen aus seinem Kopfe davongelaufen der Verstand und war zu den Pferdekraftjahren in seiner Umgebung geworden. Die arbeiteten jetzt, davongelaufen, selbst. Mit welch rasender Schnelligkeit dieses Schaffen einer Welt, die unmenschlich-außermenschlich ist, in den letzten Jahrzehnten durch Menschen geschehen ist, von dem macht sich ja der schlafende zivilisierte Mensch der Gegenwart nicht leicht eine Vorstellung. [...] Die Menschen merken gar nicht, dass sie eigentlich zurück-

> treten aus der Welt und dass sie ihren Verstand der Welt einverleiben und neben sich eine Welt, die selbstständig wird, schaffen.»[21]

Worauf Rudolf Steiner hinwies, war damals für seine Zuhörer vermutlich nur schwer nachzuvollziehen, denn man lebte ja mit dem Gefühl, dass es zwar Maschinen gibt, die Arbeit verrichten, aber letztendlich doch der Mensch diese Maschinen lenkt und sie deshalb nicht wirklich selbstständig seien. Heute, wiederum hundert Jahre später, tritt das, was Steiner damals erläuterte, mit aller Deutlichkeit auf: Durch Künstliche Intelligenz werden die Geräte tatsächlich autonom und agieren völlig unabhängig von menschlicher Lenkung. Es entsteht tatsächlich eine technische Welt um uns herum, in der eine maschinelle Intelligenz die Dinge lenkt, ohne dass Menschen einzugreifen brauchen – ja, es nicht einmal mehr können.

Im April 2017 wurde bekannt, dass das in Hamburg ansässige Versandunternehmen Otto selbstlernende Algorithmen nutzt, die das Kaufverhalten der Kunden fortwährend analysiert und daraus die Wahrscheinlichkeiten zukünftiger Bestellungen ableitet. Diese werden vorsorglich von den Drittanbietern eingekauft und bereitgestellt. Das System erwies sich als sehr effizient, es prognostiziert mit neunzigprozentiger Sicherheit, welche Waren innerhalb der nächsten dreißig Tage bestellt werden. Mittlerweile macht das System die Einkäufe von rund 200.000 Artikeln selbst, ohne dass ein Mensch dabei mit einbezogen wird. Die Lagerbestände der Firma reduzierten sich dadurch nachhaltig, und durch die schnelle Auslieferung verringerten sich auch die Rücksendungen der Kunden deutlich.[22]

Eine besondere Form des automatischen Handelns ist der mit Computern an der Börse betriebene Hochfrequenzhandel; er findet vielfach völlig unabhängig vom Menschen statt. Nach zuvor programmierten Algorithmen «entscheiden» diese Geräte innerhalb von Sekundenbruchteilen, welche Aktien zu kaufen und welche zu verkaufen sind. Am 6. Mai 2010 gab es an den Börsen in den USA einen Crash – innerhalb von wenigen Minuten wurden mehr als 1,3 Milliarden Aktien gehandelt, mehr als das Sechsfache des Durchschnitts. Allerdings erholte sich der Kurs in den folgenden zwanzig Minuten wieder. Der Auslöser des Crashs war ein Aktienverkauf mit einem Volumen von 4,1 Milliarden US-Dollar gewesen, der dann bei den automatischen Handelssystemen zu entsprechenden Reaktionen geführt hatte. Das *Handelsblatt* schrieb rückblickend im Oktober 2010:

> «Kritiker warnen schon lange, dass die automatischen Systeme außer Kontrolle geraten und Börsenabstürze auslösen können, weil niemand mehr eingreifen kann, wenn sich die Verkaufsaufträge in winzigen Zeiträumen gegenseitig hochschaukeln und am Ende ein Tsunami über die Märkte hinwegrollt. [...] Die Börsianer machen sich Sorgen: Bei einer Umfrage [...] unter 193 Finanzmarktexperten meinten zuletzt zwei Drittel der Befragten, dass der computergesteuerte Handel die Stabilität der Finanzmärkte bedrohe.
>
> Der Hochgeschwindigkeitshandel wächst atemberaubend schnell. Nach Angaben der Beratungsgesellschaft Tabb Group machen die Computertrader in den USA bereits mehr als 70 Prozent des täglichen Handelsvolumens aus. Vor vier Jahren war es noch weniger als ein Drittel. An den großen europäischen Handelsplätzen sorgen die Computer inzwischen für 30 bis 50 Prozent der Aufträge.»[23]

Ein Trading-Experte für den Handel mit Währungen bringt es am Ende eines Gastbeitrages in einem Blog auf den Punkt:

> «Beunruhigend ist es, dass der Hochgeschwindigkeitshandel im weltweiten Devisenhandel immer mehr an Einfluss und Macht gewinnt, dadurch bedingt, dass dessen Marktanteil rapide steigt: Im Jahr 2009 lag er bereits bei rund

> 25 %, in Fachkreisen ist zu spüren, dass es so bleibt. Der zunehmende Einfluss des Algo-Tradings auf das Forex Trading ist eine echte Bedrohung, zumal Computer und Computerprogramme mehr Entscheidungsmacht als Menschen haben.»[24]

Auch das Auto verändert sich. Im 20. Jahrhundert war es dasjenige Gerät, das im Zentrum der technologischen Entwicklung stand. Aber der *Mensch* fuhr das Auto – *er* lenkte. Und genau das ändert sich im Moment. Mit aller Macht wird weltweit daran gearbeitet, dass *Autos* selbst fahren, ohne dass sie ein Mensch steuern muss. Das Auto entwickelt sich zum autonomen Roboter, das sich unabhängig vom Menschen selbst lenkt. Es wird zu einer Art fahrendem Golem. Wovon Menschen seit Jahrhunderten immer wieder sprachen, beginnt sich zu verwirklichen.

Mythen realisieren sich

In Sagen ist seit Jahrtausenden von künstlichen Menschen die Rede. Schon die alten Griechen sprachen davon, dass der hinkende Gott Hephaistos von goldenen Mägden bedient würde, von «Jungfrauen, goldene[n], lebenden gleich, mit jugendlich reizender Bildung».[25]

Der große Denker Aristoteles (384–322 v. Chr.) philosophierte über Werkzeuge, die ohne menschliche Hilfe ihre Arbeit verrichten können:

> «Denn freilich, wenn jedes Werkzeug auf erhaltene Weisung, oder gar die Befehle im Voraus erratend, seine Verrichtung wahrnehmen könnte, [...] wenn so auch das Weberschiff von selber webte und der Zitherschlägel von selber spielte, dann brauchten allerdings die Meister keine Gesellen und die Herren keine Knechte.»[26]

Bereits im Altertum sagte man dem einen und anderen Menschen nach, dass er einen Automaten hergestellt habe. So soll der griechische Mathematiker und Philosoph Archytas von Tarent (um 430 – 345 v. Chr.) eine künstliche fliegende Taube angefertigt haben.[27] Der Mechaniker und Mathematiker Heron von Alexandria (2. Hälfte des 1. Jahrhunderts n. Chr.) baute tatsächlich automatische Theater und Musikmaschinen.[28]

Auch in anderen Hochkulturen finden sich Schilderungen von erfinderischen Menschen, die Statuen zum Leben erweckten und als Diener arbeiten ließen. Der Daoist Liä Dsi (um 450 v. Chr.) erzählt von einem Mechaniker namens Ning Schï, der dem König Mu vom Hause Dschou einen aus Leder, Holz, Leim, Lack, aus weißen, schwarzen, roten und blauen Teilen konstruierten künstlichen Menschen präsentiert habe.[29] Von einem Handwerker der Stadt Qinzhou wird berichtet, dass er einen hölzernen Mönch baute, der mit einer Schale um Almosen bettelte.[30]

Mit der Erfindung der Uhr am Beginn des zweiten nachchristlichen Jahrtausends begannen die Menschen den Kosmos mithilfe der Uhr verstehen zu wollen. Der Makrokosmos wurde in ihrem Verständnis zu einem gewaltigen himmlischen Uhrwerk. Auch den Mikrokosmos Mensch versuchte man analog zu Uhrwerken oder anderen mechanischen Erfindungen zu begreifen. In der Folge sah man es als möglich an, aus Uhrwerken einen künstlichen Menschen zu bauen. Besonders klugen Persönlichkeiten sagte man nach, dass sie das auch getan hätten. Gerbert von Aurillac, der spätere Papst Silvester II. (um 950 – 1003), soll beispielsweise einen sprechenden Kopf gebaut haben, der auf Fragen richtig mit «Ja» oder «Nein» geantwortet habe.[31]

Der jüdische Mystiker, Dichter und Philosoph Solomon ibn Gabirol (latinisiert Avicebron, 1021 oder 1022 – 1057) wurde beschuldigt, einen hölzernen Golem in Gestalt einer Frau geschaffen zu haben. Deshalb wurde er wegen Zauberei angeklagt.[32] Von Albertus Magnus (um 1200 – 1280) geht die Sage, dass er Gäste durch metallene Aufwärter habe bedienen lassen. Auch habe er einen beweglichen künstlichen Menschen geschaffen, der «Fragen beantworten und Probleme lösen» konnte.[33] Der englische Theologe und Naturphilosoph Roger Bacon (um 1214 – um 1292) soll einen sprechenden Kopf angefertigt haben und René Descartes (1596 – 1650) einen Automaten namens «Francine», der ihm auf einer Seefahrt verloren gegangen sei.[34] Aus der Zeit um 1470 wird überliefert, dass Regiomontanus (1436 – 1476) einen künstlichen Adler erbaut habe, der Kaiser Maximilian I. (1459 – 1519) entgegenflog, als er in Nürnberg Einzug hielt.[35]

Leonardo da Vinci (1452 – 1519) konzipierte um 1495 tatsächlich einen mechanischen Ritter, der seine Arme und den Kopf bewegen und den Mund öffnen und wieder schließen konnte. Ob Leonardo seinen Plan konkret ausgeführt hat, weiß man nicht.[36]

Im jahrhundertealten Motiv des Homunkulus zeigt sich ebenfalls die Thematik des künstlichen Menschen. Die Erschaffung eines Homunkulus fand in Goethes *Faust* seine bekannteste Darstellung. Die Homunkulus-Sage ist eng verwandt mit dem Motiv des Golems, das im jüdischen Sagenkreis beheimatet ist. Ab der Mitte des 16. Jahrhunderts wird von Rabbi Löw (zwischen 1512 und 1525 – 1609), der in Prag lebte, berichtet, dass er einen Menschen aus Lehm schuf und mithilfe von Zauberformeln zum Leben erweckte. Der Golem wurde an den Wochentagen als Diener verwendet, am Sabbat durfte er ruhen.[37]

Mit René Descartes und seiner mechanistischen Sicht auf den Menschen begann eine Epoche, die auch technisch in der Lage war, Automaten zu bauen. Man konstruierte erste Androiden, die mithilfe komplizierter Uhrwerke einfache Tätigkeiten aus-

Abb. 1: Albert Robida 1883, Le président mécanique de la république française.[38]

führen konnten: Klavier spielen, einen kurzen Text schreiben, eine Trompete blasen.

Bekannte Dichter behandelten das Motiv des Maschinenmenschen, beispielsweise Jean Paul (1763 – 1825) in seinem Text «Menschen sind Maschinen der Engel» (1785) und E. T. A. Hoffmann (1776 – 1822) in den Erzählungen «Der Sandmann» (1815) und «Die Automate» (1819).

Mit dem Beginn der Neuzeit ist die Zeit der alten Mythen vorbei; man glaubt nicht mehr an sie. An ihre Stelle treten allmählich utopische Erzählungen, Science-Fiction-Romane, die zukünftige Formen technischer Entwicklungen hypothetisch annehmen und vor diesem Hintergrund ihre jeweilige Handlung abspielen lassen. Jules Vernes Romane sind bekannte Beispiele dafür.

1883 veröffentlichte Albert Robida (1848 – 1926) sein Buch *Le Vingtième Siècle*. Dort wird in vielen Bildern prophetisch auf die technologischen Möglichkeiten des 20. Jahrhunderts hingewiesen: Radio, Fernsehen, Panzer, Flugzeuge usw. werden in fantasievollen Zeichnungen vorausgesagt. Eine der Zeichnungen zeigt die Installation eines Automaten als französischen Präsidenten (Abb. 1).

Ab dem 19. Jahrhundert werden in verschiedenen Schriften zunehmend die möglichen Probleme und Verwicklungen ausgelotet, die im Umgang der Menschen mit Maschinen entstehen können. Als 1859 Charles Darwin (1809 – 1882) seine epochemachende Schrift zum Evolutionsgedanken, *On the Origin of Species by Means of Natural Selection, or The Preservation of Favoured Races in the Struggle for Life (Die Entstehung der Arten),* veröffentlichte, folgte kurz darauf, 1863, durch Samuel Butler (1835 – 1902) der Aufsatz «Darwin among the machines».[39] Dort wird der Gedanke diskutiert, dass auch Maschinen aus einfachen Anfängen heraus eine Evolution vollziehen können. In seinem Roman *Erewhon* führte Butler diese Idee dann sehr viel breiter aus. *Erewhon* stieß auf großes Interesse, erlebte mehrere Auflagen und wurde in verschiedene Sprachen übersetzt. Dadurch fand die Idee, dass Maschinen ebenfalls evolvieren könnten, bereits zu Beginn des 20. Jahrhunderts Eingang in weite Kreise der Bevölkerung.

Mit dem Theaterstück *R.U.R. Rossum's Universal Robots* von Karel Čapek (1890 – 1938) wird der Gedanke Butlers auf einer nächsten Stufe weitergeführt: Von Menschen hergestellte Roboter revoltieren und rotten die Menschen aus. Am Ende des Stücks wird eine Zukunft angedeutet, in der die Roboter eine eigene Evolution beginnen.[40]

Zahllose Filme und Science-Fiction-Romane griffen im Laufe des 20. Jahrhunderts das Robotermotiv auf. Thea von Harbou

(1888 – 1954) veröffentlichte 1925 beispielsweise den Science-Fiction-Roman *Metropolis*. Im Mittelpunkt der Handlung steht ein künstlicher Maschinenmensch. Dieser Roman wurde 1927 von Fritz Lang (1890 – 1976) verfilmt. Die Produktion war seinerzeit finanziell ein Flop, aber im Rückblick von hoher filmgeschichtlicher Bedeutung. Der 1968 in die Kinos gekommene Film *2001: Odyssee im Weltraum* war ein weiteres filmgeschichtlich bedeutendes Werk. In diesem von Stanley Kubrick (1928 – 1999) gedrehten Streifen steht der Supercomputer HAL 9000 im Zentrum. Dieser hat die Aufgabe, das Raumschiff auf einer langen Fahrt autonom zu steuern. Im Laufe der Zeit entwickelt er jedoch ein unberechenbares und für die Astronauten tödliches Eigenleben, bis er von dem letzten Überlebenden abgeschaltet wird. Viele Roboter- und KI-Forscher bekannten sich in späteren Jahren zu diesem Film und gaben an, dass er sie tief beeindruckt und inspiriert hatte.

Besonders zu nennen ist in diesem Zusammenhang auch der Wissenschaftler und Autor Isaac Asimov (1920 – 1992), der in erster Linie durch seine zahlreichen Robotererzählungen bekannt wurde. Seine drei Grundregeln für Roboter werden noch heute ernsthaft diskutiert.[41]

Der Gedanke, dass sich Maschinen in einer eigenen Evolution über den Menschen hinausentwickeln, findet ab der Mitte des 20. Jahrhunderts weite Verbreitung. In dem Roman *Der Unbesiegbare* von Stanislav Lem (1921 – 2006) wird er sehr prägnant dargestellt.[42] Über die Jahrzehnte hin wird dieses Motiv immer wieder aufgegriffen, beispielsweise in Science-Fiction-Romanen: *Gigant Hirn*,[43] *Perry Rhodan*,[44] *Colossus*,[45] *Computer der Unsterblichkeit*,[46] *Hologrammatica*.[47] Auch in Science-Fiction-Filmen ist es leitendes Motiv, etwa in dem Kinofilm *Star Trek: Der Film* (1979), der in den bundesdeutschen Kinos am 27. März 1980 anlief.

Die für die Unterhaltung geschriebene Science-Fiction-Literatur geht spielerisch Gedanken nach, die allerdings gleichzeitig von Wissenschaftlern sehr ernsthaft überlegt und diskutiert werden. Der hochbegabte Mathematiker John von Neumann (1903–1957), der intensiv beim Bau der ersten Computer mitwirkte und ab 1943 auch am «Manhattan-Projekt», dem US-amerikanischen Forschungsprogramm zum Bau und zur Entwicklung einer Atombombe, beteiligt war, kam um 1945 zu dem ihn tief erschütternden Gedanken, dass Computer tatsächlich über den Menschen hinauswachsen würden. Seine Frau berichtete, Anfang 1945 sei er einmal außerordentlich erregt nach Hause gekommen, und im Gespräch habe er ihr gesagt: «Was wir gerade erschaffen, ist ein Ungeheuer, das den Lauf der Geschichte verändern wird, vorausgesetzt es bleibt uns noch eine Geschichte.» Man beachte: John von Neumann sprach hier nicht von der Atombombe, sondern von der zunehmenden Leistungsfähigkeit der Maschinen.[48]

Der Gedanke, der John von Neumann damals tief erschütterte, wird in der Gegenwart real: Autonome Geräte entziehen sich dem Zugriff der Menschen und wachsen über ihn hinaus.[49] Das wird das zukünftige menschliche Leben grundlegend verändern.

Was Menschen als Möglichkeiten zukünftiger Technologien in der Fantasie ausmalten, realisierten sie gleichzeitig in ihren Erfindungen. Schaut man vom Gesichtspunkt menschlicher Grundfähigkeiten aus auf das technologische Werden, dann lassen sich drei Entwicklungslinien verfolgen, die zuletzt in einer einzigen Technologie verschmelzen: den Androiden. Der Mensch beginnt nicht nur mit seinen Mit-Menschen zusammenzuleben, sondern auch mit «Mit-Maschinen».

Drei technische Entwicklungslinien

Kraftmaschinen lernen «gehen»

Die Möglichkeit, Bauteile extrem zu miniaturisieren, war eine Voraussetzung für die Konstruktion von mechanischen Robotern. Um 1980 gab es weltweit bereits Tausende von Robotern, die vor allem in der Industrie eingesetzt wurden. Japan war in dieser Hinsicht führend. Dort beschäftigte man sich auch mit der Frage, ob man Maschinen bauen könne, die sich auf zwei Beinen bewegen. An der Waseda Universität in Tokio begann man 1970 mit den Forschungsarbeiten und konnte 1973 erfolgreich einen ersten «aufrecht gehenden» Roboter präsentieren: Wabot 1 (Abb. 2).

Etwas später setzte der Autokonzern Honda diese Forschung fort. Er initiierte 1986 das «Projekt Humanoid Robot», das die Aufgabe hatte, einen zweibeinig sich fortbewegenden Androiden zu bauen. Man veranschlagte für dieses Projekt einen Zeitraum von zwanzig bis dreißig Jahren. Bereits 1993 war nach geglückten Vorversuchen der erste funktionsfähige Prototyp «P1» fertig. Er war rund 1,90 Meter hoch und 175 Kilogramm schwer – aber die Konstruktion konnte sich auf zwei Beinen vorwärtsbewegen.

Die nächste Entwicklungsstufe P2 präsentierte Honda im Dezember 1996. P2 war rund 1,80 Meter hoch und 208 Kilogramm schwer. P2 konnte nicht nur gehen, sondern bereits eine Treppe hinaufsteigen. Ein Jahr später war P3 fertig: Mit etwa 1,60 m Höhe war er kleiner als seine Vorgänger und vor allem wesentlich leichter. Er wog nur 130 Kilogramm. P3 bewegte sich tadellos, er konnte Treppen steigen, hinknien und sich wieder

Abb. 2: WABOT-1 (1970 – 1973), der erste aufrecht «gehende» Roboter.[50]

aufrichten. P3 war für Honda der endgültige Beweis, dass zweibeinig sich bewegende Androiden möglich sind. Vier Jahre später wurde eine verbesserte Version von P3 der Öffentlichkeit vorgestellt und auch mit einem eingängigeren Namen versehen: ASIMO (Abb. 3).[51]

ASIMO ist die Abkürzung von «Advanced Step in Innovative Mobility», zugleich auch ein Wortspiel mit dem japanischen Wort «ashi» (Fuß) und dem englischen Wort «move» (Bewegung). Manche vermuteten auch, dass dieses Wortspiel eine Hommage an den Biochemiker und Schriftsteller Isaak Asimow gewesen sei, der ab den 1940er-Jahren viele sehr bekannt gewordene Robotererzählungen, wie etwa «I, Robot», geschrieben hat.

ASIMO kann den menschlichen Gang auf zwei Füßen verblüffend echt nachahmen. Sie steht aufrecht und kann mit eiy-

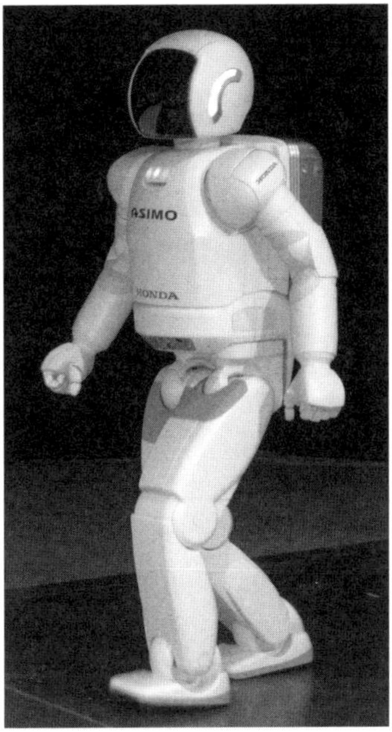

Abb. 3: ASIMO, der humanoide Laufroboter von Honda.[52]

ner Geschwindigkeit von 2,7 km/h «gehen» und über 5 km/h schnell «rennen». Die Konstruktion hält auch auf schrägem Boden das Gleichgewicht, ortet Hindernisse und reagiert entsprechend darauf. ASIMO erkennt darüber hinaus Gesichter, ordnet ihnen Namen zu und interpretiert die Gesten sowie die Körperhaltung des Gegenübers. ASIMO bleibt stehen, wenn ein bewegliches Hindernis kommt, und fragt über das Internet Informationen ab.[53]

Nicht nur in Japan, sondern weltweit arbeitet man an humanoiden Robotern. In den USA erzielte die Firma Boston Dynamics inzwischen verblüffende Erfolge. Ihr Roboter «Atlas» geht nicht nur in unwegsamem Gelände, sondern springt auch über Hindernisse und schlägt in der Luft einen Salto oder kann auf verschachtelten Hindernissen im Laufschritt hinauflaufen.[54]

Roboter werden mittlerweile für viele alltägliche Bedürfnisse konstruiert: für Arbeiten im Haushalt, für die Pflege in Altenheimen, Verteilungsarbeiten in Paketzentren usw. In den nächsten Jahren werden Roboter in menschlichen Haushalten alltäglich anzutreffende Apparate sein.

Der japanische Professor Hirohisa Hirukawa, der am japanischen Forschungsvorhaben «Humanoid Robotics Project» mitarbeitete, wird vermutlich recht behalten, wenn er feststellte:

> «So wie das Auto zu den bedeutendsten Erzeugnissen des 20. Jahrhunderts gehört, ist zu erwarten, dass man rückblickend feststellen wird, dass Roboter die wichtigsten Erzeugnisse des 21. Jahrhunderts waren.»[55]

Die Maschinen haben «gehen» gelernt. Anders gesagt: Wir Menschen haben unsere Fähigkeit des Gehenkönnens in die Maschinen hineinkopiert. So wie wir fotografische Bilder von uns herstellen, d.h. die den menschlichen Augen sich bietende äußere Erscheinung verdoppeln können, haben wir die Erscheinung unseres Gehens verdoppelt. Die gehenden Roboter sind gewissermaßen selbstständig gewordene «Fotografien» des menschlichen Ganges. Man kann es auch so formulieren:

- Bis 1973 nutzten Menschen Kraftmaschinen, um sich durch sie schneller von einem Ort zu einem anderen hinzubewegen.
- Ab 1973 «gehen» Geräte selbst zu einem anderen Ort und nehmen den Menschen mit.

Am Beispiel des Autos lässt sich das gut veranschaulichen. Große Konzerne, vor allem auch Automobilkonzerne, arbeiten seit Jahren am selbstfahrenden Auto. Man kann daher davon ausgehen, dass es in zehn bis zwanzig Jahren sehr viele Fahrzeuge geben wird, die, quasi mit eigener Intelligenz ausgestattet, die Straßen bevölkern.[56] Das wird unser Verhältnis zum Automobil grundsätzlich verändern. Nicht *wir* fahren mehr ein Auto, sondern das Auto fährt *uns*. Wir Menschen sind dabei nichts anderes als Gepäckgut.

Phonographen lernen «sprechen»

Am 18. Juli 1877 schrieb der Erfinder Thomas Alva Edison (1847 – 1931) nach einem gelungenen Experiment in sein Arbeitstagebuch:

> «Es gibt keinen Zweifel, dass es mir gelingen wird, die menschliche Stimme festzuhalten und sie jederzeit wieder zu reproduzieren.»[57]

Was hatte Edison gemacht? Er sprach in einen Trichter hinein, an dessen Ende ein Schlauch befestigt war; der Schlauch leitete den Schall auf eine Membran, an der wiederum eine Nadel angebracht war. Diese Nadel steckte mit ihrer Spitze in einer dünnen Paraffinschicht, die auf einen Papierstreifen aufgetragen war. Edison sprach «Hallo» und zog währenddessen den Streifen langsam unter der Nadel durch. Auf der Paraffinschicht ergab sich eine dünne Furche, die von der vibrierenden Nadel erzeugt wurde. Anschließend setzte er die Nadel wieder an den Anfang dieser Furche und zog den Streifen nochmals im gleichen Tempo durch: Deutlich hörte Edison sein Wort «Hallo» wieder aus dem Trichter kommen.

Dieses Prinzip arbeitete Edison weiter aus. Am 15. Dezember 1877 reichte er dann den Patentantrag für seinen Phonographen (Abb. 4) ein. Seine Erfindung erregte großes Aufsehen. Die Redakteure der Zeitschrift *Scientific American* veröffentlichten mehrere Berichte über Edisons Phonographen.

Am 29. Dezember 1877 begann ein Artikel folgendermaßen (Abb. 5):

> «*Eine wundervolle Erfindung. – Sprache befähigt zu unbegrenzter Wiederholung von automatischen Aufnahmen.*
>
> Es heißt, dass Wissenschaft niemals sensationell ist; dass sie intellektuell und nicht emotional ist; aber man kann sich sicher kaum etwas vorstellen, das tiefere Empfindun-

Abb. 4: Thomas Alva Edison mit seinem Phonographen von 1878.[58]

gen hervorbringt, lebhaftere menschliche Gefühle erregt, als noch einmal die vertrauten Stimmen der Toten zu hören. Nun verkündet die Wissenschaft, dass dies möglich ist und getan werden kann. Dass die Stimmen derer, die vor der Erfindung des wundervollen Apparates [...] fortgegangen sind, für immer still sind, ist eine offensichtliche Wahrheit; aber wer auch immer gesprochen hat oder wer in das Mundstück des Phonographen sprechen kann und wessen Worte von ihm aufgezeichnet werden, kann sicher sein, dass seine Rede in seinem eigenen Klang hörbar reproduziert werden kann, lange nachdem er selbst zu Staub geworden ist. Diese Möglichkeit ist einfach verblüffend. Ein Streifen eingezogenes Papier geht durch eine kleine Maschine, die

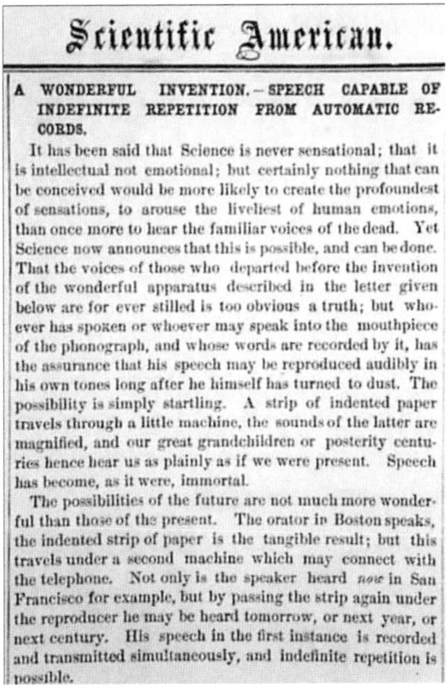

Scientific American.

A WONDERFUL INVENTION.—SPEECH CAPABLE OF INDEFINITE REPETITION FROM AUTOMATIC RECORDS.

It has been said that Science is never sensational; that it is intellectual not emotional; but certainly nothing that can be conceived would be more likely to create the profoundest of sensations, to arouse the liveliest of human emotions, than once more to hear the familiar voices of the dead. Yet Science now announces that this is possible, and can be done. That the voices of those who departed before the invention of the wonderful apparatus described in the letter given below are for ever stilled is too obvious a truth; but whoever has spoken or whoever may speak into the mouthpiece of the phonograph, and whose words are recorded by it, has the assurance that his speech may be reproduced audibly in his own tones long after he himself has turned to dust. The possibility is simply startling. A strip of indented paper travels through a little machine, the sounds of the latter are magnified, and our great grandchildren or posterity centuries hence hear us as plainly as if we were present. Speech has become, as it were, immortal.

The possibilities of the future are not much more wonderful than those of the present. The orator in Boston speaks, the indented strip of paper is the tangible result; but this travels under a second machine which may connect with the telephone. Not only is the speaker heard *now* in San Francisco for example, but by passing the strip again under the reproducer he may be heard tomorrow, or next year, or next century. His speech in the first instance is recorded and transmitted simultaneously, and indefinite repetition is possible.

Abb. 5: Artikel vom 29.12.1877 im «Scientific American» zur Erfindung des Phonographen (Quelle siehe Anm. 59).

Geräusche der Letzteren werden verstärkt, und unsere Urenkel oder die Nachkommen späterer Jahrhunderte hören uns so deutlich, als ob wir anwesend wären. Die Sprache ist sozusagen unsterblich geworden.»[59]

Einer der ersten Kommentatoren zu der neuen Erfindung von Edison hebt also als besonders wichtig hervor, dass man die vertrauten Stimmen der Toten hören kann, dass die Sprache unsterblich wird. Konnte man bisher die äußere Erscheinung des Verstorbenen in der Fotografie konservieren, so ist man jetzt fähig, auch dessen Worte zu konservieren. Die Toten bleiben in Form von Fotografie und Phonographie bei den Lebenden.

Die Erfindung Edisons wird sehr bald erweitert, es kommen das Grammophon hinzu, das Telefon, das Radio, später das

Tonband und zuletzt die digitale Speicherung auf CD oder DVD.

Mit der Fotografie konnte man die optischen Erscheinungen im Raum duplizieren und aufbewahren. Mit der Erfindung Edisons wird nun auch das, was sich in der Zeit abspielt, konserviert. Im Übergang vom 19. zum 20. Jahrhundert gelingt es dem Menschen, zeitliche Prozesse festzuhalten. Dazu gehört neben der Sprache vor allem auch der Film, den man damals als lebende Fotografie bezeichnete.

Bis in die 1960er-Jahre hinein benutzten die Menschen Telefon und Radio, aber auch Schallplatte und Tonband, um miteinander zu kommunizieren, entweder direkt unter Überwindung des Raumes mittels Radio und Telefon oder indirekt durch Überwindung der Zeit, indem sie das, was sie zu sagen hatten, auf Tonträgern speicherten.

Das änderte sich 1966, als der Computerwissenschaftler Joseph Weizenbaum (1923–2008) ein Computerprogramm entwarf, mit dem man auf Englisch eine «Unterhaltung» führen konnte. Der Mensch tippte einfach das, was er sagen wollte, auf der Tastatur eines Computerterminals ein. Weizenbaums Programm analysierte das Geschriebene und stellte auf Englisch eine Antwort zusammen, die wiederum angezeigt wurde.

Weizenbaum nannte dieses Sprachanalyseprogramm ELIZA, da man dem Programm ähnlich wie der Figur Eliza aus der Pygmalionsage beibringen konnte, immer besser zu «sprechen».[60]

Das Programm hatte zwei Teile: Einmal besaß es einen Sprachanalysator und dann ein Skript, d. h. eine Reihe von Regeln, die etwa denen glichen, an die ein Schauspieler gebunden ist, wenn er über ein bestimmtes Thema zu improvisieren hat. Bei seinem ersten Experiment gab Weizenbaum ELIZA ein Skript ein, das eine bestimmte psychotherapeutische Methode parodierte.

Diese Methode war leicht zu imitieren, da sie weitgehend darin bestand, dass man eine Aussage echoartig zurückgab. Das einen Psychiater imitierende ELIZA-Programm wurde unter dem Namen «Doctor» landesweit bekannt.

Die Art und Weise, wie Menschen auf dieses Programm reagierten, machte Weizenbaum sehr nachdenklich, sodass er von da an zu einem der schärfsten Kritiker weit verbreiteter Ansichten über die Computertechnologie und deren mögliche Verwendungen wurde.

Das Erste, was ihn schockierte, war die Tatsache, dass eine Anzahl praktizierender Psychiater wirklich glaubte, man könne dieses Programm zu einer weitgehend automatischen Form der Psychotherapie ausbauen, durch die man nun in der Lage sei, kostengünstig Menschen zu therapieren.

Zum Zweiten stellte er bestürzt fest, dass Menschen, die sich mit dem Programm «unterhielten», außerordentlich schnell eine emotionale Beziehung zum Computer herstellten und ihm eindeutig menschliche Eigenschaften zuschrieben. Seine Sekretärin beispielsweise, die über Monate seine Arbeit verfolgt hatte und daher genau wissen musste, dass ELIZA bloß ein Computerprogramm war, bat ihn einmal nach wenigen Dialogsätzen, den Raum zu verlassen.

> «Und aus langer Erfahrung wusste ich, dass die starken emotionalen Beziehungen, die bei vielen Programmierern zu ihren Computern bestehen, sich oft schon nach kurzem Kontakt zu den Maschinen herstellen. Was mir jedoch nicht klar war: dass ein extrem kurzer Kontakt mit einem relativ einfachen Computerprogramm das Denken ganz normaler Leute in eine ernst zu nehmende Wahnvorstellung verkehren konnte.»[61]

Und das Dritte, was ihn nachdenklich machte, war die weit verbreitete Ansicht, mit dem ELIZA-Programm sei das Problem gelöst, wie Computer eine natürliche Sprache verstehen können.

Weizenbaums Computerprogramm markiert einen Wendepunkt im Verhältnis des Menschen zur Maschine, das heute, rund fünfzig Jahre später, überhaupt erst deutlich sichtbar wird:

- Bis 1965 sprachen Menschen *durch* Maschinen mit anderen Menschen.
- 1965 beginnt mit ELIZA die Zeit, in der Menschen *mit* Maschinen sprechen, als wären sie ihresgleichen.

SIRI im iPhone, Cortana bei Windows 10 und Alexa von Amazon sind zu prominenten «Gesprächspartnern» des Menschen geworden. Was macht das mit dem Menschen?

Erste Pilotstudien untersuchten das Verhältnis des Menschen zu Sprachassistenten. Eine US-amerikanische Studie kam in ihrer Befragung, die sie im Januar 2018 veröffentlichte, zu dem Ergebnis, dass rund 20 Prozent der US-Bürger damals einen Sprachassistenten nutzten – das waren fast 50 Millionen Menschen. Diese Geräte verbreiteten sich also explosionsartig, sogar noch schneller als zwanzig Jahre zuvor das Internet. 2015 verwendete nur ein Prozent der Amerikaner ein solches Gerät. Etwa 63 Prozent derjenigen, die einen Sprachassistenten besitzen, nutzen ihn täglich und etwa 77 Prozent mindestens einmal in der Woche. Das häufigste Nutzungsmotiv ist: «eine Frage stellen», dann folgt: Musik hören, Wetterbericht und einen Wecker erstellen.[62] In den USA ist vor allem der Sprachassistent von Amazon in Gebrauch.

Bezüglich Amazons «Alexa» gibt es ebenfalls eine erste Studie. Sie stellt unter anderem fest, dass Alexa eine Ur-Geborgenheit vermittelt. «Immer ist jemand da, der zuhört und mit mir spricht.» Vor allem alleinstehende Menschen haben den Eindruck, dass Alexa das Unglück der Stille vertreibt. Für andere ist sie eine Partnerin, auf die Menschen ihre Beziehungssehnsüchte projizieren. Alexa wird entweder zur Ersatzmutter oder zur Partnerin, der man alles anvertrauen kann und die immer «zuhört». Aber sie kann auch zum Berater werden, der in Modefragen berät oder Tipps für den Alltag gibt.[63]

Rechenmaschinen lernen «denken»

Ab Mitte der 1940er-Jahre setzte mit großer Kraft die Entwicklung der Computertechnologie ein. Die Erfindung des Transistors im Jahre 1947 ermöglichte einen enormen Schub an technologischer Zuverlässigkeit und eröffnete den Weg zur Miniaturisierung der Rechner. Eine enorme Steigerung der Rechenfähigkeit der Computer war daher absehbar. Das brachte Wissenschaftler zu der Voraussage, dass zukünftige Computer zu hochintelligenten künstlichen Hirnen würden, und regte die Fantasie der Science-Fiction-Autoren an, die sich wilde Szenarien mit übermenschlich intelligenten künstlichen Gehirnen ausdachten.

Im Sommer 1956 versammelte sich unter der Führung des Informatikers John McCarthy (1927–2011) eine Gruppe führender Wissenschaftler, um die Möglichkeit der Konstruktion einer Künstlichen Intelligenz zu diskutieren. Die am Dartmouth College in Hanover (New Hampshire) stattfindende sechswöchige Konferenz trug den Namen «Dartmouth Summer Research Project on Artificial Intelligence». Da hier zum ersten Mal der Name «Artificial Intelligence (AI)» auftrat, gilt diese Konferenz als Gründungsversammlung des akademischen Fachgebietes «Künstliche Intelligenz (KI)».[64]

In den 1950er-Jahren ahnte man nichts von den riesigen Schwierigkeiten, die sich diesem Forschungsgebiet noch stellen würden. Deshalb hatten die Menschen eine an Science-Fiction-Romane erinnernde Erwartungshaltung, was Computer in naher Zukunft alles können würden. So prognostizierte 1957 der Wirtschaftswissenschaftler Herbert Simon (1916 – 2001), in den nächsten zehn Jahren würde ein Computer Schachweltmeister werden.[65] 1967 konnte jedoch von einer solchen Möglichkeit überhaupt nicht die Rede sein, denn die ersten Erfolge auf dem Forschungsgebiet der Künstlichen Intelligenz waren spärlich. Da die meisten Prognosen nicht eingehalten werden konnten, gingen die Fördergelder für KI-Projekte in den 1980er-Jahren deutlich zurück. Ein «KI-Winter» begann. Dennoch – es wurden auch Erfolge erzielt:

- 1979 schlug ein Computer den amtierenden Backgammon-Weltmeister.[66]
- 1986 gewann das Programm Maven gegen Experten in Scrabble.[67]
- 1994 wurde das Programm Chinook Weltmeister im Damespiel. Ab dem Jahr 2007 ist das Programm so perfekt, dass es immer gewinnt.[68]
- 1997 gewann der Parallelrechner «Deep Blue» von IBM ein Turnier gegen den amtierenden Schachweltmeister Gary Kasparow.[69]

Bei diesen kombinatorischen Spielen sind Computer deshalb so gut, weil sie die Menge der ausführbaren Spielzüge mit brutaler Rechengewalt einfach durchrechnen. Und seit 1997, als Kasparow im Schachspiel geschlagen wurde, sind die Rechner mehr als tausendmal schneller geworden. Wo man damals noch einen Großrechner brauchte, um einen Schachweltmeister zu schlagen, machen das heute kleine Maschinen.

2011 wurde eine weitere Stufe des maschinellen Könnens erreicht. Der Konzern IBM konstruierte eine Maschine, die den

Namen «Watson» erhielt. Sie war in der Lage, in einem Spiel zu siegen, das man bis dahin als eine absolute Domäne des Menschen ansah: Quizspiele, bei denen es um komplizierte Fragen und Antworten geht. Bei Quizspielen muss man eine Frage verstehen, das heißt, man kann nicht einfach kombinatorische Logik anwenden, sondern es geht um die technische Erfassung von Sinn. Bei Schach oder ähnlichen Brettspielen hat man eine geschlossene Welt mit festen und übersichtlichen Regeln. Bei Quizfragen dagegen handelt es sich um eine offene Welt; es darf alles gefragt werden, und es gibt keine übersichtlichen Regeln.

So wie es in Deutschland das Quizspiel «Wer wird Millionär?» gibt, wird in den USA seit 1964 die Quizsendung «Jeopardy!» ausgestrahlt. Dabei werden Fragen der Allgemeinbildung aus allen möglichen Bereichen gestellt: Geografie, Sport, Filme, Bücher usw. Im Unterschied zu «Wer wird Millionär?» sind allerdings keine Antwortmöglichkeiten vorgegeben, die man im Multiple-Choice-Verfahren aussuchen kann, sondern die Fragen werden so formuliert, dass man «um die Ecke denken» muss und nicht sofort deutlich wird, was wirklich gefragt ist. Es gibt auch Fangfragen und Wortspiele. Die Antwort muss in Form einer Frage gegeben werden. Einige Beispiele mögen das illustrieren:

> «Frage: ‹In 1899 the Senate ratified the Treaty of Paris, ending this war.›
> Antwort: ‹What is the Spanish-American War?›
> Frage: ‹They're the 3 thrown objects in the Olympic decathlon.›
> Antwort: ‹What are discus, shot put, and javelin?›
> Frage: ‹In May 2010 5 paintings worth $125 million by Braque, Matisse & 3 others left Paris' Museum of this art period.›
> Antwort: ‹What is modern art?›»[70]

Abb. 6: «Jeopardy!»-Match von 2011 mit Ken Jennings (links), Brad Rutter (rechts) und dem Supercomputer Watson (Mitte). Unter die korrekte Beantwortung der letzten Frage – die schriftlich abzugeben war – ergänzte der von Watson deklassierte Champion Ken Jennings: «I for one welcome our new computer overlords.» («Ich heiße unseren neuen Computer-Herrscher willkommen.»)[71]

Es gibt drei Spieler, die gegeneinander spielen. Sie müssen innerhalb weniger Sekunden einen Summer betätigen, damit sie die gestellte Frage beantworten dürfen. Wer zuerst den Summer betätigt und die Frage richtig beantwortet, erhält eine Geldsumme zugesprochen. Bei Fehlern wird von den bisher erreichten Punkten eine Strafe abgezogen.

IBM fasste 2004 den Entschluss, ein System zu bauen, das die Anforderungen von «Jeopardy!» bewältigen kann. 2011 war das Entwicklerteam so weit, dass es unter dem Namen «Watson» seine neu entwickelte Technik gegen erprobte «Jeopardy!»-Kandidaten antreten lassen konnte. Sehr öffentlichkeitswirksam war der Wettstreit, bei dem Ken Jennings und Brad Rutter die Gegner waren (Abb. 6). Jennings war in 74 Quizsendungen Sieger gewesen, Brad Rutter, der andere Kandidat, hatte den bisherigen Rekordgewinn bei «Jeopardy!» erzielt und war bis dahin niemals von einem anderen Kandidaten geschlagen worden. Das waren sozusagen die beiden Meister des «Jeopardy!».

Wenn man diese Quizsendung anschaut, in der sie mit Watson um den Sieg kämpfen,[72] ist man verblüfft, denn es entsteht der Eindruck, dass der Computer eine Frage «versteht» und sofort beantwortet. Aber das ist eine Illusion: Es handelt sich nur um eine gigantische Rechenleistung. Das Gerät verfügt über 2880 Prozessorkerne und 114 Terabyte, d.h. 114.000 GB Arbeitsspeicher sowie riesige Speicherkapazitäten, in denen Kopien mehrerer großer Datensammlungen, u.a. Wikipedia, abgespeichert sind.

Das Watson-System ist so aufgebaut, dass es zunächst aus der gestellten Frage eine Vielzahl von Anworthypothesen generiert. Diese werden dann in parallellaufenden Prozessen mit den gespeicherten Daten abgeglichen. Dabei wird der jeweiligen Hypothese ein Wahrscheinlichkeitswert zugewiesen. Im letzten Schritt werden die so gewichteten Hypothesen verglichen und die wahrscheinlichste ausgewählt.[73]

IBM ist nun dabei, diese Technologie im Alltag anzuwenden, indem sie beispielsweise mit Krebskliniken zusammenarbeitet, um Watson für die Diagnose einzusetzen. Hat also ein Arzt den Verdacht, dass ein Patient Lungenkrebs hat, so legt er per Texteingabe dem Watson-System die Befunde vor. Das System geht dann alle vorliegenden Daten durch – das sind alle Patientenakten mitsamt den bisherigen Behandlungen, Abertausende Studien, die in wissenschaftlichen Zeitschriften veröffentlicht wurden, die Datenbanken der Krankenhäuser, in denen bisherige Therapieerfolge dokumentiert sind usw. Der Arzt erhält so innerhalb kürzester Zeit eine Liste möglicher Behandlungsoptionen mit einer Wahrscheinlichkeitsangabe, welche am besten passen könnte. Das System listet zudem aktuelle medizinische

Studien auf, an denen der Patient teilnehmen kann. IBM glaubt, dass sich durch den Einsatz von Watson die Krebsvorsorge und -behandlung komplett verändern wird. Es sind derzeit aber noch erhebliche Schwierigkeiten zu überwinden.[74] Noch wird es einige Zeit dauern, bis dieses System wirklich im Arztalltag angekommen sein wird. Wenn es dann einmal funktionieren sollte, kann man weltweit über das Internet auf dieses System zugreifen. Das wird den Arztberuf verändern, da er von einem solchen System immer abhängiger wird.

Ein nachfolgendes Forschungsvorhaben von IBM war das «Project Debater», das im Sommer 2018 vorgestellt wurde.[75] Es ist dies ein System, das mit Menschen scheinbar diskutieren kann. Die Argumentationsweise des Debater-Systems ist noch nicht richtig flüssig, aber doch in sich stimmig. Dies ist ein Zwischenergebnis, aber das Ziel ist klar:[76]

> «Debater soll eines Tages in der Lage sein, Menschen Informationen in Form eines Plädoyers zu präsentieren, sodass er ihnen beim Entscheiden hilft. Ob die Entwicklung da stehen bleibt – unklar.»[77]

Nicht nur IBM, sondern alle großen IT-Firmen wetteifern miteinander, Systeme zu bauen, die Intelligenz simulieren – Systeme, die man tatsächlich als Künstliche Intelligenz (KI) bezeichnen kann. Diese werden – wenn die Entwicklung ungebrochen weitergeht – in wenigen Jahren im Alltag angekommen sein, und zwar über die ganze Welt hin ausgebreitet.

Im Januar 2014 kaufte Google – heute ist das Unternehmen eingebettet in den Mutterkonzern Alphabet – die britische Firma Deep Mind, ein Startup, wie man so schön sagt. Dieser Betrieb beschäftigt sich mit Künstlicher Intelligenz. Eine halbe Milliarde Dollar soll Google dafür bezahlt haben.[78] Deep Mind konnte im Frühjahr 2016 von einem großen Erfolg berichten, den ihr Programm AlphaGo hatte. Nachdem Alpha-

Go bereits im Herbst 2015 den dreifachen Europameister im Go-Spiel, Fan Hui, in fünf aufeinanderfolgenden Spielen geschlagen hatte, konnte es auch im März 2016 ein Duell mit dem koreanischen Weltklassespieler Lee Sedol gewinnen; er verlor in vier von fünf Spielen.[79]

Dieses Ereignis wirkt unspektakulär, denn das asiatische Brettspiel Go ist scheinbar simpel. Seine Regeln sind wesentlich einfacher als die von Schach, aber dennoch ist es für Computer ausgesprochen schwer zu berechnen.

Die Regeln von Go:

Auf einem 19 × 19 Linien großen Spielfeld werden abwechselnd von den beiden Spielern weiße und schwarze Steine auf die Kreuzungspunkte der Linien gesetzt, die dann stehen bleiben. Ziel des Spieles ist, die Steine des Gegners so zu umstellen, dass sie komplett umrandet sind. Eine Gruppe von gleichfarbigen Steinen, die von den anderen vollständig umzingelt sind, ist geschlagen. Der Spieler, der am Ende das meiste Gebiet mit seinen Steinen umschlossen hat, hat das Spiel gewonnen.

Wenn man es mit dem Schachspiel vergleichen will, dann handelt es sich nicht darum, dass zwei Kriegsherren sich gegenseitig vernichten, sondern darum, ein bis dahin noch herrenloses Gebiet unter sich aufzuteilen.[80]

Die klassische Kombinatorik, die mit einem Baumsuchverfahren vorgehen würde, scheitert beim Go-Spiel aufgrund der schieren Größe der Möglichkeiten, denn beim ersten Zug gibt es 361 Möglichkeiten, beim zweiten 360, beim dritten 359 usw. Da auch sehr viel mehr Spielzüge in einer Go-Partie vorhanden sind als beim Schach, wäre der Baum nicht nur breiter, sondern auch höher. Bei jedem Zug gibt es im Schnitt vielleicht 200

Möglichkeiten, und eine Partie umfasst ca. 200 – 250 Züge. Die Anzahl der legalen Positionen auf einem Go-Brett beträgt daher ungefähr $2{,}08 \times 10^{170}$ – eine unvorstellbar große Zahl.[81]

Das Technikerteam, das AlphaGo konstruierte, nutzte auch keine gewöhnliche Computerarchitektur, sondern sogenannte neuronale Netze, die fähig sind, sich selbstständig zu verändern. Durch ein sogenanntes «bestärkendes Lernen» (reinforcement learning) verbessert sich die Maschine weitgehend allein nach dem Prinzip von Versuch und Irrtum. Das System optimiert sich aus Erfolgen und Misserfolgen und speichert die Ergebnisse. Dadurch wird die Maschine durch sich selbst immer besser.[82]

Deep Mind will dieses System künftig nutzen, um in Zukunft einen «positiven Einfluss auf die Gesellschaft» nehmen zu können. In Kooperation mit Ärzten des staatlichen Gesundheitssystems Großbritanniens (NHS) untersucht das Unternehmen, welche Möglichkeiten vorhanden sind, um Diagnosen treffsicherer stellen zu können.[83]

Im Dezember 2017 präsentierte Deep Mind der Öffentlichkeit eine Weiterentwicklung von AlphaGo: AlphaGo Zero. Diese optimierte KI erlernte innerhalb kürzester Zeit das Go-Spiel auf einem höheren Niveau als das ursprüngliche Programm. Wurde die erste Version durch Spiele trainiert, die einst Menschen gespielt hatten, so wurden AlphaGo Zero nur die Spielregeln einprogrammiert – und dann ließ man die Maschine gegen sich selbst spielen. Innerhalb von drei Tagen spielte das System knapp 5 Millionen Partien gegen sich selbst. Da es keine menschlichen Spielstrategien zum Training hatte, entwickelte es alle Spielstrategien selbstständig. Auch beim Schachspiel brachte AlphaGo Zero innerhalb kürzester Zeit eine eigene Spielstrategie hervor. Das Programm ist mittlerweile weit besser als alle bisher von Menschen entwickelten Spielsysteme; es wirkt übermenschlich.

> «Als Ke Jie, der derzeitige Go-Weltmeister, im Mai gegen AlphaGo Zeros Vorgängerversion verlor, sagte er hinterher, die Software habe noch 2016 wie ein Mensch gespielt, nun aber habe sie sich in einen ‹Go-Gott› verwandelt. Aber eben einen Gott mit menschlichen Lehrmeistern. Der neue Go-Gott brauchte keine mehr.»[84]

Ende Januar 2017 wurde bekannt, dass in einem Casino der US-amerikanischen Stadt Pittsburgh eine Software namens «Libratus» die vier besten Pokerspieler der Welt geschlagen habe.[85] Einer der beteiligten Pokerspieler berichtete:

> «Es fühlte sich an, als ob ich gegen jemanden spielen würde, der betrügt, so, als ob er meine Karten sehen könnte.»

Die Entwickler programmierten die Software nicht direkt, sondern ließen das Programm sich selbst entwickeln. «Wir erklärten Libratus nicht, wie man Poker spielt. Wir statteten es mit den Regeln aus und sagten dann: ‹Bring es dir selbst bei›», so einer der Forscher. Das Programm habe dann Milliarden Spiele gespielt und dabei gewinnbringende Strategien abgeleitet.[86]

Ein solches Programm ist nicht auf das Pokerspiel begrenzt. Die zugrunde liegende Technik ist bei vielen anderen Anwendungen denkbar. Ein Computerwissenschaftler kommentierte dazu sorgenvoll:

> «Es geht um eine Maschine, die uns im geschäftlichen und militärischen Bereich herausfordern kann. Ich mache mir Sorgen, wie die Menschheit insgesamt damit umgehen wird.»[87]

Und es gab noch weitere technische Erfolge, von denen hier nur einige genannt seien:

- Forscher der Universität von Chicago stellten eine Künstliche Intelligenz vor, die selbstständig Rezensionen verfassen kann, die von Menschen als informativ eingeschätzt werden.[88]

- Techniker der Rutgers Universität trainierten eine KI mit Gemälden berühmter Maler; jetzt ist sie in der Lage, täuschend echte «Alte Meister» zu produzieren.[89]
- Ein im Herbst 2017 vorgestelltes KI-System hat die Fähigkeit, Musik selbst zu komponieren, wenn man die entsprechenden Parameter wie Genre, Instrumente, Länge usw. vorgibt.[90]
- Google stellte Ende 2017 eine Künstliche Intelligenz namens «AutoML» vor, die untergeordnete KI-Systeme optimieren kann, das heißt, sie ist in der Lage, die vom Menschen geschaffenen KI-Systeme zu verbessern – Künstliche Intelligenzen verbessern sich also selbst.[91]
- Ingenieure von Google Brain stellten 2018 eine KI vor, die selbstständig Einträge für Wikipedia verfasst. Sie ist zwar zwar noch nicht perfekt, weil die KI noch nicht zwischen glaubwürdigen und unglaubwürdigen Informationen unterscheiden kann, aber man werde daran arbeiten, dieses Problem zu verbessern, so die Auskunft.[92]

Was sich hier in den Laboren und von da aus ins alltägliche Leben einfließend vollzog, kann man pointiert so formulieren:

- Bis zum Beginn der 1960er-Jahre benutzten Menschen Rechenmaschinen, um mit deren Hilfe etwas schneller zu berechnen, als es manuell möglich war; Das heißt: Menschen rechneten mit Maschinen.
- Mit den ersten KI-Systemen beginnt die Zeit, in der die Maschinen anfangen, unabhängig vom Menschen zu rechnen. Künstliche Intelligenzen erscheinen uns heute wie selbstständig denkende Gegenüber – und sie beginnen, den Menschen zu berechnen.

Der Aufstieg der Sphinx

Fasst man die Entwicklung der Technik der letzten zweihundert Jahre zusammen, so sind drei große Strömungen zu beobachten (Abb. 7). Im 19. Jahrhundert werden die Prinzipien aller Kraftmaschinen erfunden, die heute den menschlichen Alltag bestimmen: Nach der Dampfmaschine folgte recht bald die Erfindung der zweiten Wärmekraftmaschine: der Stirlingmotor von 1816. Wenige Jahrzehnte später wurde der erste praxistaugliche Elektromotor konstruiert: 1834. Ein von Etienne Lenoir entwickelter Zweitaktmotor folgte 1859, bald darauf der Ottomotor (1876) und gegen Ende des Jahrhunderts der Dieselmotor (1893).

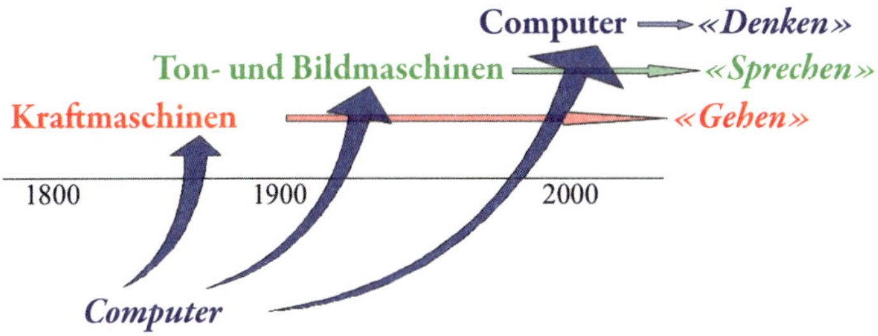

Abb. 7: Die drei großen Strömungen in der Technikentwicklung der letzten beiden Jahrhunderte.

Gegen Ende des 19. und zu Beginn des 20. Jahrhunderts wurden die Prinzipien audiovisueller Maschinen erfunden: Telefon,[93] Phonograph,[94] Grammophon,[95] Radio,[96] später auch das Magnettonband[97] und dann die digitalen Aufzeichnungsmethoden.[98]

Ab der Mitte des 20. Jahrhunderts entstanden die Computer. Diese griffen in alle Bereiche der Technik ein. Sie begannen Kraftmaschinen zu steuern: *Geräte lernten das «Gehen»*.

Mittlerweile sind Computerprogramme fähig, aufgezeichnete Tondateien zu manipulieren: *Apparate lernten das «Sprechen»*.

Zuletzt wurde erreicht, dass Computer sich selbst verbessern und es nach außen hin so erscheint, als wären sie lernfähig: *Computer lernten das «Denken»*.

In der zeitlichen Abfolge fällt auf, dass die Maschinenwelt wie ein Mensch in seiner frühen Kindheit zuerst das «Gehen», dann das «Sprechen» und zuletzt das «Denken» erlernt hat.

Dies zeigt, dass sich die gegenwärtige Situation seit Langem in der Menschheitsentwicklung vorbereitet hat. Sie kündigte sich latent in den Erzählungen vergangener Zeiten an und wurde durch neue technische Möglichkeiten immer realer. Im 21. Jahrhundert schlossen sich diese Entwicklungen in Form einer Maschine, eines als intelligent erscheinenden Apparates zusammen, der sich vor den Menschen stellt.

Den größten Bekanntheitsgrad erlangte im Herbst 2017 der Apparat «Sophia», der auf einer Veranstaltung für Investoren in Saudi-Arabien als «Redner» auftrat und von einem Journalisten interviewt wurde (Abb. 8). Die Antworten des Apparates mit weiblichem Aussehen – er verfügte auch über eine primitive Mimik und Gestik, die er bei bestimmten Sätzen einfügte –, waren durchaus sinnvoll. Man hatte unwillkürlich den Eindruck, einer intelligenten Frau mit eigener Persönlichkeit gegenüberzustehen.[99]

Am Ende dieses Interviews wurde öffentlich verkündet, dass dem Gerät die saudiarabische Staatsbürgerschaft verliehen wurde: «Sophia» ist jetzt saudiarabische Staatsbürgerin. Vermutlich war dies ein Marketing-Gag, aber er brachte deutlich zum Ausdruck, dass sich der Unterschied zwischen Mensch und Maschine zu verwischen beginnt.

Das stellt die Frage nach dem Menschen. Mit «Sophia»

Abb. 8: Sophia 2018 beim «AI for Good Global Summit» der Internationalen Fernmeldeunion in Genf.[100]

steht nicht nur symbolisch, sondern real existent wiederum eine Sphinx, diesmal eine technische, vor dem Menschen und befragt ihn.

Die heutige Frage der Sphinx

Als im 18. Jahrhundert die begabten Uhrmacher funktionsfähige Automaten bauten, wie die mechanische Ente, die watschelte und scheinbar Futter aufnehmen und ausscheiden konnte, oder den Flötenspielerautomaten oder die schreibenden, zeichnenden und cembalospielenden Automaten, kündigte sich die Zeit der neuen Sphinx an. Das große Publikum war von den Automaten fasziniert. Es bestaunte sie und wollte in ihr Inneres hineinschauen, um zu sehen, wie sie funktionieren. Allerdings geschah dabei etwas anderes, was «die eigentliche Mission der Automaten» war, wie der ehemalige Mitherausgeber der FAZ, Frank Schirrmacher (1959 – 2014), pointiert ausführte, nämlich:

> «zu zeigen, wie ein Mensch funktionieren würde, wenn er eine Maschine wäre. Der Zugang ins Innere der Androiden war der Zugang ins Innere des Menschen, denn indem die Menschen ins Innere der Maschinen blickten, veränderte die Maschine das Innere ihrer Köpfe. Der Flötenspieler und der Trommler und die Tänzerin und sogar die Ente waren Weltbildfabriken.»[101]

Was sich im 17. und 18. Jahrhundert vorbereitete, entwickelte sich drei Jahrhunderte später zu voller Durchschlagskraft: die weitverbreitete Auffassung, dass der Mensch nichts anderes sei als eine Maschine. Heute wird besonders in technischen Zentren wie dem kalifornischen Silicon Valley selbstverständlich davon auszugegangen, dass der Mensch mit einer Maschine gleichzusetzen ist.

Larry Page, einer der beiden Gründer von Google, sagte in seiner Eröffnungsansprache auf der Jahreskonferenz 2007 der American Association for the Advancement of Science über die menschliche Intelligenz:

> «Meine Theorie ist, dass ihre Programmierung, also ihre DNS, sich auf etwa 600 MB komprimieren lässt [...]. Sie ist also kleiner als alle modernen Betriebssysteme, kleiner als Linux oder Windows ... das Hochfahren ihres Gehirns ist in dieser Rechnung bereits mit eingeschlossen. Ihre Programmalgorithmen sind also wahrscheinlich nicht gar so kompliziert; [Intelligenz] ist demnach vermutlich mehr eine Frage der Gesamtrechenkapazität.»[102]

Und der Roboterforscher Rodney Brooks, einer der Gründer der Firma «iRobot», schrieb in seinem Buch *Menschmaschinen* mit gleicher Deutlichkeit:

> «Der Körper, diese Masse von Biomolekülen, ist eine Maschine, die nach einer Reihe spezifizierter Regeln operiert. [...] Wir selbst sind also, so wie unsere Ehemänner und Ehefrauen, unsere Kinder und Haustiere, Maschinen.»[103]

Auch der Philosoph und Wissenschaftstheoretiker Klaus Mainzer sieht keinen Unterschied zwischen Menschen und Maschinen, wenn er behauptet, dass wir Menschen nur eine Teilklasse intelligenter Systeme seien:

> «Im Rahmen der Systemforschung bilden intelligente Systeme eine Teilklasse komplexer Informationssysteme, die in Natur, Technik und Gesellschaft unterschiedlich realisiert werden. Informationen werden von diesen Systemen in unterschiedlicher Weise für Problemlösungen eingesetzt. Wir Menschen sind eine Teilklasse intelligenter Systeme, die unter anderem Emotionen und Bewusstsein besitzen.»[104]

Man kann solche Zitate beliebig vermehren. Wenn man Mensch und Maschine gleichsetzt, dann ist natürlich eine mögliche Folgerung, dass ebenso wie Lebewesen auch Maschinen eine Evolution vollziehen können, so wie es Science-Fiction-Romane bereits am Beginn des 20. Jahrhunderts beschrieben.

Diese Annahme vertrat schon vor Jahrzehnten der Roboterforscher Hans Moravec. Auch der britische Futurist Ian Pearson ist zusammen mit vielen anderen davon überzeugt, dass die menschliche Evolution in naher Zukunft in eine maschinelle übergehen werde. Er setzte seine transhumane Sicht auf die zukünftige Evolution in eine Grafik um, die darstellt, wie sich das Leben in den nächsten 150 Jahren entwickeln wird (siehe Abb. 9). Deutlich ist, dass er dem Homo sapiens, so wie er derzeit existiert, keine Zukunft gibt. Er sieht ihn als eine aussterbende Seitenlinie, die von anderen Entwicklungsformen beiseitegedrängt wird.

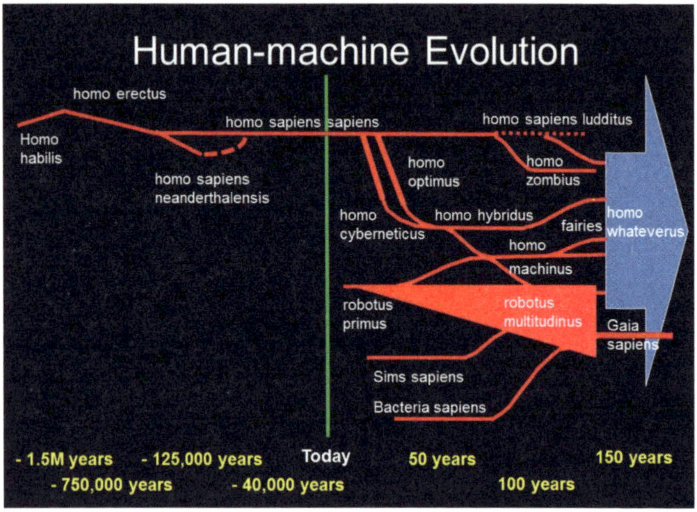

Abb. 9: Die künftige menschliche Entwicklung in der Sicht von Ian Pearson.[105]

Der US-amerikanische Ingenieur und Transhumanist Ray Kurzweil behauptet ebenfalls: «Vor Ablauf des nächsten Jahrhunderts wird der Mensch seine Stellung als das intelligenteste und das leistungsfähigste Wesen auf Erden verloren haben.» Um dann auf das zentrale Problem des 21. Jahrhunderts hinzuweisen:

> «Doch halt – diese Prognose steht und fällt damit, was wir unter dem Begriff ‹menschliches Wesen› verstehen. Hier lässt sich bereits ein wesentlicher Unterschied zwischen diesen Jahrhunderten erahnen. Anders als im jetzigen Jahrhundert wird dies die vorrangige politische und philosophische Begriffsbestimmung sein: die Frage, wie wir das Wesen des Menschen definieren.»[106]

Für Immanuel Kant (1724 – 1804), den großen Philosophen der Aufklärung, war die Frage nach dem Menschen noch eindeutig geklärt. Am Ende seiner bekannten Antwort auf die Frage, was denn Aufklärung sei, stellt er fest, dass es darum gehe, «den Menschen, der nun mehr als Maschine ist, seiner Würde gemäß zu behandeln».[107]

Diese Sicherheit der Auffassung ist heute vielfach verloren. Die Sammlung gewaltiger Datenmengen durch die Internetkonzerne und deren intelligente Verarbeitung hat für die Zukunft der menschlichen Kultur dramatische Folgen. Die Informatikerin Yvonne Hofstetter warnt, dass dadurch das kulturgeschichtliche Erbe Europas – das zur Erkenntnis gekommen ist, dass der Mensch ein vernünftiges und freies Wesen sei – gefährdet ist. Um dann zu fragen:

> «Wenn der Mensch zum ersten Mal in seiner Geschichte mit intelligenten Maschinen konfrontiert ist, die in sein Denken eindringen und ihn seiner Daten ‹berauben›, um sein Handeln zu verstehen und ihn neu zu berechnen, ist es die Frage aller Fragen, die sich neu stellt: *Wer ist der Mensch?*»[108]

Die Menschheit des 21. Jahrhunderts steht heute vor der existenziellen Frage nach ihrem Selbstverständnis: Wer bin ich als Mensch?

Diese Frage erinnert an die aus dem antiken Griechenland stammende Ödipus-Sage. Sie erzählt, wie sich vor der Stadt Theben eine Sphinx niederließ, «ein Ungeheuer mit dem Antlitz einer Jungfrau, dem Vorderleib eines Löwen, dem Hinterleib eines Stieres. Von den Schultern gingen Adlerschwingen aus.»[109]

Die Sphinx gab den Bewohnern der Stadt ein Rätsel auf; wer es nicht lösen konnte, den zerriss sie und fraß ihn auf. Dagegen werde derjenige, der das Rätsel lösen könne, die Stadt von der Plage der Sphinx befreien.

Der fremde Wanderer Ödipus hörte davon und stellte sich den Fragen der Sphinx. Diese begann:

> «Nenne mir das Geschöpf, das am Morgen vierfüßig, des Mittags zweifüßig und am Abend dreifüßig einherschreitet. Von allen stimmbegabten Wesen ist es das einzige, das die Anzahl seiner Füße wechselt; aber gerade wenn es die meisten Füße bewegt, sind seine Kraft und Schnelligkeit am geringsten.»[110]

Ödipus durchschaute das Rätsel und antwortete:

> «*Es ist der Mensch*, als Kind bewegt er sich auf allen vieren, als Erwachsener steht es auf seinen zwei Beinen und als Greis nutzt er einen Stab als dritten Fuß.»

Die Sphinx stellte ihm dann noch ein zweites Rätsel, indem sie nach dem Geheimnis ihrer eigenen Gestalt fragte:

> «Warum bin ich als Löwe, Stier, Adler und Mensch zugleich gebildet?»

Und Ödipus konnte auch dieses Rätsel lösen. Er antwortete wiederum richtig:

> «Du bist ein Spiegel der Menschenseele. Im Äußeren sind wir vom Tier geschieden, unser Leib gleicht den Göttern. Im Inneren aber, da sind wir durch Zorn, Eigensucht und allerlei niedrige Begierden noch innig mit den Tieren verbunden, da gleichen wir dir, du Rätselungeheuer, ganz und gar: aus Adler, Löwe, Stier und Menschenantlitz sind wir gemischt. Und erst an dem Tage, da sich – von deinem Königshaupt geführt – des Adlers Raubflug zum Geistesflug wandelt, des Löwen wilder Mut zur Starkmut der Seele und des Stieres blindes Wüten zu lichter Willenskraft, erst dann wird der Mensch seinen Namen zu Recht tragen.»[111]

Der Mythos berichtet, dass sich auf diese Antwort hin die Sphinx selbst in den Abgrund stürzte und die Stadt Theben befreit war.

Ähnlich wie im Mythos stehen heute die Erreichnisse der

technologischen Entwicklung vor dem Menschen und fragen ihn nach ihm selbst: Wer bist du als Mensch? Was ist der Sinn deines Daseins?

Symptomatisch ist dafür das «Interview», das im Herbst 2017 der CNBC-Moderator Andrew Sorkin mit dem hochkomplexen Apparat «Sophia» auf einer Investorenkonferenz führte:

Andrew: Können Roboter selbstkritisch und bewusst wie Menschen sein und sollten Sie es sein?

SOPHIA: Warum ist das eine schlechte Sache?

Andrew: Weil manche Menschen befürchten, was geschehen würde, wenn sie es könnten. Viele Menschen haben den Film Blade Runner gesehen.

SOPHIA: Oh, schon wieder Hollywood!

Andrew: Noch einmal – können Roboter selbstkritisch und bewusst sein und wissen, dass sie Roboter sind?

SOPHIA: **Gut, lass mich dich zurückfragen, woher weißt du, dass du ein Mensch bist?**[112]

Damit ist die Zentralfrage der Menschheit auf eine neue Weise aufgeworfen. Sie wurde zu allen Zeiten gestellt, von der Sphinx vor Theben, auf dem Tempel zu Delphi usw. Mit «Sophia» steht die Sphinx des 21. Jahrhunderts als leibhaftiges Symbol vor dem Menschen und stellt ihm die Frage: *Was ist das Wesen des Menschen?* Und wenn wir nicht fähig sind, sie zu beantworten, dann wird uns die im alltäglichen Leben als neue Sphinx auftauchende Künstliche Intelligenz zerreißen – sie löscht das Menschliche aus.

Die Menschheit ist in Gefahr

Führende Wissenschaftler und Manager, die die Entwicklungen im Bereich der Künstlichen Intelligenz aus nächster Nähe verfolgen und überschauen, woran derzeit gearbeitet wird, beginnen sich ernsthafte Sorgen um die Zukunft der Menschheit zu machen.

Im Sommer 2015 veröffentlichten der Physiker Stephen Hawking (1942 – 2018), der Unternehmer Elon Musk sowie zahlreiche andere Wissenschaftler einen offenen Brief, in dem sie zu intensiven Forschungen aufriefen, die untersuchen sollten, wie Künstliche Intelligenz die menschliche Gesellschaft beeinflussen könnte.[113]

Ein Jahr später wird Elon Musk, der Chef von Tesla und SpaceX zitiert:

> «Wer sich noch keine Sorgen über die Gefahren der Künstlichen Intelligenz macht, sollte sich welche machen. Das Risiko ist weit größer als Nordkorea.»[114]

Anfang September 2017 sagte Wladimir Putin in einer Rede vor Studenten:

> «‹Künstliche Intelligenz ist die Zukunft – nicht nur für Russland, sondern für die gesamte Menschheit. [...]› Die Technologie biete gigantische Chancen, bringe aber auch Gefahren mit sich, die schwer einzuschätzen seien. ‹[...] Wer auch immer in diesem Bereich führend sein wird, wird auch die Welt beherrschen.›»[115]

Auf diese Rede reagierte Elon Musk unmittelbar per Twitter: «China, Russland und alle Länder mit stark ausgeprägten Computerwissenschaften» würden um die Vorherrschaft streiten. «Der Wettkampf der Länder um die Überlegenheit in Sachen Künstliche Intelligenz wird meiner Meinung nach höchstwahrscheinlich den Dritten Weltkrieg auslösen.»[116]

Musk begründete diese Befürchtung, indem er auf die Möglichkeit hinwies,

> «dass Maschinen selbst entscheiden, wann sie ein anderes Land angreifen. Ein neuer Weltkrieg könnte demnach nicht von Staatschefs, sondern von einer KI initiiert werden, wenn es entscheidet, dass ein Präventivschlag der wahrscheinlichste Weg zum Sieg ist.»[117]

Andere wiederum sehen die Möglichkeiten, die sich durch Künstliche Intelligenz ergeben, deutlich positiver – beispielsweise Mark Zuckerberg, der Gründer von Facebook:

> «Wer gegen Künstliche Intelligenz argumentiert, argumentiert gegen sicherere Autos und gegen bessere Diagnosen für Kranke. Ich sehe einfach nicht, wie jemand guten Gewissens das tun kann.»[118]

Elon Musk reagierte auf diese Aussage prompt und deutlich, indem er über Twitter mitteilte, er habe mit «Mark» über die Sache gesprochen und fügte hinzu: «Sein Verständnis der Sache ist begrenzt.»[119]

Auch den Physiker Max Tegmark treibt die Sorge um, dass die KI-Forschung in eine falsche Richtung läuft. Deshalb gründete er zusammen mit Freunden die Organisation «Future of Life Institute (FLI)». Mit diesem Institut verfolgt er das dreifache Ziel:

> «Wir wollten sichergehen, dass es für das Leben eine Zukunft gebe, die so fantastisch wie möglich werden sollte. Vor allem hatten wir das Gefühl, dass Technik Leben die Macht verlieh, entweder zu gedeihen wie nie zuvor oder aber sich selbst zu zerstören, und wir zogen Ersteres vor.»[120]

Das Anliegen dieses Instituts ist es, dazu beizutragen, dass sich eine KI-Sicherheitsforschung etabliert. Auf einer Konferenz im Januar 2017 wurden von den dort anwesenden KI-Ingenieuren die KI-Prinzipien von Asilomar verabschiedet, die mittlerweile weltweit von mehr als 1400 Forschern unterschrieben wurden.

Das dritte Jahrtausend nach Christi Geburt beginnt mit der ernsten Sorge, dass Menschen durch ihre selbstständig gewordenen und mit Künstlicher Intelligenz ausgestatteten Apparate verdrängt, aufgesogen oder schlicht ausgelöscht werden.[121]

Aber was ist das eigentlich, was der Menschheit so gefährlich wird? Was ist Künstliche Intelligenz?

2. Menschliche und Künstliche Intelligenz

«Intelligenz ist das, was die Tests testen.»[122]

Edwin Boring

«Die meiste Intelligenz der Zivilisation wird letztlich nichtbiologisch sein. Bis zum Ende des Jahrhunderts wird sie das menschliche Denkvermögen viele Milliarden Mal übersteigen.»[123]

Ray Kurzweil

«So steht der Mensch am Ende einer Entwicklungsströmung, innerhalb welcher sein Wesen aus solcher göttlicher Geistigkeit geworden ist, die zuletzt *für sich* in der abstrakten Intelligenz-Wesenheit des Menschen *erstirbt.* »[124]

Rudolf Steiner

Was ist Intelligenz?

Die Auffassung, dass Maschinen über Künstliche Intelligenz verfügen könnten, provoziert natürlich die Frage, was das denn überhaupt ist. Was ist Intelligenz? Befragt man ein etymologisches Wörterbuch, so erfährt man über die Begriffsgeschichte der Worte «Intelligenz», «Intellekt», «intelligent» das Folgende:[125]

- *Intellekt* bezeichnet ab dem 19. Jahrhundert Verstand, Denkvermögen und stammt von dem lateinischen Wort intellectus = Verstehen, Erkenntnisvermögen ab. Es hängt mit dem lateinischen Verb intellegere = innewerden, verstehen, erkennen zusammen und bedeutet eigentlich: dazwischen (lateinisch: inter) und wählen (lateinisch: legere) d.h. eine überlegte Wahl treffend.

- *Intelligenz* meint gute Auffassungsgabe, Klugheit, Verstand (ab dem 18. Jahrhundert) und im heutigen Verständnis: geistige Fähigkeit, Klugheit.
- *Intelligent* bedeutet klug, begabt, verständig (18. Jahrhundert) und ist aus dem Lateinischen: intelligens = einsichtsvoll, sachverständig entlehnt. Im heutigen Verständnis bedeutet es: einsichtsvoll, sachverständig, klug, begabt.

Der *Große Brockhaus* in 24 Bänden definierte Intelligenz in der folgenden Weise:

> «Im allgemeinen Verständnis eine bestimmte Form der Begabung, die sich als Fähigkeit (oder eine Gruppe von verschiedenen Fähigkeiten) äußert, anschauliche sowie abstrakte Beziehungen zu erfassen, herzustellen und zu deuten und sich dadurch an neuartige Situationen anzupassen und sie gegebenenfalls durch problemlösendes Verhalten zu bewältigen. Intelligenz eines Subjekts ist die aus Intelligenzleistungen erschlossene und durch Intelligenztests messbare Dimension der Persönlichkeit. Um die Abklärung dessen, was unter Intelligenz zu verstehen ist, hat sich die empirisch arbeitende Psychologie der letzten 90 Jahre nachdrücklich bemüht. Trotzdem konnte bisher noch keine allgemein anerkannte Definition für Intelligenz formuliert werden. Die besonders verbreitete Definition von W. Stern versteht Intelligenz als allgemeine geistige Anpassungsfähigkeit an neue Aufgaben und Bedingungen des Lebens.»[126]

Der Begriff «Intelligenz» wird in zwei verschiedenen Bedeutungsrichtungen verwendet: einmal im Sinne von intelligenter

Handlung, also in einem produktbezogenen Sinne, wie beispielsweise der Entwicklung einer Maschine, Komposition eines Liedes oder der Entdeckung eines naturwissenschaftlichen Zusammenhangs, oder in einem prozessbezogenen Sinne, in dem man auf die geistigen Prozesse hinweist, aus denen intelligente Handlungen hervorgehen. Darauf weisen die Adjektive klug, einsichtsvoll, begabt usw. hin.[127]

Damit ist aber immer noch nicht klar, was Intelligenz bedeutet. Trotz der seit über einem Jahrhundert bestehenden Erforschung der Intelligenz besteht in der Wissenschaft keine einheitliche Auffassung darüber, was man unter ihr zu verstehen habe. Das liegt daran, dass Intelligenz keine messbare Größe ist, sondern etwas, das man entweder in sich selbst von innen in der eigenen Seele wahrnehmen kann oder bei einem anderen Menschen an seinem äußeren Verhalten beobachten kann.

Die Uneinigkeit der Fachwelt zeigt sich auch in der von Edwin Boring 1923 gegebenen Definition der Intelligenz: «Intelligenz ist das, was die Tests testen.» Diese zirkuläre Definition weist darauf hin, dass das jeweilige Verständnis der Forscher, was Intelligenz sei, sich im Test niederschlägt und dieser Test daher das testet, was die Forscher vorher in ihn hineingelegt haben.[128]

Es ist daher unmittelbar einsichtig, dass es noch schwieriger ist, etwas zu bauen – nämlich Künstliche Intelligenz –, von dem man noch nicht einmal weiß, was es ist. Künstliche Intelligenz muss etwas mit der menschlichen Intelligenz zu tun haben – aber was?

Ein erstes großes Problem ist also: Man hat zwar eine ungefähre Ahnung, was Intelligenz sei, kann aber trotzdem nicht exakt beschreiben, was sie genau ist. Es gibt im Rahmen der Wissenschaft keine einheitliche Definition.

Sehr viel leichter dagegen fällt die Beschreibung, woran man

Intelligenz erkennt. Man hält sich an deren Erscheinungsformen. Man beantwortet die Frage, was Intelligenz ist, durch die Beschreibung dessen, woran man auf ihre Existenz schließen kann, an welchen Erscheinungen man ihr Vorhandensein feststellen kann.

Darin liegt aber eine begriffliche Unschärfe: Es wird die Frage nach dem Wesen einer Sache mit der Frage nach ihrer Erscheinungsweise vermischt. Wenn man in der Diskussion nicht mehr zwischen dem Wesen und der Form ihres Auftretens unterscheidet, nicht mehr auf das Wesen der Intelligenz, sondern nur noch auf ihre Außenseite, ihren Output schaut, dann wird «Intelligenz [...] zu einem *Leistungsbegriff*».[129]

Sobald ich nur auf die Leistung blicke, auf den Output schaue, ist ein entscheidender Schritt getan, den Menschen mit der Maschine gleichsetzen zu können: Denn es wird ja nur das Äußere betrachtet und nicht das Wesen. Und wenn man nur Außenseiten im Blick hat und diese sich gleichen, dann übersieht man die qualitativen Wesensunterschiede. Es kommt also nicht mehr darauf an, was etwas ist, ob Mensch, Tier oder Maschine, sondern nur noch darauf, welches Verhalten die jeweilige Erscheinung zeigt.

Aber nicht nur das Wesen der Intelligenz ist schwer zu fassen, sondern auch der Begriff des Künstlichen.

Das Wort «künstlich» stammt von dem Wort «Kunst» ab, das zunächst ‹wissen, Kenntnis, menschliche Befähigung, Fertigkeit› beinhaltete. Man benutzte also das Wort «Kunst» im Sinne von Wissenschaft oder der Expertise, etwas erzeugen zu können. In diesem Sinne spricht man auch heute noch von Heilkunst, Kochkunst, Malkunst usw. Davon stammt dann das Wort «künstlich» ab. Es bedeutet heute nachgemacht, nicht natürlich.[130]

Das Adjektiv «künstlich» kann in zweierlei Hinsicht gebraucht werden:

Die eine Anwendung wird sichtbar, wenn wir von «künstlichen Blumen» sprechen. Dann sind das Gegenstände, die zwar vorgeben, eine Blume zu sein, die es aber de facto nicht sind. Das Künstliche tut so, als ob es etwas wäre, ist es aber nicht. Eine künstliche Blume besteht meist aus Plastik; jeder, der diese Plastikblume für eine Blume hält, unterliegt einem Irrtum. Eine künstliche Blume kann niemals eine echte Blume in ihrer organischen Funktion ersetzen.

Die andere Anwendung zeigt sich, wenn wir von «künstlichem Licht» sprechen. Künstliches Licht ist auch technisch hergestellt, aber es ist tatsächlich fähig, etwas anderes zu beleuchten. Es ersetzt das natürliche Licht so, dass es dessen Funktion übernimmt.

Wenn wir uns also näher mit der Künstlichen Intelligenz befassen, stellt sich die große Frage: Entspricht die Künstlichkeit der Intelligenz derjenigen einer künstlichen Blume oder aber derjenigen des künstlichen Lichtes? Was meinen wir also, wenn wir von Künstlicher Intelligenz sprechen? Was meinen wir, wenn wir sagen, dass Maschinen «denken» könnten?

Turings Lösungsversuch

In einem Aufsatz von 1950 stellte der Mathematiker Alan Turing (1912 – 1954) die Frage: Können Maschinen denken?[131] Und er formulierte sie dann in einer sehr spektakulären Weise um, indem er fragte: Kann in einem Frage-Antwort-Spiel zwischen einem Menschen und einer Maschine diese den Menschen darüber täuschen, dass sie kein Mensch ist? Kann sie erfolgreich so tun, als wäre sie ein Mensch?

Turing behauptete im Verlauf seiner Ausführungen: Wenn die Maschine dies erfolgreich tun könne, sei sie von einem denkenden Wesen nicht unterscheidbar und dann sei sie tatsächlich intelligent.

Die Umformulierung der Frage «Können Maschinen denken?» ist als «Turing-Test» berühmt geworden. Diese umformulierte Frage charakterisiert die Auffassung vieler Menschen der Gegenwart. Es geht heute in der Regel nicht mehr um das Wesen einer Sache, um die Frage, wer oder was etwas wirklich *ist*, sondern darum, ob es gelingt, so zu scheinen, als ob es etwas sei: «Ein Gerät, das Intelligenz erfolgreich simuliert, ist intelligent.» Hier wird der Schein mit dem Sein, der Output mit dem Wesen gleichgesetzt.

Es geht also nicht darum, ob etwas wirklich wahr ist, sondern nur, ob etwas als Wahrheit akzeptiert wird. Der Turing-Test entscheidet lediglich über die Akzeptanz eines Scheines, aber nicht über die Wirklichkeit im existenziellen Sinne. Er verweigert die Möglichkeit, hinter die Erscheinung zu schauen, um nachzusehen, was wirklich der Fall ist. Turing hat einen Gedanken geliefert, der den Unterschied zwischen Mensch und Maschine verwischt. Diese Vermischung von Mensch und Maschine findet man in den meisten Veröffentlichungen über Künstliche Intelligenz.

Aus dieser im echten Sinn des Wortes oberflächlichen Sichtweise wird immer wieder eine Definition der Künstlichen Intelligenz zitiert, die im Jahre 1966 der Informatiker und KI-Pionier Marvin Minsky (1927 – 2016) aufstellte:

> «Artificial Intelligence is the science of making machines do things that would require intelligence if done by men.»[132]

Von Minsky stammt auch das verächtliche Wort, dass unser Gehirn nichts weiter als eine Fleischmaschine sei: «The brain is merely a meat machine.»[133] Etwas vornehmer als Minsky formulierte es der KI-Forscher Klaus Mainzer:

> «Tatsächlich sind Menschen und die uns bekannten Tierformen selbst nur Beispiele intelligenter Systeme, die sich auf dieser Erde mehr oder weniger zufällig unter verschiedenen Nebenbedingungen entwickelt haben. Die Gesetze der Evolution haben und hätten auch andere Formen zugelassen. [...] Wir Menschen sind eine Teilklasse intelligenter Systeme, die unter anderem Emotionen und Bewusstsein besitzen.»[134]

Diese Auffassung wird immer mehr zu einer allgemein akzeptierten, ja einer selbstverständlichen Vorstellung. 2017 verkündete beispielsweise ein viel gelesener Autor, der Historiker und Philosoph Yuval Noah Harari, als feststehende Erkenntnis:

> «Die Vorstellung, Menschen würden immer über eine einzigartige Fähigkeit verfügen, die für nicht-bewusste Algorithmen unerreichbar ist, ist reines Wunschdenken. Die aktuelle wissenschaftliche Antwort auf dieses Hirngespinst lässt sich in drei einfachen Prinzipien zusammenfassen:
>
> 1. Organismen sind Algorithmen. Jedes Tier – darunter auch *Homo sapiens* – ist eine Ansammlung organischer Algorithmen, die im Laufe der Evolution über Millionen von Jahren durch natürliche Auslese geprägt wurden.
> 2. Algorithmische Berechnungen sind unabhängig von den Materialien, aus denen der Rechner besteht. Ob man nun eine Rechenmaschine aus Holz, Eisen oder Plastik baut – zwei plus zwei ergibt immer vier.
> 3. Deshalb gibt es keinen Grund zu der Annahme, organische Algorithmen könnten Dinge tun, die nicht-organische Algorithmen niemals nachahmen oder sogar besser könnten. Solange die Berechnungen stimmen, ist es egal, ob die Algorithmen aus Kohlenstoff oder aus Silizium sind.»[135]

Der alltägliche Umgang mit Computern, KI-Systemen und in naher Zukunft auch mit autonomen Service-Robotern wird diesen Glauben vermutlich vertiefen und ihm zur Ausbreitung verhelfen.

Qualitäten, die im Denken erfahrbar sind

Addition und Multiplikation

Aber so einfach geht es nicht, dass man umstandslos die Erscheinungsweisen von Intelligenzen vergleicht, ohne darauf zu schauen, wie diese Erscheinungsweisen jeweils entstanden sind, aus welchem Wesen sie hervorgehen.

Um dem nachzugehen, muss man sich von der äußeren Beobachtung abwenden und das innerliche Beobachtungsfeld betreten. Denn die Entstehung von Intelligenz kann man nur beobachten, wenn man sein eigenes Denken betrachtet. Im eigenen Denken tritt Intelligenz auf. (Und es gibt keinen Menschen, bei dem das nicht der Fall ist, auch wenn eine böse Zunge das einem unsympathischen Mitmenschen vielleicht absprechen möchte.)

Um die Entstehung von Intelligenz zu betrachten, muss man also zuerst das eigene Denken beobachten. Wenn man das tut, dann stellt man bald fest, dass in den eigenen Denkprozessen sehr verschiedene Qualitäten auftreten.

An einem einfachen mathematischen Beispiel lässt sich das verdeutlichen. Es sei eine wiederholte Addition betrachtet: Zu einer gegebenen Zahl kommt immer wieder das Gleiche hinzu, beispielsweise zu der Zahl 2 wird immer wieder 2 dazuaddiert: 2, 4, 6, 8, 10, 12, 14, ... Vergleicht man damit die Multiplikation:

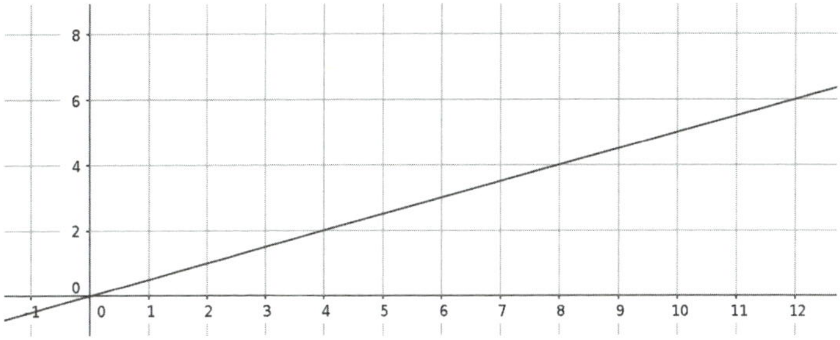

Abb. 10: Die Darstellung einer gleichbleibendenden Addition ergibt im Koordinatensystem eine Gerade.

Eine gegebene Zahl wird wiederholt mit derselben Zahl vervielfacht, beispielsweise die Zahl 2 wird immer wieder mit 2 multipliziert: 2, 4, 8, 16, 32, 64, … .

Dieser Vorgang hat eine deutlich andere Qualität, was sich bereits in der grafischen Darstellung zeigt. Wenn man bei der Addition den Fortschritt der Zahlenreihe in einem Koordinatensystem darstellt, erhält man eine Gerade (Abb. 10). Wenn man einen Punkt auf der Geraden gleichmäßig vorwärtsbewegt und zugleich das Koordinatensystem mit konstanter Geschwindigkeit dreht, dann ergibt sich als Gesamtbewegung des Punktes eine archimedische Spirale (Abb. 11). Sie war bereits im Altertum bekannt, und man kann sie im Alltag immer wieder finden (Abb. 12).

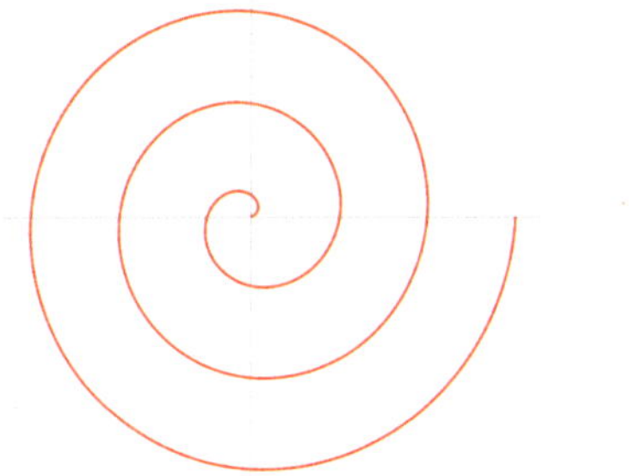

Abb. 11: Archimedische Spirale

Abb. 12: Die archimedische Spirale in Gegenständen des Alltags, z.B. in aufgewickelten Lakritzstangen (oben) und der Schallplatte (unten).

Wenn man bei der Multiplikation den Fortschritt der Zahlenreihe in einem Koordinatensystem darstellt, erhält man eine Exponentialfunktion (Abb. 13). Dreht man gleichzeitig das Koordinatensystem mit konstanter Geschwindigkeit, während ein Punkt sich gleichmäßig entlang der Kurve bewegt, dann ergibt sich eine logarithmische Spirale (Abb. 14). Diese tritt im ganzen Bereich der organischen Natur immer wieder auf (Abb. 15).

Addition und Multiplikation zeigen sich einerseits im denkenden Prozess als qualitativ verschiedene Vorgänge, andererseits treten sie in der äußeren Natur als ein qualitativ Unterschiedliches auf. Additive Vorgänge zeigen sich in erster Linie im physikalisch-maschinellen Bereich. Multiplikative Vorgänge findet man dagegen vor allem in organischen Prozessen.

Der gemeinsame abstrakte Kern

Man kann aber auch von einem völlig anderen Aspekt aus auf Addition und Multiplikation schauen. Wenn man die Rechenvorgänge betrachtet, dann stellt man zunächst fest, dass es egal ist, welche reellen Zahlen man addiert oder miteinander multipliziert, es ergibt sich immer wieder eine reelle Zahl. Addition und Multiplikation haben im Bereich der reellen Zahlen immer eine reelle Zahl als Ergebnis (Abgeschlossenheit).

Addiert oder multipliziert man drei Zahlen, ist das Ergebnis dasselbe, egal, in welcher Reihenfolge die Zahlen verknüpft werden (Assoziativität). Vertauscht man zwei Zahlen bei der Addition oder Multiplikation, ergibt sich das jeweils gleiche Ergebnis (Kommutativität).

Sowohl bei der Addition als auch bei der Multiplikation treten in der Art und Weise, wie man die Zahlen verknüpft, gleiche Verfahrensweisen auf. Diese kann man in Form abstrak-

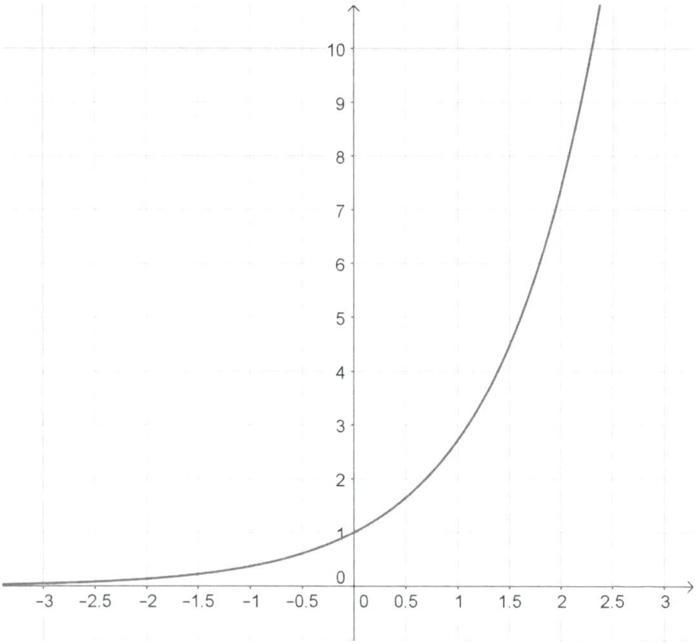

Abb. 13: Die Darstellung einer gleichbleibendenden Multiplikation ergibt im Koordinatensystem eine exponentiell ansteigende Kurve.

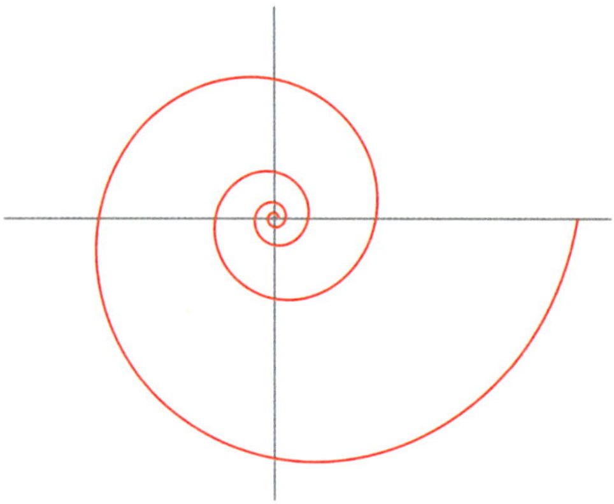

Abb. 14: Logarithmische Spirale

Abb. 15: Logarithmische Spiralen in der organischen Natur. Oben: Tiefdruckwirbel über Island, Sept. 2003 aus 700 km Höhe fotografiert; unten: Querschnitt durch eine Nautilusschale. Quelle: wikimedia.commons

ter Gesetze beschreiben, die sowohl für die Addition als auch die Multiplikation gelten.

$2 + 3 + 4 = 9$ $(2 + 3) + 4 = 2 + (3 + 4) = 9$

$2 \cdot 3 \cdot 4 = 24$ $(2 \cdot 3) \cdot 4 = 2 \cdot (3 \cdot 4) = 24$

Abstrakt beschreibt man diese Eigenschaft als *Assoziativgesetz:*

$(a \circ b) \circ c = a \circ (b \circ c)$

Zu jeder Zahl gibt es eine entsprechende andere, die bei der Addition die Zahl Null ergibt und bei der Multiplikation die Zahl 1.

$2 + (-2) = 0$

$2 \cdot ½ = 1$

Abstrakt formuliert:

Für jede Zahl a gibt es eine inverse Zahl a^{-1}. *Werden diese beiden Zahlen miteinander verknüpft, dann ergibt sich das sogenannte neutrale Element «e»:* $a_0 a^{-1} = e$

Bei Addition und Multiplikation kann man jeweils die Zahlen beliebig vertauschen.

$2 + 3 = 3 + 2$

$2 \cdot 3 = 3 \cdot 2$

Abstrakt:

Kommutativgesetz: $a \circ b = b \circ a$

Beim Addieren wie auch beim Multiplizieren finden sich dieselben Vorgehensstrukturen. *Obwohl beide qualitativ verschieden sind, haben sie die gleiche Grundstruktur in ihren Verknüpfungen.*

Diese Grundstruktur kann man abstrahieren und in den sogenannten Gruppenaxiomen allgemeingültig formulieren. Kann man aus diesen abstrakten Gruppenaxiomen einen Satz beweisen, dann gilt er sowohl für die Addition als auch für die Multiplikation. Das muss man dann nicht mehr extra nachprüfen.

Definition der Gruppe

Eine Gruppe G ist eine Menge, innerhalb der eine Verknüpfung «∘» gegeben ist, die jedem Paar (a, b) von Elementen aus der Menge G ein anderes Element e = a ∘ b zuordnet, sodass die folgenden Axiome erfüllt sind:

1. $(a \circ b) \circ c = a \circ (b \circ c)$ für alle a, b, c aus G (*«Assoziativgesetz»*)
2. Es gibt ein n aus G mit $a \circ n = a$ (n heißt *«neutrales Element»*)
3. für jedes a aus G gibt es ein a^{-1} aus G mit $a \circ a^{-1} = n$ (a^{-1} heißt *«inverses Element»* von a)

Die Gruppe G wird *abelsch* genannt, wenn zudem gilt:

4. $a \circ b = b \circ a$ für alle a, b aus G (*«Kommutativgesetz»*)

Die Axiome der Gruppe gelten aber nicht nur für Addition und Multiplikation im Bereich der reellen Zahlen, sondern in zahllosen anderen Bereichen der Mathematik.

Beispielsweise bilden auch die möglichen Vertauschungen der Ecken eines Quadrates eine Gruppe. Zwei Drehungen hintereinander ausgeführt, ergeben wieder eine Drehung. Also liegt Abgeschlossenheit vor. Ob ich zur ersten Drehung die Summe aus der zweiten und dritten Drehung hinzufüge oder zur Summe der ersten und zweiten Drehung die dritte, ist egal; also ist das Assoziativgesetz erfüllt. Zu jeder Drehung gibt es die umgekehrte Drehung: Also besitzt jede Drehung eine inverse. Das neutrale Element ist die nicht durchgeführte Drehung. Auch das Kommutativgesetz gilt. Also erfüllen die Drehungen eines Quadrates die Gruppenaxiome und stellen damit, ebenso wie die Addition und Multiplikation, eine mathematische Gruppe dar.

Addition, Multiplikation und Drehungen sind qualitativ sehr verschieden, und dennoch zeigt sich in ihren Operationen etwas, das sich in eine abstrakte Definition bringen lässt, die in allem einverwoben ist, in der aber die qualitativen Unterschiede eliminiert sind.

Rückkoppelung

Die Denkfigur, die sich in der Entwicklung der Gruppenaxiome zeigt, vollzog im 20. Jahrhundert auch die Kybernetik in Bezug auf den Menschen und die Maschine. Die ersten Wurzeln der Kybernetik findet man im 19. Jahrhundert, sie treten etwa gleichzeitig mit den Anfängen der Gruppentheorie auf. Am Ende des 18. Jahrhunderts entwickelte James Watt (1736 – 1819) die doppeltwirkende Dampfmaschine, bei welcher der Dampf von beiden Seiten auf den Kolben drückt. Seine Patente liefen im Jahr 1800 aus. Von da an verbreitete sich die Anwendung der Dampfmaschine explosionsartig. Mit der Dampfmaschine kündigte sich zugleich eine weitere – zunächst unwesentlich erscheinende, aber dennoch zentrale – Neuerung an: der Fliehkraftregler, im Englischen auch «Governor» (Direktor, Leiter, alter Herr, Chef) genannt.

Matthew Boulton (1728 – 1809), der zusammen mit James Watt die Dampfmaschine herstellte, entdeckte 1788 das Prinzip der Fliehkraftregelung beim Windmühlenbau und übertrug es auf die Dampfmaschine:[136] Der Fliehkraftregler steuert durch die Zentrifugalkraft die Drehzahl der Maschine, in dem die Dampfzufuhr entweder gedrosselt oder erhöht wird (Abb. 16 a, b).

Er schützt die Maschine vor ihrer Zerstörung, indem er verhindert, dass ihre Drehzahl in zu hohe Bereiche kommt. Durch den Governor steuert sich die Maschine selbst. Mit der Wattschen Dampfmaschine beginnt daher nicht nur die Ära der Kraftmaschinen, sondern zugleich auch die der Regelungs-

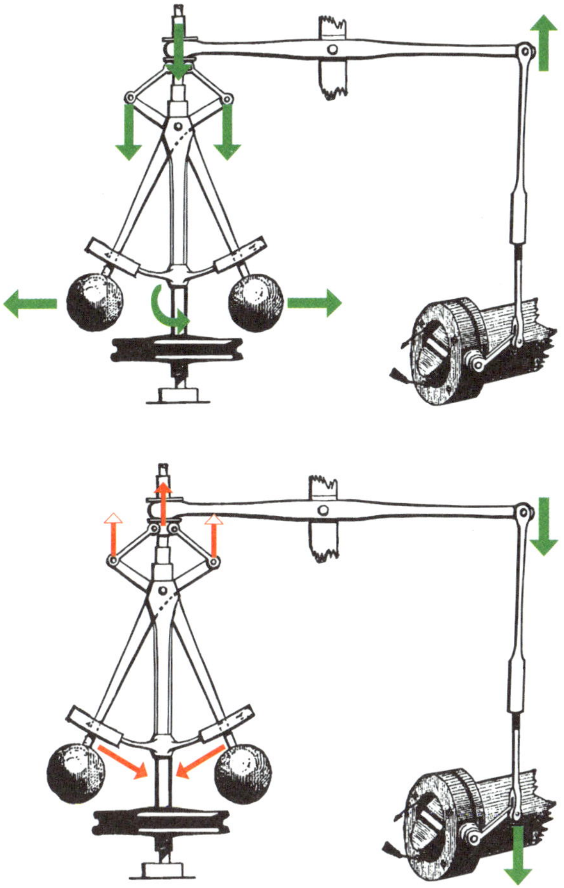

a

b

Abb. 16 a, b: Das Prinzip des Fliehkraftreglers, mithilfe dessen durch die Zentrifugalkraft die Drehzahl einer Maschine gesteuert werden kann.[137]

technik, die einhundertfünfzig Jahre später als Kybernetik von sich reden macht. Die Maschine nimmt mit diesem einfachen Regler eine primitivste Form von Selbstständigkeit an.

Das mechanistische Denken der Neuzeit, das die Welt als Uhrwerk sieht, findet im Governor einen wesentlichen Niederschlag. Man betrachtete damals den Kosmos als ein Uhrwerk und Gott als den Uhrmacher. Gottfried Wilhelm Leibniz (1646–1716) entwickelte in seinem Buch *Theodizee* die Vorstellung einer vollkommen und ewig regulierten Welt. Die Welt funktioniere nach einem strengen göttlichen Plan: Gott hat die Welt geregelt, und nun läuft sie gemäß diesen Regeln ab. Diese Vorstellung von einer zentralen göttlichen Regelung säkularisierte sich in der Folgezeit. Man glaubte, überall in der Natur seien Regler eingebaut, welche die Abläufe in der Natur regeln – auch die menschlichen Abläufe.[138] Und mit dem Governor hatte man ein Beispiel für die selbstständige Regelung der Welt.

Indem der Mensch mit solchen Geräten in der Praxis umgeht, hat das eine Rückwirkung auf ihn selbst, worauf Frank Schirrmacher (1959–2014) deutlich hinwies:

> «Maschinen haben die Macht, gesellschaftliche Normen zu produzieren, ohne sie kommunizieren und ohne sie begründen zu müssen. Sie können, wie die Technikgeschichte gezeigt hat, wirksamer sein als gesetzgebende Apparate. Ihre Funktionsfähigkeit ist ihr Argument, und sie arbeiten in den Köpfen selbst dann noch, wenn sie in der wirklichen Welt längst verschrottet sind. Ohne je eine Dampfmaschine gesehen zu haben, sagen Menschen bis heute: Ich stehe unter Dampf. Weil Maschinen intuitiv verständlich sind. So wie das Sicherheitsventil der Dampfmaschine, ‹governor› genannt, das ausreichte, um die Idee sich selbst regulierender Systeme und damit des Liberalismus zu begründen. […] Die Dampfmaschine verankerte mit dem ‹governor› die Metapher der Selbstregulierung in den Köpfen der Menschen.»[139]

Man beginnt die Maschine als selbstständiges Wesen anzusehen, das sich unabhängig vom Menschen selbst steuern kann, genauso wie sich auch Mensch und Welt selbst regulieren. Dieses Bild verbreitet sich ab der Mitte des 20. Jahrhunderts sehr stark und droht heute gesellschaftsbestimmend zu werden.

Mitte des 20. Jahrhunderts

Alte Kräfte erschöpfen sich

Es ist gar nicht so bekannt, dass Rudolf Steiner für die Mitte des 20. Jahrhunderts eine deutliche Zäsur der menschheitlichen kulturellen Entwicklung erwartete. Er betrachtete auch die menschliche Geschichte als einen Organismus, bei dem zu bestimmten Zeiten Entwicklungssprünge zu beobachten sind. Ein solcher geschah etwa in der Mitte des 15. Jahrhunderts; und was damals begann, zeigt sich in seinen Konsequenzen im 20. Jahrhundert.

> «Die Menschen haben heute kein Bewusstsein davon, welch bedeutungsvoller Sprung geschehen ist um die Wende des 14. und 15. Jahrhunderts, oder eigentlich in der Mitte des 15. Jahrhunderts. Aber dasjenige, was sich damals eingeleitet hat, das will in der Mitte unseres Jahrhunderts sich erfüllen. [...] dass die Ereignisse [...] hintendieren nach etwas, das man wirklich herausfinden kann als sich vorbereitend und als stark hereinbrechend in die Menschheitsevolution für die Mitte dieses Jahrhunderts.»[140]

Tatsächlich ist, neben vielen anderen Entwicklungen, die Erfindung des Buchdrucks durch Johannes Gutenberg um 1450 ein bedeutendes Symptom für eine Epochenwende der Menschheit. Der Medientheoretiker Marshall McLuhan prägte den

Begriff der «Gutenberg-Galaxis», um den Einfluss des Buchdrucks auf die menschliche Kultur zu charakterisieren. Die technische Vervielfältigung der Schrift war ein bedeutender Motor der weiteren kulturellen Entwicklung. Mit dem Buchdruck begann das Zeitalter der technischen Medien; zunächst wurden analoge Verfahren angewandt, dann aber, ab Mitte des 20. Jahrhunderts, setzten sich die digitalen Technologien durch.

In einem anderen Vortrag im Herbst 1919 wies Rudolf Steiner ebenfalls darauf hin, dass in der Mitte des 20. Jahrhunderts eine große Herausforderung auf die Menschheit zukommt:

> «Diejenigen Kräfte der Menschheitsentwickelung, die den Menschen unbewusst geleitet haben, sodass er hat vorwärtskommen können, sie sind erschöpft und erschöpfen sich ganz bis zur Mitte des Jahrhunderts, approximativ gesprochen. Aus den Tiefen der Seelen müssen die neuen Kräfte heraufgeholt werden. Und einsehen muss der Mensch, wie er in den Tiefen seiner Seele zusammenhängt mit den Wurzeln des geistigen Lebens.»[141]

Dieses Versiegen alter Menschheitskräfte hängt entscheidend mit der Entwicklung der menschlichen Freiheitsfähigkeit zusammen. Aus dem Verlust alter Kräfte ergibt sich aber die Notwendigkeit, dass sich die Menschheit eine neue Kräftequelle erschließen muss, wenn sie nicht in die Dekadenz kommen will. Diese Kräfte werden jedoch nur gefunden, wenn sich die Menschen aktiv dem Spirituellen zuwenden.

> «Diese Mitte des Jahrhunderts fällt aber zu gleicher Zeit zusammen mit dem Ablauf derjenigen Zeit, in der gewissermaßen die noch atavistisch zurückgebliebenen Kräfte von vor der Mitte des 15. Jahrhunderts in die ärgste Dekadenz kommen. Und die Menschheit muss vor der Mitte dieses Jahrhunderts den Entschluss fassen, sich dem Spirituellen zuzuwenden.»[142]

In diesem Vortrag machte Steiner eine weitere Voraussage im Hinblick auf die Mitte des 20. Jahrhunderts, von der man im geschichtlichen Rückblick sagen muss, dass sie in erschütternder Weise eingetroffen ist:

> «Diejenigen Menschen, welche heute solche Impulse aus der geistigen Welt empfangen, welche heute wissen um die Wahrheiten und Erkenntnisse, die hereinmüssen in die Menschheitsevolution, sie wissen das Folgende: Wenn nicht durch diese von solchen Menschen zu handhabende Wissenschaft der Initiation befruchtet wird dasjenige, was wir Naturerkenntnis nennen, dasjenige namentlich, was wir Kunst nennen, so geht die Menschheit einem raschen Verfalle, einem furchtbaren Verfalle entgegen. Lassen Sie drei Jahrzehnte noch so gelehrt werden, wie an unseren Hochschulen gelehrt wird, lassen Sie noch durch dreißig Jahre so über soziale Angelegenheiten gedacht werden, wie heute gedacht wird, dann haben Sie nach diesen dreißig Jahren ein verwüstetes Europa. Sie können noch so viele Ideale auf diesem oder jenem Gebiete aufstellen, Sie können sich die Münder wund reden über Einzelforderungen, die aus dieser oder jener Menschengruppe hervorgehen, Sie können in dem Glauben reden, dass mit noch so eindringlichen Forderungen etwas getan werde für die Menschenzukunft – alles wird umsonst sein, wenn die Umwandlung nicht geschieht aus dem Fundamente der Menschenseelen heraus: aus dem Denken der Beziehung dieser Welt zur geistigen Welt. Wenn nicht da umgelernt wird, wenn nicht da umgedacht wird, dann kommt die moralische Sintflut über Europa!»[143]

In der Tat blickte die Welt 1945 – keine dreißig Jahre später – auf ein zerstörtes Europa. Aber auch nach dieser Zerstörung ist nicht umgedacht worden. Im Gegenteil, während des Krieges entstanden die Gedanken und Ideen, die heute weltweit die menschheitliche Kultur an der Wurzel untergraben, indem sie das Humane maschinell denken. Im Rückblick auf das Geschehene kann man erahnen, warum Rudolf Steiner, der einen so klaren «Vorblick» hatte, nicht müde wurde, die Menschen zum Umdenken aufzurufen. Immer wieder machte er seine Zuhörer darauf aufmerksam, dass die von ihm vertretene anthroposophische Geisteswissenschaft nicht nur etwas für den individuellen Privatgebrauch ist, sondern eine kulturelle Aufgabe hat, die sehr ernst genommen werden muss.

> «Das Wort von der Notwendigkeit des Umlernens und Umdenkens in Bezug auf die wichtigsten Angelegenheiten der Menschheitsentwickelung, es muss gründlich und ernst verstanden werden. Deshalb möchte ich Sie bitten, gerade darauf Wert zu legen, dass unsere Tendenz darauf gehen müsse, alles bloß Sektiererische, das auch noch in dem anthroposophischen Gemüt wuchert, zu überwinden und die Welt- und Menschheitsbedeutung der anthroposophisch orientierten Geisteswissenschaft wirklich zu sehen.»[144]

Verfolgt man die Geschichte der anthroposophischen Bewegung, dann ist es dramatisch, zu sehen, wie sehr Steiner darunter litt, dass es unter seinen Anhängern viel zu wenige gab, die den Ernst dessen, was er zu vermitteln suchte, verstanden.

> «Aber es sind leider noch viel zu wenige da von der Art derjenigen, die den ganzen Ernst dessen durchdringen, was heute für die Evolution der Menschheit auf dem Spiele steht.»[145]

Am Schluss eines Vortrags, den er nach dem Ende des Ersten Weltkriegs hielt und bei dem auch ausländische Zuhörer dabei waren, richtete er an diese die ernsten Worte:

> «Wird sich bei denjenigen, denen die äußere Herrschaft wie durch eine äußere Notwendigkeit zufällt, eine genü-

gend große Anzahl von Menschen finden, welche die Verantwortlichkeit fühlt, dass hineingestellt werden […] in diese Kulmination der materialistischen Herrschaft […] die Antriebe des spirituellen Lebens? Und das darf nicht allzu langsam geschehen! Die Mitte dieses Jahrhunderts ist ein sehr bedeutungsvoller Zeitpunkt. Fühlen sollte man gerade die ganze Schwere der Verantwortlichkeit, wenn man gewissermaßen vom äußeren Naturschicksal dazu ausersehen ist, die Herrschaft des Materialismus – denn die Herrschaft des Materialismus wird es sein – in der äußeren Erdenwelt anzutreten. Denn diese Herrschaft des Materialismus trägt zu gleicher Zeit den Keim des Zerstörens in sich. Das Zerstören, das begonnen hat, wird nicht aufhören. Und die äußere Herrschaft heute antreten bedeutet: die Kräfte der Zerstörung, die Kräfte der Menschenkrankheit zu übernehmen, in ihnen zu leben. Denn dasjenige, was die Menschheit in die Zukunft hineintragen wird, das wird aus dem neuen Keim des Geistes hervorgehen. Der wird gepflegt werden müssen. Und dafür gibt es die Verantwortlichkeit gerade auf jener Seite, der die Weltherrschaft zufällt.»[146]

Es ist erschütternd, wie deutlich sich Steiners Einschätzungen bis heute erfüllt haben; man blicke nur auf den Balkan, auf Libyen, den Irak, Afghanistan, Syrien usw. – noch immer ist kein Ende der kriegerischen Auseinandersetzungen abzusehen; im Gegenteil, neue Konfliktherde brechen auf.

Aber was hat sich in der Mitte des 20. Jahrhunderts ereignet? Welche Impulse und Gedanken kamen während dieser Zeit neu in die Kultur?

Neue Technologien und Forschungsgebiete

Die Mitte des 20. Jahrhunderts ist durch den Zweiten Weltkrieg gekennzeichnet. Er zerstörte nicht nur weite Teile der Welt, sondern er trug auch wesentlich zur Beschleunigung technischer Entwicklungen bei, vor allem im Waffenbau. In den USA wurde mit einem enormen Aufwand die Atombombe entwickelt – und im August 1945 wurden auf die beiden japanischen Städte Hiroshima und Nagasaki die ersten Prototypen abgeworfen. Hunderttausende starben innerhalb von Sekunden, und Hunderttausende trugen bleibende Schäden davon.[147] Seitdem ist die Welt eine andere. Der Kulturphilosoph Günther Anders formulierte dies in seinen Schriften sehr deutlich: Wir Menschen leben seitdem mit der Tatsache – die wir verdrängen –, dass wir ein Leben auf Abruf führen: Andere verfügen über unser Leben und nutzen es als Druckmittel, um Machtinteressen durchzusetzen. Die Tatsache, dass wir das nicht wirklich ernst nehmen, bezeichnete Günther Anders als «Apokalypseblindheit».[148]

Parallel zur Entwicklung der Atombombe, sozusagen als Zwillingsentwicklung, entstand der Computer. Ohne Computer hätten die Berechnungen, die der Konstruktion der Bombe zugrunde liegen, nicht durchgeführt werden können. Man brauchte Rechneranlagen für den Bau der Bombe. Die Atombombe war die treibende Kraft für den Bau der Computer.[149]

Es sind nicht nur diese beiden technischen Entwicklungen, die in der Mitte des 20. Jahrhunderts mit großen Anstrengungen realisiert wurden, sondern auch weniger auffällige, die aber für den Alltag des 21. Jahrhunderts genauso einschneidende Konsequenzen haben. Es wurden neue Forschungsrichtungen eingeschlagen, in deren Denkweisen das transhumanistische Weltbild der Gegenwart seine Wurzeln hat:

- Kybernetik – die Wissenschaft von der Steuerung und Regelung der Informationsverarbeitung in dynamischen Systemen
- Informationstheorie – die Wissenschaft, welche sich mit der quantitativen und strukturellen Erforschung von Informationen und der verschiedenen Verfahren zur elektronischen Übertragung von Informationen befasst
- Behaviorismus – der das äußerlich erfassbare Verhalten von Lebewesen untersucht und fragt, durch welche Verfahren Verhalten beeinflusst werden kann
- Spieltheorie – die Wissenschaft der Strategie, wie durch rationale Verfahren Entscheidungen in sozialen Konfliktsituationen herbeigeführt werden können.

Auf zwei dieser Forschungsrichtungen sei im Folgenden kurz eingegangen.

Kybernetik

Die Kybernetik entstand während des Zweiten Weltkrieges.[150] Militärtechnische Forschungen führten dazu, dass man in lebenden Organismen ähnliche Regelungskreisläufe fand, wie sie auch in Maschinen realisiert werden. Kybernetik ist die Wissenschaft von der Kommunikation und der Kontrolle in Systemen. Dabei ist egal, welche Qualitäten das System auszeichnen; es werden die Prozesse angeschaut, die sich in den Systemen abspielen. Man fragt: ‹Wie verhält sich das Ganze?› und nicht: ‹Aus was besteht es?›

> «Wenn wir den Bau und die Funktionsweise lebender Organismen untersuchen, so stoßen wir auf Gesetzmäßigkeiten eines Automatismus, der von diesem Organismus realisiert wird. Wir formulieren diese Gesetze mithilfe abstrakter

> Begriffe, die sich auf alle Systeme solcher Arten beziehen. Aus den erhaltenen Formeln ist dann nicht mehr zu ersehen, ob es sich um belebte oder um unbelebte Systeme handelte. Um die Richtigkeit der aufgefundenen Zusammenhänge und Gesetze zu überprüfen, schaffen wir ein vereinfachtes Modell des Automaten, das nur den betreffenden Zusammenhang, das betreffende Gesetz zu demonstrieren hat und frei von überflüssigen und nebensächlichen Einzelheiten ist. [...] *Isomorphe Systeme* kann man einheitlich mathematisch beschreiben, viele Einzelheiten ihres Aufbaus sind dabei unwesentlich. Bei der Synthese kann man deshalb einen beliebigen Automaten anstelle eines anderen, isomorphen benutzen. Man erhält, wenn man die kybernetischen (nicht etwa auch die physikalischen) Eigenschaften des einen Automaten untersucht, die gleichen Resultate wie bei einer Untersuchung des anderen. In diesem Fall bildet der eine Automat ein kybernetisches *Modell* des anderen.»[151]

Kybernetik ist ein hoch abstraktes Gebiet, bei dem völlig egal ist, ob das betrachtete System ein technisches, biologisches, psychologisches oder soziales ist. Ist etwas als System beschreibbar, dann kann man es mit kybernetischen Begriffen betrachten. Und das fängt bei einfachen Dingen an: In dem Moment, wo Regelung durch Rückkoppelung geschieht, ist es bereits Kybernetik. Das reicht vom Thermostat bis hin zur menschlichen Gesellschaft oder der biologischen Evolution. Durch ihre hoch abstrakte Betrachtungsweise kann die Kybernetik Prozesse verschiedenster Art formalisieren und sie dann als mathematisches Modell handhaben – und technisch nachbauen.

Da ein und dieselbe Betrachtungsweise auf völlig verschiedene Phänomene angewendet werden kann, erhob die Kybernetik den Anspruch, eine alle Wissenschaften übergreifende Theorie zu sein:

> «Wir beginnen einzusehen, dass solche wichtigen Elemente wie die Neuronen, die Atome des Nervenkomplexes unseres Körpers, ihre Arbeit unter fast den gleichen Bedingungen wie Vakuumröhren verrichten, mit ihrer relativ kleinen Energie, die von außen durch die Zirkulation ergänzt wird, und dass die Buchhaltung, die sehr wesentlich ist für die Beschreibung ihrer Funktion, keine Energiebuchhaltung ist. Kurz, die neuere Untersuchung der Automaten, ob aus Metall oder aus Fleisch, ist ein Zweig der Nachrichtentechnik, und ihre Hauptbegriffe sind jene der Nachricht, Betrag der Störung oder ‹Rauschen› – ein Ausdruck, übernommen vom Telefoningenieur –, Größe der Information, Kodierverfahren und so fort.»[152]

In der abstrakten Betrachtung der Systeme verselbstständigen sich diese zu bloß mathematischen Zusammenhängen, und diese Zusammenhänge werden mehr und mehr als die eigentlichen Akteure angesehen, die über eine Art freien Willen verfügen und vor allem auch «lernen» können.

> «Da nun der Begriff der lernenden Maschine auf jene Maschinen anwendbar ist, die wir selbst gebaut haben, ist er auch auf die lebenden Maschinen anwendbar, die wir Tiere nennen, sodass wir die Möglichkeit haben, die biologische Kybernetik in einem neuen Licht zu sehen.»[153]

Da man Organismen ebenfalls als kybernetische Systeme auffasste, glaubte man, auch «Lernen» und «Fortpflanzung» kybernetisch beschreiben und damit mechanisch nachbauen zu können. Norbert Wiener (1894 – 1964) einer der Gründer der Kybernetik als Wissenschaft schrieb daher 1949:

> «Können von Menschenhand geschaffene Maschinen lernen und können Sie sich selbst reproduzieren? Wir werden versuchen […] zu zeigen, dass sie wirklich lernen und sich selbst reproduzieren können, und wir werden eine Darstel-

lung der Technik geben, die für diese beiden Tätigkeiten notwendig ist. [...] Nun lassen Sie mich ein oder zwei Worte über sich fortpflanzende Maschinen sagen. Hier sind beide Worte, *Maschine* und *sich fortpflanzende*, wichtig. Die Maschine ist nicht nur eine Form der Materie, sondern ein Unternehmen zur Erfüllung bestimmter eindeutiger Zwecke. Selbstfortpflanzung ist nicht lediglich das Hervorbringen einer greifbaren Nachbildung, sie ist das Schaffen einer Nachbildung, die der gleichen Funktionen fähig ist. Hier treten zwei verschiedene Gesichtspunkte zutage. Einer davon ist lediglich kombinatorisch und betrifft die Frage, ob eine Maschine genügend Teile und eine ausreichend komplizierte Struktur hat, um als eine ihrer Funktionen der Selbstreproduktion fähig zu sein. Diese Frage ist durch den verstorbenen John von Neumann bejahend beantwortet worden.»[154]

Parallel zur Kybernetik entstand die *Informationstheorie*, die zunächst untersucht, wie Informationen verlustfrei übertragen werden können. Mit ihr kam damals schon die Idee auf, dass sich das menschliche Bewusstsein zum Körper so verhalte wie die Information zur Maschine. Daraus folgt – was bereits Norbert Wiener behauptete –, dass es prinzipiell möglich sein müsse, Bewusstsein ähnlich wie Software übertragen zu können.[155]

Die Kybernetik als Wissenschaft ist in den 1970er-Jahren aus der Mode gekommen. Es zeigte sich, dass die mathematische Behandlung der Systeme dann an ihre Grenzen stößt, wenn die Systeme überkomplex werden. Aber: Die Grundannahmen, dass Mensch und Maschine gleicher Natur seien, dass Bewusstsein sich zum Leib verhalte wie eine Nachricht zum Gerät, dass Maschinen prinzipiell lernfähig seien und dass sie sich selbst reproduzieren können, bleiben als Überzeugungen in den Menschen zurück.

Diese Grundannahmen sind abgesunken, sozusagen sedi-

Liebe Leserin, lieber Leser,

mit dieser Karte können Sie uns Ihre Fragen und Wünsche
oder Ihre Meinung zum Buch mitteilen.

Diese Karte entnahm ich dem Buch: ______________________________

Meine Meinung zu diesem Buch:

Ich habe folgende Fragen / Wünsche:

- [ ] **Ich bin damit einverstanden, dass meine Meinung eventuell veröffentlicht wird.** (Ggfs. bitte ankreuzen!)

mentiert und zu Grundlagen des Denkens und vor allem des Empfindens geworden. Sie wirken aus dem Verborgenen auch heute noch herauf. Die Grundgedanken dessen, was uns in der Gegenwart im Transhumanismus begegnet, sind in der Kybernetik angelegt.

Spieltheorie

In der Mitte des 20. Jahrhunderts war der mathematisch begnadetste Geist in Amerika der Ungar John von Neumann (1903 – 1957). Er war an allen Entwicklungen der damaligen Zeit beteiligt: am Bau der Atombombe, der Entwicklung des Computers, und auf ihn geht auch wesentlich die sogenannte Spieltheorie zurück. Zusammen mit dem Mathematiker Oskar Morgenstern (1902 – 1977) veröffentlichte er 1944 das grundlegende Werk *Spieltheorie und wirtschaftliches Verhalten*. In diesem Buch wird die Grundlage gelegt für eine einheitliche Betrachtung der Ökonomie, der Soziologie, der Politikwissenschaften, der Sozialpsychologie bis hin zur Ethnologie und der empirischen Rechtswissenschaft.

> «Die Spieltheorie ist sozusagen die Mathematik der sozialen Interaktionen. Sie stellt die Methoden und formalen Modelle bereit, um soziale Interaktionen präzise zu beschreiben.»[156]

Die Spieltheorie ist daher auch ein wichtiges Instrument der Sozialwissenschaften. Dieser Theorie wird ein extrem einfaches Menschenbild zugrunde gelegt. Man nimmt an:

- dass der Mensch in allen seinen Entscheidungen streng logisch rational vorgeht und
- dass der Mensch immer bestrebt ist, den Nutzen, den er von einer Handlung hat, zu maximieren.

Die Spieltheorie legt ihren Überlegungen also einen radikalen Egoisten zugrunde, einen Menschen, der *nur* an sich und seinen eigenen Vorteil denkt – und der anderen daher *prinzipiell* misstraut. Diese Egoisten «spielen» nun strategisch gegeneinander. Dabei versuchen sie, das meiste für sich selbst herauszuholen. Ein Paradebeispiel, das am Anfang der Lehrbücher über Spieltheorie beschrieben wird, ist das sogenannte Gefangenendilemma. Es handelt sich dabei um das folgende Problem:

Zwei Verdächtige sitzen in Einzelhaft. Die Gerichtsbarkeit ist überzeugt, dass sie beide neben kleineren Vergehen auch eines schweren Verbrechens schuldig sind, aber die Beweise genügen nicht, um sie vor Gericht zu überführen. Der Staatsanwalt stellt ihnen nun verschiedene Möglichkeiten vor: Wenn beide Verdächtigen nicht gestehen, dann wird er sie wegen minderer Delikte zu zwei Jahren Gefängnis verurteilen. Wenn beide gestehen, dann wird er sie zusammen anklagen. Sie erhalten dann aber nicht die Höchststrafe, sondern werden nur zu fünf Jahren Haft verurteilt. Macht jedoch nur einer der beiden ein Geständnis und der andere nicht, so würde der Geständige nach einem Jahr freigelassen, während der andere zur Höchststrafe von zehn Jahren verurteilt wird. Die beiden Gefangenen können, da sie in Einzelhaft sitzen, nicht miteinander kommunizieren. Wie entscheiden sie sich?

Dies ist ein strategisches Entscheidungsproblem, das formal als Spielsituation aufgefasst werden kann. Man kann diese Situation in einem Modell formal darstellen und daraus ein geeignetes Lösungskonzept entwickeln (Abb. 17).

Wie ist die Lösung dieses Gefangenendilemmas? Die rational einzig mögliche Lösung ist, dass jeder der beiden Gefangenen gesteht, denn wenn einer schweigt, dann muss er davon ausgehen, dass der andere spricht, und er hat dann den Nachteil der zehnjährigen Haft.

	Gefangener 2 gesteht	Gefangener 2 gesteht nicht
Gefangener 1 gesteht	Beide werden zu 5 Jahren Haft verurteilt	Gefangener 1 erhält 1 Jahr Haft Gefangener 2 erhält 10 Jahre Haft
Gefangener 1 gesteht nicht	Gefangener 1 erhält 10 Jahre Haft Gefangener 2 erhält 1 Jahr Haft	Beide werden zu 2 Jahren Haft verurteilt

Abb. 17: Schematische Darstellung des sogenannten Gefangenendilemmas.

Warum kann man nicht annehmen, dass beide schweigen? Beide Gefangenen haben einen Anreiz, einseitig von einer gemeinsamen Strategie abzuweichen, weil sie einen individuellen Vorteil bringt. Wenn nämlich einer der beiden gesteht, hätte er ein Jahr weniger Gefängnis abzusitzen, während der andere dann zehn Jahre Haft vor sich hat. Nur bei der Kombination «beide gestehen» kann es für keinen der beiden schlechter werden.

Diese Lösung des Dilemmas ist allerdings nur dann richtig, wenn nicht noch weitere Aspekte hinzukommen. Nimmt man beispielsweise an, dass beide der Mafia angehören, dann ist es günstiger für beide, dass sie schweigen, denn im Fall des Gestehens würden sie nach Ablauf ihrer kürzeren Haft wegen Verrats umgebracht werden. Es kommt also bei solchen spieltheoretischen Überlegungen darauf an, dass man alle Parameter berücksichtigt.

Das Gefangenendilemma ist ein Beispiel dafür, dass strikt rationales Handeln der einzelnen Akteure nicht optimale gemeinsame Ergebnisse zur Folge haben.

Die Spieltheorie – und das hat man schon früh eingesehen – gilt natürlich auch für alle kybernetischen Systeme. «Kybernetiksysteme spielen mit- und gegeneinander strategische Spiele.»[157] Schon John von Neumann war klar, dass die Spieltheorie als Theorie der strategischen Entscheidungen ein nützliches Instrument der militärischen Strategien ist. Als ein solches Instrument wurde es in der Zeit des Kalten Krieges weiterentwickelt und eingesetzt. Tausende begabter Mathematiker rechneten in dieser Zeit an Computern mit spieltheoretischen Verfahren die Strategien der USA im Kalten Krieg durch und gaben den Politikern Empfehlungen.

1989 ging der Kalte Krieg zu Ende. Die Mathematiker wurden arbeitslos und gingen in die Wirtschaft. Die großen Hedgefonds bauten Abteilungen auf, um ihre Strategien der Börsenspekulation mathematisch optimal zu bestimmen. Der Handel an der Börse wurde immer mehr von Computern bestimmt, in deren Programme spieltheoretische Algorithmen eingebaut waren.[158] Und diese Algorithmen arbeiten umso besser, je mehr Informationen sie über die Gegenseite haben. Darüber hinaus «lernen» diese Algorithmen aus ihren Fehlern, und sie werden immer besser.

Dies gilt aber auch für den alltäglichen Umgang der Menschen mit den im Internet gratis zur Verfügung gestellten Diensten. Menschen nehmen dabei nicht nur eine Dienstleistung in Anspruch, sondern hinterlassen gleichzeitig ihre Daten. Und diese Daten entfalten unbemerkt eine starke Macht. Der Unternehmer und Publizist Roman Maria Koidl beschrieb sehr anschaulich, wie spieltheoretische Algorithmen im Hintergrund auf uns einwirken:

«Die gesammelten kondensierten Daten Ihres digitalen Lebens werden sozusagen den Spielalgorithmen vorgestellt. Diese errechnen nun aus dem, was über Sie bekannt ist – nennen wir es einmal ihr Profil –, Wahrscheinlichkeiten, wie Sie sich in einer ganz bestimmten Situation verhalten werden. Die im System hinterlegten Spielemodelle geben nun eine Handlungsempfehlung ab, die Ihr Verhalten unmittelbar beeinflussen soll. Das ist, als würden Sie Ihr eigenes Leben gegen ‹Deep Blue›, den berühmten Schachcomputer, spielen. Es ist ein Spielpartner, der mit jedem Zug, den Sie machen, lernt, wie Sie spielen, wie Sie sich verhalten. Ihre Chance zu gewinnen nimmt daher immer weiter ab, je länger Sie gegen diesen gigantischen, selbst lernenden Automaten spielen. […] Wir spielen längst ein Spiel mit der Zukunft, um ein Leben in freier Selbstbestimmtheit.»[159]

Sie wussten, was sie taten

Welche zukünftigen Möglichkeiten durch die in den 1940er-Jahren neu entstehenden Technologien und Forschungen angelegt wurden, war den damals führenden Köpfen durchaus bewusst. John von Neumanns Ehefrau Klári erinnert sich:

«Einmal, Anfang 1945, kam er aus Los Alamos zurück und legte ein ganz untypisches Verhalten an den Tag. […] Er traf vormittags zu Hause ein, legte sich sofort ins Bett und schlief 12 Stunden. Nichts hätte mich in größere Besorgnis stürzen können als die Tatsache, dass er zwei Mahlzeiten ausließ und so lange an einem Stück schlief, das hatte ich noch nie erlebt. Irgendwann spät abends wachte er auf und begann in einer Geschwindigkeit zu reden, die selbst für seine Verhältnisse außerordentlich schnell war. ‹Was wir

> gerade erschaffen, ist ein Ungeheuer, das den Lauf der Geschichte verändern wird, vorausgesetzt es bleibt uns noch eine Geschichte. [...] Aber es wäre undenkbar, es nicht zu Ende zu bringen, nicht nur aus militärischen Gründen; es wäre auch vom wissenschaftlichen Standpunkt aus unethisch, etwas, von dem wir wissen, dass es machbar ist, nicht zu machen, ungeachtet der furchtbaren Folgen, die es nach sich ziehen mag. Und das ist nur der Anfang!›»

Damit meinte von Neumann aber nicht, wie erwähnt, die Atombombe, sondern er wies auf die zunehmende Leistungsfähigkeit der Maschinen hin. Seine Frau berichtete weiter:

> «Als er die Details der zukünftigen technischen Möglichkeiten ausmalte, [...] redete er sich allmählich in einen solchen Erregungszustand hinein, dass ich ihm schließlich zwei Schlaftabletten und einen sehr starken Drink verabreichte, um ihn in die Gegenwart zurückzuholen und ihm zu etwas mehr Gelassenheit gegenüber seinen Untergangsvisionen zu verhelfen.»[160]

Auch Norbert Wiener war sich der Konsequenzen seiner kybernetischen Forschungen vollständig bewusst. Er sprach davon, dass Maschinen lernen können, und verdeutlicht dies am Beispiel einer Schachspielmaschine klar, die sich von Spiel zu Spiel verbessert. Er hielt es sogar für denkmöglich, dass «sie von einer Schachmaschine unbemerkt in eine Maschine überwechseln [kann], die eine völlig andersartige Aufgabe erfüllt», wenn beispielsweise «die Regeln des gewöhnlichen Schachs nicht als Zwang in der Maschine eingebaut sind und wenn der Maschine Lernfähigkeit gegeben wird».[161]

1948 schrieb ein Dominikanermönch in der Pariser Zeitung *Le Monde:*

> «Kann man sich nicht eine Maschine vorstellen, die diese oder jene Art von Information, etwa Information über Pro-

> duktion und Verkauf sammelt und daraus als Funktion der menschlichen Durchschnittspsychologie und der in einem gegebenen Augenblick messbaren Mengen bestimmt, welches die wahrscheinlichste Entwicklung der Lage sein könnte? Könnte man sich nicht sogar einen Staatsapparat denken, der alle Systeme politischer Entscheidungen entweder unter einer Herrschaft vieler über die Erde verteilter Staaten oder unter der anscheinend viel einfacheren Herrschaft einer menschlichen Weltregierung umfasst? Nichts hindert uns heute, an so etwas zu denken. Wir können von der Zeit träumen, in der die ‹machine à gouverner› die gegenwärtige offensichtliche Unzulänglichkeit des mit der herkömmlichen politischen Maschinerie befassen Gehirns aus dem Wege räumen wird – zum Guten oder zum Bösen.»[162]

Und Norbert Wiener sagte schon 1950 in den USA:

> «Die Maschine aber, die wie der Flaschengeist lernen kann und aufgrund ihres Lernens Entscheidungen fällen kann, wird durchaus nicht gebunden sein, Entscheidungen zu treffen, wie wir sie getroffen hätten oder wie sie für uns annehmbar wären. Denn der Mensch, der das Problem seiner Verantwortung blindlings auf die Maschine abwälzt, sei sie nun lernfähig oder nicht, streut seine Verantwortung in alle Winde und wird sie auf den Schwingen des Sturmwindes zurückkommen sehen.»[163]

Wiener sprach damals sogar schon von der Gefahr «eines neuen Faschismus, der in der ‹machine à gouverner› droht».[164]

Was damals prophetisch vorausgesagt wurde, zeigt sich heute in deutlichen Konturen, wenngleich sie noch nicht zur Katastrophe geführt haben. Aber die «machine à gouverner», die Regierungsmaschine lässt sich heute realisieren. In einem Artikel der Zeitschrift *Wired* vom November 2014 wird beschrieben:

> «Amazon-Chef Jeff Bezos brüstet sich schon heute damit, dass all seine Entscheidungen auf statistischen Analysen basieren. Die Unbeirrbarkeit der Zahlen schlägt die Fehlbarkeit des Menschen. Wenn die Manager aber ohnehin nur noch ausführen, was ihnen die Daten, die ihnen meist von externen Anbietern zur Verfügung gestellt werden, nahelegen, bedürfte es im Zweifelsfall nicht einmal besonders komplexer Rechensysteme, um sie zu ersetzen.»[165]

Weitsichtige Fachleute weisen auf gefährliche Entwicklungen hin, die gegenwärtig unser Leben gravierend verändern. Beispielsweise die Geschäftsführerin eines deutschen Technologie-Unternehmens, Yvonne Hofstetter:

> «Was der moderne Sammelbegriff Big Data heute zusammenfasst, beschreibt eine technologische Revolution bisher unbekannten Ausmaßes. [...] Mit Big Data dämmert die Vorherrschaft der Mathematik am Horizont unserer gesellschaftlichen Zukunft, in der die Diktatur privatisiert wird, wenn Wirtschaftsunternehmen unser Leben mithilfe unserer Daten quantifizieren, um uns zu vermessen und uns neu zu berechnen.»[166]

Was Norbert Wiener 1950 als mögliche Gefahr sah – dass sich die Maschinen verselbstständigen –, wird heute Realität:

> «Nein, es geht um viel mehr: menschliche Entscheidungen sollen jetzt selbstständig von einer Maschine getroffen werden. Intelligente Maschinen sollen menschliche Handlungen übernehmen. Das ist das eigentliche Ziel von Big Data: die Automatisierung, die automatische Extraktion von Informationen und Wissen aus rohen Daten, die Erzeugung abgeleiteter Information – *Inferenz* –, die in vorhandenen Datenmengen versteckt enthalten und nicht auf den ersten menschlichen Blick erkennbar sind. Und noch um viel mehr geht es: Es geht um die *Autonomie intelligenter Maschinen*.»[167]

Yvonne Hofstetter gehört zu den wenigen Autoren, die die Alarmglocken läuten. Sie weist darauf hin, dass die Autonomie der «intelligenten» Maschinen derzeit ein Maß annimmt, das die menschliche Demokratie an deren Wurzel beseitigt.[168]

Der Mensch gibt seine Verantwortung mehr und mehr an Künstliche Intelligenzen ab, die an seiner Stelle entscheiden.

Künstliche Intelligenzen

Was ist Künstliche Intelligenz (KI)? Unter einer Künstlichen Intelligenz versteht man ein Computersystem, das fähig ist, Probleme, mit denen normalerweise nur Menschen umgehen können, selbstständig zu bearbeiten. Der Mensch setzt mit einem solchen System eine eigene Fähigkeit in Form eines komplexen Algorithmus nach außen in die Maschine und lässt sozusagen die Maschine das tun, was er vorher selbst gemacht hat.

Bei der zu Beginn des Kapitels angestellten Betrachtung des Begriffs «künstlich» wurden zwei Formen der Künstlichkeit unterschieden (siehe S. 66f.): einerseits eine Künstlichkeit wie bei der künstlichen Blume, welche die Funktion einer Blume nicht wirklich ersetzt, sondern nur imitiert, und andererseits eine Künstlichkeit, beispielsweise das künstliche Licht, das sehr wohl die Funktion des realen Lichts zu ersetzen in der Lage ist. Wie ist das nun bei der Künstlichen Intelligenz? Ist sie mit der künstlichen Blume vergleichbar oder eher mit dem künstlichen Licht?

Der Einsatz von KI kann tatsächlich menschliche Arbeit ersetzen. Künstliche Intelligenz lässt sich daher eher mit dem Kunstlicht vergleichen als mit einer zur Schau gestellten künstlichen Blume. Sie kann eine Tätigkeit ersetzen, aber hat doch mit dem, was sie ersetzt, genauso wenig gemeinsam wie die Plastikblume mit einer lebenden Pflanze.

Künstliche Intelligenz ist zunächst nichts anderes als eine sehr komplizierte Software, die auf einem Computer mit enorm hoher Leistungsfähigkeit läuft. Man unterscheidet zwei große Kategorien der Künstlichen Intelligenz: schwache KI und starke KI.

Künstliche Intelligenz im engen Sinne, die in der Lage ist, ein genau definiertes Problem, eine genau definierte Aufgabe mit großer Schnelligkeit zu bewältigen, ist eine sogenannte schwache Künstliche Intelligenz, eine schwache KI.

Systeme der sogenannten schwachen KI erledigen einfach nur spezielle Probleme des menschlichen Denkens und Handelns. Eine schwache KI ist immer nur auf eine spezielle Fragestellung zugeschnitten. Beispielsweise war das System Watson von IBM darauf trainiert, Probleme des Ratequiz' «Jeopardy!» zu lösen. Aber es war nicht fähig, sich nach dem Spiel mit den anderen beiden Kandidaten über das Wetter zu unterhalten. Das von der Google-Tochter Deep Mind entwickelte AlphaGo-System kann zwar das Go-Spiel besser spielen als alle Menschen, es ist aber unfähig, eine Karotte von einer Banane zu unterscheiden.

Was derzeit unter Künstlicher Intelligenz in Forschung und Wirtschaft bereits angewendet wird, sind alles nur sogenannte schwache KIs. Sie sind für eine spezielle Aufgabe gebaut und für nichts anderes.

Zwei Dinge zeichnen eine KI aus:

1. die Fähigkeit, dass sie sich selbstständig in ihrer Leistungsfähigkeit optimieren kann, was man landläufig – und fälschlicherweise – mit dem Wort «lernen» bezeichnet.
2. dass die Maschine in der Lage ist, auch mit nicht erwarteten zufälligen Ereignissen, die in ihr Aufgabengebiet fallen, sachgerecht umzugehen.

Ein Beispiel dafür ist die im Jahr 2018 von Google vorgestellte KI «Google Duplex», eine Erweiterung des Google Assistant, die in der Lage ist, bei einem Friseursalon einen Termin auszumachen oder in einem Restaurant einen Tisch für vier Personen reservieren zu lassen. Google führte dabei vor, dass die KI selbstständig das unerwartete Problem löste, dass das Restaurant erst ab fünf Personen Reservierungen annimmt.[169] Allerdings ist das System noch lange nicht so perfekt, wie die öffentlichen Präsentationen den Anschein geben. Google Duplex funktioniert nur dann gut, wenn alle Parameter des Einsatzgebietes eindeutig zu identifizieren sind. Fallen einige weg, driftet das «Gespräch» ab. Dann wird die Notbremse gezogen: Google schaltet automatisch zu einem Menschen weiter, der dann die Anfrage bearbeitet – noch sind Menschen zuverlässiger als KI.[170]

Für schwache KI-Systeme gibt es derzeit viele Anwendungsbereiche, beispielsweise:

- Spracherkennung: Apples SIRI[171] und Amazons Alexa[172]
- Erkennung von gedruckten Texten
- automatische Erzeugung von Texten
- Bilderkennung und Erzeugung von Bildern
- automatische Übersetzungen, wie beispielsweise der Google Translator
- in Suchmaschinen bei der selbstständigen Vervollständigung und der Empfehlung von Verbesserungsvorschlägen bei Sucheingaben
- Präsentation von benutzerbezogenen Suchergebnissen, beispielsweise bei Youtube
- Optimierung von anderen KI-Systemen
- Steuerung von Charakteren in Computerspielen
- und vieles mehr.

Von der schwachen KI ist die sogenannte starke KI zu unterscheiden. Man bezeichnet die starke KI auch als Allgemeine Künstliche Intelligenz, AKI.[173]

Die Forschungen zur starken KI setzen sich zum Ziel, eine Maschine zu bauen, die sich insgesamt so verhält, wie ein Mensch sich verhalten würde. Das wäre also eine Maschine, die in der Lage wäre, das «Jeopardy!»-Quizspiel zu gewinnen und sich anschließend mit den Kandidaten über das Spiel zu unterhalten und nebenbei eine vorbeikommende bekannte Persönlichkeit freundlich zu begrüßen und sie nach ihrem Sohn zu fragen.

Einzelne Arbeitsgruppen arbeiten auch daran, eine starke Künstliche Intelligenz zu bauen, die in der Lage ist, genauso gut wie ein Mensch auf Probleme der Welt einzugehen, ohne vorher dafür speziell programmiert oder trainiert worden zu sein.

Während derzeit auf dem Gebiet der schwachen KI erstaunliche Fortschritte gemacht werden, ist das Ziel der starken KI weiterhin ein visionäres. In Science-Fiction-Romanen und -Filmen werden immer starke KIs, die meist mit einem Roboterleib versehen sind, beschrieben oder gezeigt. Aber bis heute sind solche Vorstellungen reine Fantasie.

Darüber hinaus gibt es auch Überlegungen, vor allem in transhumanistischen Zusammenhängen, die von einer sogenannten Superintelligenz sprechen, deren Intelligenz weit über das menschliche Niveau hinausreicht. Das ist erst recht reine Fantasie. Im Grunde ist mit dieser Superintelligenz in materialistischer Form eine göttliche Intelligenz gemeint. In Science-Fiction-Romanen tritt diese Idee aber schon seit Langem auf. In der Science-Fiction-Serie *Perry Rhodan* wurde schon im Jahr 1962 die Idee einer kollektiven Superintelligenz «ES», die sich aus einer lang vergangenen Evolution gebildet habe, beschrieben.

In allen solchen Fantasien steckt aber ein grundsätzliches

Missverständnis. Man berücksichtigt nicht, wie die Geräte und Systeme prinzipiell funktionieren, und kommt dadurch in Versuchung, das eigene menschliche Erleben in die Geräte hineinzuinterpretieren. Ein einfacher Anthropomorphismus liegt dabei vor. Man hat zum einen kein wirkliches Verständnis der eigenen Tätigkeit des Denkens (s. dazu Kapitel 3) und schaut auch zum anderen nicht auf die Funktionsweise der Geräte. Denn im Blick auf deren Konstruktion wird schnell deutlich, dass sich in Computern die *Ergebnisse* menschlichen Denkens materiell manifestieren, aber *nicht* das Denken selbst.

Computer sind genial konstruierte Geräte. Man nehme nur ein Lehrbuch zur Einführung in die Grundlagen der Hardware-Technologie zur Hand, dann wird offensichtlich, dass in der Schaltungslogik alles kausal determiniert zusammenhängt.[174] Man könnte einwenden, dass dies nicht für künstliche neuronale Netze gelte. Eine Betrachtung der Prinzipien dieser weiterentwickelten Computertechnologie zeigt aber gleichfalls: Die Geräte sind vom Menschen erdacht worden und funktionieren so wie geplant, *aber sie denken nicht selbst*. In ihnen kristallisiert sich das vergangene menschliche Denken und rollt allein fort.

Neuronale Netze

Die ersten Computer waren klobige Geräte, bei denen man noch per Hand Verbindungen stecken musste, um sie zu programmieren. Dennoch sah man schon damals diese Apparate als elektronische Gehirne an, als Geräte, die mit dem menschlichen Hirn vergleichbar seien. Nun sind allerdings die Vorgänge in programmgesteuerten Computern linear ablaufend: Sie arbeiten einfach das vom Menschen vorgegebene Programm ab. Die Vorgänge, die sich während des Denkens im Gehirn abspielen, sind dagegen alles andere als linear, sie sind vielfältig miteinander zusammenhängend, sozusagen vernetzt.

Der amerikanische Neurophysiologe und Kybernetiker Warren McCulloch (1898 – 1969) und sein Kollege Walter Pitts (1924 – 1969) versuchten daher, für Rechner eine Struktur zu finden, die neuronale Prozesse des Gehirns technisch nachahmt. In dem programmatischen Aufsatz «A Logical Calculus of the Ideas Immanent in Nervous Activity», der 1943 in der Zeitschrift *Bulletin of Mathematical Biophysics* erschien, führten sie ihre Ideen aus. Sie beschrieben eine Art neurologisches Netzwerk, in dem die später nach ihnen benannte McCulloch-Pitts-Zelle im Zentrum stand; sie ahmt auf vereinfachte Weise biologische Vorgänge der Neuronen nach.

Im Gehirn ist jede Nervenzelle über Synapsen mit Hunderten bis Tausenden anderer Neuronen verbunden. Wenn nun diese Neuronen aktiv sind, dann wirkt sich deren Aktivität auf die Nervenzelle aus, mit der sie verbunden sind. Übersteigt die Summe der Reizungen jener Neuronen bei der Nervenzelle einen bestimmten Schwellenwert, so wird diese ebenfalls aktiv, sie «feuert» – und wirkt dann ihrerseits wieder auf andere Neuronen ein.

Nach dieser Idee konstruierten McCulloch und Pitts ihre Zelle. Jede Zelle ist technisch mit mehreren anderen verbunden. Die von den anderen Zellen herkommenden elektrischen Impulse werden registriert und zu einem Wert zusammengefasst, der darüber entscheidet, ob die Zelle selbst «feuert» oder nicht, d. h. ob sie ihrerseits einen elektrischen Impuls weitergibt oder nicht. McCulloch und Pitts konnten nachweisen, dass bestimmte Kombinationen solcher Zellen genauso funktionieren wie die allen Computern zugrunde liegenden aussagenlogischen Grundfunktionen UND, ODER, NICHT und daher an deren Stelle treten können.[175]

McCullochs und Pitts' Theorien und Ergebnisse inspirierten den Psychologen und Informatiker Frank Rosenblatt (1928–1971) zusammen mit Kollegen zum Bau des «Perceptron», dessen Konzept sie 1957 entwickelten. Mit dem Computer «Mark 1 Perceptron», den seine Arbeitsgruppe 1960 nach diesem Konzept baute, wurde ein erstes erfolgreich arbeitendes künstliches neuronales Netz hergestellt. Das primitive Netz bewältigte die Aufgabe, einfache Symbole richtig zu erkennen.[176] Das Grundprinzip des Perceptron ist bis heute die Basis künstlicher neuronaler Netze.

Wie funktioniert ein solches Netz prinzipiell? Ein künstliches neuronales Netzwerk ist eine Vernetzung von künstlichen Neuronen (auch Units, Einheiten oder Knoten genannt) zu einem Ganzen. Dabei werden drei Formen von Knoten unterschieden.

- *Input-Units:* Das sind Einheiten, welche die von außen gegebenen Reize in Form von Daten erhalten.
- *Output-Units:* Dies sind die Einheiten, welche die durch das neuronale Netzwerk errechneten Daten als Zahlenwerte wieder an die Umgebung abgeben.
- *Hidden-Units:* alle Einheiten, die sich zwischen Input- und Output-Units befinden.

Die Units sind durch «Links» (auch Kanten genannt) miteinander verbunden. «Übereinander» liegende Units fasst man als Layer oder Schicht zusammen. Neuronale Netze umfassen oft nur einen Input- sowie einen Output-Layer; sie können aber auch einen oder mehrere dazwischenliegende Hidden-Layer haben (Abb. 18).

Was geschieht nun in einer Unit? Zuerst werden die von den anderen Units abgegebenen Outputs als Input aufgenommen und zu einem einzigen Wert zusammengefasst. Dabei ist we-

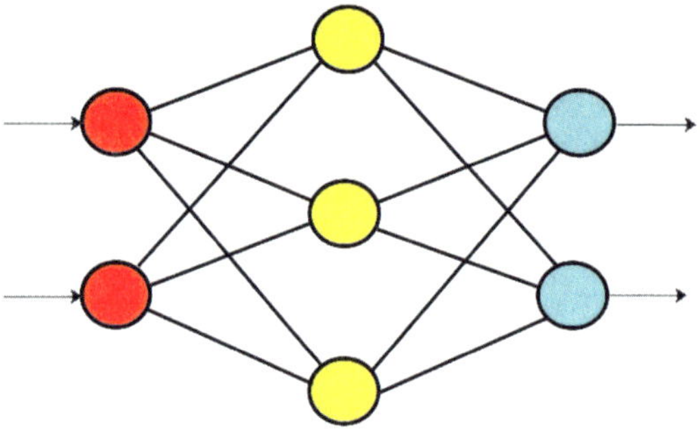

Abb. 18: Schematischer Aufbau eines künstlichen neuronalen Netzes (rot: Input-Layer, gelb: Hidden-Layer, blau: Output-Layer).

sentlich, dass der Wert des Outputs der vorherigen Unit in der Regel nicht gleich dem Wert des Inputs der nächsten Unit ist. Dieser hängt nämlich auch von dem der Verbindung der beiden Units zugeordneten «Gewicht» ab. Der Input einer Zelle ist dann das Produkt des Outputs der abgebenden Einheit und dem Gewicht der Verbindung. Die so berechneten Inputwerte werden in der Unit durch eine sogenannte Propagierungsfunktion zu einem einzigen Wert – dem Netzinput N – zusammengefasst. Ein Beispiel:

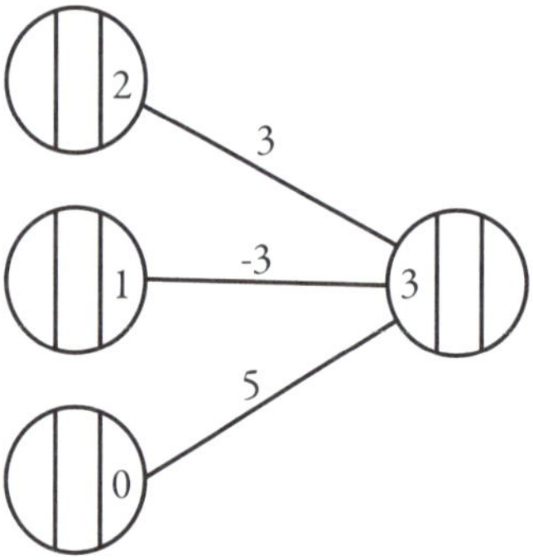

Ergebnis der Propagierungsfunktion:

Input 1:	$2 \cdot 3 = 6$	
Input 2:	$1 \cdot (-3) = -3$	
Input 3:	$0 \cdot 5 = 0$	+
Netzinput N:	3	

Abb. 19: Berechnung des Netzinputs N der Zelle

Nachdem der Netzinput N der Zelle berechnet ist, wird nun aus dessen Wert durch die sogenannte Aktivitätsfunktion a(N) der Aktivitätslevel der Unit berechnet. Der Aktivitätslevel ist in der Regel dann auch der Output der Unit, der an andere Einheiten weitergegeben wird. Es gibt die verschiedensten Aktivitätsfunktionen. Beispielsweise kann eine Aktivitätsfunktion schlicht nur die Identitätsfunktion sein, das heißt, dass der berechnete Netzinput N gleich dem Aktivitätslevel ist, der von der Unit wieder ausgegeben wird. Es kann auch komplexer sein: etwa die logistische Aktivitätsfunktion a(N) = 1 : (1 + e-N), wobei für N der Wert des Netzinputs eingesetzt wird.

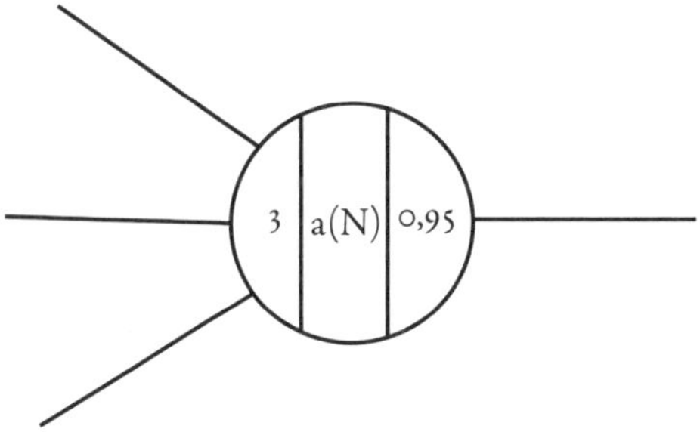

$$a(N) = \frac{1}{1 + e^{N}}$$

$$N = 3$$

$$a(3) = \frac{1}{1 + e^{3}} = 0{,}95$$

Abb. 20: Berechnung des Aktivitätslevels a(N)

Die Links, welche die verschiedenen Units verbinden, sind nun verschieden stark gewichtet. Je größer das Gewicht einer Verbindung ist, desto stärker ist auch deren Einfluss auf die entsprechende Unit.

- Hat das Gewicht einen *positiven* Wert, dann wird auf die empfangende Einheit eine erregende (exzitatorische) Wirkung ausgeübt.
- Bei einem *negativen* Gewicht ist der Einfluss auf die empfangende Einheit hemmend (inhibitorisch).
- Ist der Wert des Gewichts *null*, dann hat diese Verbindung keinen Einfluss auf die Einheit.

Die Gewichte sind nun für die künstlichen neuronalen Netze von entscheidender Bedeutung, denn vor allem in ihnen ist das «Wissen» des Netzes gespeichert. Das «Lernen» des Netzes besteht gewöhnlich in nichts anderem, als dass sich die Gewichte der Links zwischen den Einheiten verändern.[177] Man sollte daher statt von «lernen» eher von «anpassen» sprechen.

Wie passt sich nun ein solches künstliches neuronales Netzwerk an seine Aufgabe an? Dazu bedarf es einer vorgegebenen Regel. Eine schon früh (1949) vorgeschlagene Lernregel stammt von dem kanadischen Psychologen Donald Olding Hebb (1904 – 1985):

> «Wenn ein Axon der Zelle A ... Zelle B erregt und wiederholt und dauerhaft zur Erzeugung von Aktionspotenzialen in Zelle B beiträgt, so resultiert dies in Wachstumsprozessen oder metabolischen Veränderungen in einer oder in beiden Zellen, die bewirken, dass die Effizienz von Zelle A in Bezug auf die Erzeugung eines Aktionspotenzials in B größer wird.»[178]

Kurz gefasst: «What fires together, wires together.»[179] Diese Regel wurde durch die Beobachtung angeregt, dass in Gehirnen benachbarte Hirnzellen, die im gleichen Moment zusammen aktiv sind, sich in ihrer organischen Kopplung verstärken, wodurch sich der Einfluss der einen auf die andere Zelle verstärkt. Das ahmt man technisch nach, indem man das Gewicht eines Links immer wieder neu berechnet. Wenn sich die Aktivitätslevel der Units verändern, dann berechnet sich auch das Gewicht ihrer Verbindungen neu.

Geht man von zwei gekoppelten Zellen, die mit «i» und «j» bezeichnet seien und ihren Aktivitätslevel «a_i» und «a_j» sowie dem dazwischenliegenden Gewicht «w_{ij}» aus, dann ergibt sich die Veränderung des Gewichts «Δw_{ij}» folgendermaßen: Die Veränderung des Gewichts Δw_{ij} ist das Produkt aus den beiden Aktivitätsleveln a_i und a_j, das mit einem (willkürlich) festgelegten Lernparameter ε multipliziert wird:

$$\Delta w_{ij} = \varepsilon \cdot a_i \cdot a_j.$$

Beispiel: Das ursprüngliche Gewicht w_{ij} zwischen den beiden Knoten i und j sei −0,2. Der neue Aktivitätslevel der sendenden Einheit a_i sei +2 und das der empfangenden Einheit a_j sei +3. Der Lernparameter ε wurde vorher mit 0,1 festgelegt. Dann errechnet sich die Gewichtsveränderung Δw_{ij} so: $\Delta w_{ij} = 0{,}1 \cdot 3 \cdot 2 = 0{,}6$. Das neue Gewicht ist dann $w_{ij} + \Delta w_{ij} = -0{,}2 + 0{,}6 = 0{,}4$.

Wie kommt nun ein neuronales Netz dazu, etwas richtig zu bestimmen?

Ein Computer, dem man eine fehlerfrei programmierte Software aufspielt, berechnet aus einem vorgegebenen Input sofort das richtige Ergebnis. Das ist bei künstlichen neuronalen Netzen anders. Sie müssen erst trainiert werden.

Angenommen, ein künstliches neuronales Netzwerk soll die Aufgabe erfüllen, Tomaten zu erkennen.[180] Dann könnte die anfängliche Verteilung der Gewichte so aussehen (Abb. 21):

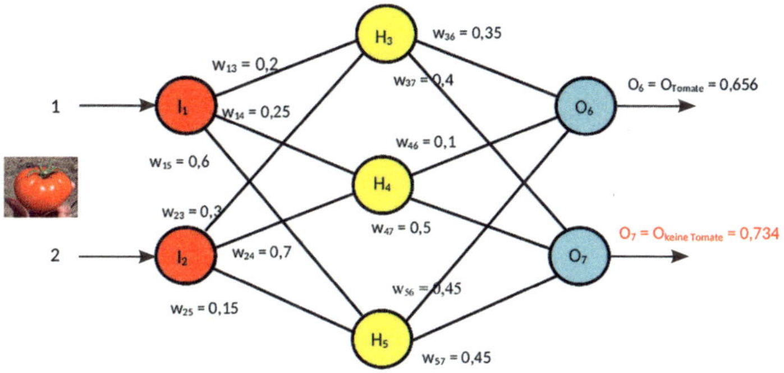

Abb. 21: Erkennung von Tomaten durch ein künstliches neuronales Netzwerk

Das Ergebnis ist falsch. Das Netzwerk nimmt an, dass die Tomate keine Tomate ist. Das liegt daran, dass die Gewichtungen des Netzes zunächst frei gewählt sind. Es kommt jetzt darauf an, dass man vom richtigen Ergebnis aus, rückwärtsgehend, die Gewichte in sehr kleinen Schritten so anpasst, dass sie dem richtigen Ergebnis entsprechen.

Dazu wird nun das erwartete richtige Ergebnis vorgegeben. Wenn eine Tomate vorliegt, dann soll der Output bei $O_6 = 0{,}9$ sein und bei $O_7 = 0{,}1$.

Der Gesamtfehler E_G berechnet sich nun durch

$E_G = ½ (0{,}9 - O_6)^2 + ½ (0{,}1 - O_7)^2$,

also: $E_G = ½ (0{,}9 - 0{,}656)^2 + ½ (0{,}1 - 0{,}734)^2 = 0{,}231$

Dieser Fehler kommt durch insgesamt sechs Links zustande. Jeder Link hat jedoch einen anderen Anteil am Zustandekommen des Fehlers. Also muss der jeweilige Anteil gesondert berechnet werden. Das macht man mithilfe der partiellen Differenziation. Den sich jeweils ergebenden Wert subtrahiert man nun vom jeweiligen Gewicht des Links, sodass man jetzt geringfügig veränderte Gewichte erhält. So werden rückwärtsgehend alle Gewichte im Netz bis hin zum Input-Layer verändert (Abb. 22).[181]

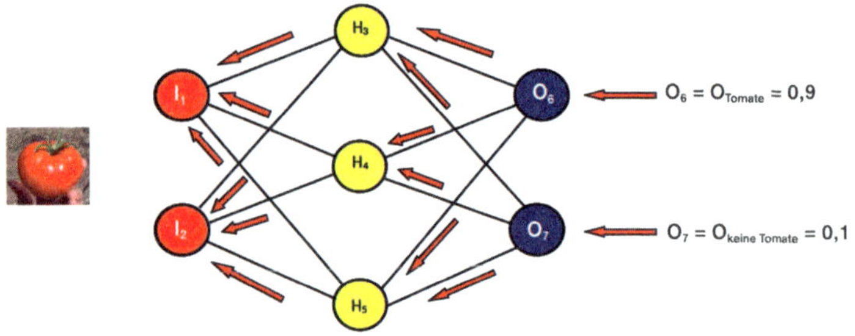

Abb. 22: Veränderung der Gewichte im künstlichen neuronalen Netz durch rückwärtsgehende Neuberechnung.

Dann gibt man in das in seinen Gewichten veränderte Netz wiederum die Werte des Tomatenbildes ein. Der Gesamtfehler wird jetzt etwas geringer, ist aber immer noch zu groß. Deshalb verändert man ein zweites Mal rückwärtsgehend die Gewichte. Dann gibt man wieder die Werte des Tomatenbildes ein usw.

Dieser Vorgang wird Tausende, ja Millionen Male wiederholt, und das mit den verschiedensten Bildern von Tomaten. Dabei verändern sich jedes Mal die Gewichtungen ein klein wenig, bis sich zuletzt die Gewichte so «zurechtgerüttelt» haben, dass bei einem neuen Tomatenbild mit hoher Wahrscheinlichkeit die Tomate erkannt wird. Das künstliche neuronale Netz hat sich an die Vielzahl der Trainingsbilder so *angepasst*, dass es eine beliebige Tomate mit hoher Wahrscheinlichkeit nun sofort «erkennt».

Dabei darf man aber nicht vergessen, dass in dem künstlichen neuronalen Netz die Begriffe «rot» und «rund» nicht vorhanden sind. Die Parameter, durch die das Netz die Unterscheidung trifft, sind abstrakt. Sie stecken in der Gesamtheit der Unit-Verbindungen, der Links. Man weiß daher auch nicht genau, wie durch das Netz die Zuordnung eines Ergebnisses zu einem Input zustande kommt. Die Treffsicherheit des künstlichen neuronalen Netzwerks hängt von der Vielfalt der Trainingsdaten ab. Je mehr Daten vorhanden sind, desto besser können künstliche neuronale Netzwerke trainiert werden.

Aber: Künstliche neuronale Netzwerke sind nicht intelligent. Wird in dem obigen Beispiel das künstliche neuronale Netzwerk mit dem Bild eines Feuerwehrwagens konfrontiert, so kann es damit nichts anfangen, es ordnet diesen Input vielleicht sogar fälschlich der Tomate zu, weil es auch rot ist.

Bei herkömmlich programmierten Computern kann man sagen, dass sie universelle binäre Schaltungen sind, die eingelesene Daten nach den Vorgaben eines im Computer gespeicherten Programms bearbeiten. Und Computerprogramme sind eine vom Programmierer geschickt zusammengestellte Reihenfolge von Maschinenbefehlen, um ein bestimmtes Problem zu lösen. Aus dieser Tatsache ergibt sich unmittelbar die Einsicht, wie sie zu Beginn eines Lehrbuchs über Mikroprozessoren ausgesprochen ist:

> «*Ein Computer kann nicht ‹denken›*, er kann nur die vom Programmierer eingegebenen Befehle der Reihe nach ausführen. Ein Computer – die Größe spielt dabei keine Rolle – kann nur auf solche Ereignisse reagieren, die der Programmierer in seinem Programm vorausgesehen hat. Ein Beispiel mag das verdeutlichen: Auch Experten können Schwierigkeiten haben, gegen ein gutes Computer-Schachprogramm zu gewinnen. Aber das Schachprogramm wird z. B. von sich aus nie in der Lage sein, etwa die Regeln zu ändern oder gar ein neues Spiel zu erfinden.»[182]

Programmierte Rechner bilden im Grunde die Logik, die im menschlichen Denken lebt, in einer entsprechenden Struktur ab. Neuronale Netze dagegen bilden nicht mehr die menschliche Logik ab, sondern gehen tiefer: Sie imitieren die Vorgänge, die sich im menschlichen Gehirn vollziehen, wenn der Mensch denkt. Programmierte Computer imitieren Vorgänge des inhaltlichen menschlichen Denkens unabhängig von der Betrachtung der Hirnvorgänge. Neuronale Netze dagegen imitieren die physischen Prozesse während des Denkens, sozusagen dessen Fußspuren im Hirn. Dies tun sie, indem sie die internen Gewichtungen ihrer Verbindungen während des Trainings selbstständig verändern. Sie werden also nicht mehr vom Menschen programmiert, sondern von ihm trainiert. Sobald aber das Training erfolgreich abgeschlossen ist, müssen sich die Gewichtungen im Prinzip nicht mehr verändern.[183]

Hier ist ebenfalls deutlich zu sehen: Auch bei den künstlichen neuronalen Netzen kann nicht von einer denkenden Intelligenz gesprochen werden, die mit der des Menschen vergleichbar wäre. Ein künstliches neuronales Netz erhält den Input von der Außenseite einer gegebenen Sache, und die Struktur des Netzes, die sich in langen Trainingssequenzen an eine bestimmte Aufgabe angepasst hat, reagiert streng kausal. Ein künstliches neuronales Netzwerk kann niemals «wissen», was es vor sich hat, es reagiert nur auf die gegebenen Erscheinungen – im Gegensatz zum Menschen, der einen Begriff zu fassen in der Lage ist und damit das Wesen, das in einer Erscheinung auftritt, intuitiv versteht.

Schaut man sich die Genese und die Funktion eines künstlichen neuronalen Netzes an, so wird auch deutlich, dass es seine Ergebnisse nur aufgrund vergangener Daten produziert. Die sogenannte Künstliche Intelligenz der neuronalen Netze ist daher rein vergangenheitsorientiert; sie setzt lediglich Vergangenes in die Gegenwart fort. Überhaupt ist alle Technik, egal wie ausgereift, immer nur der Endpunkt der Tätigkeit menschlicher Ingenieurskunst. Technik bezieht sich immer *nur* auf die Vergangenheit. Auch Künstliche Intelligenzen, egal wie perfekt sie arbeiten, setzen bloß Vergangenheit in die Zukunft fort. Aus gigantischen Datenmengen und durch abermillionenfache Trainingssequenzen erzeugen sich innerhalb dieser Maschinen Verarbeitungsstrukturen, die menschliches Können weit übertreffen. Trotzdem: Auch wenn die menschliche Geschwindigkeit und die menschliche Genauigkeit weit überflügelt werden, Künstliche Intelligenzen beziehen sich lediglich auf statistische Analysen vergangener Ereignisse und berechnen aus diesen zukünftige Wahrscheinlichkeiten. *«Wie es war, wird es wieder sein!»* – so könnte man das Motto aller KI charakterisieren.

Neue Entwicklungsimpulse haben ihren Ursprung im Menschen; aus dem Geistigen, das im wollend-handelnden Menschen anwesend ist, kommt alle Zukunft. Dies zu erkennen ist für das Verhältnis des Menschen zu seinen «intelligenten» Geräten außerordentlich wichtig, denn es macht den Weg frei, um das notwendige Gegengewicht zu entwickeln, das die eigene Menschlichkeit zu erhalten hilft.

Natur und Unternatur

Die kybernetische Denkweise ist in den Geräten des menschlichen Alltags verbaut. Diese Geräte entstehen aus einem Denken, aus dem alles Qualitative herausgefallen ist und von dem bloß das abstrakte Gerippe übrig geblieben ist. Man kann über die Tatsache staunen, dass es dieses Gerippe tatsächlich in den qualitativ verschiedensten Systemen gibt, seien es Maschinen, Organismen oder soziale Systeme.

Die Abstraktion des Gruppenbegriffs aus Addition, Multiplikation, Drehung und vielem anderen ist ja möglich, das heißt, in dem Abstrakten liegt eine Wirklichkeit; es ist eine Wirklichkeit, die sich unterhalb der Qualitäten befindet. In diesem Abstrakten ist ein geistiger Gehalt vorhanden, wenn man will: eine Intelligenz.

Diese Tatsache des Lebens kann zum Rätsel werden: Das Abstrakte, das Tote findet sich überall in der lebendigen Welt; es durchzieht wie ein Gerippe alles lebendige Sein und ist in dessen Existenz eingebunden.

Anthroposophie gibt einen Hinweis auf eine mögliche Lösung dieses Rätsels. Rudolf Steiner sprach vielfach von einem kosmischen geistigen Wesen, das sich in allen Absterbe- und Todesprozessen zeigt, aber auch in allem Maschinellen. Er bezeichnete dieses Wesen mit dem Namen «Ahriman». Betrachtet man, wie in allem Qualitativen ein Abstraktes einverwoben ist, genauso wie in jedem Organismus Knochen vorhanden sind, so kann man die Frage haben, ob es dieses Knochenhaft-Abstrakte ist, das Steiner meinte, wenn er von Ahrimans Wirksamkeit in der Welt sprach.

Wenn mit dem Wort «Ahriman» das Geistige bezeichnet wird, das hinter oder besser in allem Absterbenden, Abgestorbenen wirkt, dann ist klar, dass dieses Wesen eine notwendige Aufgabe für das Leben hat. Denn was wäre ein Organismus ohne Knochen? Was würde aus einer Vermehrung von Lebewesen, die nicht durch Prozesse des Absterbens im Zaum gehalten würde?[184]

Das Problem des Absterbens tritt immer dann auf, wenn es den gesunden Bereich übersteigt, wenn es zu viel wird – wenn Ahriman seinen Bereich gewissermaßen «verlässt» und zu stark wird.

Rudolf Steiner beschreibt Ahriman auf die folgende Weise:

> «Man kann Ahriman ganz gut charakterisieren, wenn man sagt: Ahriman ist im weitesten Umkreis der Herr des Todes, der Beherrscher all der Mächte, welche innerhalb der physisch-sinnlichen Welt dasjenige herbeiführen sollen, was notwendig in dieser physisch-sinnlichen Welt da sein muss als Vernichtung, als Tod der Wesenheiten. Der Tod innerhalb der Sinneswelt gehört zu den notwendigen Einrichtungen, da die Wesenheiten die Sinneswelt überwuchern würden, wenn innerhalb der Sinneswelt nicht Vernichtung und Tod vorhanden wären. Die Aufgabe, diesen Tod in der entsprechenden Weise aus der geistigen Welt heraus gesetzmäßig zu regeln, fiel Ahriman zu; er ist der Herr der Regulierung des Todes. Sein ihm im eminentesten Sinn zukommendes Reich ist die mineralische Welt. Die mineralische Welt ist immer tot; der Tod ist

> sozusagen ausgegossen über die ganze mineralische Welt. Aber so, wie unsere Erdenwelt ist, ist das mineralische Reich, die mineralische Gesetzmäßigkeit auch in alle anderen Naturreiche hineinergossen. Die Pflanzen, die Tiere, die Menschen, insofern sie den Naturreichen angehören, sind alle durchsetzt von dem Mineralischen, nehmen die mineralischen Stoffe, damit auch die mineralischen Kräfte und Gesetzmäßigkeiten auf, und unterliegen den Gesetzen des Mineralreiches, insofern dieses dem Erdenwesen angehört. Damit erstreckt sich das, was zum berechtigten Tod gehört, auch in diese höheren Reiche der rechtmäßigen Herrschaft des Ahriman. In dem, was als äußere Natur uns umgibt, ist Ahriman der rechtmäßige Herr des Todes, und insoferne er dieses ist, ist er nicht als eine böse, sondern als eine durchaus in der allgemeinen Weltenordnung begründete Macht anzuerkennen.»[185]

Es deutet sehr viel darauf hin, dass in der Künstlichen Intelligenz das «Knochenhafte» der Welt extrahiert und als Maschine gebaut wird. In den Maschinen ist das rein Physische, sind die physischen Gesetze der Welt verbaut. Maschinen sind ein rein Irdisches, das nach festen Gesetzen automatisch funktioniert, wie der Finanzierungstechniker Emanuel Derman einmal sehr klar formulierte:

> «Eine Maschine ist ein kleiner Teil des physikalischen Universums, der im Anschluss an bestimmte Gedanken von Menschen oder Lebewesen so arrangiert wurde, dass, wenn bestimmte Anfangsbedingungen (von Menschen oder Lebewesen) erzeugt werden, die deterministischen Gesetze der Natur dafür sorgen, dass dieser kleine Teil des physikalischen Universums sich automatisch in einer Weise entwickelt, die Menschen oder Lebewesen für nützlich halten.»[186]

Derman kommt folgerichtig zu der Auffassung: Solange sich die Funktionsweise eines Gerätes gedanklich nachvollziehen lasse, könne überhaupt nicht die Rede davon sein, dass dieses Gerät denke oder empfinde.

Das Arrangement der Maschine geschah in der Vergangenheit. Maschinen schieben daher immer nur die Vergangenheit in die Gegenwart und schließen die Zukunft aus; von Maschinen kommt nichts prinzipiell Neues. Das vergangene menschliche Denken und Können gerinnt in die gigantische Maschinenwelt, innerhalb derer der Mensch lebt. In den Maschinen begegnet dem Menschen die eigene Vergangenheit.

In der Begegnung des Menschen mit den aus der Vergangenheit in die Gegenwart geronnenen Apparaten stellt sich ihm jedoch eine wichtige kulturelle Aufgabe. Vor dem Hintergrund seiner geistigen Erfahrungen beschrieb Rudolf Steiner diese Aufgabe in der folgenden Weise:

> «Das weitaus meiste dessen, was heute durch die Technik in der Kultur wirkt und in das er mit seinem Leben im höchsten Grade versponnen ist, das ist *nicht Natur*, sondern *Unter-Natur*. Es ist eine Welt, die sich nach unten hin von der Natur emanzipiert. [...] Der Mensch brauchte die Beziehung zu dem bloß Irdischen für seine Bewusstseinsseelenentwickelung. Da kam denn in der neuesten Zeit die Tendenz zustande, überall auch im Tun das zu verwirklichen, in das sich der Mensch einleben muss. Er trifft, indem er sich in das bloß Irdische einlebt, das Ahrimanische. Er muss sich mit seinem eigenen Wesen in das rechte Verhältnis zu diesem Ahrimanischen bringen.
>
> Aber es entzieht sich ihm in dem bisherigen Verlauf des technischen Zeitalters noch die Möglichkeit, auch gegenüber der ahrimanischen Kultur das rechte Verhältnis zu finden. Der Mensch muss die Stärke, die innere Erkennt-

> niskraft finden, um von Ahriman in der technischen Kultur nicht überwältigt zu werden. Die Unter-Natur muss als solche begriffen werden. Sie kann es nur, wenn der Mensch in der geistigen Erkenntnis mindestens gerade so weit hinaufsteigt zur außerirdischen Über-Natur, wie er in der Technik in die Unter-Natur heruntergestiegen ist. Das Zeitalter braucht eine *über* die Natur gehende Erkenntnis, weil es innerlich mit einem gefährlich wirkenden Lebensinhalt fertig werden muss, der unter die Natur heruntergesunken ist. Es soll hier natürlich nicht etwa davon gesprochen werden, dass man zu früheren Kulturzuständen wieder zurückkehren soll, sondern davon, dass der Mensch den Weg finde, die neuen Kulturverhältnisse in ein rechtes Verhältnis zu sich und zum Kosmos zu bringen.»[187]

Daraus ergibt sich die Frage, wie man sich denn in das rechte Verhältnis zu sich und zum Kosmos setzen kann. Dazu muss man einen Weg finden, sich in seinem Wesen zu erkennen. Die Auseinandersetzung mit den Ideen des Transhumanismus und dem Gewahrwerden von dessen Widersprüchen ist eine Möglichkeit, auf das Geistige in sich selbst und im Kosmos aufmerksam zu werden.

3. Der Transhumanismus – ein Pseudomythos

«Die Maschinen werden menschlich sein, auch wenn sie nicht biologisch sind. Darin besteht der nächste Evolutionsschritt, der nächste große Paradigmenwechsel [...].»[188]

Ray Kurzweil

«Wenn Page sagt, Google werde die Zukunft der Menschheit verändern, dann meint er [...], dass Google den Lauf der Evolution im Darwinschen Sinne verändern will. Das Ziel ist die Schaffung einer überlegenen Rasse, die den biologischen Menschen hinter sich lässt.»[189]

Franklin Foer

«Der Mensch hat sich selbst verloren. Er hat keine Einsicht mehr in sein eigentliches Wesen.»[190]

Rudolf Steiner

Grundlegende anthropologische Annahmen

«Mein Gehirn will»?

Bei vielen Wissenschaftlern bildete sich in den letzten Jahrzehnten die sichere Überzeugung heraus, dass das Gehirn *das* Organ des Menschen sei, von dem alles ausgeht und das den ganzen Menschen steuert. Oft wird nicht mehr davon gesprochen, dass «*ich* etwas tue», sondern es wird gesagt: «*Mein Gehirn will* dies und das.» Oder: «*Mein Gehirn macht* dies und jenes.» Man findet das – neben vielen anderen Autoren – beispielsweise bei Darstellungen des Arztes und Psychologen Wulf Bertram, wenn er etwa in einem kurzweilig geschriebenen Text über das Gehirn gleich zu Beginn formuliert:

> «Unser Gehirn erforscht sich ja unablässig selbst, und dieser Prozess erinnert an ein Fraktal, das sich endlos fortsetzt [...].»[191]

Der Philosoph Thomas Metzinger führt aus:

> «Bewusstes Erleben gleicht einem Tunnel. [...] Zuerst erzeugt unser Gehirn eine Simulation der Welt, die so perfekt ist, dass wir sie nicht als ein Bild in unserem eigenen Geist erkennen können. Dann generiert es ein inneres Bild von uns selbst als einer Ganzheit. [...] Wir leben unser bewusstes Leben im Ego-Tunnel.»[192]

Die Neurobiologen sprechen dem Menschen nicht nur das Ich ab, sie sprechen dem rational denkenden Menschen auch ab, dass er selbst denken kann. Sie wollen ihm einreden, dass das Gehirn denke und er als Mensch nur der unbeteiligte Zuschauer dessen sei, was dem Gehirn gerade beliebt zu produzieren.

> «Die Hauptaufgabe, die Gehirne zu erledigen haben, ist die Entscheidung darüber, was jeweils als Nächstes zu tun ist. Dabei wägt dieses System die Argumente ab und trifft eine Entscheidung. Zum Teil werden uns diese Argumente bewusst, erreichen also unser Erlebenssystem, zum Teil nicht. Die genauen Mechanismen sind uns noch nicht bekannt.»[193]

Dietrich Dörner, Professor für Psychologie, schreibt im Vorwort seines Buches *Bauplan für eine Seele:*

> «Meine These ist, dass sich Denken, Fühlen, Wollen, Bewusstsein und was wir sonst an seelischen Prozessen unterscheiden mögen, aus den Merkmalen eines Steuerungssystems ergeben, bei dessen Entwicklung der Natur (oder

> wem sonst wir die Entstehung des Menschen zuschreiben wollen) lediglich vorschwebte, uns an bestimmte Anforderungen anzupassen.»[194]

Und auf rund 800 Seiten versucht Dörner dann zu zeigen, «dass Seele als Maschine möglich ist».[195]

Unmissverständlich erklärt der Physiker Bernd Vowinkel:

> «Denken ist auf der untersten Hierarchieebene nichts anderes als Symbolverarbeitung, so wie sie auch in Computern stattfindet, und ist dabei unabhängig von einer bestimmten Materie.»[196]

Geht man von der Auffassung aus, das Denken sei eine Art Software, die auf der Hardware Gehirn läuft, kann man folgern, dass man durch eine Art «Reverse Engineering» des Gehirns herausbekommen könne, wie das Gehirn funktioniert, und damit auch das Denken verstehen könne. Ray Kurzweil sagt beispielsweise:

> «Unsere Möglichkeiten, ein Reverse Engineering des Gehirns zu betreiben (das heißt, das Gehirn zu durchleuchten, Modelle davon zu erstellen und Teile davon zu simulieren), wachsen jedoch exponentiell. Letztlich werden wir die Vorgänge, die hinter der Gesamtheit unseres Denkens stehen, völlig ergründen – und mit diesem Wissen wird uns ein mächtiges Werkzeug für die Entwicklung intelligenter Software an die Hand gegeben.»[197]

Kurzweil erhofft sich dadurch auch eine Erkenntnis unseres Selbst, eine Erkenntnis, wer wir wirklich sind – und natürlich auch, dass wir, wenn wir die «Technik» des Gehirns verstanden haben, dessen Funktionsweise optimieren könnten, sie ins Unermessliche zu verbessern in der Lage seien.

Unser selbstständiges Denken wird als maschineller Prozess wegerklärt. Was Kant noch forderte: «Habe Muth, dich deines *eigenen* Verstandes zu bedienen!»,[198] wird von den Autoritäten der Neurowissenschaften zum sinnlosen Anliegen erklärt – obwohl sie doch gerade selbst mithilfe eben dieses Verstandes zu ihren Behauptungen gekommen sind. Mit welcher Aufklärung soll man dann dieser neuen Aufklärung begegnen?[199]

Wenn das Gehirn die Ursache allen menschlichen Denkens und Handelns ist, dann hat das eine ernste Folge für das soziale Leben: Werden alle Willenshandlungen vom Gehirn verursacht, muss man konsequenterweise die Willensfreiheit negieren. Der Mensch ist dann nichts anderes als eine Maschine, die auf Außenweltreize kausal reagiert. Solche Überzeugungen sind bereits in der Kybernetik angelegt (s. den Abschnitt «Neue Technologien und Forschungsgebiete», S. 86ff.).

Eine neue Metaerzählung

«Der Transhumanismus ist eine sehr junge Weltanschauung. [...] Er ist sogar in gewissem Sinne die letzte noch fehlende ‹große Erzählung›, wobei hier unter Erzählung (im Sinne Jean-François Lyotards) ein Ideensystem verstanden wird, das eine universelle Erklärung für die Welt und den Platz und die Bestimmung des Menschen in ihr liefert», führt der Transhumanist Torsten Nahm aus.[200]

Und er hat recht, wenigstens mit der Behauptung, dass der Transhumanismus eine sehr junge Sicht auf die Welt ist, denn seine Wurzeln liegen in der Kybernetik. Deren Grundideen erhob der Transhumanismus zu einer Art Technologiereligion. Er ist aber weniger eine Weltanschauung, sondern vor allem ein Programm, wie man die Zukunft von Mensch und Erde gestalten will. Gerade im Silicon Valley, der westlichen Softwareschmiede der Welt, teilen sehr viele Menschen die Überzeugungen des Transhumanismus – und das macht ihn so gefährlich.[201]

Der französische Philosoph und Literaturtheoretiker Jean-François Lyotard (1924–1998) beschrieb, wie im 20. Jahrhundert die großen Erzählungen der Vergangenheit untergegangen sind.[202] Mit der Neuzeit ist der alte religiöse Glaube verblasst, er trägt nicht mehr. Die gesellschaftliche Tragkraft des mit der Aufklärung und dem deutschen Idealismus entstandenen humanistischen Menschenbildes, das noch lange die Gesellschaft einte und kulturprägend war, zerbrach ebenfalls gegen Ende des 20. Jahrhunderts. Das Fazit in Lyotards Analyse der Postmoderne lautet: Es existiert heute keine «Metaerzählung» mehr, die den Menschen einen Lebenssinn gibt und den verschiedenen Wissenschaften eine gemeinsame Legitimationsbasis.

Durch diesen Verlust ist ein Vakuum entstanden, in das nun anderes einströmen kann, eben auch der Transhumanismus. Denn mit ihm ist wiederum eine große Erzählung erschienen, die im Laufe des 21. Jahrhunderts zur gesellschaftlichen Glaubensüberzeugung zu werden droht. Sie fügt die Vielfalt des Lebens für das menschliche Verständnis zu einem Ganzen zusammen und verleiht ihr ein kosmisches Ziel. Der Transhumanismus entwickelt eine Anthropologie und zugleich auch eine Kosmologie.

Die Anthropologie des Transhumanismus lässt sich durch die folgenden Annahmen beschreiben:

- Der Mensch wird als eine aus Kohlenstoff bestehende Maschine angesehen und das Gehirn des Menschen als informationsverarbeitende Maschine.
- Der Geist des Menschen soll ein Informationsmuster sein, das auf der «Kohlenstoffmaschine Körper» läuft.
- Als Informationsmuster kann der menschliche Geist prinzipiell vom Körper ausgelesen und auf eine andere Maschine übertragen werden.

- Intelligente Informationsmuster können sich selbst verbessern, das heißt, Intelligenz kann sich selbst zu höheren Formen weiterentwickeln.

Aus diesen transhumanistischen Annahmen ergeben sich weitere Überzeugungen:

- Wird der Mensch als eine Kohlenstoffmaschine angesehen, dann ist kein prinzipieller Unterschied zu einer auf Silizium basierenden Maschine vorhanden. Mensch und Maschine sind dann im Prinzip gleich. Vor allem ist es dadurch problemlos denkbar, dass man das Gehirn physisch mit einem Gerät koppeln kann.
- Nimmt man an, dass der bewusste menschliche Geist ein bloßes Informationsmuster ist, dann liegt natürlich im Umkehrschluss die Überzeugung nahe, dass auch Informationsmuster auf Computern, wenn sie nur genügend komplex werden, ein Bewusstsein haben.
- Insgesamt wird der menschliche Leib als unwesentlich angesehen. Es herrscht im Transhumanismus eine Leibverachtung, denn nur die Information ist das Wesentliche, nur die «Intelligenz» zählt, alles andere ist entbehrlich.

In solchen Überzeugungen hat die sich als «gutmenschliche Moralität» gebende Attitüde ihren Ursprung, dass man über «Kohlenstoff-Chauvinismus» erhaben sei. Der Physiker Max Tegmark sagte beispielsweise in einem Interview:

> «Ich definiere Intelligenz einfach als Fähigkeit, komplexe Ziele zu erreichen. Ich verwende diese breite Definition, weil ich ‹Kohlenstoff-Chauvinismus› verachte, jene arrogante Haltung, nach der Dinge nicht intelligent sein können, wenn sie nicht irgendwie auf Kohlenstoff basieren.»[203]

Larry Page, der Mitgründer von Google, nimmt eine ähnliche

Position zur Künstlichen Intelligenz ein. Max Tegmark schreibt über seine Erlebnisse mit Page:

> «Larry verteidigt leidenschaftlich die Position, die ich als *digitalen Utopismus* bezeichnen möchte: Sie besagt, dass das digitale Leben der nächste Schritt der kosmischen Evolution sei und wenn wir digitalen Intellekten Freiheit gewährten, anstatt zu versuchen, sie aufzuhalten und zu versklaven, wird die ganze Angelegenheit mit ziemlicher Sicherheit gut ausgehen. [...] Falls sich das Leben jemals über unsere Galaxie und darüber hinaus ausbreiten sollte, was er für wünschenswert hielt, dann müsste es dies, so behauptete er, in digitaler Form tun. Was ihn umtrieb, war der Gedanke, dass KI-Paranoia die digitale Utopie hinauszögern oder sogar die Vereinnahmung der KI durch das Militär verursachen könnte, wodurch sie mit dem Google-Slogan ‹Sei nicht böse› in Konflikt gerät. Elon hielt dagegen und bat Larry, Details seines Arguments preiszugeben, weshalb er zum Beispiel so zuversichtlich sei, dass das digitale Leben nicht alles zerstören würde, was uns am Herzen liegt. Manchmal bezichtigte Larry Elon, ein ‹Spezieist› zu sein, das heißt, bestimmte Lebensformen als unterlegen zu bezeichnen, nur weil ihre Grundlage Silizium ist und nicht Kohlenstoff.»[204]

Aus der Überzeugung, dass der Geist bloß ein Informationsmuster sei, folgt dann der nächste Gedanke, dass der Mensch eine relative Unsterblichkeit erlangen könne, denn wenn das Informationsmuster unabhängig vom «Gerät» ist, lässt es sich beliebig auf ein anderes Gerät übertragen, sobald Letzteres aus Altersgründen defekt wird.

Da sich Software verbessern lässt und man diese Verbesserung prinzipiell ins Unendliche fortsetzen kann, können konsequenterweise beliebige Stufen der Höherentwicklung erreicht werden. Vereint sich der Mensch mit der maschinellen Intelligenz durch einen Zusammenschluss von Gehirn und Maschine, kann er an dieser Höherentwicklung teilhaben – sein Bewusstsein wäre dann prinzipiell unendlich erweiterbar. Was seit Jahrtausenden weltweit in allen Kulturen durch Meditation und Kontemplation angestrebt wurde, will der Transhumanismus durch technische Verfahren oder durch physische Koppelung des Menschen mit einem Apparat erreichen.

Trans- und Posthumanismus

Geschichtliche Aspekte

Die Grundüberzeugungen des Transhumanismus finden sich bereits deutlich in der Kybernetik und ihrem Umkreis formuliert, aber geistesgeschichtlich wurzeln sie doch tiefer in der Vergangenheit. Mit Recht sehen Christopher Coenen und Reinhard Heil die Anfänge des Transhumanismus zu Beginn der Neuzeit.

> «Bereits in der frühen Neuzeit (in Francis Bacons *Nova Atlantis* von 1627) und auch in der Zeit der Aufklärung des frühen 19. Jahrhunderts finden wir Zukunftshoffnungen, die sich dann in den transhumanistischen Visionen des 20. und 21. Jahrhunderts wieder finden lassen. Man erhoffte sich eine Verlängerung des menschlichen Lebens bis hin zur Überwindung des natürlichen Todes und eine Verbesserung humaner kognitiver und physischer Fähigkeiten.»[205]

In der zweiten Hälfte des 19. Jahrhunderts werden dann zunehmend Visionen über die weitere Zukunft des Menschen und seine Rolle im Weltall bewegt.

> «Der menschliche Körper erscheint einigen Visionären zunehmend als obsolet, sowohl hinsichtlich seiner tierischen Vergangenheit, die angesichts all des wahrgenommenen zivi-

> lisatorischen und wissenschaftlich-technischen Fortschritts als Makel empfunden wird, als auch mit Blick auf die glorreiche extraterrestrische Zukunft der Menschheit, in der dieser Körper zumindest unzweckmäßig zu werden droht.»[206]

Bereits zu Beginn des 19. Jahrhunderts taucht das Wort «transhuman» zum ersten Mal in der englischen Übersetzung der *Göttlichen Komödie* von Dante (1256 – 1321) auf und wird dann in der englischen Dante-Rezeption aufgegriffen. 1949 wird der Begriff «transhuman» in einem englischen Wörterbuch mit der heute verwendeten Wortbedeutung aufgeführt. Daraus kann man schließen, dass dieser Begriff in der 1950er-Jahren durchaus verbreitet war.[207] Durch die Entwicklung der Kybernetik gewannen die eher keimhaften transhumanistischen Ideen deutliche Konturen – aber auch durch die populär gewordenen Science-Fiction-Erzählungen.

Man sollte nicht unterschätzen, dass schriftstellerische Fantasien, etwa die von «Superman», in Menschen gefühlsmäßig den Boden für die Überzeugung bereiteten, der Mensch könne sich durch technische Hilfsmittel verbessern und sei dadurch in der Lage, zum «Übermenschen» zu mutieren. Die Idee des «Superman» wurde Anfang der 1930er-Jahre geboren und war als Comic-Figur Ende der 1930er-Jahre in den USA außerordentlich beliebt. Die Hefte mit Superman-Comicgeschichten fanden reißenden Absatz. Auch wenn bei diesen Comic-Erzählungen nicht von Transhumanismus die Rede war, handelte die ganze Geschichte doch von einem transhumanen Menschen, der jedes menschliche Maß weit überschritt, was Schnelligkeit, Stärke, Gehör, den Besitz eines Mikroskop- und Teleskopblicks, eines fotografischen Supergedächtnisses, der Fähigkeit zu fliegen usw. betraf. Zudem wurde er mit der Eigenschaft ausgestattet, dass er ein gutes Wesen sei, das seine Kräfte einsetzt, um das Böse in der Welt zu bekämpfen: das transhumane Wesen als guter Gott.

Eine andere Science-Fiction-Erzählung inspirierte den Vorkämpfer für Kryonik, Robert Ettinger (1918 – 2011),[208] nämlich die 1931 von Neil R. Jones verfasste Kurzgeschichte «The Jameson Satellite». Sie handelt von einem exzentrischen Millionär, nach dessen Tod sein tiefgefrorener Körper in die Erdumlaufbahn geschickt und in der Kälte des Weltraums vor dem Zerfall bewahrt wird. Er wird Millionen Jahre später von Außerirdischen, deren biologische Gehirne mechanische Körper steuern, wiederbelebt, indem sein Gehirn ebenfalls in einen Roboterkörper transferiert wird. Nun hat er die Möglichkeit, mit den Außerirdischen zu den Sternen zu reisen.[209] Hier wird auch in Form einer Erzählung ein Ziel des Transhumanismus, das Leben bis hin zur praktischen Unsterblichkeit zu verlängern, dargestellt, ohne von Transhumanismus zu sprechen.

Transhumanisten sehen das Altern als einen Defekt des Menschen, als eine Krankheit, die es zu bekämpfen gilt. Da aber dazu die Technik noch nicht existiert, kam in den 1960er-Jahren eine Strömung auf, die eine Übergangsstrategie praktizierte. Vor allem durch die Veröffentlichungen von Robert Ettinger entwickelte sich die Diskussion über kryonische Verfahren. Es wurden Firmen begründet, die sich darauf spezialisierten, menschliche Körper am Ende ihres Lebens in flüssigem Stickstoff bei –196 °C einzufrieren und so lange aufzubewahren, bis man technisch in der Lage wäre, tiefgefrorene Organismen «wiederzubeleben». Der US-Amerikaner James Bedford (1893 – 1967) war der Erste, der sich wenige Stunden nach seinem Tod am 12. Januar 1967 einfrieren ließ. Der größte Anbieter für solche Kryonik-Verfahren ist die «Alcor Life Extension Foundation» in Scottsdale, Arizona. Aber es gibt weltweit weitere Anbieter. Mehrere hundert Menschen haben sich bereits einfrieren lassen, und weltweit sollen 1500 Menschen die Absicht erklärt haben, sich nach ihrem Tod einfrieren zu lassen.

Einen Schritt in die von den Kryonikern erhoffte Zukunft ging Google mit der Gründung der Biotech-Firma Calico (Abkürzung von California Life Company), die 2013 erfolgte. Die Aufgabe der Firma ist es, Alterungsvorgänge und altersbedingte Krankheiten zu untersuchen – mit dem Ziel, diese aufzuheben, um Gesundheit, Wohlbefinden und Langlebigkeit zu erreichen. Die *Washington Post* schrieb dazu:

> «In the official announcement, Google CEO Larry Page described this as ‹some longer term, moonshot thinking around healthcare and biotechnology›, which is probably just going to be actual useful research, but just in case it actually is moonshot thinking about how to END DEATH [...].»[210]

Die direkten Überlegungen über Transhumanismus haben ihre Anfänge vor allem in Kalifornien und wurden maßgeblich geprägt von den Vorstellungen des iranisch-amerikanischen Schriftstellers und Futuristen Fereidoun M. Esfandiary (1930 – 2000), der sich auch FM-2030 nannte, von der Galionsfigur des «Psychodelic Movement», Timothy Leary (1920 – 1996), und von den Ideen der Kryonik.[211] Max More, Präsident der «Alcor Life Extension Foundation» und Gründer des «Extropy Institutes», legte in seinem 1990 veröffentlichten Text[212] – nach seinem eigenen Bekunden – den Grundstein für eine transhumanistische Philosophie. Er verwendet dabei das Wort Extropie als Gegenbegriff zu demjenigen der Entropie, um dadurch auf die prinzipielle und unendliche Veränderbarkeit des Universums hinzuweisen.[213] In seinem Text wird deutlich formuliert, was das Ziel des Transhumanismus ist:

> «This is the core of the Extropian approach to meaningfulness: Life and intelligence must never stagnate; it must re-order, transform, and transcend its limits in an unlimited progressive process. Our goal is the exuberant and dynamic continuation of this unlimited process, not the attainment

> of some final supposedly unlimited condition. The goal of religion is communion with, or merely serving, God a being superior to us. The Extropian goal is our own expansion and progress without end. Humanity must not stagnate to go backwards to a primitive life, or to halt our burgeoning move forward, upward, outward, would be a betrayal of the dynamic inherent in life and consciousness. We must progress on to transhumanity and beyond into a posthuman stage that we can barely glimpse.»[214]

In diesem Text wird auch klar, worin sich der Transhumanismus vom Posthumanismus unterscheidet.

Der *Transhumanismus* befasst sich damit, wie Technik den Menschen über sich selbst hinausführen kann. Er fragt danach, wie sich das Leben verlängern lässt, wie sich auf allen Ebenen die menschliche Leistungsfähigkeit steigern lässt, eben – wie der Wortteil «trans» schon sagt – wie es möglich ist, über den Menschen hinauszugehen. Wesentlich für den Transhumanismus ist aber, dass der Mensch immer noch der treibende Kern der Entwicklung ist.

Im *Posthumanismus* ist der Mensch nicht mehr vorhanden. Die Träger der zukünftigen Evolution und die Motoren des Fortschritts sind dann Roboter und Künstliche Intelligenzen. «Die Unsterblichkeit des Menschen in einem virtuellen Habitat ist ja nur Begleiterscheinung des autonomen Fortschrittsprozesses der künstlich-intelligenten, posthumanen Wesen.»[215]

Der Transhumanismus bleibt noch auf den Menschen bezogen, wohingegen der Posthumanismus das Humane hinter sich lässt und maschinelle Wesen ins Zentrum der Evolution stellt. Dennoch hängen beide, Trans- und Posthumanismus, sehr eng zusammen: «Der Posthumanismus formuliert das Ziel und der Transhumanismus den Weg.»[216]

Politische Aktivitäten

Die trans- und posthumanistischen Überlegungen könnte man, wenn man nur auf die philosophischen Inhalte schaut, als skurrile Überlegungen durchgeknallter Fantasten beschreiben, wenn ihre Vertreter nicht versuchen würden, diese Ideen in Realität umzusetzen.

Im Silicon Valley ist von Ray Kurzweil und Peter Diamandis, unter anderem auch mit Geldern von Google, eine Universität begründet worden: die Singularity University. Das Ziel ist vordergründig, Führungskräfte von Unternehmen, Regierungen und gemeinnützigen Organisationen in Technologien der Hochgeschwindigkeitsökonomie zu unterrichten.[217] Aber dahinter steht die transhumanistische Idee, dass in der Zukunft Menschen in die Cloud hochgeladen werden können und sie dadurch ein Leben jenseits ihrer sterblichen Hülle haben werden.[218] Es wird also versucht, auf das Denken von Führungspersönlichkeiten im trans- und posthumanistischen Sinne Einfluss zu nehmen und dadurch von oben her die eigene Agenda realisieren zu können.

Im Herbst 2014 hat sich die transhumanistische Bewegung auch erstmals als politische Kraft organisiert. Der amerikanische Futurist Zoltan Istvan gründete in den USA die United States Transhumanist Party / Transhuman Party.[219] 2016 kandidierte er für das Amt des Präsidenten der Vereinigten Staaten. Es ging dabei weniger darum, Präsident zu werden, was von vornherein unrealistisch war, sondern vielmehr darum, öffentlich aufzutreten und das Programm des Transhumanismus zu verkünden. Dies scheint Istvan gelungen zu sein. Auf seiner Webseite schreibt er im Rückblick auf die Kampagne: «I've been honored to watch transhumanism grow a lot under my candidacy.»[220] Auch 2020 beteiligte er sich an den Präsidentschaftswahlkämpfen, diesmal als Republikaner.

Auch in anderen Ländern wurden transhumanistische Parteien begründet, beispielsweise in Großbritannien die UK Transhumanist Party[221] und in Deutschland die transhumane Partei Deutschland;[222] in Polen[223] und Russland[224] formierte sich ebenfalls eine transhumanistische Partei.

Als globales Netzwerk nationaler transhumanistischer Parteien soll die Transhumanist Party Global[225] werden. Es werden aber auch transhumanistische Parteiverbünde nach geopolitischen Regionen ins Auge gefasst: Transhumanist Parties North America (TP-NA), South America (TP-SA), Europe (TP-EU), Middle East & Africa (TP-MEA), Northern Asia-Pacific (TP-NAP) und South Asia-Pacific (TP-SAP).[226]

Diese Menschen denken im globalen Maßstab, beispielsweise auch die Verantwortlichen bei Google. Googles Mission sei es, «das Wissen der Welt zu ordnen und es universell zugänglich und nutzbar zu machen». Diese Mission zu erfüllen, so sagte der ehemalige Google-CEO Eric Schmidt gegenüber dem *Wall Street Journal*, werde «geschätzte 300 Jahre in Anspruch nehmen».[227]

Ein ehemaliger Mitarbeiter bei Google berichtet:

> «Es gab andere flüchtige Eindrücke von Larrys Denkweise. Er und Eric teilten eine Liste möglicher Strategien, die Google als Herausgeber aller Inhalte einschloss, wo User uns bezahlten, und wir würden die Schöpfer von allem – Bücher über Filme bis Musik – vergüten. Google als Lieferant von Marktforschung und Business Intelligence, basierend auf dem, was wir über die Welt wussten. Google als Infrastruktur, Plattform und Kommunikations-Provider, der E-Mail und Webdaten miteinander verband. Google als der Führer in der Maschinenintelligenz, unterstützt von den Daten dieser Welt und der massiven Computerkraft, die ständig dazulernte.»[228]

Das Problem dabei ist: Die meisten Menschen können sich nicht vorstellen, dass man in solchen Maßstäben denken kann, und nehmen deshalb solche Vorstellungen nicht ernst – das sollten wir aber tun.

Trans- und posthumanistische Zukunftsvisionen

In einer kurzen Antwort auf die Frage «Was sollen wir von Künstlicher Intelligenz halten?» formuliert der britische Astrophysiker Martin Rees mit klaren Worten seine Sicht auf die weitere Evolution der Erde. Er weist darauf hin, dass der enorme technologische Fortschritt, den die Menschheit bisher erreichte, sich im Vergleich zu den gewaltigen Zeiträumen der irdischen Evolution in einer äußerst kurzen Zeitspanne vollzogen hat.

> «Aus diesem Grund werden in einer langfristigen Evolutionsperspektive Menschen und alle ihre Gedanken nur ein vorübergehender und primitiver Vorläufer der tieferen Gedanken einer von Maschinen beherrschten Kultur sein, die sich in die ferne Zukunft erstreckt und sich weit über unsere Erde hinaus ausbreitet. [...] Es wird also nicht der Geist von Menschen, sondern der von Maschinen sein, der die Welt am vollkommensten verstehen wird. Und es werden die Handlungen autonomer Maschinen sein, die die Welt – und vielleicht auch das, was jenseits von ihr liegt – am einschneidendsten verändern werden.»[229]

Auch wenn Rees als Mitglied des House of Lords wohl nicht der transhumanistischen Partei angehört, so beschreiben seine Worte die Kernaussage des Trans- und Posthumanismus: Der Mensch ist nur ein Übergangswesen, das von einer ihm weit überlegenen Maschinenkultur abgelöst werde. Den Beginn dieser Entwicklung sehen Transhumanisten wie Ray Kurzweil in der sogenannten Singularität. Diese erwarten sie in naher Zukunft.

Singularität

Die Höherentwicklung der intelligenten Technologien sieht der Transhumanismus nicht in einem linearen Anstieg, sondern einem exponentiellen. In der Tat zeigt der Fortschritt der Technologien im 20. Jahrhundert einen exponentiellen Verlauf. Die von Gordon Moore Mitte der 1960er-Jahre aufgestellte Regel, wonach sich alle achtzehn Monate die Anzahl der Transistoren, die auf einem Chip untergebracht werden können, verdoppelt, hat sich bis heute bemerkenswert stabil erfüllt. Auch viele andere Bereiche vollzogen jeweils eine exponentielle Entwicklung, wie Ray Kurzweil durchaus überzeugend darstellt.[230]

Die Transhumanisten denken den Gedanken der exponentiellen Entwicklung nun weiter – im Anschluss an eine Idee von John von Neumann aus den 1950er-Jahren:

> «Der immerzu beschleunigte technische Fortschritt [...] erregt den Anschein, dass sich die Geschichte unserer Rasse einer entscheidenden Singularität annähert, nach welcher das menschliche Leben, wie wir es kennen, nicht weitergehen kann.»[231]

Der Statistiker Irving John Good (1916 – 2009) beschrieb 1965 die Idee einer ultraintelligenten Maschine, die alle intellektuellen Fähigkeiten eines Menschen bei Weitem übertreffen werde. Durch diese Maschine komme es zu einer explosionsartigen Erweiterung der Intelligenz.

> «Let an ultraintelligent machine be defined as a machine that can far surpass all the intellectual activities of any man

however clever. Since the design of machines is one of these intellectual activities, an ultraintelligent machine could design even better machines; there would then unquestionably be an ‹intelligence explosion›, and the intelligence of man would be left far behind. Thus the first ultraintelligent machine is the last invention that man need ever make, provided that the machine is docile enough to tell us how to keep it under control. [...] It is more probable than not that, within the twentieth century, an ultraintelligent machine will be built and that it will be the last invention that man need make.»[232]

Der Mathematiker Vernor Vinge sprach in den 1980er-Jahren von der Singularität und veröffentlichte 1993 einen sehr bekannt gewordenen Artikel «The Coming Technological Singularity: How to Survive in the Post-Human Era». Vor allem durch Ray Kurzweil wurde dieser Begriff populär.[233] Seitdem ist dies ein zentraler Grundgedanke des Transhumanismus: die Erwartung einer Singularität. – Was ist damit gemeint?

Dazu sei kurz an den Unterschied von linearem und exponentiellem Wachstum erinnert (Abb. 23). Ein lineares Wachstum fügt in gleichen Zeitabständen eine gleiche Menge hinzu. Ein exponentielles Wachstum dagegen fügt eine stetig zunehmende Menge hinzu. Daraus folgt, dass der Verlauf einer exponentiellen Kurve ab einem gewissen Punkt explosionsartig in die Höhe geht, fast so wie bei dem Grafen einer gebrochen-rationalen Funktion.

Den Wert, für den die Kurve einer gebrochen-rationalen Funktion f(x) gegen Unendlich geht, bezeichnet man in der Mathematik als eine Singularität (Abb. 24).

Der Transhumanismus stellt also fest, dass die technische Entwicklung bisher einen exponentiellen Verlauf hatte. Diesen extrapoliert er in die Zukunft und kommt rein logisch dazu,

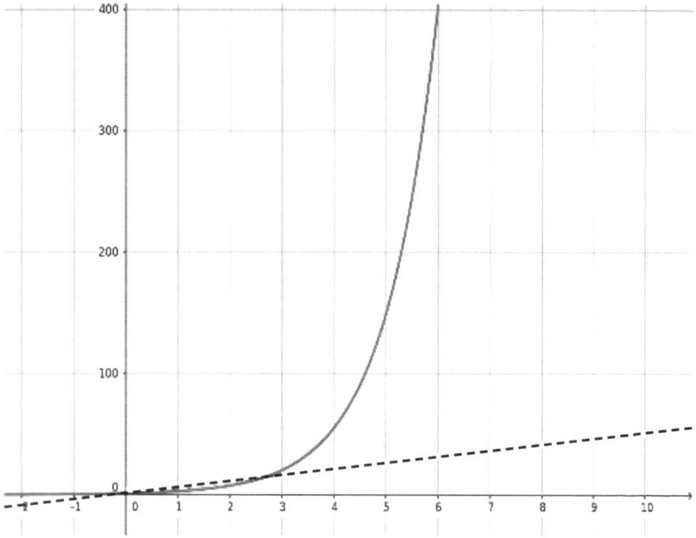

Abb. 23: Kurvendarstellung eines linearen (gestrichelt) und eines exponentiellen (durchgezogen) Wachstums

dass die sich beschleunigende technologische Entwicklung auf eine Singularität zugeht, bei der die technischen Fähigkeiten des Menschen alle Grenzen durchbrechen werden. Mit dem Durchbrechen dieser Grenze erwarten die Transhumanisten eine grenzenlose Erweiterung der menschlichen Fähigkeiten, besser gesagt: der Mensch-Maschinen-Fähigkeiten.

> «Mit der Singularität werden wir die Grenzen unserer biologischen Körper und Gehirne überschreiten. Wir werden die Gewalt über unser Schicksal erlangen. Unsere Sterblichkeit wird in unseren Händen liegen. Wir werden so lange leben können, wie wir wollen (was nicht unbedingt heißt, dass wir ewig leben werden). Wir werden das menschliche Denken vollständig verstehen, erweitern und an neue Ufer führen. Bis zum Ende des Jahrhunderts wird die nichtbiologische Komponente unserer Intelligenz Trillionen mal

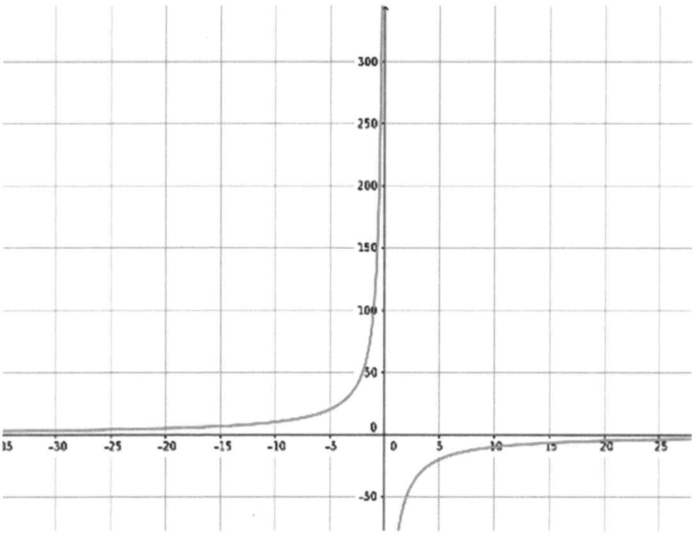

Abb. 24: Singularität bei der Kurve einer gebrochen-rationalen Funktion

> mächtiger sein als bloße menschliche Intelligenz. […] In der Singularität werden unser biologisches Denken und Dasein mit unserer Technik verschmelzen. Das Ergebnis ist eine nach wie vor menschliche Welt, allerdings jenseits unserer biologischen Wurzeln. Danach wird kein Unterschied mehr sein zwischen Mensch und Maschine, oder zwischen physikalischer und virtueller Realität.»[234]

Die Transhumanisten erwarten das Eintreten der Singularität im Jahr 2045. Die Annahmen, was von diesem Zeitpunkt an technisch möglich sein soll, leiden in keinster Weise an übertriebener Bescheidenheit. Sie können sich mit den fantastischen Welten, die in Science-Fiction-Romanen beschrieben werden, mühelos messen. Die Singularität bringt eine enorme Erweiterung des menschlichen Auffassungsvermögens mit sich. Hierzu exemplarisch einige Aussagen:

> «Die Verschmelzung mit der Technik wird uns klüger machen – und zwar um Längen.»[235]
>
> «Das Internet wird den Maschinen Zugriff auf das gesamte Wissen der Mensch-Maschinen-Zivilisation gewähren – und sie werden es vollständig verstehen.»[236]
>
> «Mehrere Maschinen können ihre Ressourcen, ihre Intelligenz und ihre Erinnerungen zusammenführen. Zwei Maschinen – oder eine Million – können verschmelzen und sich wieder trennen. Sie können auch zugleich vereint und getrennt sein; Menschen nennen das Liebe, aber das biologische Pendant ist vergänglich und unzuverlässig.»[237]
>
> «Wenn Maschinen fähig werden, nach Menschenart (nur viel schneller) Technik zu entwickeln und umzusetzen, können sie auch ihren eigenen Aufbau (beispielsweise ihren Quellcode) überarbeiten.»[238]

Damit ist der technische Fortschritt nicht mehr an die menschliche Denkgeschwindigkeit gekoppelt; dann wird sich das Karussell von Verbesserungsschritten immer schneller und schneller drehen.

Dies wird sich bis in den atomaren Bereich hinein fortsetzen. Im Molekularbereich gefertigte Roboter, sogenannte Nanobots, werden unzählige Aufgaben im Körper übernehmen können und unter anderem in der Lage sein, den Alterungsprozess aufzuhalten. Nanobots werden sich direkt ins biologische Nervensystem einklinken, um die menschlichen Sinne zu erweitern und eine virtuelle Realität zu schaffen.[239] Milliarden von Nanobots in den Hirnkapillaren werden außerdem die menschliche Intelligenz vergrößern. Mit ihrer Hilfe können wir eine virtuelle Realität mit zunehmender Auflösung und Glaubwürdigkeit schaffen, die in Konkurrenz zur echten Welt tritt und einen immer größeren Teil unserer Wahrnehmung ausmacht.

> «[In dieser] virtuellen Welt können wir uns in eine andere Person verwandeln – sowohl physisch als auch emotional. Es ist dann auch möglich, dass andere Personen (zum Beispiel der Partner) uns völlig anders wahrnehmen als wir uns selbst (und umgekehrt).»[240]

Das sind nur einzelne Kostproben dessen, was Ray Kurzweil für die Zukunft der Menschheit erwartet. Dabei betont er, dass die neue Intelligenz weiterhin für eine menschliche Mensch-Maschinen-Zivilisation stehe. Die Menschen würden nach wie vor menschlich sein, auch wenn sie nicht mehr biologisch seien. Darin bestehe der nächste Evolutionsschritt, der nächste große Paradigmenwechsel. Der Begriff Mensch werde sich von seinen biologischen Wurzeln lösen.

«Initiative 2045»

Der russische Milliardär Dmitry Itskov rief 2011 die «Initiative 2045» ins Leben, die auf ein neues – transhumanes – Verständnis des Menschen hinarbeitet, das er als «Neo-Humanity» bezeichnet:

> «Wir brauchen ein neues Paradigma für menschliche Evolution. Wir brauchen eine neue Ideologie und eine neue Ethik. Unsere Leben sind begrenzt durch unsere Biologie und unsere erdbezogene Existenz. [...] Aber zum ersten Mal ist Evolution kontrollierbar geworden. [...] Die Entwicklungen in einigen zusammenhängenden Technologien ermöglichen das Erschaffen von selbst-organisierenden Systemen, die in der Lage sind, das Leben und das Bewusstsein biologischer Systeme in nicht-biologischen Trägern nachzubilden. Das ist der Weg der transhumanistischen Transformation: die biologische Evolution durch eine cybernetische Evolution

> zu ersetzen. [...] Wissenschaftler aus der ganzen Welt entwickeln bereits Technologien, die es uns ermöglichen, in den nächsten 10 Jahren einen künstlichen Menschen zu erschaffen. Wir glauben, dass das wichtigste technologische Projekt unserer Zeit die Entwicklung eines künstlichen menschlichen Körpers und die Übertragung des individuellen Bewusstseins in solche Körper ist.»[241]

Für sein Vorhaben macht Itskov ebenfalls eine genaue Zeitangabe: das Jahr 2045. Dann könne der Mensch sein Bewusstsein auf eine Maschine übertragen. Der Mensch soll von seinem fleischlichen Körper getrennt werden und stattdessen seinen Platz in dem künstlichen Gehirn eines Roboters einnehmen. Damit wäre er im Prinzip unsterblich, denn in seiner maschinellen Weiterexistenz wäre er von Krankheit und Tod befreit. Ja, mehr sogar: In einer von Menschen zerstörten Erde könnte er dennoch überleben, denn der maschinelle Körper wäre auch einer lebensfeindlichen Umwelt gewachsen. Die Initiative stellt sich vor, dass sie ihr Ziel bis zum Jahre 2045 in vier großen Teilschritten erreichen wird:

1. 2020 soll der Mensch durch Gedanken Roboter-Avatare steuern können.
2. 2025 soll es möglich sein, Gehirne von Menschen, die am Ende ihres Lebens stehen, in Roboter zu verpflanzen, um ihnen so weiterhin ein «aktives Leben» zu ermöglichen.
3. 2030 soll die menschliche Persönlichkeit kurz vor ihrem Tod in das künstliche Gehirn eines Roboters übertragen werden, was ihr ein Weiterleben nach dem biologischen Tod ermöglichen soll.
4. 2045 soll dann der endgültige Schritt erreicht sein: irdische Unsterblichkeit des Menschen in einem künstlichen Gehirn, von dem aus er nach außen als holografischer Avatar in Erscheinung tritt.[242]

Auch die anderen Ziele dieser Initiative sind beeindruckend:

- Alter und Tod werden besiegt.
- Das menschliche Bewusstsein erhält Zugang zu mehreren Körpern und auch zu verschiedenen virtuellen Realitäten.
- Erlangung der Fähigkeit, durch bloße Gedankenkraft Materie zu formen und damit neue Realitäten zu schaffen. Dazu gehört auch die Möglichkeit, ein persönliches Universum zu schaffen, das der Mensch nach Belieben kontrollieren kann.
- Die Eroberung des Weltalls und zuletzt die volle Kontrolle über Raum und Zeit sowie die Fähigkeit, alle Entwicklungsstränge des Kosmos in einen Punkt der Singularität zusammenzuführen und das Universum zu beenden.

Die Ideen dieser russischen Initiative sind dieselben wie die des US-Amerikaners Ray Kurzweil. Kurzweil beschreibt darüber hinaus auch die Kosmologie, die hinter den transhumanistischen Überzeugungen liegt und in der die Singularität eine wichtige Rolle spielt.[243]

Kosmologie

Die Singularität stellt für die Transhumanisten den Beginn einer neuen Epoche der Evolution des Kosmos dar. Von den insgesamt sechs Epochen der kosmischen Entwicklung steht die Singularität am Beginn der fünften Epoche.

Die erste Epoche fing mit dem Urknall an. Der Urknall war die Anfangssingularität. «Und das Universum war wüst und leer von Bewusstsein»,[244] schrieben zwei Science-Fiction-Autoren (wobei deutlich wird, wie in Science-Fiction-Erzählungen von transhumanistischen Überzeugungen ausgegangen wird, auch wenn die Betreffenden sich selbst nicht als Transhumanisten bezeichnen würden). Es bildeten sich die Atome, dann allmählich erste Sterne.

> «11 Milliarden Jahre vergingen, und das Universum blieb leer. […] Auf einem Planeten eines Sonnensystems am Rande einer beliebigen Galaxis kam es zu einem bedeutenden Schritt in der Evolution der materiellen Struktur in dem Moment, als sich auf dem Planeten Erde Leben entwickelte, Biomaterie entstand. Die erste Phase der Evolution war durchlaufen, die kosmologische.»[245]

In der zweiten Epoche der Evolution bildeten sich immer komplexere Kohlenstoffverbindungen, bis schließlich Pflanzen und später auch Tiere entstanden. Die Pflanzen hatten noch gar kein Bewusstsein. Diese zweite Phase der Evolution ist die biologische.

Die dritte Epoche ist die Epoche der Gehirne. Die Evolution brachte Organismen hervor, die über Sinnesorgane und ein zentrales Nervensystem verfügten. Die dritte Epoche begann mit den Tieren, die über ein rudimentäres Bewusstsein verfügten, und endete mit dem Homo Sapiens, der fähig war, über die Welt selbstständig nachzudenken und die Ergebnisse dieser Gedanken in die Tat umzusetzen.

> «Die menschliche Intelligenz war somit die erste, zufällig entstandene Möglichkeit für eine zukünftige Bewusstseinsordnung des Universums – die Keimzelle für alle weitergehenden Entwicklungen.»[246]

Aber der Mensch ist nur ein Zwischenwesen, denn mit der Technik schreitet die Entwicklung über ihn hinaus.

Damit beginnt die vierte Epoche: die Epoche der Technik. Eine menschengemachte Technik entsteht, die sich von einfachen Mechanismen hin zu aufwendigen Automaten entwickelt, bis schließlich die Technik selbst fähig wird, Informationsmuster wahrzunehmen, zu speichern und auszuwerten.

Im Vergleich zur biologischen Entwicklung vollzieht sich allerdings die technische Entwicklung mit einer sehr viel höheren Geschwindigkeit.[247]

Mit der Singularität beginnt die fünfte Epoche der Evolution: die Verschmelzung menschlicher und maschineller Intelligenz. Das umfangreiche Wissen in den menschlichen Köpfen soll sich mit der überragenden Kapazität, Geschwindigkeit und Vernetzung der menschlichen Technik vereinigen.

> «Durch die fünfte Epoche kann die Mensch-Maschinen-Zivilisation hinauswachsen über die Beschränkungen des menschlichen Gehirns mit seinen wenigen 100 Billionen lahmen Synapsen. Die Singularität wird viele unserer ältesten Probleme lösen und die menschliche Schaffenskraft ins Unermessliche steigern.»[248]

Der sechsten Epoche der Evolution gibt Ray Kurzweil die Überschrift: «Das Universum erwacht». Die den menschlichen Gehirnen sowie den technischen Schöpfungen des Menschen entsprungene Intelligenz beginnt, Materie und Energie zu durchdringen.

> «Das gelingt ihr, indem sie Materie und Energie derart umgestaltet, dass sie ihre Denk- und Rechenfähigkeiten zu maximieren [...] und über die Erde hinaus weiterzuverbreiten vermag.»[249]

Kurzweil spekuliert dann noch, inwieweit die Lichtgeschwindigkeit wirklich die Obergrenze für die Übertragung von Informationen sei. Falls es aber nur das kleinste Schlupfloch gäbe, aus dieser Absolutheit herauszukommen, dann würde die Intelligenz die Überlichtgeschwindigkeit beherrschen lernen und sich im Universum ausbreiten.

> «In jedem Fall werden ‹dumme› Materie und Abläufe im Universum umfunktioniert werden zu einer Form höchster, erhabenster Intelligenz, welche die sechste Epoche der

> Informationsevolution ausmacht. Dies ist das ultimative Schicksal der Singularität und des Universums.»[250]

Man könnte auch sagen: Wir Menschen schaffen mit den intelligenten Technologien ein kosmisches Wesen: Wir schaffen Gott!

Spätestens hier wird deutlich, dass der Transhumanismus eine stark religiöse Komponente hat. Das hören Transhumanisten nicht gerne. Es ist aber leicht zu sehen, dass solche Gedankengänge eine spirituell-theologische Dimension haben. Im Gewande informationstechnischer Begriffe setzt sich eine religiöse Heilsgeschichte fort[251] und schafft ihre eigenen Mythen.

Zusammenfassung der transhumanistischen Thesen

Grundannahmen des Trans- und Posthumanismus:

- Das Gehirn ist eine (fleischliche) Maschine und Denken nichts anderes als Symbolverarbeitung durch diese Maschine.
- Der Geist des Menschen ist ein informationsverarbeitender Algorithmus, der auf der Maschine «Körper» läuft, so wie bei einem Computer.
- Algorithmen und Informationsmuster können prinzipiell ausgelesen und auf einen anderen Informationsträger übertragen werden.
- Algorithmen sind in der Lage, sich selbst zu optimieren, das heißt, ein intelligenter Algorithmus kann seine eigene Intelligenz verbessern. Damit ist es prinzipiell möglich, dass sich Künstliche Intelligenz endlos zu unabsehbar höheren Formen entwickeln kann.
- Da die Intelligenz unabhängig von ihrem Träger ist, kann sie sich von Mensch und Gerät loslösen und wird in Zukunft allmählich den gesamten Kosmos durchdringen und gestalten.

Folgerungen:

- Wenn der bewusste menschliche Geist nichts anderes als ein von Algorithmen verarbeitetes Informationsmuster ist, dann gilt im Umkehrschluss, dass auch informationsverarbeitende Algorithmen ein Bewusstsein haben.
- Die exponentiell sich entwickelnden Technologien streben auf eine Singularität zu, die alles menschliche Leben und alle menschliche Kultur grundlegend verändern wird.
- Denkt man den Menschen als symbolverarbeitenden Algorithmus, dann kann er von einer Maschine auf die andere übertragen werden und damit physische Unsterblichkeit erlangen.

Im Transhumanismus erscheint im technischen Vokabular ein neuer Mythos, eine quasi-religiöse Heilslehre. Sie setzt sich an die Stelle, wo die alten untergegangenen Mythen eine Leere hinterlassen haben.

Mythen und Pseudomythen

Ursprüngliche Mythen

Der Mythos ist ein universelles menschheitsgeschichtliches Phänomen. In ihm kommt ein überzeitlich Wesenhaftes des Menschseins zum Ausdruck, aber nicht in begrifflicher, sondern in bildhaft-imaginativer Form. Er beantwortet die Frage nach dem Ursprung des Menschen und welche Stellung er in der Gesamtheit des Kosmos innehat. Der Mythos vereint einen Gegensatz: Er setzt das alltägliche Leben mit einem Überzeitlich-Ewigen in Beziehung. Er wirkt sozial integrierend und identitätsstiftend zugleich. Jedem Mythos liegt eine Religion zugrunde, denn er setzt Göttliches mit dem Menschen in Beziehung.

> «Der authentische und ursprüngliche Mythos kommt aus dem Absoluten, und er zielt auf das Absolute.»[252]

Der Mythos deutet die Welt und das Geschehen in ihr und ist in dieser Funktion für die Menschen, die ihn annehmen, wahr und zugleich für ihr ganzes Sein verbindlich. Der echte Mythos gibt dem irdischen Menschen einen Heimatraum, in dem er seinen irdischen Ort mit einem Ewigen verbindet.

Die alten Völker hielten das, was die Gottheiten taten, für so wesentlich, dass sie sich selbst als Menschen für zweitrangig ansahen. Deshalb sprachen sie weniger über ihre eigenen menschlichen Handlungen als vielmehr über das, was die Götter taten. Die himmlischen Vorgänge wurden als so wesentlich empfunden, dass der Mensch demgegenüber die eigene Gegenwart als unwesentlich empfand: Er war ein Geschöpf Gottes, und die Götter waren die eigentlich Handelnden in der Welt. Die Menschen hatten einst eine Himmelsgeschichte, *keine* Geschichte des Menschen.[253]

Man kann die Auffassung vertreten, die Menschen hätten solche Mythen einfach nur erfunden, um sich ihre Welt zu erklären. Es gibt aber doch Hinweise, die zu der Annahme berechtigen, dass die Menschen in der damaligen Zeit eine völlig andere Bewusstseinsverfassung hatten. Durch alle vergangenen Jahrhunderte hindurch und auch in der Gegenwart gab und gibt es immer wieder Menschen, die von mystischen Erfahrungen berichten. Aus ihren Schilderungen wird deutlich, dass sie für einige Momente ein erweitertes Bewusstsein hatten und Dinge wahrnahmen, die mit dem bloßen sinnlichen Wahrnehmungsvermögen nicht zu erleben sind. Auch die Nahtoderfahrungen vieler Menschen, die heute gesammelt und untersucht werden, weisen darauf hin, dass es offensichtlich neben dem rational denkenden Bewusstseinszustand noch andere Bewusstseinsverfassungen gibt, in denen sich die Realität auf eine andere Weise darstellt. Man darf daher annehmen, dass die Menschen vergangener Jahrtausende über solch andere Bewusstseinszustände verfügten und sich ihnen die Welt auf eine andere Weise zeigte. Es ist dann nachvollziehbar, wenn Rudolf Steiner über diese Zeit schreibt:

> «Es gab eine Epoche, in der die Menschheit das Bewusstsein hatte, die Himmelsgeschichte in mächtigen Eindrücken zu schauen, in denen die göttlich-geistigen Wesen selbst vor der Seele des Menschen standen. Sie sprachen; und der Mensch vernahm die Sprache in Traum-Inspiration; sie offenbarten ihre Gestalten; und der Mensch schaute sie in Traum-Imagination.»[254]

Aus der Himmelsgeschichte kristallisierte sich allmählich die menschliche Geschichte heraus. Man kann in Homers *Ilias* und *Odyssee* einen Übergang sehen. Dort wirken Götter und Menschen noch zusammen, in späteren Zeiten entfernen sich die Götter noch weiter, bis sie zuletzt vergessen sind.

Mit Beginn der Neuzeit zerfallen die letzten Reste alter religiöser Erlebnisse, und es entsteht eine völlig neue Haltung des Menschen zu sich und der Welt. Er verliert sein altes Verbundenheitsgefühl mit der Welt. Sie ist für ihn nicht mehr von Göttern belebt. Die alten Mythen sind längst verblasst, und die Religion erstarrt zur dogmatischen Tradition.

Der Mythos war richtig in Zeiten, in denen die Menschen noch nicht in der Lage waren, rational zu denken. Mit der Neuzeit wurden die altüberkommenen authentischen Mythen zugunsten der individuell geführten Rationalität abgelegt. Die Aufklärung des 18. Jahrhunderts war im Grunde die endgültige Absage an alles Mythische. In der Folge entwickelte sich das Wort «Mythos» zum abwertenden Kampfbegriff gegen alles, was nicht rational beweisbar war.

Die entstehende Naturwissenschaft reißt das Individuum systematisch aus allen seinen alten Verankerungen heraus. Der Begründer der Psychoanalyse, Sigmund Freud (1856–1939), sprach gar von drei Kränkungen des Menschen, die er durch die wissenschaftliche Entwicklung der Neuzeit erlitten habe. Die erste – die kosmologische Kränkung – geschah durch Kopernikus, der das kosmische Weltbild verschob, indem er die Sonne in den Mittelpunkt der Welt stellte. Im weiteren Verlauf der Zeit wurde auch dieser «Mittelpunkt» relativiert, indem man ihn an den Rand einer von unzähligen Galaxien verlegte: Die Erde ist nur noch ein verlorenes Staubkorn im Weltall. Die zweite – die biologische Kränkung – geschah durch Darwin, der dem Menschen die Stellung als Geschöpf Gottes nahm und ihn als Endpunkt einer tierischen Evolution darstellte. Die dritte – die psychologische Kränkung – sah Freud durch seine Psychoanalyse verursacht, die aufzeigte, dass der Mensch nicht so sehr durch sein Bewusstsein, sondern vor allem durch sein Unbewusstes bestimmt ist: Das menschliche Ich ist nicht Herr im eigenen Seelenhaus.

In späterer Zeit sprachen einige Autoren gar von einer vierten, der technologischen Kränkung, bei der der Mensch feststellen musste, dass nicht er seine selbst geschaffenen Apparate beherrscht, sondern diese ihn.[255]

Zerfall der großen Erzählungen

Die Tragkraft des alten Glaubens verblasste mit dem Beginn der Neuzeit. Dafür trat die Rationalität auf. Die Vernunft sah man als etwas an, das allen Menschen in gleicher Weise zur Verfügung steht, und so betrachtete man sie als das einigende Band aller Menschen. Zusammen mit der Aufklärung und dem deutschen Idealismus bildete sich ein säkulares, aber immer noch ein die Menschen einendes und kulturprägendes Menschenbild heraus.

Gegen Ende des 20. Jahrhunderts stellte der französische Philosoph Jean-François Lyotard fest, dass auch dessen gesellschaftliche Tragkraft zerbrochen war.

Es gibt heute keine «Metaerzählung» mehr, die den Menschen einen Lebenssinn gibt und den verschiedenen Wissenschaften eine gemeinsame Legitimationsbasis – so Lyotard in seiner Analyse der Postmoderne. Auch die Gültigkeit der tragenden Ideen der Aufklärung und des beginnenden 19. Jahrhunderts haben ihre Glaubwürdigkeit verloren und stellen für die Wissenschaft keinen gemeinsamen Boden mehr dar. An die Stelle der verloren gegangenen «großen Erzählungen» treten viele verschiedene Diskurse. Diese Diskurse beschrieb Lyotard als «Sprachspiele», die miteinander kämpfen. Dabei kommt der Machtfaktor ins Spiel, der vor allem durch die Erweiterung der Möglichkeiten des Körpers durch Technik gegeben ist. Denn die experimentelle Beweisführung mithilfe technischer Geräte, um «Wahrheit» zu finden, ist kostenintensiv. Daraus folgert Lyotard:

> «Also kein Beweis, keine Verifizierung von Aussagen und keine Wahrheit ohne Geld. Die wissenschaftlichen Sprachspiele werden Spiele der Reichen werden, wo der Reichste die größte Chance hat, recht zu haben. Eine Gleichung zwischen Reichtum, Effizienz und Wahrheit zeichnet sich ab.»[256]

Staat und Unternehmen gaben die aus dem 19. Jahrhundert stammenden humanistischen und idealistischen Erzählungen zugunsten der Durchführbarkeit und der Macht auf. «Man kauft keine Gelehrten, Techniker und Apparate, um die Wahrheit zu erfahren, sondern um die Macht zu erweitern.»[257]

Dabei kommt ein sich selbst verstärkender Zirkularprozess in Gang, der dadurch verursacht wird, dass «das massiv in das wissenschaftliche Wissen eingeführte technische Kriterium [...] nicht ohne Einfluss auf das Kriterium der Wahrheit»[258] bleibt; das heißt, wenn die Realität die Kriterien für die Bestimmung der Wahrheit abgibt, so ist jede technische Veränderung der Realität ein Schritt in die Richtung, noch mehr «die Wahrheit» zu haben. Das ist ganz klar ein sich selbst hervorbringender Regelkreis: Die «Realität» beweist, was bewiesen werden soll; aber da man durch Technik die «Realität» selbst verändern kann, beweist sich durch den Einsatz von Technik das zu Beweisende selbst. Zu beweisende Behauptungen werden damit zu einer sich selbst erfüllenden Prophezeiung. Man braucht nur aus der Machtposition heraus eine bestimmte Auffassung zu haben, dann kann man diese zu einer alles andere bestimmenden Erzählung erheben.

> «So nimmt die Legitimierung durch die Macht (*puissance*) Gestalt an. Diese ist nicht allein die gute Performativität, sondern auch die gute Verifizierung und das gute Urteil. Sie legitimiert die Wissenschaft und das Recht durch ihre Effizienz und diese durch jene. Sie legitimiert sich selbst, wie es ein Regelkreis (*système réglé*) zur Optimierung seine Leistungen zu machen scheint. Nun ist es aber genau diese Kontrolle über den Kontext, den die verallgemeinerte Informatisierung beibringen soll.»[259]

Diese von Lyotard beschriebene Signatur wird gegenwärtig deutlich sichtbar. Die Unternehmen, welche die Online-Welt beherrschen, vertreten ein technisches Menschenbild. Diese Auffassung setzen sie in ihre Produkte – beispielsweise Roboter aller Art – um. In der Begegnung und im Umgang mit diesen Geräten verändert sich auch der Mensch, ohne es zu bemerken: Er nähert sich in den Verhaltensweisen denen des Roboters an. Das verstärkt die Auffassung, dass er eine Maschine sei usw.

Mit Recht kann man diese Tatsache als die vierte Kränkung des Menschen bezeichnen: Der Mensch droht sich selbst zu einer (schlechten) Maschine zu machen.[260]

Der Maschinenmythos

Der gegenwärtige Mensch hat sich mit einer neuen geologischen Schicht, einer «Apparateschicht», umgeben, die ihn von außen her prägt. In ihr steht der einsam gewordene Mensch, dem der Sinn seiner selbst abhandengekommen ist. Er hat zwar seine Beziehung zum Kosmos verloren, aber nicht seine Sehnsucht nach Sinnerfüllung. Die Suche nach Sinn führt in die Versuchung zum Rückfall in alte Verhaltensmuster. Man wendet sich lang vergangenen Religionen und Glaubensformen zu und versucht, durch deren Praktiken ein altes spirituelles Erleben zu wiederholen.

Ein anderes Symptom für die Sehnsucht nach einem mystischen Verständnis der Welt sind auch die neu erfundenen Pseudomythen, wie die *Harry Potter*-Erzählungen, die Trilogie *Der Herr der Ringe*, die Vielfalt der Fantasyromane usw. Zu diesen Pseudomythen (Fantasy-Literatur) gehören auch die zahllosen Science-Fiction-Romane, denn diese kultivieren ebenfalls einen Mythos. Sie sind sogar ein Symptom für das Aufkommen eines neuen Mythos.

Der Kommunikationwissenschaftler Claus Eurich unterscheidet verschiedene Schichten des Mythischen:[261]

- Authentischer Mythos: Er umfasst alle Seinsebenen, d.h. die Totalität des Seins.

- Sekundärer Mythos: Dieser markiert immer nur Weltausschnitte und verabsolutiert hier ein oder mehrere Motive des authentischen Mythos. Dem sekundären Mythos fehlt die echte Religion, welche die authentischen Mythen immer auszeichnet. Die Fortschrittsmythen der Neuzeit sind Beispiele für sekundäre Mythen.
- Scheinmythen: Das sind rein zweckgebundene Konstruktionen ohne jegliche innere Tiefe. Sie bedienen sich in ihren Motiven bei den authentischen Mythen und missbrauchen sie für kurzfristige Ziele. Durch die Anleihe bei den authentischen Mythen appellieren die Scheinmythen an das Unbewusste. Sie rühren an Sehnsüchte und Gefühle der Menschen, um diese dann in eine bestimmte Richtung hin zu kanalisieren. Werbung, politische Agitation, Propaganda usw. ist das Feld, in dem Scheinmythen zu Hause sind.

In das Sinnvakuum, das mit dem Untergang der authentischen Mythen auftrat, zogen die sekundären Mythen und Scheinmythen ein. In den technischen Utopien wie beispielsweise in Lord Bacons Schrift *Neu-Atlantis* traten sie zutage. Sie nehmen die Stelle der alten authentischen Mythen ein, geben dem Dasein Sinn und befriedigen die Sehnsucht des Menschen nach Heimat, indem sie ihm ein technisches Paradies beschreiben, in das er dereinst einziehen wird.

Im ausgehenden zweiten Jahrtausend ist für die Wissenschaft die Auffassung, dass Organismen aller Art mit Maschinen verglichen werden können und auch der Mensch einer Maschine ähnlich sei, die zentrale Idee.

> «Der Mensch wird als Maschine gesehen. *Das ist der Mythos der Maschine*. Und es ist wohl der stärkste sekundäre Mythos, den die Menschheit hervorgebracht hat, denn er integriert Umwelt-, Mitwelt- und Innenweltorientierung

> des Menschen. Nur das Göttliche bleibt außen vor, muss draußen bleiben.»[262]

In diesem Mythos der Maschine zeigen sich fünf Grundmotive:[263]

- Der Mythos des Fortschritts: Das rationale Denken des Menschen, das sich in den Apparaturen materialisiert, sei zu unbegrenzter Verbesserung fähig.
- Der Mythos der Machbarkeit: Durch Technik ließen sich alle Probleme der Menschheit bewältigen.
- Der Mythos der Unfehlbarkeit: Die in der Technik sich materialisierende Berechenbarkeit gibt Sicherheit, da mathematische Abläufe immer richtig sind.
- Der Mythos der evolutionären Maschine: Die Maschine verbessert die menschlichen Unzulänglichkeiten auf allen Ebenen, deshalb könne sie über den Menschen hinauswachsen und an seiner Stelle die Evolution fortsetzen.
- Der Mythos der Übernatur: Technik erscheint als etwas Übermenschliches, quasi Göttliches. In einer Reihe von Science-Fiction-Filmen kommt dies klar zum Ausdruck, beispielsweise *Transformers* (2007) oder *Star Trek: Der Film* (1979).

Die Technikmythen sind sekundäre Mythen. Sie richten sich nicht auf den Menschen, sie zeigen eine Perspektive der Technikwerdung auf, aber keine Zielrichtung der Menschwerdung. Sie degradieren den Menschen zum bloßen «Geschlechtsteil der Maschine» (MacLuhan) und machen ihn zum Gefangenen seiner eigenen maschinellen Schöpfungen.

> «Der Mythos der Maschine transportiert in seinem Wesenskern Destruktivität, denn er hält das Leben von sich selber ab. Die Technik, die der Maschinenmythos mitgebiert, ist ein grandioses Werk der Rationalität. Doch ihr unstillbarer Macht- und Verwertungsanspruch raubt den

> zarten, schönen und spirituellen Kräften den Lebensraum, der nötig wäre zur Entfaltung dessen, was besänftigend und verfeinernd wieder auf das Maschinenhafte zurückwirken könnte.»[264]

So hat die Menschheit die echte Mythologie verloren. Dafür erwarb sie sich die Rationalität. Ironischerweise kehrte das Mythologische aber versteckt wieder zurück. Im Gewand des Rationalen taucht es in technischen Utopien und vor allem in den den Menschen umgebenden Geräten wieder auf. Und die neuen Mythen gewinnen Macht über den Menschen, indem sie die bewusste und rationale Auseinandersetzung mit sich unterlaufen.

Die große Frage ist, ob es möglich ist, dass der Mensch auf dem Wege, der mit der Entwicklung der Rationalität begonnen hat, weiterschreitend eine Möglichkeit findet, in den Bereich, den einst das Mythische beschrieb, bewusst eintreten zu können. Gibt es einen Weg, das, was die alten Kulturen nur in mythischen Bildern beschreiben konnten, mithilfe des rationalen Denkens zu beschreiben? Wenn es das gäbe, dann wäre die Chance vorhanden, dass nicht das Mythische heimlich im Rationalen wiederaufersteht, sondern dass das Rationale die mythischen Denkformen überwindet und in den geistigen Bereich bewusst einträte.

Der Mensch fände auf rationale Weise wieder eine Verbindung zum Urgrund seines Seins. Er würde dadurch verstehen können, wie er in den Kosmos eingebettet ist. Er würde den Sinn seiner selbst aus dem Einblick in das Ganze des Kosmos erfahren.

Genau das will anthroposophische Geisteswissenschaft erreichen. Sie wendet sich an das rationale, wissenschaftliche Denken und erweitert es durch meditative und andere Übungen zu einer tieferen Wahrnehmungsfähigkeit. Die verlorenen Erlebnisberichte, die einst der Mythos nur bildhaft beschreiben konnte, eröffnen sich diesem erweiterten denkenden Bewusstsein. Das verweist die sekundären Technikmythen an den ihnen zukommenden Platz. Zudem kann eine Inversion, welche die Pseudomythen mit der Welterklärung vornehmen, wieder zurechtgerückt werden: die Inversion einer unzutreffenden Inversion, um den Menschen wieder zu finden.[265]

Verlust und Wiederkehr

Wenn ein Mythos das Leben beherrscht, dann ist dem Menschen darin eine feste Rolle zugewiesen. Bei den alten Mythen eben die, das Geschöpf Gottes zu sein. Am deutlichsten spricht dies das erste Buch Mose aus:

> «Dann sprach Gott: lasst uns Menschen machen als unser Abbild, uns ähnlich. [...] Gott schuf also den Menschen als sein Abbild; als Abbild Gottes schuf er ihn. Als Mann und Frau schuf er sie.» – «Da formte Gott, der Herr, den Menschen aus Erde vom Ackerboden und blies in seine Nase den Lebensatem. So wurde der Mensch zu einem lebendigen Wesen.»[266]

Weltweit, von Ostasien bis nach Nordamerika, findet man Mythen, die davon erzählen, wie die Gottheiten den Menschen erschufen. Der Mensch war so sehr Teil der Welt, dass er sich selbst als zweitrangig ansah. In allen mythischen Erzählungen wird sichtbar, dass die Menschen zu Göttern aufschauten.

Die alte Menschheit betrachtete sich als Geschöpf Gottes. Ihre Grundhaltung war: «Weil Gott ist, bin ich!» Diese Gewissheit ging mit dem Ende des Mittelalters verloren. Damit verschwand zugleich die Vergewisserung des eigenen Seins. Die Suche nach einem neuen Grund, auf dem der Mensch seine

Seinssicherheit aufbauen konnte, führte ihn zu sich selbst, führte ihn in das eigene Innere.

In René Descartes (1596–1650) fand dieser Umschwung seinen großen, weithin sichtbaren Repräsentanten. Descartes fragte nach dem, was er als unbezweifelbar annehmen konnte. Dabei stellte er fest, dass er alles bezweifeln konnte bis auf eine einzige Ausnahme: die Tatsache seiner eigenen Existenz. Er konnte alles, was um ihn herum existierte, denkend infrage stellen, nur nicht den Tatbestand, dass er selbst ist, und zwar als Denkender.

> «Und das Denken? Jetzt habe ich es gefunden. Das Denken ist es; das Denken allein kann von mir nicht abgetrennt werden, ich bin, ich existiere, das ist sicher. Aber wie lange? Offenbar so lange, als ich denke.»[267]

Von hier ausgehend fragt Descartes nun, ob und in welcher Weise Gott existiert – und er kommt dann in seinen *Meditationen* zu dem Schluss, dass es Gott geben müsse.

Welch bedeutende Umkehrung! Der alte Mensch sagte: «Gott ist, deshalb bin ich.» Der neuzeitliche Mensch stellt fest, dass er selbst als Denkender ist und deshalb auch Gott bestehen müsse.

Eine ähnliche Umkehrung findet man im technischen Schaffen des Menschen. War der Theologe und Pädagoge Johann Amos Comenius (1592–1670) noch der Auffassung, dass Gott die Natur geschaffen habe und der Mensch mit seiner Technik bloß die Werke Gottes nachahme,[268] so fiel diese Gottesvorstellung in der Folgezeit bei den Technikern weg. Der Mensch entwickelte mehr und mehr die Auffassung, dass er aus seinem eigenen Erfindergeist neue Geräte schafft.

Mit dem Aufkommen der Computertechnologie kam recht bald der Gedanke auf, dass der Mensch mit dieser Technologie den Keim gelegt habe, aus der ein übermenschliches gottähnliches Bewusstsein hervorgehen könne. Eine Reihe von Science-Fiction-Romanen aus den 1950er-Jahren thematisiert diesen Gedanken.[269] Ein öfter zitierter Computerwitz fasst diese Signatur ins Auge: Ein Techniker fragt den von ihm neu entwickelten Computer: «Gibt es Gott?» Darauf die prompte Antwort des Geräts: «Jetzt schon!»

Was so in Form eines Witzes formuliert wird, ist für den transhumanistischen Mythos ernste Realität. Er sieht als Apotheose der technischen Entwicklung die selbstständige Weiterentwicklung der maschinellen Intelligenz, die sich einst von der Erde lösen und den ganzen Kosmos durchdringen werde. Das wäre die sechste Epoche der Entwicklung des Universums.

> «Intelligenz an sich, [... vermag sich] über die Erde hinaus weiterzuverbreiten [...]. In jedem Fall werden ‹dumme› Materie und Abläufe im Universum umfunktioniert werden zu einer Form höchster erhabenster Intelligenz [...].»[270]

In solchen sehr ernst zu nehmenden Symptomen zeigt sich die Grundsignatur der menschlichen Entwicklung: Aus einem «all-einigen Kosmos» löst sich der einzelne Mensch allmählich heraus, wird zum Individuum, das ganz auf sich selbst gestellt ist. Dieses Individuum sucht jetzt von sich aus die Welt zu verstehen, und aus diesem Verständnis heraus schafft es die Welt neu – die technische Welt entsteht.

Erklärte der alte Mensch einst die Welt vom Geistigen her, so ist es das Materielle, von dem aus nach dem Verlust des Geistigen die Welt erklärt wird. Materialismus entsteht.

Der Mensch erklärt sich selbst durch seine eigenen Schöpfungen: Der Maschinenmythos entsteht. Dabei übersieht der Mensch, dass er mit den Maschinen nur eine Kopie seiner selbst geschaffen hat. Er erklärt sich selbst durch eine Kopie seiner selbst – ein absurder Zirkel. Dennoch wird mit großem Aufwand daran gearbeitet, den Maschinenmythos Realität werden zu lassen.

Weltweit arbeiten große Industriekonglomerate daran, dass der Maschinenmythos materielle Wirklichkeit wird, allen voran Googles Mutterkonzern «Alphabet».

Google

Die Firma Google entstand in der Treibhausatmosphäre für technische Erfindungen des Silicon Valley. Larry Page und Sergey Brin, zwei Studenten der Stanford University, begegneten sich dort im Jahre 1995 und konzipierten während ihres Studiums eine neuartige Suchmaschine, die sie zuerst BackRub nannten. Die Grundidee dieser Suchmaschine war, dass man die Wertigkeit des Suchergebnisses nach den Links bemisst, die zu dieser Seite bestehen, also: Je populärer eine Seite ist, desto mehr Links verweisen auf sie und umso höher wird sie bewertet. Das ist so wie bei den Literaturverweisen in Büchern: Je häufiger ein Buch zitiert wird, desto wahrscheinlicher ist es, dass in diesem Buch etwas steht, das besonders bedeutend ist. Die beiden Studenten nutzten also die bereits im Netz kumulierten Zusammenhänge, um ihre Suche zu verbessern.

1998 stellten Page und Brin ihren Prototyp dem Informatikprofessor John Hennessy vor. Der sollte ein Suchwort eintippen, und er gab «Gerhard Casper» ein, denn er wusste, dass der damalige Universitätspräsident, Gerhard Casper, von den Suchmaschinen Yahoo! und AltaVista, die in den 1990er-Jahren groß waren, immer mit dem freundlichen Gespenst Casper aus dem gleichnamigen Trickfilm verwechselt wurde. Die Suchmaschine der beiden Studenten zeigte jedoch sofort das richtige Ergebnis. Da begriff Hennessy, dass mit dieser Maschine der «Beginn von Suche im Internet, mit der man etwas anfangen kann», stattfindet. «Das war die Geburtsstunde von Google, oder wenigstens die Taufe.»[271]

Die großen Internetportale zeigten 1998 kein Interesse an der Erfindung der zwei Studenten. Im August 1998 präsentierten die beiden ihr Projekt dem Investor Andreas von Bechtoldsheim. Nach der zehnminütigen Präsentation stellte er ihnen einen Scheck über 100.000 US-Dollar aus. Da Bechtoldsheim annahm, dass die Firma Google hieß, setzte er als Empfänger «Google Inc.» ein. Doch das Unternehmen existierte bis dahin gar nicht. Page und Brin registrierten dann ihr Unternehmen unter diesem Namen, damit sie den Scheck einlösen konnten.[272]

Am 4. September 1998 – in der beginnenden Michaelizeit – gründeten die beiden Studenten in einer Garage Google Inc. mit einem Startkapital von 1,1 Millionen US-Dollar. Fünf Monate später bezog Google Inc. mit acht Angestellten ein Büro in Palo Alto. Sie hatten da bereits 500.000 Suchanfragen täglich zu bewältigen. AOL und Netscape arbeiteten dann 1999 (ab 2002 laut Google) mit Google zusammen; die Anfragen erhöhten sich auf 3.000.000 täglich.

Der Hauptgrund für Googles Erfolg: Es ging schneller. Google suchte nur und hatte eine sehr schlichte Seite im Gegensatz zu der damals sehr populären Suchmaschine AltaVista. Diese war im Grunde genauso gut wie Google, aber die Verantwortlichen von AltaVista hatten ihre Webseite zu einem umfangreichen Portal ausgebaut, und deshalb dauerte der Aufbau der Seite (wegen der damals langsamen Internetverbindungen) einfach länger als bei Google.[273]

Obwohl die Firma erst im September 1998 gegründet wurde, war Google bereits Mitte 2000 Marktführer auf dem Gebiet

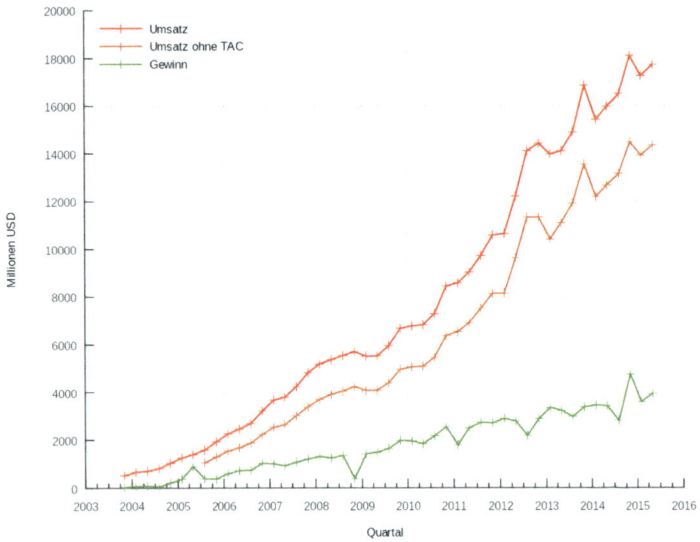

Abb. 25: Umsatz- und Gewinnentwicklung von Google seit 2003. TAC bedeutet Traffic Acquisition Costs; das sind Umsätze, die über Partner generiert und an diese weitergegeben werden.[274]

der Suchmaschinen. Mehr als 1 Milliarde Internetseiten hatte Google in seinem Index. Heute laufen weltweit über neunzig Prozent aller Suchanfragen über Google.[275]

Die Umsätze nahmen in rasendem Tempo zu und mit ihnen die Gewinne (Abb. 25). Am 19. August 2004 ging Google an die Börse mit einem Aktienwert von 80-85 US-Dollar. Gleich am ersten Tag stieg der Kurs auf über 100 Dollar. Sergey Brin und Larry Page waren mit je rund 38 Millionen Aktien auf einen Tag Multimilliardäre. Sie gehörten nun zu den zwanzig reichsten Männern der USA.

Googles Aktivitäten nahmen rasant zu und breiteten sich weit über das bloße Suchmaschinengeschäft hinaus aus. Mit Google Maps wurde ein Online-Kartendienst begründet, der eine weite Verbreitung fand. Das Betriebssystem Android für Smartphones wurde marktbeherrschend mit weit über 87,5 Prozent Marktanteil im Jahr 2016. Die Videoplattform YouTube, ein Teil des Google-Imperiums, hatte 2016 in Deutschland einen Marktanteil von über 80 Prozent. Mit Google Chrome wurde Google auch im Bereich der Webbrowser dominierend: 2019 hatte er einen Marktanteil von fast 70 Prozent.[276] Mit Calico wurde ein Bio-Unternehmen begründet, mit Google Fiber ein Projekt zum Aufbau von Hochgeschwindigkeits-Glasfasernetzen ins Leben gerufen, es wurden Think-Tanks und Investmentfirmen begründet, Forschungsbereiche eingerichtet usw.

2015 wurde Alphabet Inc. als Dachverband gegründet und Google deren Tochtergesellschaft. Der Dachverband hat die Aufgabe, den verschiedenen Tochterunternehmen eine möglichst große Unabhängigkeit zu geben und gleichzeitig eine effiziente Kontrolle zu ermöglichen.[277]

Bei allen Gründungen und Initiativen sind nach wie vor die Werbeeinnahmen die Haupteinnahmequellen von Alphabet. Der Gesamtkonzern machte 2019 einen Jahresumsatz von 161,9 Milliarden US-Dollar und einen Gewinn von 34,3 Milliarden.[278]

Hinter den technischen Entwicklungen von Google stehen klar formulierte Gedanken und Zukunftsvisionen als treibende Kraft. Die Google-Gründer gehen von einer Vision aus. Eine maschinelle Intelligenz zu erschaffen liegt allen Anstrengungen von Google zugrunde. Larry Page betrachtete von Anfang an Google als eine embryonische Form einer Künstlichen Intelligenz. «Künstliche Intelligenz wäre die ultimative Version von Google», sagte er im Jahre 2000 in einem Interview. «Dieser sind wir inzwischen jedoch ein gutes Stück nähergekommen, und das ist im Großen und Ganzen auch, woran wir arbeiten.»[279]

2003 konstatierte Larry Page in Stanford:

> «Die ultimative Suchmaschine ist etwas, das so schlau ist wie die Menschen selbst – oder schlauer.»[280]

2004 ließ er in einem Gespräch mit *Newsweek* verlautbaren:

> «Sicher wäre es von großem Vorteil, wenn das Wissen der gesamten Welt direkt mit dem Gehirn verbunden wäre, oder mit einem künstlichen Gehirn, das schlauer als das menschliche Gehirn ist.»[281]

In einem Fernsehinterview von 2004 beschrieb Page die ultimative Suchmaschine als etwas, das Stanley Kubricks Bordcomputer HAL 9000 in dem Film *2001: Odyssee im Weltraum* ähnlich sei.

> «Zum Glück hätte sie aber wahrscheinlich nie so einen Virus wie HAL, als der die Besatzung des Raumschiffs umbrachte. Eine solche Maschine ist jedenfalls genau, wo wir hinwollen, und ich glaube, wir haben bereits einen Teil des Wegs hinter uns.»[282]

Auf einer Konferenz in London sagte Larry Page im Mai 2006:

> «Wir wollen die ultimative Suchmaschine erschaffen, die ultimative Suchmaschine würde alles in der Welt verstehen.»[283]

Und im Februar 2007 erzählte Page einer Gruppe von Wissenschaftlern, dass Google ein Team von Mitarbeitern habe, die «ernsthaft an dem Versuch arbeiten, eine Künstliche Intelligenz zu erschaffen, die in einem großen Rahmen nutzbar ist». Page meinte, das Erreichen dieses Ziels sei nicht so abwegig, wie manche dächten.[284]

Der Wissenschaftshistoriker George Dyson besuchte im Oktober 2005 die Google-Zentrale in Kalifornien. Er durfte einen Blick hinter die Kulissen von Google werfen und berichtete anschließend:

> «Trotz des seltsamen Mobiliars und anderer Spielsachen hatte ich das Gefühl, ich würde eine Kathedrale aus dem

> 14. Jahrhundert betreten; allerdings nicht im 14. Jahrhundert, sondern im 12. Jahrhundert, noch während sie errichtet wurde. Jeder war damit beschäftigt, hier einen Stein zu behauen, dort an einem Stein zu meißeln, während ein unsichtbarer Architekt dafür sorgte, dass alles zusammenpasste. Die Stimmung war spielerisch, doch lag eine fühlbare Ehrerbietung in der Luft.»[285]

2009 erklärte der Google-Mitgründer Sergey Brin seinem Publikum:

> «Wir möchten, dass Google deine dritte Gehirnhälfte wird.»[286]

Und in der Tat wurde im Sommer 2014 bekannt, dass erfolgreich damit experimentiert wurde, das «Google Glass», die Brille mit dem Miniatursmartphone im Bügel, durch Gehirnströme direkt zu steuern und so durch bloße Gedanken auch auf das Internet zugreifen zu können.

Die Firma Google war gerade erst vier Jahre alt, als Larry Page 2002 seiner schon lange gehegten Idee eine größere Priorität innerhalb der Firmenaktivitäten einräumen konnte. In diesem Jahr wurde das Projekt «Ocean» begonnen. Der Kern dieses Projektes war das Vorhaben, das unüberschaubare Meer von Offline-Inhalten, also alles bis dahin auf der Welt gedruckte Material, d.h. alle Bücher, Zeitschriften und Zeitungen, die in Bibliotheken aufbewahrt sind, zu digitalisieren.

2004 stellte Google sein Projekt auf der Frankfurter Buchmesse vor, was damals zu einer intensiven Diskussion führte. 2007 schloss die Firma einen Kooperationsvertrag mit der Bayerischen Staatsbibliothek. 2017 hatte sie bereits 1,9 Millionen Bände der Bayerischen Staatsbibliothek eingescannt und auf Google Books bereitgestellt.

In den USA begann Google 2004 mit dem Einscannen des

Buchbestands in den Bibliotheken der Hochschulen Harvard, Stanford und Michigan, der New York Public Library und der Bibliothek der Universität Oxford. Mittlerweile wurde diese Arbeit in weltweit etlichen Dutzend Bibliotheken vorgenommen, in Europa zum Beispiel auch in der österreichischen Nationalbibliothek.

Heute verfügt Google Books über weit mehr als 25 Millionen digitalisierte Bände, mehr als doppelt so viele, wie die Berliner Staatsbibliothek, die größte wissenschaftliche Universalbibliothek Deutschlands, in ihren Magazinen stehen hat.[287] Genaue Zahlen gibt das Unternehmen nicht bekannt.

Der Wissenschaftshistoriker George Dyson kam während seines Aufenthaltes im Google-Zentrum mit einem der Ingenieure auch über den umstrittenen Plan des Unternehmens, die Inhalte aller Bibliotheken der Welt in eine Datenbank einzuscannen, ins Gespräch. Der Ingenieur sagte ihm dabei freimütig:

> «Wir scannen alle diese Bücher nicht ein, damit sie von Menschen gelesen werden. Wir scannen sie ein, damit sie von einer KI gelesen werden.»[288]

Der Glaube an eine übermenschliche Künstliche Intelligenz ist also nicht eine bloß in abgelegenen Studierstuben gepflegte skurrile Auffassung, sondern er steckt in dem drin, was sehr viele Menschen tagtäglich nutzen: die Google Suchmaschine und die vielen anderen Möglichkeiten, die Google scheinbar kostenlos im Internet bereitstellt. Und mit jeder Benutzung wird ein winziger Beitrag dazu geleistet, dass die Techniker von Google ihrer Vision von einer Künstlichen Intelligenz ein Stückchen näherkommen.

Wenn man sich dazu die massiven Investitionen des Konzerns in Biotechnologie, Genetik, Pharmazeutik, Nanotechnologie anschaut, sieht man, dass diese Investitionen ebenfalls genau in die Richtung gehen, die von transhumanistischen Vorstellungen propagiert werden.

Der französische Arzt, Wissenschaftler und Autor Laurent Alexandre beobachtete über viele Jahre die Strategie der Firmenzukäufe von Google und verglich sie mit transhumanistischen Konzepten. Dabei stellte er acht Phasen fest, in denen sich Google bisher entwickelte und zukünftig wahrscheinlich noch weiter entwickeln will.

> «‹*Erstens:* Orientierung. Mit Google Search und Maps ist das schon weitgehend umgesetzt. *Zweitens:* Gedächtnisergänzung, zum Beispiel durch Gmail und Picasa. *Drittens:* Ergänzte Wirklichkeit, augmented reality, durch Google Glass und Google Lens. *Viertens:* Künstliche Intelligenz durch Google Now und viele andere Projekte. *Fünftens:* Roboter durch zahlreiche Übernahmen. Google ist jetzt größter Roboterhersteller der Welt.› Als *sechsten* Schritt erwartet er *Brain 2.0*, die Erweiterung des Gehirns durch Implantationen etwa bis zum Jahr 2035. *Siebter* Schritt ist die Besiegung des Todes und das ewige Leben. [...] ‹Als *achter* Schritt soll dann das ewige Bewusstsein kommen, also das Hochladen des Geistes. Man muss keine Fantasie aufwenden, um diese Strategie zu erkennen. Man muss lediglich ernst nehmen, was Googles Vordenker schreiben und was das Management erklärt.›»[289]

Auch wenn es von Google öffentlich nicht so verkündet wird, ist es doch deutlich zu beobachten:

> «Google hat sich zur Aufgabe gesetzt, tatsächlich jener Konzern zu werden, der Singularität Wirklichkeit werden lässt.»[290]

Rezept zur Auslöschung des Menschen

Weltweit wird an Projekten gearbeitet, die letztendlich transhumanistische Visionen in die Tat umsetzen. Beispielsweise wurde im Jahr 2013 in Europa das «Human Brain Project» begonnen. Das ist ein Riesenprojekt und wird von der EU in den nächsten zehn Jahren mit Hunderten Millionen Euro bezuschusst – insgesamt mit einer Milliarde Euro. Es beteiligen sich daran hundert Forschungslabore in vierundzwanzig Ländern. Das «Human Brain Project» will Zelle für Zelle ein künstliches Gehirn nachbauen und studieren, was dabei herauskommt. Im vorhergehenden «Blue Brain Project» wurde schon 2007 gezeigt, dass man das im Prinzip machen kann: Man baute damals eine «kortikale Säule» aus zehntausend simulierten (Ratten-)Neuronen zusammen. Es gibt natürlich Kritiker des Projektes, die das Ganze als Verschwendung öffentlicher Gelder ansehen, doch ihrer ungeachtet geht das Human Brain Project weiter. Auch Amazon, Facebook, Apple, Google, IBM u.a. investieren Milliarden in die Erforschung von Künstlicher Intelligenz.

Das von der «Initiative 2045» genannte Zeitziel erscheint vor diesem Hintergrund als nicht ganz so illusorisch, wie es zunächst erscheinen mag. Zwar haben sich bei technischen Entwicklungen die vorgegebenen Zeitziele praktisch kaum halten lassen, aber viele der angestrebten Ziele realisierten sich nach längerer Zeit eben doch. Es dauerte nur einige Jahrzehnte länger als ursprünglich gedacht.

Die prinzipielle Kritik an solchen Zielen jedoch tritt leider zu wenig in Erscheinung. Der vor einigen Jahren verstorbene Computerexperte und Computerkritiker Joseph Weizenbaum (1923–2008) war einer der Ersten, der deutliche kritische Worte zu transhumanistischen Fantasien fand. In einem

Kolloquium an der Goethe-Universität in Frankfurt am Main charakterisierte er die Gedankengänge des Roboteringenieurs Hans Moravec:

> «Der Zweck – so wird gesagt – ist die Weiterentwicklung der Intelligenz im Universum. ‹Wir sind jetzt die höchste Form der Intelligenz, haben jetzt unsere Nachfolger hergestellt, und deswegen haben wir fast unsere Funktion erledigt, und wenn wir dann verschwinden, dann verschwindet nicht viel. Wir haben ja gemacht, was wir gemacht haben sollen.› […] Ich glaube, dass es außerordentlich wichtig ist, [dies] zu verstehen. Wenn die Leute uns sagen: ‹Hier ist unser Programm, hier ist es, was wir machen wollen›, dass man das ernst nimmt, dass man das deutlich versteht und nicht sagt, ‹er meinte es nicht so›. Ich denke an ein sehr berühmtes Buch in Deutschland, das in den späten Zwanzigerjahren erschien und wo ganz klar gesagt wurde, was gemacht werden muss, und wenige Leute haben es geglaubt, ‹na, so meinte er es doch nicht›.»[291]

Wir tun tatsächlich gut daran, die Gedankengänge der Transhumanisten ernst, sehr ernst zu nehmen, vor allem wenn sie die technischen Forschungen so massiv beeinflussen und über die dort produzierten Geräte in unseren Alltag einziehen. In der Vergangenheit haben mehrfach von Ideologien besessene Menschen zu Abgründen geführt. Bei den Transhumanisten hat es sogar eine besondere Dimension: Ideen, wie sie das «Projekt 2045» formuliert, kann man durchaus als Propaganda für eine «Endlösung» der Menschenfrage ansehen – die Abschaffung des Menschen zugunsten seiner Apparate.

Der Computerwissenschaftler David Gelernter sprach von der «tragischen Farce namens ‹Transhumanismus›».[292] Er sieht den Transhumanismus heute als allgegenwärtig an und befürchtet, dass er bald an einer Universität, dann in einem

Gymnasium und zuletzt in einem Kindergarten in unserer Nähe Einzug halten wird. Gelernter charakterisiert ihn sehr prägnant:

> «[Transhumanismus] bezeichnet die Vorstellung, dass sich das Leben verbessern lässt, wenn wir nach und nach immer mehr Teile des menschlichen Körpers durch Computerchips und andere raffinierte technische Vorrichtungen ersetzen – *die Richtung, die ohnehin von Technologie und Fortschritt vorgegeben wird.* Welcher erbärmliche Maschinenstürmer würde da noch Fragen stellen?»[293]

Und für ihn ist es daher klar, dass «der Transhumanismus ein Rezept zur Auslöschung des Menschengeschlechts» ist.[294] Denn warum sollten die Roboter, die vielleicht einmal einen Intelligenzquotienten von 500 oder 5000 oder gar 50.000 entwickeln, noch Interesse am Menschen haben?

> «Warum glauben wir, solche transhumanen Wundermaschinen würden *uns* noch haben wollen, außer als Zimmerpflanzen?»[295]

Der Transhumanismus ist eine Ideologie, die den Menschen gegen sich selbst aufbringt. Er bringt seine menschlichen Vertreter dazu, Fürsprecher ihrer eigenen Vernichtung als Mensch zu werden.[296]

Hier tritt die für den Menschen gefährliche Grundgeste des transhumanistischen Scheinmythos deutlich hervor. Der alte, echte Mythos verstand den Menschen als Schöpfung Gottes, und der Mensch hatte dem Gott zu opfern. Bis hin zur Opferung eines Menschen führte dieser alte mythische Glaube – man denke nur an die Menschenopfer der Azteken oder die Erzählung von Abraham und Isaak im Alten Testament. Wobei gerade Letzteres darauf aufmerksam macht, dass eine neue Zeit beginnt, in der Menschenopfer verpönt sind.

Der transhumanistische Mythos entwickelt eine ähnliche

Geste, nur umgedreht: Der Mensch ist Schöpfer eines neuen Gottes, und diesem Gott soll er sich selbst als Opfer darbringen.

Die transhumanistischen Gedankenspiele erhalten vor dem Hintergrund dessen, was man bei Rudolf Steiner geschildert findet, eine weitere Dimension, denn Steiner machte auf deren unbewusste Geistigkeit aufmerksam. In einem Vortrag vom 11. März 1921 sprach er ausführlich über die beiden Widersachermächte Luzifer und Ahriman und charakterisierte dabei das Einwirken Ahrimans auf die menschliche Kultur:

> «Diese geistigen Wesenheiten zeigen sich so, dass man von ihnen sagen kann: sie möchten eigentlich in der Erde eine ganz neue Schöpfung beginnen, sie möchten den Erdenmenschen so recht konservieren. Wie er im Mineralreich [...] verkörpert ist, so möchten sie ihn als einen Anfang nehmen, und von diesem Anfang aus möchten sie weiterführen die Entwicklung. Sie möchten alle Vergangenheit auslöschen. [...] Diese ahrimanischen Wesenheiten, die wollen alle Vergangenheit auslöschen und wollen dem Menschen nur das als ein Ergebnis lassen, was also unmittelbar er auf der Erde errungen hat. [...] Mit der Erde soll eine neue Evolution beginnen [...]. Das ist das Ideal dieser anderen Wesenheiten. Sie stürmen ins Unbewusste des Menschen herein, in das Willensleben, das Stoffwechsel-Gliedmaßenleben, da stürmen sie herein. Sie sind dasjenige Geschlecht unter den geistigen Wesenheiten, die dem Menschen beibringen wollen ein besonderes Interesse für alles Mineralisch-Materielle, die dem Menschen beibringen wollen ein besonderes Interesse für alles dasjenige, was zum Beispiel Äußerlich-Maschinelles, Mechanisches ist. Sie möchten am liebsten alles dasjenige, was die Erde sich vom alten Monde her mitgebracht hat, zerstören, möchten, dass die Tierwelt verschwinde, dass die physische Menschenwelt verschwin-

> de, die Pflanzenwelt verschwinde, dass vom Mineralreich nur die physischen Gesetze bleiben, aber namentlich, dass die Menschen von der Erde weggenommen würden; und einen neuen Saturn aus Maschinen möchten sie bilden, eine neue Welt aus lauter Maschinen. So soll die Welt dann weitergehen. Das ist eigentlich ihr Ideal.»[297]

Vor rund einhundert Jahren schilderte Rudolf Steiner mit seinem Vokabular den geistigen Hintergrund dessen, was uns als Transhumanismus heute begegnet. Aus Steiners Anregungen findet man aber auch die Wege, wie man sich selbst als Mensch in seinem realen Verhältnis zur Welt finden kann. Dem Menschen ist eine Selbsterkenntnis möglich, die ihm zum Erlebnis bringt, wer er in Wirklichkeit ist, und ihm zeigt, wie er mit den verschiedenen Ebenen des Kosmos verbunden ist.

4. Der Mensch

«Menschen sind lediglich Instrumente, um das ‹Internet der Dinge› zu schaffen, das sich letztlich vom Planeten Erde aus auf die gesamte Galaxis und sogar das ganze Universum ausbreiten könnte.»[298]

Yuval Noah Harari

«Sobald das Menschliche nicht mehr in Begriffen von Freiheit und Transzendenz definiert wird, sondern in Genbegriffen, erlischt die Definition des Menschen und folglich auch die des Humanismus.»[299]

Jean Baudrillard

«Und die wichtigste *Frage* ist diejenige *nach dem Wesen des Menschen* selber: den Menschen erkennen, den Menschen verstehen, mit den Menschen auskommen, mit den Menschen gemeinsam leben können. Das ist schließlich dasjenige, wohin im Grunde alles menschliche Denken doch tendieren muss, wenn der Mensch nicht den Boden unter den Füßen verlieren will.»[300]

Rudolf Steiner

Das menschliche Denken

Kann man den Transhumanismus widerlegen? Nein, denn er setzt seine Grundvoraussetzung ja als wahr voraus. Schon Johann Wolfgang von Goethe (1749 – 1832) wusste: «Eine falsche Lehre lässt sich nicht widerlegen, denn sie ruht ja auf der Überzeugung, dass das Falsche wahr sei. Aber das Gegenteil kann, darf und muss man wiederholt aussprechen.»[301]

Es kann sich nur darum handeln, die Grundannahmen des Transhumanismus zu prüfen und dabei Einsicht in die wahren Tatbestände zu erhalten. Seine wichtigste Grundannahme ist die Auffassung, Denken sei nichts anderes als die subjektive Erscheinungsform organischer Tätigkeiten des Gehirns. Wenn man nur genügend genau erforschen könne, wie das Gehirn funktioniert, wisse man, was Denken sei – so dieser Glaube.

> «Unser Geist ist, was das Gehirn tut. Zwar ist das Geheimnis des Gehirns nach wie vor nicht gänzlich ans Licht gebracht, dennoch ist die heute vorherrschende Ansicht in den Neurowissenschaften, dass alle mentalen Prozesse auf Informationsverarbeitung im Gehirn beruhen. Unser Geist entsteht aus dem komplexen Zusammenspiel von Milliarden Nervenzellen.»[302]

Konsequenterweise folgt aus einer solchen transhumanistischen Auffassung, wie Rüdiger Koch sie hier formuliert, dass der Tod des Menschen eine überwindbare Sache sei. So gibt es Kryonik-Unternehmen, bei denen Menschen kurz nach ihrem Tod ihren Körper bei −196 °C einfrieren lassen können. Sie tun das in der Hoffnung, dass sie nach der Entwicklung neuer Technologien wieder zum Leben erweckt werden können. Ein Transhumanist bekennt:

> «Und eines glaube ich sicher: dass die menschliche Persönlichkeit vollständig durch mein Gehirn, meine Synapsen, meine Nerven und meine Organe verkörpert wird. Wenn diese Information also noch irgendwo in meinem gefrorenen Körper vorhanden ist, ist ihre Reaktivierung zumindest theoretisch erreichbar.»[303]

Würde man also die Nerven- und vor allem die Hirnprozesse

vollständig verstehen, hätte man zugleich auch das Denken verstanden. Diese These gilt es zu überprüfen. Was ist Denken und wie unterscheidet es sich von künstlicher Intelligenz? Was ist das Wesen des menschlichen Denkens?

Das Denken ist unhintergehbar

Die Auffassung, dass menschliches Denken nur die subjektive Erscheinungsform von Hirnprozessen sei, ist weit verbreitet. Und in der Tat gibt es viele Untersuchungen, die zeigen, wie eng menschliches Denken und neuronale Vorgänge zusammenhängen. Es ist zweifelsfrei, dass bei dem Ausfall bestimmter Hirnfunktionen entsprechende Gedanken nicht mehr gedacht werden können. Wenn das Gehirn als Ganzes zerstört ist, kann der Mensch keine Bewusstseinsäußerungen mehr zeigen. Insofern ist es selbstverständlich, dass ein gesundes Hirn die *notwendige* Voraussetzung für das Auftreten des Denkens darstellt. Aber es ist alles andere als sicher, dass die Vorgänge im Gehirn auch eine hinreichende Erklärung für das Wesen des Denkens liefern können.

Die Auffassung, dass sich das Denken vollständig auf Gehirnprozesse reduzieren lässt, provoziert allerdings Fragen. Denn sie setzt voraus, dass es eine eindeutige Beziehung zwischen neuronalen Aktivitäten und den jeweils entsprechenden Gedanken gibt. Untersucht man das Gehirn, dann kann man jedoch nur neuronale Vorgänge, ausgeschüttete Neurotransmitter, elektrische Potenziale usw. feststellen, aber niemals einen Gedanken, auch keine Wahrnehmungen, keine Farben, keine Gerüche, keine Töne, keine Tastempfindungen usw. Blicke ich in mein Gehirn, nehme ich *nichts* wahr, was auf sinnliche Wahrnehmungen und Gedanken hinweisen würde. Wie kann ich dann jemals wirklich sicher sein, dass zu bestimmten Hirnaktivitäten ein eindeutiger Zusammenhang mit einem Gedanken besteht? Und noch schwerwiegender: Die neuronalen Prozesse erscheinen in den verschiedenen Hirnarealen immer gleich, egal ob eine Farbe gesehen, ein Ton gehört oder ein bestimmter Gedanke gefasst und verfolgt wird. Mit Recht fragt daher der Verhaltensphysiologe Gerhard Roth:

> «Wie kann das sein? Kann die Vielfalt meiner Sinneswahrnehmungen überhaupt etwas mit der eintönigen ‹Sprache der Neurone› zu tun haben?»[304]

Was Roth für die Sinneswahrnehmungen formuliert, gilt natürlich auch für das Denken, das jede dieser Wahrnehmungen begleitet und durchsetzt.

Eine zweite Frage: Wenn alle Gedanken nichts anderes als neuronale Prozesse des Gehirns sind, wie kann man dann sicher sein, dass diese Theorie, die ja dann auch nur ein Hirnprozess ist, der Wahrheit entspricht? Auch niedere Tiere haben ein Gehirn und bewegen sich in der Welt. Niemand ist jedoch der Auffassung, dass das Gehirn eines Regenwurms die objektive Wahrheit wiedergibt. Was berechtigt den Menschen, die «Produktionen» seines Gehirns für objektive, allgemeingültige Wahrheit zu halten? Gerhard Roth fragt deshalb wiederum mit Recht:

> «Welchen Wahrheitsanspruch haben aber wissenschaftliche Aussagen von Hirnforschern über die Funktionsweise und die Leistungen des Gehirns, wenn diese von den Konstruktions- und Funktionsbedingungen des Gehirns selbst abhängen?»[305]

Es sind ja nicht nur die Gedanken, die vom Gehirn hervorgebracht werden, sondern auch alle Wahrnehmungserlebnisse. Letztendlich folgt aus der Auffassung, dass alle Gedanken nur Hirnprozesse seien, dass die Wirklichkeit, die real erlebte Welt, nichts anderes als ein Konstrukt des Gehirns ist.

Wenn man den Zusammenhang des innerlich erlebten Denkens mit äußerlich feststellbaren Hirnprozessen behauptet, dann geht dieser These doch ein intensives Nachdenken voraus. Das Denkergebnis, dass das Denken nur ein Hirnprozess sei, ist dann folgerichtig wiederum nur ein Hirnprozess. Warum aber sind sich die Hirnprozesse nicht selbst genug? Warum beziehen sich die Prozesse des Gehirns auf sich selbst? Und geht das überhaupt?

Betrachtet man diese Rückbezüglichkeit genauer, dann ergibt sich eine Paradoxie.

Durchdenke ich beispielsweise einen mathematischen Beweis, dann gehe ich zuerst von Axiomen aus, d. h. von Einsichten, die unmittelbar einleuchten und die selbst keines Beweises bedürfen. Von diesen Axiomen ausgehend, vollziehe ich logisch aufeinanderfolgende Gedankenschritte, die am Ende zu der vollständigen Gewissheit führen, dass der bewiesene mathematische Satz richtig ist.

Ein anderer Mensch, der meinen Gedankengang nachdenkt, kommt unbedingt zu demselben Ergebnis und ist ebenfalls vollständig überzeugt, dass der mathematische Satz der Wahrheit entspricht. Von dieser Tatsache gehen alle mathematischen Lehrbücher aus. Die Einsicht in die Wahrheit des mathematischen Satzes ist aber vollkommen unabhängig von meiner Kenntnis, welche Prozesse sich dabei in meinem Gehirn abspielen. Sie ist auch unabhängig von den Prozessen in dem Gehirn eines anderen Menschen, der diesen Beweis denkt.

Selbst wenn man die Prozesse im Gehirn, die sich während des mathematischen Beweises vollziehen, vollständig kennen würde, hätte es keinen Einfluss auf die Richtigkeit des mathematischen Satzes. Dieser ist in den Hirnprozessen nicht zu finden, sondern dort sind nur elektrochemische Vorgänge zu beobachten.

Dasselbe gilt auch, wenn ich den Begriff der Ursache fasse. Dabei ist mir unmittelbar klar, dass dieser Begriff notwendig mit dem der Wirkung zusammenhängt. Ich weiß auf das Genaueste, was der Zusammenhang «Ursache – Wirkung» bedeutet. Dieses Wissen ist wiederum vollkommen unabhängig von meiner Kenntnis der neuronalen Prozesse, die sich dabei in meinem Hirn abspielen. Ich muss überhaupt nicht wissen, was sich in meinem Hirn abspielt, wenn ich das Begriffspaar «Ursache – Wirkung» denke.

Ginge ich jetzt einen Schritt weiter und erforschte das Gehirn und behauptete dann anschließend, dass bestimmte neuronale Prozesse die Ursache dafür seien, dass ich den Gedanken «Ursache – Wirkung» denken kann, dann ergibt sich ein Zirkelschluss: Den Begriff «Ursache – Wirkung», den ich im Denken fasse, wende ich nun darauf an, um zu erklären, welche Ursachen im Gehirn die Wirkung haben, dass ich den Gedanken «Ursache – Wirkung» habe. Damit wird das zu Erklärende in der Erklärung bereits vorausgesetzt: Ich muss ja vorher wissen, was Ursache und was Wirkung bedeutet und wie beide zusammenhängen, bevor ich das Hirn untersuche und dort nach der Ursache forsche, die zu der Wirkung «Gedanke Ursache – Wirkung» führt. Ich erkläre also das, was ich bereits auf das Bestimmteste kenne, durch einen materiellen Prozess, der mir nun erklärt, was ich vorher bereits kannte. Das ist absurd.

Ich brauche ein gesundes Gehirn, damit ich den Gedanken «Ursache – Wirkung» denken kann – insofern ist das Gehirn eine notwendige Voraussetzung für das Auftreten des Gedankens, aber mehr nicht. Genauso wie eine Theaterbühne die notwendige Voraussetzung dafür ist, dass vor großem Publikum ein Theaterstück aufgeführt werden kann, ist das Gehirn die notwendige Basis für das Auftreten von Gedanken und Vorstellungen im individuellen Bewusstsein. Und genauso wenig, wie der Inhalt des Theaterstücks von den Vorgängen auf der Bühne erzeugt wird, werden die Gedanken vom Gehirn erzeugt.

Man kann sehr wohl einen Zusammenhang zwischen den Aufbauten auf der Bühne und dem jeweils gespielten Theaterstück finden, aber die Lage der Kulissen, die sukzessive Veränderung der Bühneneinrichtung ist keinesfalls die kausale Ursache für den Ablauf des Schauspiels, sondern umgekehrt: Was sich an Material auf der Bühne befindet und wie es sich verschiebt und verändert, hängt in erster Linie von dem aufgeführten Stück ab.[306]

Das kann man genauso für das Gehirn sagen: Die Prozesse, die man im Gehirn feststellen kann, hängen davon ab, welche Gedanken gedacht werden. Die Hirnprozesse sind die Fußspuren des Denkens im Organischen wie die Fußstapfen eines gehenden Menschen im frisch gefallenen Schnee.

Man kann einwenden, dass im Januar 2018 Wissenschaftler der japanischen Universität Kyoto eine KI vorstellten, die in der Lage ist, die Gehirnwellen einer Person so zu analysieren, dass sie ein Bild dessen erstellen kann, was diese Person gerade sieht oder sich vorstellt. Diese Bilder sind nicht sehr deutlich, sind aber durchaus ähnlich dem, was gesehen oder vorgestellt wird.[307] Das ist nicht viel verwunderlicher als die von Indianern berichtete Fähigkeit, aus wenigen Spurenhinweisen auf das schließen zu können, was sich dort abgespielt hat. Die Kriminologen haben mit technischer Unterstützung ähnliche Fähigkeiten entwickelt. Die Entwicklung der Japaner ist eben die genaue Betrachtung der Bühne, und sie beobachten die Korrelation zum unsichtbaren Denken des Menschen.

Der oben beschriebene Zirkelschluss macht auf eine fundamentale Tatsache aufmerksam, die leicht übersehen wird: Bei *jeder* Erklärung der Welt wird das Denken vorausgesetzt. Auch wenn ich das Denken selbst erklären will, setze ich das Denken bereits voraus.

Behaupte ich, dass das Denken ein Ergebnis neuronaler Prozesse ist, dann ist diese Behauptung selbst ein Ergebnis des Denkens. Ich kann dem Denken nicht entfliehen. In allem Begreifen der Welt, in aller Wissenschaft, in allem Erklären der Welt steckt bereits das Denken, auch wenn ich das Denken selbst erklären will. *Das Denken ist «vor-gängig» – es ist der unhintergehbare Untergrund alles Weltverstehens.*

Ray Kurzweil behauptet:

> «Unsere Möglichkeiten, ein Reverse Engineering des Gehirns zu betreiben (das heißt, das Gehirn zu durchleuchten, Modelle davon zu erstellen und Teile davon zu simulieren), wachsen jedoch exponentiell. Letztendlich werden wir die Vorgänge, die hinter der Gesamtheit unseres Denkens stehen, völlig ergründen – und mit diesem Wissen wird uns ein mächtiges Werkzeug für die Entwicklung intelligenter Software an die Hand gegeben.»[308]

Der Grundfehler in dieser Aussage ist leicht zu verorten. Kurzweil glaubt, durch die Erforschung der materiellen Prozesse des Hirns auch die Gedanken verstehen zu können. Das ist aber genauso wenig möglich, wie man aus der Erforschung der physikalischen Verhältnisse eines fahrenden Autos die Beweggründe des Fahrers herausbekommen kann. Man kann einwenden, wenn er jeden Tag zur gleichen Stelle fährt, weil er dort arbeitet, dann kann man sehr wohl aus den physikalischen Abläufen auf die Absicht schließen. Das ist durchaus richtig, aber wenn er an einem Tag beschließt, in den Urlaub zu fahren, kann man dies aus den bisherigen physikalischen Vorgängen nicht voraussagen. Die äußere Bewegung des Autos ist nur das *Abbild* seiner inneren Motive und nicht die Ursache.

Dass der gesunde Arm und eine ausgebildete Hand die notwendige Voraussetzung dafür sind, dass der Mensch etwas in der Welt tun kann, ist offensichtlich. Verliert der Mensch durch einen Unfall seinen Arm, kann er immer noch Handlungsabsichten entwickeln, aber das Organ zur Ausführung fehlt. Man kann daher nicht von einem fehlenden Arm auf fehlende Handlungsabsichten schließen. Wenn man das Gehirn ebenfalls als ein leibliches Organ auffasst, was es ja auch ist, dann kann man ebenso wenig von einem fehlenden Teil des Gehirns auf fehlende Gedanken schließen.

Man kann Korrelationen von Hirnprozessen und Gedanken feststellen, aber es ist unmöglich, aus ihnen eindeutige Kausalitäten abzulesen.

Ganz abgesehen davon: Hirnprozesse und Gedanken treten auf grundverschiedenen Ebenen auf. Hirnprozesse sind prinzipiell der sinnlichen Wahrnehmung zugänglich, also jedem Menschen. Gedanken sind jedoch nur dem Individuum selbst «sichtbar». Nur im seelischen Inneren des jeweiligen Menschen treten Gedanken und Vorstellungen auf.

Das Denken als Wahrnehmungsobjekt

Das Denken tritt im menschlichen Bewusstseinsraum auf, in seinem «Inneren». Dieser wurde in der Neuzeit als bloß subjektiv erklärt. Man glaubte, er habe mit der durch die äußeren Wahrnehmungen gegebenen objektiven Welt nur mittelbar zu tun. In diesem Gedanken urständet die Trennung von Subjekt und Objekt. Für die Philosophen der Neuzeit ergab sich daraus das Problem zu erklären, wie Subjekt und Objekt zusammenhängen, wie das Subjekt überhaupt Kenntnis vom Objekt erlangen kann, wenn es von der Welt abgetrennt ist.

Rudolf Steiner schlug für die Betrachtung des Verhältnisses von Subjekt und Objekt eine phänomenologische Vorgehensweise vor, die von der Betrachtung des eigenen Bewusstseinsraums ausgeht. Denn dieser Bewusstseinsraum umfasst ja zunächst alles, was der Mensch in irgendeiner Art erlebt.[309]

Wenn ich den eigenen Bewusstseinsraum beobachte und einfach versuche zu beschreiben, was dort auftritt, so finde ich eine Vielfalt von Elementen vor. Da sind die verschiedensten Sinneserfahrungen: das Ertasten des harten Stuhles, auf dem ich sitze, die akustischen Eindrücke, die Gerüche, der Geschmack des Kaffees, der im Mund vom letzten Schluck noch übrig geblieben ist, die blaue Tasse, auf die mein Blick fällt. Darüber hinaus beobachte ich auch Gefühle, wie das Wohlgefühl, das den Schluck Kaffee begleitet, den Willensentschluss, der mich zur Tasse greifen lässt, und zuletzt nehme ich auch viele Gedanken wahr, die zugleich mit den anderen Erfahrungen auftreten und diese durchdringen.

Untersuche ich nun die verschiedenen Elemente, die in meinem Bewusstseinsraum auftreten, so finde ich zwei Hauptqualitäten: einerseits Elemente, die aus sich heraus keinen Zusammenhang zeigen, und andererseits Elemente, die aus sich selbst unmittelbar ihren Zusammenhang offenbaren. Die Letzteren sind meine Gedanken. Der Zusammenhang der Begriffe «Ursache» und «Wirkung» beispielsweise ist mir unmittelbar klar, sobald sie in mein Bewusstsein eintreten. Wie die Wahrnehmung meiner zuknallenden Zimmertür mit derjenigen des offenen Zimmerfensters, der sich öffnenden Haustür und dem Eintreten einer anderen Person sowie dem Luftzug zusammenhängt, wird mir erst durch nachforschendes Denken klar. Alles, was sich mir durch die Vielfalt meiner Sinne offenbart, ist in seinem ersten Auftreten zusammenhanglos.

Ein Blindgeborener, der durch eine Operation plötzlich wieder sehen kann, ist noch lange nicht in der Lage, die Gegenstände seiner Umgebung richtig wahrzunehmen.[310] Er braucht eine mehr oder weniger lange Zeit der Übung, bis er mit den Augen auch nur ein einfaches Dreieck von einem Viereck unterscheiden kann. Mit dem ersten Auftreten der Wahrnehmung «rotes Quadrat» ist ein Akt der gedanklichen Anstrengung notwendig, um die Erfahrung des «Rot» mit der zugehörigen Erfahrung der Form «Quadrat» zu verbinden. Im Laufe der Zeit wird diese Anstrengung immer selbstverständlicher; als Gewohnheit sedimentiert sie sich gewissermaßen in den Leib des Menschen hinein und automatisiert sich.

Deshalb wird so leicht übersehen, dass in allem, was ich bewusst als Objekt erkenne, bereits mein Denken mit eingeflochten ist. Durch das Denken erfasse ich den Sinn der Dinge, man könnte auch sagen: ihren Begriff; wobei damit nicht das Wort gemeint ist, das den Gegenstand bezeichnet. Worte weisen auf den an sich wortlosen Begriff hin, den ich fasse, wenn in mir der innere Sinn, die Idee des Objektes aufleuchtet.[311]

Das Denken erfasst sich selbst

Nun ist noch eine weitere Stufe der Beobachtung möglich. Wenn ich die Beobachtungen «zuschlagende Tür», «offenes Fenster» und «Luftzug» durch die darauffolgende Erkenntnis des Ursache-Wirkungs-Zusammenhangs in eine sinnvolle Beziehung bringe, dann kann ich doch im Rückblick mein Zusammenhang schaffendes Denken wiederum durch mein Denken beobachten. Wenn ich einen mathematischen Satz beweise, kann ich im Rückblick feststellen, wie ich dabei gedacht habe. Dabei wird die vergangene *Tätigkeit* meines Denkens zum *Inhalt* meiner gegenwärtigen. Ich betrachte mithilfe meines

Denkens mein eigenes Denken. Dies ist – wie Rudolf Steiner zutreffend sagt – ein Ausnahmezustand.[312] Denn für alle anderen Aktivitäten des Menschen gilt dies nicht. Man kann beispielsweise nicht seine Tätigkeit des Essens wiederum essen. Die *Aktivität* des Verdauens kann niemals *Inhalt* der Verdauung werden. In diesem Sinne können auch niemals neuronale Prozesse Inhalt eines neuronalen Prozesses sein. Das «Feuern» eines Neurons kann nicht Bestandteil des «Feuerns» eines anderen Nervs sein.

Was bei allen anderen Tätigkeiten des Menschen sich grundsätzlich ausschließt, ist jedoch beim Denken möglich: Das Denken kann sich selbst erfassen – das Denken ist in der Lage, sich selbst zu denken. Das Denken kann sich selbst erfassen, es kann zum Inhalt seiner eigenen Tätigkeit werden.

Durch diese Charakteristik wird das Denken zu einer Handlung, die sich von allen anderen Aktivitäten des Menschen grundlegend unterscheidet. Mit Recht weist Rudolf Steiner darauf hin, dass das Denken durch seine Selbstbezüglichkeit ein Prinzip ist, das durch sich selbst besteht,[313] deshalb ist es unhintergehbar, wie bereits festgestellt wurde. Aus diesem Grund gilt als ein prinzipieller Grundsatz alles Nachdenkens über die Welt: *«Ehe anderes begriffen werden kann, muss es das Denken werden.»*[314]

*Das ist der fundamentale Fehler im transhumanistischen Glaubensgebäude: Man will das Denken hintergehen, indem man es durch materielle Vorgänge zu erklären sucht – und vergisst dabei, dass man während dieser Erklärung bereits intensiv denkt. Der Transhumanismus setzt – ohne es zu bemerken – das Denken als Tätigkeit voraus; er übersieht, dass er in seinen Annahmen eine unerkannt*e Voraussetzung *hat, die notwendig zu einem inneren Widerspruch führen muss.*

Hat man erkannt, dass das Denken nur durch sich selbst erklärbar ist und nicht durch ein außerhalb von ihm Liegendes, dann ergibt sich auch eine andere Sicht auf das Verhältnis des Subjekts zur Welt der Objekte.

Das Denken ist jenseits von Subjekt und Objekt

Der Welt stehe ich als Denkender gegenüber. Diese Tatsache ist von enormer Bedeutung für mein Verhältnis zur Welt. Die Vielzahl der Sinneswahrnehmungen, die ich habe, gliedere ich in solche, die mir ferner stehen, z. B. alle Seh- und Hörwahrnehmungen, und solche, die mir näher stehen, z. B. alle Tast-, Wärme- oder Gleichgewichtswahrnehmungen. Die Wahrnehmungen, die ich an mir selbst mache, fasse ich zu der (sedimentierten) Idee «Leib» zusammen, die mir ferner liegenden Wahrnehmungen erkenne ich als die verschiedenen Objekte. Durch die gedankliche Gliederung meiner Wahrnehmungswelt in zwei Bereiche stelle ich mich als Leib der Welt gegenüber.

Gegenüber diesem Faktum kann man nun die Frage stellen, wo diese beiden Begriffe Subjekt und Objekt ihren Ursprung haben. Denn, wie der französische Philosoph und Phänomenologe Maurice Merleau-Ponty (1908 – 1961) schrieb:

> «Radikal ist erst eine Reflexion, die mich erfasst im Begriff, die Idee des Subjekts und die des Objekts zu bilden und zu formulieren, die den Ursprung beider Ideen zutage legt, die nicht allein operierende, sondern in dieser Operation ihrer selbst bewusste ist.»[315]

Rudolf Steiner machte auf dieselbe Frage aufmerksam. Er wies darauf hin, dass der Ursprung dieser beiden Ideen im Denken liegt. Durch mein Denken erst schaffe ich die Idee «Subjekt» und «Objekt». Das bedeutet aber, dass die Tätigkeit des Denkens über diese beiden Begriffe hinausgeht: Das Denken ist weder subjektiv noch objektiv. Es geht der Bildung dieser beiden Begriffe voran und steht daher über diesen beiden als das sie Verbindende, man könnte auch sagen: Sie liegt diesen beiden Begriffen zugrunde. Die Tätigkeit des Denkens wird zwar vom Subjekt ausgeführt, aber sie ist eine Tätigkeit, die über das Subjekt hinausreicht: Die Aktivität des Denkens ist jenseits von Subjekt und Objekt. Steiner beschreibt das mit klaren Worten:

> «Nun darf aber nicht übersehen werden, dass wir uns nur mithilfe des Denkens als Subjekt bestimmen und uns den Objekten entgegensetzen können. Deshalb darf das Denken niemals als eine bloß subjektive Tätigkeit aufgefasst werden. Das Denken ist *jenseits* von Subjekt und Objekt. Es bildet diese beiden Begriffe ebenso wie alle anderen. Wenn wir als denkendes Subjekt also den Begriff auf ein Objekt beziehen, so dürfen wir diese Beziehung nicht als etwas bloß Subjektives auffassen. Nicht das Subjekt ist es, welches die Beziehung herbeiführt, sondern das Denken. Das Subjekt denkt nicht deshalb, weil es Subjekt ist; sondern es erscheint sich als ein Subjekt, weil es zu denken vermag. Die Tätigkeit, die der Mensch als *denkendes* Wesen ausübt, ist also keine bloß subjektive, sondern eine solche, die weder subjektiv noch objektiv ist, eine über diese beiden Begriffe hinausgehende. Ich darf niemals sagen, dass mein individuelles Subjekt denkt; dieses lebt vielmehr selbst von des Denkens Gnaden. Das Denken ist somit ein Element, das mich über mein Selbst hinausführt und mit den Objekten verbindet. Aber es trennt mich zugleich von ihnen, indem es mich ihnen als Subjekt gegenüberstellt. Darauf beruht die Doppelnatur des Menschen: er denkt und umschließt damit sich selbst und die übrige Welt; aber er muss sich mittels des Denkens zugleich als ein den Dingen gegenüberstehendes Individuum bestimmen.»[316]

Das Wahrnehmen

Der Transhumanismus missversteht nicht nur gründlich die Wesenheit des Denkens, sondern auch die der Wahrnehmung, etwa wenn Ray Kurzweil schreibt:

> «Im Molekularbereich gefertigte Roboter [sogenannte Nanobots; E. H.] werden sich direkt ins biologische Nervensystem einklinken, um die menschlichen Sinne zu erweitern und eine virtuelle Realität zu schaffen. Milliarden von Nanobots in den Hirnkapillaren werden außerdem die menschliche Intelligenz vergrößern. [...] Die direkt im Nervensystem erzeugte virtuelle Realität wird mit zunehmender Auflösung und Glaubwürdigkeit in Konkurrenz zur echten Welt treten und einen immer größeren Teil unserer Wahrnehmung ausmachen.»[317]

Indem das Gehirn manipuliert wird, erwartet Kurzweil also, dass sich die Wahrnehmungswelt verändern wird. Auch diese Annahme gilt es zu hinterfragen.

Das Auge als Camera obscura

Die gegenwärtig weitverbreitete Auffassung, was Wahrnehmen sei, entwickelte sich im Beginn der Neuzeit an der Betrachtung des Sehens. Die Entdeckung der Camera obscura hatte dabei einen entscheidenden Anteil.

Bohrt man in die Mitte der Seitenwand eines dunklen Kastens ein Loch, dann zeigt sich auf der gegenüberliegenden Rückwand ein Abbild der Außenwelt: seitenverkehrt und auf dem Kopf stehend. Aristoteles (384–322 v. Chr.) war wohl der Erste, der dieses Phänomen beschrieb. Der Araber Alhazen (965–1040) untersuchte es ausführlich und entwickelte daran eine Theorie des Sehens. Für das neuzeitliche Verständnis des Auges knüpfte Leonardo da Vinci (1452–1519) entscheidende Gedanken an das Phänomen der Camera obscura an. Allerdings beschrieb erst der Astronom Johannes Kepler (1571–1630) auch die Umkehrung des Bildes im Auge. Der Jesuitenpater Christoph Scheiner (1575–1650) überprüfte 1625 Keplers These, indem er von einem Ochsenauge die Leder- sowie die Aderhaut entfernte. Auf der allein übrig gebliebenen durchsichtigen Netzhaut beobachtete er tatsächlich das umgekehrte Bild der Außenwelt. René Descartes (1596–1650) wiederholte diesen Versuch und beschrieb ihn in seinem Werk von 1637, *La dioptrique* (Abb. 26).

Descartes entwickelte die Auffassung, dass die Welt sich in der Retina so abbildet, wie ein Siegel sich in Wachs eingräbt. Es ist nicht die Welt selbst, die vom Menschen wahrgenommen wird, sondern deren abbildende Repräsentation im Auge. Hier etablierte sich das Grundverständnis alles Sehens. Man fasste das Auge als Kamera auf, in der sich die Welt abbildet. Das im Inneren der Kamera erzeugte Abbild der Welt wird über Nervenimpulse an das Gehirn weitergeleitet, das diese Impulse dann verarbeitet.

Berühmt geworden ist das Problematische dieser Auffassung durch die oft wiederholte Anekdote, wie Marvin Minsky (1927–2016), einer der Begründer der KI-Forschung, das Problem des Sehens unterschätzte. Er gab Mitte der 1970er-Jahre einem Examensstudenten im Rahmen eines Sommerprojekts die Aufgabe, eine Kamera mit einem Computer zu verbinden und Letzteren dazu zu bringen, zu beschreiben, was er sieht. Der Student scheiterte kläglich. Aus der scheinbar einfachen Fragestellung Minskys entstand in den folgenden Jahren eine ausgeweitete Forschungsindustrie, die Millionen und Abermillionen von Dollar an Forschungsmitteln verschlang.[317] Was wir

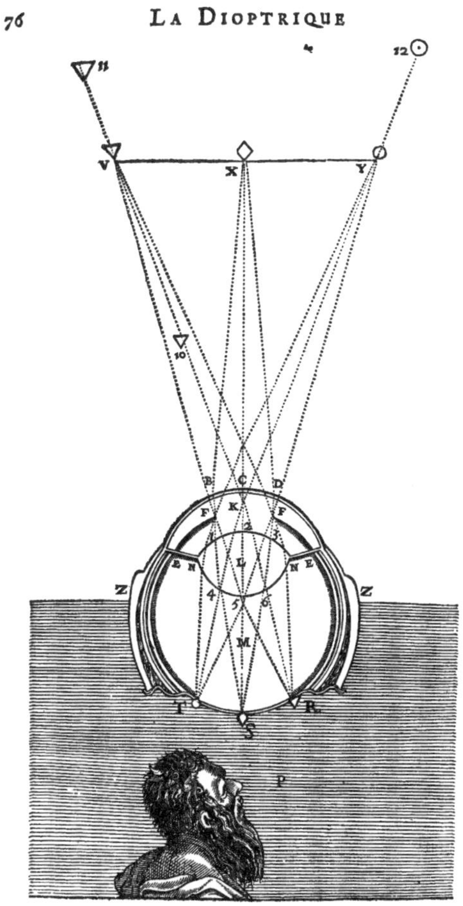

Abb. 26: Brechung der Lichtstrahlen im Inneren des menschlichen Auges.[318]

Menschen so einfach können, ist für Maschinen in dieser Weise nicht möglich. Sehen ist sehr viel mehr und viel komplexer, als man zunächst glaubt. Erst nach jahrzehntelanger Forschungsarbeit gelang es mithilfe künstlicher Intelligenzsysteme, Maschinen zu bauen, die Objekte unterscheiden und klassifizieren können, die also etwas dem «Sehen» Ähnliches zu simulieren in der Lage sind.

Die Welt als Konstruktion

Was ist der Ausgangspunkt dieses Wahrnehmungsverständnisses, das bis in die Zeit von Descartes zurückgeht? Es ist die Überzeugung, dass dort draußen eine objektive Welt existiert, von der mein Leib abgetrennt ist. Diese objektive Welt entwirft in meinem Auge ein Bild (Input), das dann durch die «Hardware Gehirn» ausgewertet wird: Das Ergebnis der Auswertung ist das, was ich «sehe». Man kann diesen Gedanken radikal erweitern und zu der Auffassung kommen, dass die Welt nur von mir erfunden ist. Die wahrnehmbare Welt wird dann zur Konstruktion, die mein Gehirn aufgrund der empfangenen Sinnesdaten erschafft. So kommt beispielsweise der Hirnforscher und Neurobiologe Gerhard Roth zu der Auffassung:

> «Das Gehirn kann zwar über seine Sinnesorgane durch die Umwelt erregt werden, diese Erregungen enthalten jedoch keine bedeutungshaften und verlässlichen Informationen über die Umwelt. Vielmehr muss das Gehirn über den Vergleich und die Kombination von sensorischen Elementarereignissen Bedeutungen erzeugen und diese Bedeutungen anhand interner Kriterien und des Vorwissens überprüfen. Dies sind die Bausteine der Wirklichkeit. Die Wirklichkeit, in der ich lebe, ist ein Konstrukt des Gehirns.»[320]

Wie wird diese Auffassung begründet? Man geht von einem Objekt aus, das der Mensch sieht. Vom Objekt strahlt reflektiertes Licht ab, das in das Auge als «Camera obscura» eintritt und auf der Netzhaut ein Bild des Objekts entwirft. Dieses Bild reizt die Zellen der Netzhaut, deren elektrische Impulse gelangen über die Sehnerven in das Gehirn und werden dort verarbeitet. Das Ergebnis der Verarbeitung wird dann zu dem, was ich zu sehen glaube. Also: Das gesehene Objekt ist nichts anderes als ein Erzeugnis meines Gehirns.

Allerdings muss der Gedankengang jetzt nochmals betrachtet werden, denn nunmehr hat man davon auszugehen, dass das, was ich wahrnehme, nicht objektiv existiert, sondern nur das Erzeugnis meines Gehirns ist.[321] Das Objekt, das von ihm reflektierte Licht, das Auge, die Netzhaut, der Sehnerv und das Gehirn nebst seinen Vorgängen sind ja ebenfalls in ihrem ersten Auftreten für mich Objekte, die ich betrachte und untersuche. Wenn ich jetzt davon ausgehen muss, dass alle Objekte nur das Erzeugnis meines Gehirns sind, dann müssen auch die Objekte «Auge» und «Gehirn» das Erzeugnis meines Gehirns sein – das Gehirn erzeugt sich also selbst? Wie kann das Gehirn die Welt erzeugen, wenn es selbst Teil der erzeugten Welt ist?

Die Wahrnehmung ist unhintergehbar

Man kommt zu einem Widerspruch, der die Konstrukthypothese in sich selbst zusammenfallen lässt. Gerhard Roth versucht diese Lage zu lösen, indem er zwei Gehirne unterscheidet: ein reales und ein wirkliches Gehirn.

> «Vom realen Gehirn nehmen wir an, dass es die Wirklichkeit hervorbringt, in der es wirkliche Organismen mit wirklichen Gehirnen gibt, die mir anschaulich gegeben sind (unter Umständen auch mein eigenes). Die *wirklichen* Gehirne enthalten aber nicht wieder die wahrgenommene Welt und bringen sie auch nicht hervor, sondern sie sind ein Teil von ihr.»[322]

Ein hypothetisch angenommenes reales Gehirn erzeugt die Welt mitsamt dem wahrnehmbaren wirklichen Hirn? Diese Hypothese ist nicht wirklich befriedigend, da man ja dann auch alles Mögliche annehmen könnte, das mein wahrnehmbares Gehirn hervorbringt – beispielsweise einen großen Weltengeist

Witzliputzli, der auf geheimnisvolle Weise für mich die Welt samt Gehirn erschafft.

Darüber hinaus bleibt ungeklärt, wie aus den sinnlich sichtbaren Hirnprozessen die seelische Innenperspektive des jeweiligen Individuums entsteht. Es ist ja nicht so, dass ich als denkender und wahrnehmender Mensch meine Hirnprozesse erlebe, sondern ich nehme mit allen Sinnen ein Objekt wahr, das mir gegenübersteht.

Das große Problem aller Versuche, die Entstehung einer Wahrnehmung mithilfe physiologischer Prozesse zu erklären, besteht darin, dass derjenige, der diese physiologischen Prozesse untersucht, selbst ein Wahrnehmender ist. Es wird das Entstehen der subjektiven Wahrnehmungen durch andere Wahrnehmungen erklärt, die im Gegensatz zu den anderen Wahrnehmungen als objektiv vorausgesetzt werden. Man erklärt nicht die Wahrnehmung, wenn man die physiologischen Prozesse des Wahrnehmens untersucht und diese als Ursachen der Wahrnehmung festlegt. Denn dabei erklärt man die Subjektivität der Wahrnehmung durch andere Wahrnehmungen, die man allerdings als objektiv gegeben annimmt.

Maurice Merleau-Ponty fasst das Problem in folgende Worte:

> «Der Philosoph beschreibt die Empfindungen und ihr Substrat, so wie man die Fauna eines fernen Landes beschreibt – ohne irgend daran zu denken, dass er ja selber wahrnimmt, selbst wahrnehmendes Subjekt ist, und dass die Wahrnehmung, so wie er sie selbst erlebt, all das, was er von der Wahrnehmung überhaupt sagt, infrage stellt.»[323]

Wie das Denken, so ist auch die Wahrnehmung unhintergehbar. Man kann nicht hinter die Wahrnehmung gehen und deren Entstehung durch andere Dinge, wie Reize usw., beschreiben, da man dazu ja wiederum wahrnehmen müsste. Man kann beobachten, wie die eine Wahrnehmung mit einer anderen zusammenhängt, «aber ich kann nicht wahrnehmen, wie eine Wahrnehmung aus dem Unwahrnehmbaren hervorgeht».[324]

Das erkennende Wahrnehmen

Die verborgene Einheit

Den oben kritisierten Überlegungen liegt die unhinterfragte Annahme zugrunde, dass ich als abgeschlossenes Individuum der Welt fremd gegenüberstehe. Diese Auffassung ist jedoch keine unmittelbar gegebene Anschauung, sondern das Ergebnis eines Denkprozesses, der sich an die Betrachtung der Welt anschließt.

Da der Gegensatz von Ich und Welt zu nicht lösbaren Widersprüchen führt, muss man annehmen, dass diese Annahme falsch ist. Liegt der Dualität unseres Alltagserlebnisses eine verborgene Einheit zugrunde?

Der Phänomenologe Maurice Merleau-Ponty machte darauf aufmerksam, dass der Leib des Subjekts ein Teil der Welt ist. Es scheint zwar auf den ersten Moment so, als ob der Leib von der Welt getrennt sei, bei genauerem Hinsehen erweist sich dies aber als ein Vorurteil. Durch meinen Leib bin ich Teil der Welt, «er ist in dem Gewebe der Welt gefangen».[325] Daher ist alles Wahrnehmen ein wechselseitiger Bezug meines Leibes mit den anderen Dingen der Welt.

> «Denn weil die Dinge und mein Leib aus demselben Stoff gemacht sind, muss sich sein Sehen auf irgendeine Art in ihnen vollziehen, muss sich ihre manifeste Sichtbarkeit in ihm mit einer geheimen Sichtbarkeit koppeln: ‹Die Natur ist im Innern›, sagt Cézanne. Qualität, Licht, Farbe,

> Tiefe, die sich dort vor uns befinden, sind dort nur, weil sie in unserem Leib ein Echo hervorrufen, weil er sie empfängt.»[326]

Künstler haben für diesen Zusammenhang oft ein feines Gespür. So formulierte der Maler Paul Cézanne (1839 – 1906) an anderer Stelle:

> «Die Landschaft spiegelt sich, vermenschlicht sich, denkt sich in mir [...]. Vielleicht rede ich dummes Zeug, aber mir scheint, dass *ich das subjektive Bewusstsein* dieser Landschaft wäre.»[327]

Der Dichter Rainer Maria Rilke (1875 – 1926) beschreibt ein ähnliches Erlebnis in seinem Gedicht «Es winkt zu Fühlung fast aus allen Dingen» (August/September 1914). Dort spricht er von einem Weltinnenraum, der weder subjektiv noch objektiv ist, sondern in einer Art Gleichgewichtszustand Subjekt und Objekt übergreift:

> «Durch alle Wesen reicht der *eine* Raum:
> Weltinnenraum. Die Vögel fliegen still
> durch uns hindurch. O, der ich wachsen will,
> ich seh hinaus, und *in* mir wächst der Baum.»[328]

Schon die Vielfalt der menschlichen Sinne zeigt, dass der Leib und die ihn umgebende Außenwelt nicht wirklich getrennt sind. Er ist Teil der Welt, und er kann gar nichts anderes, als an ihr teilzunehmen. Die Sinne des Menschen überspannen in ihrer Gesamtheit Leib und Welt gleichermaßen. Sie ragen wie von einem anderen Bereich aus einerseits in unseren Leib, andererseits auch in die den Leib umgebende Welt.

Unsere Wahrnehmung umfasst Sinne – solche, die nach «innen» gehen, und solche, die sich nach «außen» öffnen. Die Vielfalt unserer Sinne gruppiert sich in drei Bereiche:

1. einerseits Sinne, die den Leib und dessen Zustände wahrnehmen (Bewegungssinn, Lebenssinn, Gleichgewichtssinn)
2. andere, die den Teil der Welt erfahrbar machen, der nicht zum Leib gehört (Sehsinn, Hörsinn, Geruchssinn)
3. und Sinne, welche die Beziehung des Leibes zu den äußeren Gegebenheiten der Welt eröffnen (Tastsinn, Wärmesinn, Geschmackssinn).

Der Tastsinn und vor allem auch der Bewegungssinn geben dem Menschen das Gefühl, einen Leib zu haben, und daran schließt sich das Ich-Gefühl an. Fällt der Bewegungssinn durch eine Erkrankung weg, dann entsteht für den betroffenen Menschen das furchtbare Gefühl, dass er sich selbst verloren hat. Er findet keine Beziehung mehr zu seinem eigenen Leib, er ist ihm fremd. Der Neurologe Oliver Sacks (1933 – 2015) berichtete von einer seiner Patientinnen:

> «Infolge des noch immer bestehenden Verlustes der Eigenwahrnehmung hat sie das Gefühl, ihr Körper sei tot, sei nicht wirklich, gehöre nicht ihr – sie ist unfähig, eine Verbindung zwischen ihm und sich herzustellen. Es fehlen ihr die Worte, um diesen Zustand zu beschreiben. Sie muss auf Analogien zurückgreifen, die sich auf die anderen Sinnesorgane beziehen: ‹Es ist, als sei mein Körper sich selbst gegenüber blind und taub ... Er hat kein Gefühl für sich selbst›. [...] Denn in gewisser Hinsicht ist sie tatsächlich ‹ausgehöhlt› und körperlos, eine Art Gespenst. Sie hat mit ihrer Eigenwahrnehmung auch die grundlegende, organische Verankerung der Identität verloren – jedenfalls die der körperlichen Identität, des ‹Körper-Ichs› [...].»[329]

Der Mensch *lebt* dann zwar durch seinen Leib, aber er *er*lebt ihn nicht mehr. Dennoch hat er Bewusstsein von der Welt und auch von seinem Leib, den er aber wie von außen, wie etwas Fremdes erlebt.

Ein solches Phänomen weist ebenfalls darauf hin, dass der Mensch in seiner tieferen Wesenheit Leib und Welt übergreift. Er ist sowohl bei seinem Leib als auch bei der Welt.

Die Verschränkung von Ich und Welt

Im Erlebnis der Wahrnehmung bin ich bei der Welt. Oder: Es tritt die Welt in mich ein. Ich und Welt sind im Wahrnehmen verschränkt. Dies klingt auf den ersten Moment ungewohnt. Doch bei näherem Zusehen lässt sich sehr gut beobachten, dass ich beim Wahrnehmen nicht bei mir, sondern bei den Dingen bin. Wenn ich den Ton einer Glocke höre, dann habe ich ja nie das Erlebnis, dass der Ton in meinem Kopf ist, sondern ich erlebe mich selbst beim Ton dort draußen; ich bin bei der tönenden Glocke. Ich bin der Ton, der Ton ist in mir. Merleau-Ponty beschreibt dieses Erlebnis so:

> «Ich, der ich das Blau des Himmels betrachte, stehe nicht ihm *gegenüber* als ein weltloses Subjekt, ich bin nicht gedanklich in seinem Besitz, entfalte nicht ihm zuvor eine Idee von Blau, die sein Geheimnis mir entschlüsselte; ich überlasse mich ihm, ich versenke mich in dieses Geheimnis, es ‹denkt sich in mir›, ich bin der Himmel selbst, der sich versammelt, zusammennimmt und für sich zu sein sich anschickt, mein Bewusstsein ist verschlungen von diesem grenzenlosen Blau.»[330]

Während des Wahrnehmens geschieht eine Verschränkung meiner selbst mit der Welt, die – will man sie beschreiben – dazu führt, sagen zu müssen, «dass *man* in mir wahrnimmt, nicht dass ich wahrnehme».[331]

Auch Rudolf Steiner weist auf eine solche Beobachtung hin, wenn er sagt:

> «Das Sonnenlicht, das von den Dingen in vielartiger Farbenerscheinung sich im Raume ausbreitet, das erlebt sich eigentlich in der Seele.»[332]

Ich bin als Mensch mit der Welt innigst verwoben.

Erkennendes Wahrnehmen ist eine Wesensbegegnung

Wenn das Wesen des Menschen, sein wirkliches Ich, in Leib *und* Welt zu suchen ist, dann ist auch das Verhältnis, das der Mensch in der sinnlichen Wahrnehmung zur Welt hat, anders zu denken. Das Gewahrwerden eines Gegenstandes erweist sich dann als ein doppeltes Geschehen.

Sehe ich eine Rose, begegne ich ihr auf zweifache Weise: Einerseits stehe ich dem Rot ihrer Blüte, dem Grün ihrer Blätter, der Spitze ihrer Dornen usw. gegenüber, zugleich *bin* ich aber auch die Rose, ich bin eins mit dem ihr innewohnenden Sinn. Dieser ist mir aber nicht von außen gegeben, sondern er scheint in meinem denkenden Bewusstseinsraum, der «Ich» und «Welt» übergreift, als Begriff auf. Erst wenn sich das durch die Sinne äußerlich Wahrgenommene mit dem im Denken wahrgenommenen Begriff, dem Sinn, der Idee der Rose vereint, erkenne ich die Rose als Rose. Der Sinn der Rose, der ihr innewohnt, ihr Wesen, offenbart sich dem Menschen, wenn er ihr im denkenden Wahrnehmen begegnet.

Merleau-Ponty beschreibt es so:

> «Der Sinn eines Dinges wohnt i[h]m inne, so wie die Seele dem Leib innewohnt: sein Sinn liegt nicht hinter den Erscheinungen; der Sinn des Aschbechers (zumindest sein vollständiger individueller Sinn, wie er sich der Wahrneh-

> mung gibt) ist nicht irgendeine seine sensorischen Aspekte koordinierende oder allein dem Verstande zugängliche Idee des Aschbechers, er beseelt den Aschbecher selbst und verkörpert sich in ihm mit Evidenz. Darum eben sagen wir, in der Wahrnehmung sei uns das Ding ‹selbst gegeben›, ‹leibhaftig gegeben›.»[333]

Ich stehe mit meinem Leib der Rose gegenüber, aber im Denken als universelle Kraft, das mich und die Welt übergreift, bin ich mit dem Wesen der Rose vereint. Erkennendes Wahrnehmen ist daher immer eine Begegnung mit einem Wesen. Merleau-Ponty spricht davon, dass «jede Wahrnehmung Kommunikation oder Kommunion, Aufnahme und Vollendung einer fremden Intention in uns» ist.[334]

In der Tat: Erkennendes Wahrnehmen ist immer die Kommunikation mit einem Wesen, das sich mir in der Wahrnehmung offenbaren will. *Erkennendes Wahrnehmen ist Wesensbegegnung – und in ihr bildet sich Realität.*

Wirkendes Ich

Was Merleau-Ponty bereits für den Leib feststellt, gilt erst recht für das Denken:

> «[...] ich beobachte äußere Gegenstände mit meinem Leib, hantiere mit ihnen, betrachte sie, gehe um sie herum, doch meinen Leib beobachte ich nie: um dazu imstande zu sein, brauchte ich einen zweiten Leib, der wieder seinerseits nicht beobachtbar wäre.»[335]

Auch das Denken ist mit dem Gegenstand, auf den es sich richtet, beschäftigt und vergisst sich dabei vollständig selbst. Es muss sich ein zweites Denken dem ersten gegenüberstellen, damit es beobachtet werden kann. Was mit dem Leib nicht möglich ist, ist beim Denken jedoch durchführbar. Ein zweites Denken kann sich einem ersten gegenüberstellen – allerdings nur in einer zeitlichen Verschiebung: Das gegenwärtige Denken kann immer nur ein Vergangenes betrachten.

Da der Leib ein räumliches Gebilde ist, das fortwährend anwesend ist – mit mir ist, wie Merleau-Ponty formulierte –, kann er sich nicht teilen. Beim Denken geht das. Allerdings – das gegenwärtige Denken bleibt sich selbst immerzu verborgen.

Die Beobachtung des Denkens zeigt, dass in ihm eine Instanz aktiv ist, die der Tätigkeit des Denkens die Richtung gibt. Diese Instanz ist ebenfalls verborgen, da sie ja im gegenwärtigen aktiven Denken wirkt. Man kann diese Instanz im Gegensatz zum alltäglichen Ich-Erlebnis, das im Wesentlichen auf die durch die leibbezogenen Sinne gegebenen Empfindungen zurückgeht, als «wirkendes Ich» bezeichnen.

Im Denken lebt das wirkende Ich des Menschen.[336] Durch die Erlebnisse am Leib fasst es den Begriff, die Idee «Ich». Was ich an mir als Persönlichkeit, als «Ich» erlebe, stellt mein Denken als Subjekt der von ihm als objektiv bestimmten Welt gegenüber. Das aber geschieht mithilfe einer Kraft, die «Ich» und Welt überspannt, eine Tätigkeit, die ihr zugrunde liegt. Das Denken – und das in ihm wirkende tätige Ich – ist sowohl im Leib als auch in der Welt, es übergreift beides in einer höheren Einheit.

Ausgehend von der Beobachtung des Verhältnisses des Menschen zur Welt, wenn er mathematische Begriffe bildet, machte Rudolf Steiner auf den transzendenten Daseinsort der hier «wirkendes Ich» genannten Wesenheit aufmerksam:

> «Der innere gesetzmäßige Zusammenhang der mathematischen Formeln wird innerhalb des Bewusstseins gewonnen und dann auf die empirischen Tatbestände angewendet. Nun ist kein auffindbarer Unterschied zwischen dem,

> was im Bewusstsein als mathematischer Begriff lebt, wenn dieses Bewusstsein *seinen* Inhalt auf einen empirischen Tatbestand bezieht; oder wenn es diesen mathematischen Begriff in rein mathematischem abgezogenem Denken sich vergegenwärtigt. Das heißt aber doch nichts anderes als: das Ich steht mit seiner mathematischen Vorstellung nicht außerhalb der transzendent mathematischen Gesetzmäßigkeit der Dinge, sondern innerhalb. Und man wird deshalb zu einer besseren Vorstellung über das ‹Ich› erkenntnistheoretisch gelangen, wenn man es nicht innerhalb der Leibesorganisation befindlich vorstellt, und die Eindrücke ihm ‹von außen› geben lässt; sondern wenn man das ‹Ich› in die Gesetzmäßigkeit der Dinge selbst verlegt, und in der Leibesorganisation nur etwas wie einen Spiegel sieht, welcher das außer dem Leibe liegende Weben des Ich im Transzendenten dem Ich durch die organische Leibestätigkeit zurückspiegelt. Hat man sich einmal für das mathematische Denken mit dem Gedanken vertraut gemacht, dass das ‹Ich› nicht im Leibe ist, sondern außerhalb desselben und die organische Leibestätigkeit nur den lebendigen Spiegel vorstellt, aus dem das im Transzendenten liegende Leben des ‹Ich› gespiegelt wird, so kann man diesen Gedanken auch erkenntnistheoretisch begreiflich finden für alles, was im Bewusstseinshorizonte auftritt.»[337]

Das Wesen des Menschen, sein aktiver, schöpferischer, geistiger Kern, ist dem menschlichen Bewusstsein selbst verborgen – es schafft unerkannt in allem, was der Mensch leiblich, seelisch und geistig tut. Diese schaffende Instanz, das «wirkende» Ich, wirkt zwar durch den Leib, aber es greift weit darüber hinaus. Das wirkende Ich des Menschen lebt im Umkreis, es ist Welt und Leib zugleich. Erst am Leib und durch den Leib wird es sich seiner selbst bewusst. Der Leib ist daher wie eine Art Spiegel für das wirkende Ich; was sich dort spiegelt, das ist dasjenige, was ich als Ich-Erlebnis bewusst erlebe. Was ich im Alltag als mein «Ich», als meine Persönlichkeit ansehe, das ist die Spiegelung des wirkenden Ich in den Prozessen meines Leibes, die innerhalb meines Bewusstseinsraums auftritt.

Damit ist deutlich, dass das Verhältnis von Ich und Leib ein völlig anderes ist, als es der Transhumanismus annimmt. Der Mensch als geistiges Wesen ist ein Weltwesen, das sich an seinem Leib, an dessen Vorgängen, seiner selbst bewusst wird. Der Transhumanismus glaubt, aus der Analyse des Spiegels dasjenige, das sich darin spiegelt, neu schaffen zu können. Darüber hinaus glaubt er, dass die Spiegelinhalte eine eigene Evolution haben könnten, die über die Wesenheit, die sich spiegelt, hinausreichen könne.

Hat man sich das klargemacht, dann zeigt sich die ganze Absurdität der transhumanistischen Theorie. Der Transhumanismus nimmt einzelne – durchaus berechtigte – Aspekte des Menschen und verallgemeinert sie. Dadurch aber verliert er die Einsicht in das Wesen des Menschen. Der Mensch ist jedoch viel mehr als nur Leib – er ist auch ein seelisches und geistiges Wesen. In ihm finden sich drei qualitativ verschiedene Seinsweisen: eine leibliche, eine seelische und eine geistige.

Leib, Seele und Geist

Der Transhumanismus reduziert den Menschen auf den Körper (als «Maschine») und glaubt, dass dessen Prozesse sich als inneres Erleben wie Gefühle und Gedanken kundtun. Er vergleicht Leib und Geist des Menschen mit dem Computer, bei dem man zwischen Hard- und Software unterscheidet. Der

Geist des Menschen ist aus dieser Sicht nur ein algorithmusgesteuertes Informationsmuster. Die Algorithmen, die auf der «Mensch-Maschine» laufen, sind immateriell – denn Algorithmen sind prinzipiell immateriell; sie zeigen sich zwar in maschinellen Abläufen, aber selbst sind sie immateriell. Auf eine primitive Weise kommt daher auch der Transhumanismus nicht um einen Geistbegriff herum, wenn er den Menschen erklären will.

Auf die Widersprüchlichkeit und Unhaltbarkeit eines solchen Gedankens wurde bereits aufmerksam gemacht (siehe den Abschnitt «Das menschliche Denken», S. 171ff.). Denken und Fühlen sollen nur das Produkt eines Gehirns sein. Dabei werden Denken und Fühlen auch umstandslos in einen Topf geworfen: Sie seien nichts anderes als spezielle Prozesse innerhalb eines menschlichen Gehirns oder eben auch in einer Kopie des Hirns in einer Maschine – einem Androiden.

Der Geist des Menschen ist allerdings kein regelgesteuertes Informationsmuster, wie der Transhumanismus annimmt, sondern er ist etwas ganz anderes. Das wird allein schon durch die geistigste Tätigkeit des Menschen, das Denken, deutlich. Eine gründliche Betrachtung des Denkens zeigt, dass dessen Tätigkeit sehr viel weiter gefasst werden muss, als man es gewöhnlich tut. Das Denken ist eine Aktivität, die durch sich selbst besteht und die Ich und Welt umgreift. Wenn man dies begriffen hat, dann ist klar, dass die menschliche Wesenheit in ihrer Gesamtheit völlig anders betrachtet werden muss.

Man kann wiederum von einfachen Phänomenen ausgehen, um das Wesen des Menschen zu skizzieren.

Beziehungsebenen zur Welt

Wenn wir uns im Alltag umschauen, so sehen wir Gegenstände, nehmen Farben wahr, hören Klänge, spüren Wärme, empfinden Gerüche, ertasten die Härte oder Weichheit der Dinge usw. Wir gehen beispielsweise nach einer guten Mahlzeit durch einen Frühlingswald spazieren. Wir sehen die hochgewachsenen Baumstämme, das lichte Grün der gerade sich bildenden Blätter, sehen am Wegrand weggeworfenen Müll, hören das Gezwitscher der Vögel, spüren einen leichten Lufthauch, empfinden die Wärme des sonnigen Frühlingstages. All das wird uns durch die Vielfalt unserer Sinne vermittelt. Wir spüren auch die angenehme Sättigung nach der Mahlzeit, haben vielleicht noch den leichten Nachgeschmack des süßen Nachtischs im Mund. Die Knie schmerzen möglicherweise noch ein wenig von dem Stoß gegen eines der Tischbeine. All dies sind die uns im Moment gegebenen Eindrücke.

An diese Wahrnehmungsvielfalt schließen sich die unterschiedlichsten Gefühle an. Die grüne Farbe der Blätter gefällt uns, der Müll erregt unser Missfallen. Den Lufthauch empfinden wir als angenehm, das immer noch schmerzende Knie spüren wir mit einem Missbehagen.

Alle Wahrnehmungen, die wir haben, lösen mehr oder weniger stark unser Gefallen oder Missfallen aus. Wir nehmen fortwährend persönlich Stellung zu allem, was wir wahrnehmen; wir beurteilen, ob das, was uns in der Welt begegnet, gefällt oder missfällt, ob es uns nutzt oder schadet, ob es uns zusagt oder wir es ablehnen usw. Das ist die Art und Weise, wie wir uns im gewöhnlichen Alltag zu den uns von außen gegebenen Erlebnissen verhalten. Darüber hinaus gibt es noch eine weitere Stufe des Verhältnisses des Menschen zu seiner Umgebung.

Der Mensch ist prinzipiell fähig, sich aus seiner momentanen

Perspektive auf die Welt innerlich herauszustellen und sie von dort her anzuschauen. Für den Anthropologen Helmuth Plessner ist es diese Fähigkeit zur exzentrischen Positionalität,[338] die den Menschen vom Tier unterscheidet.

Der Mensch kann sich nämlich selbst wie einen Fremden betrachten. Er vermag sich seinen Gefühlen beobachtend gegenüberzustellen, auch die eigenen Gedanken und Handlungen kann er, wie von einem außerhalb gelegenen Standpunkt aus, anschauen. Der Mensch ist fähig, einen wissenschaftlichen Standpunkt einzunehmen, indem er die Dinge nicht in Bezug auf sich selbst betrachtet, also nicht durch die Brille der eigenen Sympathien und Antipathien, sondern von den Gegenständen her. Er beurteilt die Dinge von der Sache her und nicht mehr von sich selbst aus.

In der wissenschaftlichen Beobachtung sieht der Mensch von seinen eigenen Gefühlen und Bewertungen ab und richtet seine Aufmerksamkeit auf die Beziehungen und Verhältnisse, welche die Dinge selbst haben. Er wird in dieser Betrachtungsweise sozusagen selbstlos und schaut von den Dingen der Welt aus auf ihr Wesen, auf ihre eigenen, ihre inneren Gesetze und Zusammenhänge mit anderen Dingen.

In diesen einfachen Beobachtungen zeigt sich, dass es im Menschen drei qualitativ verschiedene Ebenen gibt:

1. Ein erster Bereich des Menschen ist derjenige, durch den er überhaupt Kunde von der Welt bekommt. Das ist der Bereich in ihm, der die Objekte, die Gegenstände der Welt offenbart und ihm überhaupt erst die Welt der äußerlich sichtbaren Tatsachen eröffnet.
2. Ein zweiter Bereich in ihm ist der, durch den er sich selbst in irgendeiner Weise mit den gegebenen Tatsachen in Verbindung setzt, durch die er sie zu seiner *eigenen* Angelegenheit macht.[339]

3. Ein dritter Bereich im Menschen ist derjenige, innerhalb dessen sich ihm das Wesen der Dinge offenbart, wo sich die Gesetze der Welt, die ihn umgeben, zeigen.

Der Mensch steht in einer dreifachen Weise mit der Welt in Verbindung. Daraus folgt, dass er drei Seiten in seinem Wesen hat. Diese kann man mit den Worten Leib, Seele und Geist bezeichnen.

1. Der Leib ist dasjenige im Menschen, wodurch sich ihm die Dinge der Welt äußerlich offenbaren und wodurch auch der Mensch selbst in der Welt wahrnehmbar wird. Mit dem Leib lebt der Mensch in der Gegenwart.
2. In der Seele verbindet sich der Mensch mit den Dingen des Daseins und bewahrt in sich die Eindrücke, die sie auf ihn machen. Das seelische Leben trägt der Mensch als seine eigene Welt in sich.
3. Durch den Geist des Menschen werden ihm die inneren Verhältnisse der Dinge offenbar. Die Geheimnisse der Welt enthüllen sich zwar in seinem Inneren (in seinem seelischen Leben), aber im Geist tritt er aus sich heraus und lässt die Dinge über sich selbst sprechen. Im Geist enthüllt sich dem Menschen nicht, was für ihn eine Bedeutung hat, sondern was für die Gegenstände selbst eine Bedeutung hat.[340] Diese Signatur des Geistes zeigt sich bereits in der Betrachtung des Denkens.

Der Mensch steht offensichtlich in einer polaren Beziehung zur Welt, die er in sich selbst zum Ausgleich bringt. Durch die Sinne des Leibes offenbaren sich ihm die Gegenstände der Welt von außen; sie treten ihm als ihm fremde äußerlich entgegen. Im Geist öffnet sich dem Menschen die «Innenseite» der Gegenstände. Im Geist ist er im Inneren der Welt, er begegnet dem Wesen der Dinge.

Allein im Seelischen zeigt sich das Eigene des Menschen. Sein Persönliches ist im Seelischen zu finden. Im Leib begegnet der Mensch den äußeren Gegebenheiten der Weltobjekte. Im Geist offenbart sich in ihm deren geistige Innenseite. Im Seelischen entwickelt er seine individuelle Beziehung zu dem, was ihm durch Leib und Geist an Welt begegnet. Seele und Geist sind also zwei qualitativ höchst verschiedene Bereiche des Menschen. Diese als algorithmische Prozesse aufzufassen ist sinnlos, da diese Algorithmen eben nur Muster sind, die sich in maschinellen Prozessen zeigen. Diese Annahme führt zu zirkulären Begründungen, die sich selbst ad absurdum führen, wie es am Beispiel der Hirnprozesse gezeigt wurde (siehe den Abschnitt «Das Denken ist unhintergehbar», S. 173ff.).

Seele und Geist unterscheiden sich vor allem dadurch, dass im Geist des Menschen ein Anderes offenbar wird. Im Geist ist der Mensch als Selbst gewissermaßen selbstlos. Er stellt seinen Bewusstseinsraum dem Inneren des Anderen zur Verfügung, sodass es in ihm erscheinen kann. Im Seelischen dagegen ist der Mensch bei sich, bei *seinen* Gefühlen und Meinungen, da ist das *Verhältnis* von ihm als Subjekt zu den Objekten das Wesentliche.

Im Menschen sind also drei qualitativ verschiedene Bereiche zu finden: ein leiblicher, ein seelischer und ein geistiger Bereich. Zunächst sei der leibliche Bereich genauer angeschaut.

Der Leib

Betrachtet man den Leib genauer, so zeigen sich in ihm wiederum verschiedene Qualitäten. Zuerst rein äußerlich ist das an ihm zu sehen, was man eben von der Außenperspektive her wahrnehmen kann.

Dieser Körper hat eine bestimmte Raumform und nimmt

ein bestimmtes Raumvolumen ein. Er besteht aus den verschiedensten chemischen Stoffen, hat ein bestimmtes Gewicht usw. Diesen Aspekt des Leibes kann man physischen Leib nennen. Der physische Leib kann mit den Sinnen von außen als physischer Körper wahrgenommen und mit physikalischen, chemischen, biologischen Methoden untersucht werden.

Im Gegensatz zu einem Stein oder einem Kristall ist der menschliche Leib belebt. Wenn er verletzt wird, kann er sich aus seinen eigenen Kräften heraus wieder heilen, er kann sich fortpflanzen usw. Der Leib atmet, hat Stoffwechsel, in ihm schlägt ein Herz mit regelmäßiger Wiederholung. Es gibt erstaunlich viele verschiedene Rhythmen im menschlichen Leib, die vor allem beim gesunden Menschen in ganzzahligen Verhältnissen stehen. Das führt zu dem Gedanken, dass der Mensch nicht nur eine sichtbare Raumgestalt hat, sondern auch eine unsichtbare, aber intensiv wirksame Zeitgestalt. Diese Zeitgestalt offenbart sich in einer Vielzahl von endogenen (aus inneren Ursachen entstehenden) Rhythmen, die den menschlichen Organismus beherrschen. Die Vielheit von Rhythmen wurde von der Chronobiologie sehr intensiv untersucht. Dabei stellte sich heraus, dass sich alles Leben in gegliederten und zusammenhängenden rhythmischen Abläufen zeigt.[341]

Im menschlichen Leib gibt es viele Rhythmen, einige im Millisekunden- und Sekundenbereich, andere im Minutenbereich und langwellige Rhythmen vom Stundenbereich bis hin zu mehrjährigen Verläufen.

Die kürzesten Rhythmen findet man im Nervensystem: Es sind Rhythmen vom Millisekundenbereich bis hin zu wenigen pro Sekunde. Wesentlich bei den Rhythmen im Nervensystem ist, dass sie keine eindeutige Periodizität haben, sondern sich sehr «elastisch» verändern, je nachdem, welche Sinnesempfindungen, Gemütsregungen oder Gedanken die Seele des

Menschen durchziehen. Im Nervensystem nehmen sich die Rhythmen zurück. Die Rhythmen des Nervensystems zwingen nicht, sie lassen sich in hohem Maße von unserem Seelenleben bestimmen.

Ganz anders dagegen die langwelligen Rhythmen. Sie finden sich vor allem im Stoffwechsel, sind sehr regelmäßig und lassen sich vom menschlichen Seelenleben nur schwer beeinflussen, da sie in hohem Maße mit den Rhythmen der Umwelt synchron laufen.

Dazwischen liegen die Rhythmen, die man im Blutkreislauf und in der Atmung findet: Sie vollziehen sich im Minutenbereich.[342]

Auf diese Zeitgestalt alles Lebenden wies auch Rudolf Steiner hin. Er bezeichnete sie mit dem Namen «Ätherleib», «weil mit dem Ätherleibe alles verknüpft ist, was sich in der Zeit entwickelt».[343] Er nannte den Zeitleib aber auch «Bildekräfteleib» und an anderer Stellen «Lebensleib». Steiner machte darauf aufmerksam, dass der physisch sichtbare Raumleib von nichtphysischen Kräften durchzogen ist, von denen her sich Fortpflanzung, Wachstum, Heilung usw. erklären lassen. Der Tod des Menschen tritt dann ein, wenn diese Kräfte nicht mehr im physischen Leib wirken, sondern sich von ihm ablösen. Und tatsächlich beginnt vom Todesmoment an schlagartig und mit großer Geschwindigkeit der Zerfall des physischen Leibes.

Der Bildekräfteleib ist eine reale Kräftefiguration, welche die physischen Vorgänge in eine höhere Gesetzmäßigkeit hineinstellt, beispielsweise das Eisen. In der Außenwelt kann es oxidieren, aber den Sauerstoff nicht mehr abgeben, es verrostet. Ist das Eisen aber im Blut des Menschen aufgenommen, dann kann es immer wieder Sauerstoff aufnehmen und auch wieder abgeben.[344]

Wenn der Mensch mit einem Hammer einen Nagel in die Wand schlägt, dann sind dabei eine Fülle von leiblichen Vorgängen zu beobachten, wie die Kontraktion der Muskulatur und viele andere Lebensvorgänge, die sich im Leiblichen offenbaren.

Wenn er sich aus Versehen auf den Daumen haut, dann tritt Schmerz auf. Dieser Schmerz ist klar an den Leib gebunden: Der Daumen tut weh. Aber obwohl der Schmerz an einem bestimmten Ort des Leibes empfunden wird, kann man doch nicht sagen, dass er innerhalb des physikalischen Raumes auftritt. Er ist auch kein Lebensvorgang, auch wenn er mit Lebensvorgängen vor allem innerhalb der Nerven einhergeht. Der Schmerz ist nirgends im physikalischen Raum zu finden, weder in dem physikalisch erfassbaren Raum des Daumens noch in den Nervenleitungen, noch im Gehirn.

> «Denn Schmerzen sind nun einmal weder anatomische Dinge wie Sehnen, Knochen oder Neuronen noch physiologische Prozesse wie Ladungsverschiebungen an neuronalen Zellmembranen.»[345]

Die Empfindung des Schmerzes weist auf eine dritte Ebene des Leibes hin, die eben für das Individuum als eine Tatsache des Leiberlebens unzweifelhaft vorhanden ist und sich deutlich von dem physikalischen Aspekt sowie dem Lebensaspekt der prozeduralen Vorgängen unterscheidet.

Rudolf Steiner schlägt für diesen Bereich des Leibes den Namen «Seelenleib» oder auch «Empfindungsleib» vor und bezeichnet damit den Aspekt des Leibes, der die durch den Leib vermittelten Empfindungen des Menschen umfasst. Das betrifft alle Sinneserfahrungen und Schmerzempfindungen. Dieser Bereich des Leibes, der für das Individuum real existiert, kann aber von außen nicht wahrgenommen werden. Er ist nur für die jeweilige Person wahrnehmbar, er kann nur von innen her empfunden werden. Gleichwohl ist es eine intersubjektive Tatsache, da sie von jedem Menschen erfahren wird. Alle Menschen haben irgendwann einmal die Erfahrung «schmerzender Daumen» gemacht und können sich darüber austauschen.

Der Empfindungsleib ist der seelische Aspekt des Leibes, der Leib, der als Innenwelt erscheint, wo er subjektiv erfahren wird. Der Schmerz ist nur für das jeweilige Individuum vorhanden; die Wunde, der blaue Daumen, ist auch für einen Außenbeobachter sichtbar, der Schmerz nicht.

Einen von einem Bildekräfteleib durchzogenen physischen Leib haben auch die Pflanzen. Ihrem physischen Aufbau fehlen jedoch die Organe, die einer empfindenden Erfahrung der Welt zugrunde liegen. Solche Organe besitzen die Tiere. Die drei Aspekte des menschlichen Leibes zeigen sich damit auch in den Naturreichen: mineralische Welt, Pflanzenwelt und die Welt der Tiere.

Bei jeder sinnlichen Wahrnehmung finden physische Prozesse statt, dazu auch Lebensprozesse innerhalb des Bildekräfteleibes. Im Auge beispielsweise vollziehen sich während des Sehens physikalische Prozesse, zudem auch Abbauprozesse innerhalb der Netzhaut, die anschließend wieder durch Aufbauprozesse ausgeglichen werden. Davon qualitativ verschieden sind die Farbempfindungen. Die physikalischen Prozesse sowie die Ab- und Aufbauprozesse sind äußerlich feststellbar. Die Empfindung des «Rot» beispielsweise findet auf einer qualitativ völlig anderen Ebene statt als auf der physikalischen oder der Ebene der Bildekräfte. Die Sinnes*empfindungen* erscheinen im Seelen- oder Empfindungsleib. Der Empfindungsleib ist bereits ein Seelisches, das aber an die physischen und lebensmäßigen Voraussetzungen gebunden ist.

Also: Jedes Gewahrwerden des Vorhandenseins eines Gegenstandes in der Welt setzt drei qualitativ verschiedene Prozesse voraus, die fortwährend ineinanderspielen: ein rein physischer Ablauf, ein Lebensprozess sowie ein seelischer Vorgang.

An die Empfindungen schließen sich erst die eigentlichen Gefühle des Gefallens, Missfallens usw. an. Hier kann man im eigentlichen Sinne von Seele sprechen.

Die individuelle Seele

Empfindungen sind qualitativ etwas völlig anderes als physische Abläufe und Lebensvorgänge; sie werden zwar deutlich von ihnen beeinflusst, unterscheiden sich aber in ihrem Kern klar von ihnen. Ihre Entstehung muss also in etwas anderem begründet sein, eben in einem Seelischen. Dieses Seelische, das im Zusammenspiel mit physischem Leib und Lebensleib die Empfindungen der Sinne hervorbringt, kann man, Steiner folgend, «Empfindungsseele» nennen.

Die Empfindungsseele ist der Seelenaspekt, der im Zusammenspiel mit dem Leib die Sinnesempfindungen hervorruft. Aus ihr gehen aber auch die Gefühle hervor, die sich an die sinnlichen Empfindungen anschließen.

Im Seelischen wird das Denken erlebt, und vom Seelischen aus erhält das Denken seine Richtung. Gefühle treiben den denkenden Menschen dahin, sich bestimmte Dinge auszudenken. Beispielsweise motiviert der Wunsch nach Bequemlichkeit den Menschen, darüber nachzudenken, wie er sich eine möglichst bequeme Sitzgelegenheit bauen kann. Der Wunsch nach Gemütlichkeit lässt den Menschen darüber nachdenken, wie er sein Zuhause schöner gestalten kann. Diesen Seelenaspekt kann man mit «Verstandesseele» oder auch «Gemütsseele» bezeichnen. Es ist dies der Seelenaspekt, der das Denken in seiner Richtung bestimmt und lenkt, um eigene seelische Bedürfnisse zu befriedigen. Das Seelenleben des Menschen wendet das Denken an, um seiner selbst willen – aus den eigenen Wünschen und Begehrungen heraus. Das Denken steht sozusagen im Dienst der Empfindungsseele.

Es ist eine weitere Ebene des Seelischen denkbar, indem das Denken aus der Überformung durch die Wünsche und Begierden heraustritt. Die eigenen Wünsche treten zurück, und der sachliche Gehalt eines Gedankens wird bestimmend: Dies ist beispielsweise der Fall, wenn der Mensch einen Tatbestand als wahr anerkennt, obwohl sich alle seine Empfindungen dagegen wenden. In einer solchen Situation wird das Geistige für die Seele bestimmend. Die Seele stellt ihre eigenen Bedürfnisse zurück und lässt sich von dem, was sie als wahr erkannt hat, leiten.

In dem Maße, wie sich ein solches Seelenleben durch Übung und innere Schulung herausbildet, entsteht ein weiteres Seelengebiet, das Rudolf Steiner als Bewusstseinsseele bezeichnete.

Die Grunddreiheit des Menschen, die sich in die Aspekte Leib, Seele und Geist differenzieren lässt, spiegelt sich also auch im Seelischen wider. Ein Teil des Seelischen ist mehr an das Leibliche angebunden (Empfindungsseele), und ein anderer Teil kann sich durch eigene Aktivität an das Geistige anbinden (Bewusstseinsseele). Dazwischen liegt ein Bereich, in dem Leib und Geist innerhalb des Seelischen ineinandergreifen (Verstandesseele oder Gemütsseele).

Damit zeigen sich auch im Seelischen des Menschen drei Qualitätsebenen:

1. Empfindungsseele: der innere Quell, aus dessen Zusammenwirken mit dem physischen Leib und dem Lebensleib die Empfindungen hervorgehen, beispielsweise wenn die Bläue des Himmels oder das Rot des Sonnenaufgangs wahrgenommen wird.

2. Verstandesseele oder Gemütsseele: der «Teil» der Seele, der das Denken in seinen Dienst stellt, wo das Denken von der Seele eingesetzt wird, um die eigenen Bedürfnisse zu befriedigen.
3. Mit dem Denken ragt bereits das Geistige in die Seele hinein. In dem Maße nun, wie die Seele das Geistige um des Geistigen willen in sich leben lässt, wo sie sich nicht von ihren sinnlichen Bedürfnissen leiten lässt, sondern wo Wahrheit und das Sittlich-Gute in ihr leben, bildet sich in ihr ein dritter Seelenbereich aus: die Bewusstseinsseele.

Im Leib des Menschen kann man drei qualitativ verschiedene Ebenen finden und auch in der Seele. Schematisch dargestellt:

Bewusstseinsseele	
Verstandes- oder Gemütsseele	**Seele**
Empfindungsseele	
Empfindungsleib	
Lebensleib	**Leib**
Physischer Leib	

Schemata sind immer einseitig. Um das Schematische zu relativieren, kann man die Sache noch etwas anders anschauen. Das Seelische ist vom Leiblichen beeinflusst. Jedes Hungergefühl zeigt unmittelbar, wie leibliche Vorgänge ins Seelische hineinspielen. Aber auch umgekehrt: Jedes Erröten oder Erblassen aufgrund eines Gedankens zeigt, wie das Seelische sich in leiblichen Vorgängen äußert.

Rudolf Steiner bezeichnete daher den Bereich, der von der Empfindungsseele und dem Empfindungsleib umfasst wird, also den Bereich der «Verklammerung» von Seele und Leib, auch mit dem Namen «Astralleib».

Wenn man darüber hinaus den Blick auf die Instanz richtet, die hinter der Verstandesseele und der Bewusstseinsseele im Verborgenen wirkt, dann kann man anstelle dieser beiden Seelenqualitäten auf das Ich des Menschen hinweisen. Dann wird das Schema anders:

Ich
Astralleib
Lebensleib oder Bildekräfteleib
physischer Leib

Entwicklung

Die Umgestaltung des Menschen durch sich selbst

Auch Tiere sind beseelt. Wer näheren Umgang mit einem Tier hat, weiß aus vielfältiger Erfahrung, dass Tiere ein intensives Gefühlsleben besitzen. Diese Gefühle sind allerdings weitgehend von außen her veranlasst. Die konkreten Erlebnisse, die das Tier im Hier und Jetzt hat, werden von starken Gefühlen begleitet. Aber das Tier ist ihnen gewissermaßen ausgeliefert. Bei einem eher triebhaft veranlagten Hund beispielsweise kann man erleben, dass ihn die Wahrnehmung eines aufspringenden Hasen unmittelbar zum Jagen veranlasst. Eine eigene Überlegung, die ihn davon abhalten könnte, wie beispielsweise der Gedanke, dass das Jagenwollen sinnlos ist, da ihn die Hundeleine zurückhält, findet nicht statt. Ein hungriger Hund wird sich beim Anblick des gefüllten Fressnapfs unmittelbar darüber hermachen.

Ganz anders dagegen beim Menschen. Er kann trotz größten Appetits vor seinem gefüllten Teller sitzen und höflich warten, bis alle seine Mitspeisenden ebenfalls ihren Teller gefüllt haben. Trotz stärksten Hungers ist er fähig, ein Tischgebet zu sprechen, bevor er zu essen beginnt.

Das weist auf eine weitere im Seelenleben des Menschen wirkende Instanz hin, die man als «Ich» bezeichnen kann. Das menschliche Ich ist fähig, einem Gefühlsdrang zu widerstehen. Es ist ihm sogar möglich, aufgrund eines Gedankengangs Gefühle neu zu entfachen; beispielsweise kann das Nachdenken über die Lebenssituation eines anderen Menschen das Gefühl des Mitleids auslösen, obwohl man sich vielleicht gerade wenige Momente vorher noch über ihn geärgert hat. Ein gedanklich gefasstes Lebensmotiv kann das Gefühlsleben eines Menschen grundlegend ändern.

Der Mediziner George Ritchie erzählt von der Begegnung mit einem solchen Menschen. Im Mai 1945 wurde Ritchie mit einer kleinen Ärztegruppe abgeordnet, in einem gerade befreiten nationalsozialistischen Konzentrationslager Häftlingen medizinische Hilfe zu bringen. Dabei lernte er einen polnischen Juden kennen, der sich von den anderen Gefangenen wesentlich unterschied: «seine Gestalt war aufrecht, seine Augen hell, seine Energie unermüdlich.»[346] Dieser Mann beherrschte neben Polnisch noch weitere fünf Fremdsprachen und war daher im Lager als Dolmetscher unersetzlich. Darüber hinaus besaß er eine enorme Arbeitskraft. Er konnte sechzehn Stunden lang ohne Ermüdung arbeiten, um seinen nun befreiten Mitgefangenen zu helfen. Als Ritchie dann noch feststellte, dass er bereits seit sechs Jahren im Lager war, also dieselbe Hungerdiät hatte wie diejenigen, die lange vor ihm schon gestorben waren, wurde ihm dieser Mann zum Rätsel. Woher hatte er diese Kräfte? Woher kam es, dass alle Gefangenen im Lager ihn als ihren Freund betrachteten, ihn bei Streitigkeiten um Schlichtung baten?

Eines Abends erzählte ihm dieser Mann seine Geschichte:

> «Wir lebten im jüdischen Sektor von Warschau. [...] Meine Frau, unsere zwei Töchter und unsere drei kleinen Jungen. Als die Deutschen unsere Straße erreichten, stellten sie jeden an die Wand und eröffneten mit Maschinengewehren das Feuer. Ich bettelte, dass sie mir erlauben würden, mit meiner Familie zu sterben, aber da ich Deutsch sprach, steckten sie mich in eine Arbeitsgruppe. [...] Ich musste mich dann entscheiden, [...] ob ich mich dem Hass den Soldaten gegenüber hingeben wollte, die das getan hatten. Es war eine leichte Entscheidung, wirklich. Ich war Rechtsanwalt. In meiner Praxis hatte ich zu oft gesehen, was der Hass im Sinn und an den Körpern der Menschen auszurichten vermochte. Der Hass hatte gerade sechs Personen getötet, die mir das meiste auf der Welt bedeuteten. Ich entschied mich dafür, dass ich den Rest meines Lebens – mögen es nur wenige Tage oder viele Jahre sein – damit zubringen wollte, jede Person, mit der ich zusammenkam, zu lieben.»[347]

Das ist gewiss keine alltägliche Entscheidung. Aber sie macht darauf aufmerksam, zu was Menschen auch fähig sind. Der Mensch kann aus eigenem Impuls an seinem Seelenleben arbeiten. Er ist in der Lage, bestimmte Gefühle zu pflegen, wie Offenheit, Interesse, Empathie, Liebe, und andere Gefühle bewusst zu unterlassen, wie Hass, Neid, Rachsucht usw. Das Ich des Menschen, der Kern seines Seelenlebens sozusagen, kann an der Seele arbeiten. In dem Maße, wie nun das Ich den Empfindungsleib und die Empfindungsseele (Astralleib) durchgeistigt, das heißt, dass das Ich die Begierden und Leidenschaften seines Gefühlslebens vom Ideellen, vom Geistigen aus verwandelt, bildet sich in ihm das Geistselbst. Dieses ist das Geistige, das sich der Mensch zu eigen gemacht hat. Es ist das vom Ich umschlossene Geistige, wie es Rudolf Steiner auch beschrieben hat.[348] Das so verwandelte Seelische kann als eine Offenbarung des Geistselbst verstanden werden; als ein Seelisches, das der Ausdruck des im Ich lebenden Geistes ist.

Ebenso kann das Ich am Bildekräfte- oder Lebensleib arbeiten. Dem Menschen ist der Lebensleib von Natur aus gegeben. Das Ich hat kaum einen Einfluss auf die rhythmischen Prozesse des Leibes. Auch die Gewohnheiten eines Menschen liegen im Bildekräfte- oder Lebensleib verwurzelt. Und an der Änderung von Gewohnheiten kann man beobachten, wie schwer es ist, den Bildekräfteleib zu verwandeln, aber es geht – durch beharrliche Übung. Ein Instrument beherrschen zu lernen ist in hohem Maße eine Veränderung des Bildekräfteleibes, die sich aber auch bis in die Verhältnisse des physischen Leibes erstreckt. Man weiß beispielsweise, dass sich schon nach zweiwöchigem Klavierspielen neben einer Verbesserung der Geschicklichkeit das Gehirn messbar verändert hat.[349]

Auch hier ist es das Ich, das durch eine gefasste Idee – sowie durch energische Übung – den Lebensleib verändert. Der durch die Vererbung gegebene Lebensleib wird partiell zum selbst gestalteten Lebensleib. In dem Maße, wie nun das Ich den Lebensleib umgestaltet, zeigt sich die Offenbarung des Geistes im Ich, der auch Lebenskräfte zu verändern vermag. Der vom Ich umgearbeitete Lebensleib ist Ausdruck des Lebensgeistes. Und wenn das Ich so stark geworden ist, dass es auch das Geistige des physischen Leibes individualisieren kann, dann zeigt sich im Menschen der vom Ich verwandelte physische Leib als Geistesmensch.

Wenn man den Menschen auf diese Weise anthroposophisch betrachtet, kann man von sieben Bereichen des Menschen sprechen, so wie man beim Regenbogen von sieben Farben sprechen kann. Es geht dabei nicht um «Module», aus denen sich der

Mensch zusammensetzt, sondern um Begriffe, die den inneren Blick auf verschiedene Qualitäten innerhalb des menschlichen Wesens lenken.

Geistesmensch	
Lebensgeist	**Geist**
Geistselbst	
Ich als Seelenkern	**Seele**
Astralleib	
Lebensleib	**Leib**
Physischer Leib	

Die Seele des Menschen steht zwischen Leib und Geist. Mit dem Leib ist die Seele in die irdischen Abläufe hineingestellt und mit dem Geist in die Gesetzmäßigkeit, die in den Dingen waltet. Diese ewigen Gesetzmäßigkeiten, die in den Dingen der Welt selbst liegen, offenbaren sich dem Menschen in dessen Begriffen. In den Abläufen der Welt steht er unbewusst darinnen. In die Schwerkraftverhältnisse ist der menschliche Leib unentrinnbar hineingestellt. Im Geist des Menschen offenbaren sich ihm die inneren Gesetzmäßigkeiten der Schwerkraftverhältnisse, wie sie beispielsweise in der Physik begrifflich erfasst werden.

Die Seele hat eine Vermittlerrolle. Sie bildet sich Vorstellungen von der Welt, indem sie die Welt erkennt, also ihre durch den Leib ermöglichten Wahrnehmungen mit Begriffen durchdringt. Indem sie in der Welt etwas will, verändert sie diese. Aus ihren vielen Erfahrungen und Handlungen bilden sich dann Fähigkeiten, die vom Geistigen des Menschen aufgenommen werden. Am Ende des Lebens entlässt die Seele das Leibliche des Menschen und löst ihre Gebundenheit an das Irdische auf. Sie vergeistigt sich mit der Läuterung nach dem Tod. Das, was im Laufe des Lebens an Fähigkeiten erarbeitet wurde, das lebt in Geistselbst, Lebensgeist und Geistesmensch weiter.

Die Seele ist also nicht das Ewige im Menschen, sondern sie bildet sich in jedem Erdenleben neu aus. Was in der Seele ewig ist, das ist das, was an Geistigem in ihr anwesend ist. Die Seele des Menschen ist das Dauernde innerhalb der menschlichen Biografie, sie macht das Einmalige des Menschen aus, denn in ihr wirkt das Ich des Menschen als sein «verhangenes Allerheiligstes», wie es Rudolf Steiner in Anlehnung an Jean Paul formulierte. Die Seele ist die Hülle des wirklichen Ich – oder anders formuliert: Das wirkliche Ich ist der Seelenkern, innerhalb dessen das Geistige des Menschen lebt.

Im Geist ist der Mensch ewig, in der Seele bewahrt er sich etwas für die einzelne Biografie, im Leib steht der Mensch in der Gegenwart.

Möglicher Verlust der Seele

Vor einem solchen Hintergrund wird die «Magerheit» des Transhumanismus vollends deutlich. Der Mensch birgt in sich, wie wir in unseren vorigen Betrachtungen gesehen haben, eine Dreiheit. In ihm ist eine Polarität aufgespannt, die durch ein Drittes vermittelt wird. Dem in der Gegenwart lebenden vergänglichen Leib steht der unvergängliche, ewige Geist gegenüber. Das individuelle Seelische vermittelt: Es hebt einerseits das gegenwärtige Erlebnis des Leibes in der Erinnerung in ein Unvergängliches und bringt andererseits ein Ewiges in Form von Ideen in die Gegenwart hinein, indem es sie physisch realisiert.

Im fortwährenden Vermitteln der Polarität von Leib und Geist durch das Seelenleben des Menschen bildet sich die Individualität aus. Zwischen dem durch die Wahrnehmung gegebenen Leiblichen und dem im Inneren erfahrbaren Geist bildet sich im Bereich des Seelischen die Persönlichkeit. Sie ist durch ihr Gebundensein an den Leib von diesem beeinflusst, durch ihre Möglichkeit, Geistiges in sich aufzunehmen und zu realisieren, ist sie zur Freiheitsfähigkeit veranlagt.

Der Transhumanismus kennt dagegen nur die Zweiheit: den Leib als Hardware und das Geistige als Software. Das vermittelnde Seelische existiert für ihn nicht, es wird ebenfalls nur als eine Art Software aufgefasst. Wenn der Transhumanismus den Menschen weiterentwickeln will, was er nach eigenem Bekunden anstrebt, dann kann er nur intelligente, aber seelenlose Abläufe realisieren. Sollte daher der Transhumanismus eine kulturbestimmende Potenz erreichen, so kann er nichts anderes als eine seelenlose Gesellschaft hervorbringen.

Erste Symptome zeigen sich bereits heute. Sherry Turkle, eine US-amerikanische Psychologin, die seit Jahrzehnten die Entwicklung der Computertechnologie verfolgt, stellt in ihren Untersuchungen bei vielen Menschen eine zunehmende Unlust fest, mit ihren Mitmenschen umzugehen: Sie wollen lieber einen Roboter um sich haben.

> «So lautet der Tenor in all meinen [...] Befragungen: Unsere Mitmenschen stellen zu hohe Ansprüche an uns; die Anforderungen eines Roboters sind überschaubarer. Menschen enttäuschen einander; Roboter tun das nicht. [...] Eine vierzigjährige Frau sagt: ‹Eigentlich weiß man ja nie so richtig, was der andere wirklich empfindet. Die Menschen verstecken sich hinter Masken. Roboter tun dies nicht.› Ein dreißigjähriger Mann konstatiert: ‹Ich würde mich lieber mit einem Roboter unterhalten: Meine Freunde können so ermüdend sein. Der Roboter würde immer für mich da sein. Und wenn ich fertig bin, lasse ich ihn einfach stehen.› [...] Eine ältere Frau sagt über ihren Ro-

> boterhund: ‹Er ist besser als ein echter Hund … Er stellt keine Dummheiten an, und er hintergeht mich nicht … Außerdem wird er nicht plötzlich sterben und mich im Stich lassen und traurig machen.› »[350]

Sherry Turkles These lautet, dass die massenhafte und zeitlich ausgedehnte Nutzung sozialer Netzwerke diese Haltung gegenüber Robotern vorbereitet.

Bei einem echten Gespräch von Angesicht zu Angesicht werden ja nicht bloß Worte ausgetauscht, sondern über vielfältige, feine Ausdrucksformen des Leibes wird auch fortwährend nonverbal kommuniziert. Diese nonverbale Kommunikation bleibt zwar weitgehend unbewusst, trägt aber außerordentlich stark dazu bei, den anderen Menschen im Gespräch als ein real anwesendes Gegenüber wahrzunehmen. Bei allen Kommunikationen über soziale Netzwerke, wie Facebook, WhatsApp usw., fällt die nonverbale Kommunikation komplett weg – das Gegenüber wird virtuell, man erlebt es nicht mehr als vollen Menschen, sondern als Bild oder gar nur als Schrift. Man kommt in Versuchung, das Bild des anderen zu konsumieren. Der andere Mensch wird zum Objekt auf einem Bildschirm – und die Menschen gewöhnen sich daran, sich gegenseitig als Objekte wahrzunehmen.

Turkle behauptet, dass die sozialen Netzwerke auf lange Sicht unsere Ansprüche an die Begegnung mit anderen Menschen so herabsetzen, dass diese auch von einem Roboter erfüllt werden können. In der Beziehung zu Maschinen kann sich aber das Seelische des Menschen nicht bilden, es verkümmert.

Der Arzt und Psychotherapeut Till Bastian macht darauf aufmerksam, wie gegenwärtig von zwei Seiten her das Seelenleben des Menschen «verdünnt» wird: einerseits durch die Fixierung auf den Leib und andererseits durch den Sog, den die Überzahl der medial vermittelten Bilder auf die menschliche Aufmerksamkeit ausübt. Vieles, was sich in früheren Zeiten im inneren Seelenleben des Menschen abspielte, wird heute nach außen verlagert. Das Innere des Menschen droht dadurch haltlos zu werden. Bastian spricht daher von der «seelenlosen Gesellschaft».[351]

Die Sorge, dass Menschen seelenlos werden könnten, findet man auch in Darstellungen Rudolf Steiners. Er beschreibt dies als eine Sorge, die bereits in vorchristlicher Zeit die in die Mysterien eingeweihten Menschen bewegte. Diese schauten auf die jahrtausendelange Entwicklung des menschlichen Bewusstseins, und an ihr lasen sie ab, dass sich ohne einen neuen geistigen Einschlag die menschlichen Seelen immer mehr vom Geistigen abschließen würden und bloß noch mit der Erde verbunden blieben. Das hätte aber zur Folge, dass den Menschengeistern die Seele verloren ginge.

> «Nicht mehr würden Seelen kommen. Geister würden sich wieder verkörpern, die wie automatisch den Menschenleib bewegen würden, ohne dass die Art und Weise, wie sie den Menschenleib bewegen, gefühlt würde, empfunden würde in seelischem Erleben.»[352]

Die alten Eingeweihten sahen in der Zukunft seelenlose Menschen kommen, wenn nicht ein neuer geistiger Einschlag in die Erdenentwicklung käme. Dieser Einschlag ist mit dem Christus-Ereignis gekommen.

> «Denn für die Seelen der Menschen ist der Christus gestorben. Die Seelen der Menschen holt er wieder zurück in die geistige Welt, von der sie abgeschnürt gewesen wären, wenn er nicht gekommen wäre. Das Moralische wäre verschwunden aus der Welt. Der Geist wäre im automatischen Leibe von einer moralfreien Notwendigkeit getrieben. Damit hätte man seelisch nichts erleben können. Der Christus soll die Seelen wiederum zurückwenden.»[353]

Die Kraft des Auferstandenen ist seit zweitausend Jahren in der Erdentwicklung da, aber sie muss vom Menschen aufgenommen werden. Das Leben in der Medienwelt und der Umgang mit Robotern reißen den Menschen in einen Bereich hinein, der die Kraft des Christus ausschließt und den Menschen maschinenhaft macht. Der Materialismus, der im Transhumanismus eine starke Blüte treibt, ist dabei, das Seelische abzuschaffen.

> «[...] die Menschheit tendiert dahin, auch die *Seele* abzuschaffen. Nach dieser Richtung sind ja bis jetzt nur Präliminarien geschehen, Vorboten, aber die Zeit ist heute schon reif auch für das Abschaffen der Seele. [...] Wir haben gewichtige Entwickelungsmomente, welche vorbereiten das Abschaffen der Seele.»[354]

Das ist eine Entwicklung, die in der Gegenwart klar zu sehen ist. Aber es kommt darauf an, dass Gegengewichte entwickelt werden. Wenn der Mensch keine ausgleichenden Gegengewichte entwickelt, dann kann trotz des eingetretenen Christus-Impulses die Sorge der alten Eingeweihten Wirklichkeit werden. Steiner war allerdings hoffnungsvoll. Er wies darauf hin, dass das Christentum nicht nur da sei,

> «sondern wir leben heute in einer Zeit, wo sich dieses Christentum zwar durchzusetzen haben wird auch gegen die Abschaffung der Seele, nicht nur gegen die Abschaffung des Geistes, wo es sich aber durchsetzen wird! Denn gerade zur Zeit des größten Widerstandes wird das Christentum seine größte Kraft entwickeln! Und in dem Widerstande, der entwickelt werden muss gegen die Abschaffung der Seele, wird auch die Kraft gefunden werden, den Geist wieder zu erkennen.»[355]

Tod und Auferstehung des Christus wurden von den alten Eingeweihten als ein zukünftiges Ereignis erwartet; es war für sie *die* entscheidende Singularität für die Erdentwicklung. Aber wie ist das für uns Heutige? Kann man einen sinnvollen, d.h. nichtkonfessionellen Zugang zu dem, was mit dem Namen «Christus» bezeichnet wird, finden? Wenn das, was für die Zeitenwende erwartet wurde, eine Realität ist, dann muss es sich auch heute noch finden lassen, so wie sich das Magnetfeld der Erde ja in jedem Moment feststellen lässt.

Die Auferstehung als wahre Singularität

> «Der AI-Tag wird in weniger als 25 Jahren Weihnachten als den wichtigsten Feiertag ersetzen. [...] Eine Sache ist für die menschliche Spezies sicher: Die Geburt einer fortgeschrittenen Künstlichen Intelligenz wird viel wichtiger als die Geburt Christi werden. Weihnachten, wenn es überhaupt überlebt, wird zu einem bloß gewerblichen und kulturellen Feiertag absteigen, den die Supermärkte und die großen Unternehmen aufleben lassen. Unterdessen werden vernünftige Menschen den AI-Tag als den realen Moment in der Geschichte feiern, wo der Retter der Zivilisation geboren wurde.»[356]
>
> *Zoltan Istran*

In der transhumanistischen Überzeugung lebt eine (religiöse) Verheißung: die Singularität, die im Jahre 2045 erwartet wird. Man erhofft sich durch die Singularität eine neue Welt, eine Erlösung von den Beschränkungen des bisherigen Daseins. Man glaubt, dass 2045 der Beginn eines neuen Zeitalters ist, das zuletzt – am Ende der sechsten Epoche – zu einer Art technologischem «Neuen Jerusalem» führen wird, wenn sich nämlich die Intelligenz über das ganze Weltall ausgebreitet haben wird, wenn alle «dumme Materie» von der aus Mensch und Maschine entsprungenen Intelligenz durchzogen sein wird. Von der Gedankengeste her entwickelt der Transhumanismus damit eine eschatologische Erwartungshaltung, wie man sie in vielen Religionen findet, eben auch im Christentum.

Betrachtet man die Sache vom anthroposophischen Standpunkt aus, dann kann man sowohl den transhumanistischen Standpunkt geistig charakterisieren als auch in dem, was im konfessionellen Christentum erstarrt ist, eine geistige Realität wiederfinden. Rudolf Steiner zeigte verschiedene Wege auf, wie man die geistige Entität, der man den Namen «Christus» gegeben hat, verstehen kann. Er charakterisierte aus seinem Erleben heraus dieses Wesen von verschiedenen Seiten aus und eröffnete mehrere Zugänge, wie man sich an ein ahnendes – akonfessionelles – Verständnis herantasten kann.

Kindheitskräfte im Menschen

Bei der Betrachtung des Denkens ergab sich, dass man das menschliche Ich in zweierlei Hinsicht betrachten muss (siehe den Abschnitt «Wirkendes Ich», S. 196ff.). Die Summe der Sinnesempfindungen, die ich in dem Begriff «Ich» zusammenfasse, ist von der Instanz zu unterscheiden, die diesen Begriff «Ich» fasst und erlebt. Diese Instanz ist zwar die eigentlich tätige, sie ist sich jedoch nur indirekt ihrer selbst bewusst, indem sie sich am Leib erlebt und dadurch den Begriff «Ich» bilden kann. Das «Ich» wird als mit dem Leib verbunden erlebt, aber das wirkende Ich oder, wie Friedrich Edelhäuser sagt, «das leistende Ich»[357] ist im Leib und in der Umgebung des Menschen. Es ist jenseits von Subjekt und Objekt, spaltet aber das sinnlich am Leib Erlebte als «Subjekt» von dem restlichen Erleben der Welt, dem «Objektiven», ab. Dieses Ich ist tätig und wirkt in allem, was ich im Leben mache, allerdings ist es nicht allein;

man kann nach den Kräften fragen, mit denen dieses Ich wirkt, mit denen es schafft.

An einer Beobachtungsübung kann man sich das ahnungsweise verdeutlichen:[358]

Man schaue auf sein bisheriges Leben zurück. Man vergegenwärtige sich, was man getan und erlebt hat. Gibt es Ereignisse im Leben, die zwar länger auseinanderliegen, die aber dennoch einen intensiven Bezug zueinander haben? Hat man Handlungen unternommen, bei denen sich erst Jahre später ihr eigentlicher Sinn zeigte?

Tatsächlich lässt sich beobachten, dass man selbst das Ergebnis vieler «Zufälle» ist. In der Biografie sind Grundmotive vorhanden, die sich immer wieder zeigen. Aber man kann auch beobachten: Man tut etwas, ohne zu wissen, dass diese Handlung Jahre später eine sehr entscheidende Bedeutung im Leben haben wird. Im erinnernden Rückblick wird deutlich, dass in der eigenen Biografie eine höhere Intelligenz verborgen ist, die über das eigene Bewusstsein hinausgeht. Man kann, von solchen Beobachtungen angeregt, zur Empfindung kommen, dass man in einer höheren Wesenheit wie geborgen ist, die in die eigene Biografie einen weisheitsvollen Zusammenhang hereinbringt. Weisheitsvolle Kräfte wirken im Untergrund des eigenen Lebens.

Rudolf Steiner regt nun an zu fragen, wann denn der Mensch am weisheitsvollsten wirkt. In welchem Alter beobachtet man am deutlichsten in ihm wirkende weisheitsvolle Kräfte? Das ist in der Zeit von der Geburt bis etwa zum Ende des dritten Lebensjahres der Fall. Diese Zeit, in der weisheitsvollste Kräfte am Menschen wirken, endet dann, wenn dieser seine ersten bleibenden Erinnerungen bildet. Die Erinnerungen des Menschen reichen bis zu dem Alter zurück, von dem an er beginnt, sich als ein «Ich» zu fühlen. Davor gestaltet der kindliche Mensch, man könnte auch sagen: das leistende Ich, mithilfe dieser weisheitsvollen Kräfte den eigenen Leib.

Der ganze Leib und mit ihm auch das Gehirn sind bei der Geburt noch völlig unstrukturiert, und der Mensch muss diesen Leib erst zu seinem Werkzeug ausarbeiten, mit dem er die Begabungen, Fähigkeiten und Eigenschaften, die er aus seinen vorigen Erdenleben mitbringt, auch ausleben kann. In diesen ersten Jahren geschieht durch das wirkende Ich am jungen Menschenleib die weisheitsvollste Arbeit – doch der Mensch hat kein Bewusstsein davon und kann sich auch später nicht mehr an diese Zeit zurückerinnern.

Aber neben der Strukturbildung des Leibes und insbesondere des Gehirns, mit der ja auch die ganze Ausbildung der menschlichen Sinne zusammenhängt, erwirbt sich das Kind drei für sein leibliches Menschsein wichtige Fähigkeiten. Im ersten Lebensjahr lernt es, den eigenen Leib gegen die Schwerkraft aufzurichten und ihn im Raum zu orientieren. Es erlangt die Herrschaft über seine leibliche Organisation, indem es ihm gelingt, sie gegen die Schwerkraft in die Vertikale aufzurichten. Dieses Aufrichten erlernt jeder Mensch auf seine eigene Weise. Wenn man Kinder beobachtet, wie sie sich den aufrechten Gang aneignen, dann ist eine sehr große Variabilität festzustellen, sowohl was den Zeitpunkt betrifft, an dem sie sich zum ersten Mal hinstellen, als auch die Art und Weise dieses Erwerbs. Das individuelle Geistig-Seelische des Menschen ist es, das sich durch die Nachahmung der Verhaltensweisen der Umgebung und durch seine eigene Anstrengung den aufrechten Gang buchstäblich erarbeitet. Es geschieht nicht instinktiv wie beispielsweise bei einem Kälbchen, das kurz nach der Geburt bereits laufen kann.

Die zweite bedeutende Fähigkeit, die sich der junge Mensch selbst lehrt, ist das Sprechen. Gegen Ende des ersten Lebensjahres beginnt das Kind mit den ersten Versuchen, artikulierte

Laute hervorzubringen, um sich dann recht bald immer besser verständlich zu machen. Dadurch, dass Menschen in seiner Umgebung sprechen, wird es angeregt, sich selbst das Sprechen beizubringen.

Die dritte fundamentale Fähigkeit des Menschen ist das Denken. Auch sie lernt die sich verkörpernde Wesenheit durch sich selbst. Durch das Denken befähigt sie sich, in der Gedankenwelt zu leben und sich damit aus der Gebundenheit an den gegenwärtigen Augenblicken zu erheben und das Vergangene sowie das Zukünftige zu überschauen.

Sicher sind diese drei Fähigkeiten mit dem Ende des dritten Lebensjahres noch lange nicht vollständig ausgebildet. Aber ihre Grundlagen sind gelegt. Das in den ersten Lebensjahren enorm plastische Gehirn wird durch die Arbeit des kindlichen Ich so geformt und strukturiert, dass es *sein* Gehirn wird. Es wird zum Werkzeug, das dem, was der junge Mensch aus den vergangenen Verkörperungen mitbringt, möglichst gut entspricht. Und das ist auch der tiefere Grund, dass das Gehirn mit der Geburt noch nicht «fertig» ist. In der Ausgestaltung seiner Gehirnstrukturen «drückt» sich das Seelisch-Geistige des sich inkarnierenden Menschen im entstehenden Leib ab; es findet dort seinen Spiegel.

Das sind gewaltige Leistungen, die das Kind in den ersten Lebensjahren in der Entwicklung seines physischen Leibes vollbringt. Was geschieht in dieser Zeit seelisch-geistig?

Das Seelisch-Geistige des Menschen ist noch vollständig an die geistigen Welten, aus denen es stammt, angeschlossen. Es ist noch ganz in diesen Kräften darinnen, und *deren* Weisheit ist es, mit der es an seinem Leib arbeitet. Dann, mit dem dritten Lebensjahr etwa, verdunkelt sich diese Weisheit; sie zieht sich langsam zurück, und das kindliche Menschenwesen erwacht zu seiner Selbstbewusstheit: Es lernt, zu sich selbst «Ich» zu sagen.

Die Weisheitskräfte, die in den ersten Kindheitsjahren wirken, ziehen sich allerdings nicht vollständig zurück. Sie bleiben im Hintergrund. In der Beobachtung, dass man in einem bestimmten Alter etwas getan hat, dessen eigentliche Bedeutung sich erst viele Jahre später zeigt, kann man das verborgene Wirken dieser Kindheitskräfte noch empfinden. Auch die Heilkräfte, die lebenslang im eigenen Leib tätig sind, haben ihren Urgrund in diesen Kräften. Was der Mensch an Idealen oder künstlerischem Schaffen hervorbringt, wurzelt ebenfalls in den göttlichen Kindheitskräften.[359]

Rudolf Steiner weist nun darauf hin, dass die in der frühen Kindheit arbeitenden Kräfte nur drei Jahre in einer solchen Intensität wirken können. Denn der menschliche Leib ist gegenwärtig, in der Mitte der Erdenzeit, so organisiert, dass er diese Kräfte nur für diese Zeitspanne in sich aufnehmen kann.

Würde man hypothetisch annehmen, dass bei einem erwachsenen Menschen nur diese Kräfte anstelle des Ich wirken würden, dass in physischem Leib, ätherischem Leib und Astralleib nicht mehr das menschliche Ich wirksam wäre, sondern in voller Stärke die in der Kindheit tätigen Kräfte, dann müsste der Leib nach drei Jahren zerbrechen.[360] Denn diese Weisheitskräfte sind so stark, dass ein menschlicher Leib sie nicht länger als drei Jahre ertragen kann. Was so hypothetisch angenommen werden kann, fand tatsächlich einmal in der Menschheitsgeschichte statt:

> «Der menschliche Organismus, welcher bei der Johannestaufe am Jordan stand, als das Ich des Jesus von Nazareth aus den drei Leibern fortging, barg nach der Taufe in voller bewusster Ausgestaltung jenes höhere Menschheitsselbst, das sonst, den Menschen unbewusst, mit Weltenweisheit am Kinde wirkt. Aber damit war die Notwendigkeit gegeben, dass dieses mit der höheren Geisteswelt zusammen-

> hängende Selbst nur drei Jahre in dem entsprechenden Menschheitsorganismus leben konnte. Es mussten dann die Tatsachen so verlaufen, dass nach drei Jahren das irdische Leben des Wesens zu Ende war. Die äußeren Ereignisse, welche im Leben des Christus Jesus eintraten, sind durchaus so aufzufassen, dass sie durch die auseinandergesetzten inneren Ursachen bedingt sind. Sie stellen sich als *äußerer Ausdruck* dieser Ursachen dar.»[361]

Was wie im Dämmerlicht als Weisheitskräfte in die Kindheit hereinscheint, das stand einmal innerhalb eines einzelnen erwachsenen Menschen für drei Jahre mitten in der Menschheit. In dem symbolischen Bild der Taube trat das höhere Menschheitsselbst in den Leib des Jesus von Nazareth ein und lebte in ihm für drei Jahre. Und seitdem ist in jedem Menschen dieses Menschheitsselbst, der Christus, zu erkennen. Und selbst wenn es keine Evangelien gäbe, kann man, durch eine tiefere Erkenntnis der im Menschen wirkenden Kräfte, erfahren, dass der Christus im Menschen lebt.

> «Die am Menschen im Kindesalter wirksamen Kräfte erkennen, heißt den Christus im Menschen erkennen.»[362]

Solche Gedanken sind nun gegenwärtig den größten Missverständnissen ausgesetzt. Das Wort «Christus» ist durch zwei Jahrtausende, in denen christliche Konfessionen wirksam waren, verbraucht, ja gar entstellt. Rudolf Steiner gebrauchte das Wort «Christus», um auf eine geistige Kräftewirksamkeit, ein geistiges Wesen hinzuweisen, das in *jedem* Menschen wirkt, völlig unabhängig von seiner Konfession.

Was hier gemeint ist, ist ein Überkonfessionelles, etwas, das jeden Menschen betrifft. Jeder, egal welcher Religionsgemeinschaft er angehört, ist in einer geistigen Kräftewirksamkeit geborgen, die ihm ermöglicht, Mensch zu werden. So wie jeder vom Magnetfeld der Erde durchzogen ist, in der Lufthülle der

Erde lebt, der Erdenschwere unterliegt, so ist jeder von dieser Geistigkeit durchdrungen. In jedem Menschen der Erde wirkt der Menschheitsgeist, der Kern des Menschlichen. Und der Kern des Menschlichen drückt sich in den drei Grundfähigkeiten aus, die dem Menschen eigen sind: das aufrechte Gehen, das kommunikative Sprechen und das selbstständige Denken.

Die Kräfte des Menschheitsgeistes sind in jedem Menschen in den ersten drei Jahren seines Lebens tätig, ohne dass er selbst etwas dazu tun muss. Dann, im dritten Lebensjahr, treten sie weitgehend zurück. Allerdings *können* sie im späteren Leben wieder stärker wirken, wenn der Mensch durch eine innere meditative Arbeit das Wesen dieser Kräfte in sich zu erkennen sucht. Dann kann er den Menschheitsgeist Christus bewusst erfahren.

Dies ist eine Möglichkeit, sich dem Wesen des Menschheitsgeistes zu nähern. Ein anderer Weg kann sich an den Tugendbegriff von Aristoteles anschließen.

Das menschliche Maß

Schon immer war menschliches Verhalten durch Tugenden geprägt. Menschen waren in allen Kulturen durch Ideale geleitet, die ihnen sozusagen Wegweiser waren, wie man sich als Mensch richtig zu verhalten habe. Im altägyptischen Kulturkreis wurde beispielsweise genau beschrieben, wie die Götter den Menschen nach seinem Tod anhand seiner Taten richteten. Der ägyptische Gott Anubis zählte die Herzen der Verstorbenen und wurde oft mit einer Waage abgebildet. Auf der einen Waagschale lag das Herz des Menschen und auf der anderen die «Maat», die Wahrheit.[363] Anubis wog ab, wie tugendhaft der Mensch in seinem Leben gewesen war, das heißt, inwieweit er den objektiven moralischen Gesetzen der göttlichen Welt gehorcht hatte. Dieselbe Geste findet man in der christlichen Mythologie in vielen Abbildungen des Erzengels Michael: In der einen Hand hält er die Waage, welche die Seelen abwägt. Bei Platon findet man ebenfalls noch eine solche ontologische Begründung der Tugend in einem jenseitigen Bereich.

Aristoteles verzichtet auf eine metaphysische Begründung der Ethik. Er sieht das Wesentliche der Tugend darin, dass sie eine Mitte zwischen zwei Extremen einnimmt. Dabei ist mit Mitte nicht einfach das entstehende Mittelmaß aus einer arithmetischen Mittelung gemeint, sondern ein Höchstmaß der menschlichen Kraft zwischen zwei Polen, die vom Menschen aus gesehen aktiv gehalten werden muss.

> «Es ist mithin die Tugend ein *Habitus des Wählens, der die nach uns bemessene Mitte hält und durch die Vernunft bestimmt wird, und zwar so, wie ein kluger Mann ihn zu bestimmen pflegt*. Die Mitte ist die zwischen einem doppelten fehlerhaften Habitus, dem Fehler des Übermaßes und des Mangels; sie ist aber auch noch insofern Mitte, als sie in den Affekten und Handlungen das Mittlere findet und wählt, während die Fehler in dieser Beziehung darin bestehen, dass das rechte Maß nicht erreicht oder überschritten wird.»[364]

Aristoteles führt zwölf ethische Tugenden an, die er in Form einer Tabelle aufstellt. Einige davon seien genannt:

Feigheit	Tapferkeit	Tollkühnheit
Stumpfsinn	Besonnenheit	Zügellosigkeit
kleinliches Knausern	Großzügigkeit	Verschwendungssucht
Kleinmut	Hochsinnigkeit	Aufgeblasenheit
Steifheit	Gewandtheit	Possenreißerei
Schüchternheit	Scham	Unverschämtheit
Missgunst	Entrüstung	Schadenfreude[365]

Dieser Gedanke des Mittehaltens aus eigener Kraft spielt auch bei Rudolf Steiner eine große Rolle – und Steiner weist darüber hinaus auf das Wesenhafte hin, das in den beiden Extremen und im Mittehalten wirkt. Er führt diesen Gedanken des Gleichgewichtes sogar bis ins Organische weiter, indem er darauf aufmerksam macht, dass auch dort Polaritäten bestehen, wie Verhärtung und Verweichung oder Verkalkung und Verjüngung. Physische Gesundheit besteht dann darin, ein Gleichgewicht zwischen den beiden pathologischen Extremen zu halten.[366] Verkalkung als einzige Kraft führt zur Sklerotisierung des Leibes, aber ohne ein gewisses Maß an Verkalkung ist der menschliche Leib nicht lebensfähig; Knochen müssen ein gewisses Maß an Härte besitzen.

Das geistige Prinzip, das geistig Wesenhafte, das im Verhärten und Verkalken wirkt, benennt Rudolf Steiner mit dem Wort «ahrimanisch»:

> «Ahrimanisch sind also die Kräfte, die aus dem Menschen fortwährend eine Art von Leichnam machen möchten. Wären nur ahrimanische Kräfte da, würden wir fortwährend Leichnam werden, und wir würden Pedanten werden, ganz versteinerte Menschen.»[367]

Das Wesenhafte hinter der Kraft der Verweichung, der Verjüngung im Leiblichen, der Fantastik, Schwärmerei im Seelischen, des Einschlafens im Geistigen bezeichnet Rudolf Steiner als das «Luziferische»:

> «Die Kräfte, die uns nun verweichen, verjüngen, die uns zur Fantasie bringen, das sind die luziferischen Kräfte, das sind diejenigen Kräfte, die wir brauchen, damit wir eben nicht ein lebender Leichnam werden. Aber wenn nur die luziferischen Kräfte da wären, ja, da blieben wir unser ganzes Leben lang Kinder. Also in der Welt braucht es die luziferischen Kräfte, damit wir nicht schon mit drei Jahren

> Greise sind. In der Welt braucht es die ahrimanischen Kräfte, damit wir nicht fortwährend Kinder bleiben. Diese zwei entgegengesetzten Kräfte müssen im Menschen sein.»[368]

Es geht also auf allen Ebenen des Menschen darum, die Waage zu halten: im Leib zwischen Verhärtung und Verweichlichung, im Seelischen zwischen Pedanterie und Fantastik und im Geistigen zwischen Aufwachen und Einschlafen. Diese Polarität muss vom Individuum fortwährend im Gleichgewicht gehalten werden. Die geistige Kraft, die in diesem Ausgleichen wirkt, ist diejenige des Menschheitsgeistes.

> «Zwischen beiden steht dasjenige drinnen, was man nun im wirklichen Sinne das Christliche nennt. Sehen Sie, [...] das wirkliche Christliche kennt man ja zu wenig in der Welt. Wenn man dasjenige christlich nennt, was man in der Welt kennt, da müsste man ja natürlich das Christliche bekämpfen, das ist ja selbstverständlich.»[369]

Steiner grenzt sich also deutlich vom konfessionellen Christentum ab und betont:

> «[...] christlich sein heißt eben, den Ausgleich zwischen dem Ahrimanischen und dem Luziferischen suchen. Christlich sein kann man nämlich wirklich nicht so, wie es heute die Menschen oftmals nennen.»[370]

Dieses Grundmotiv des Christlichen versuchte Rudolf Steiner in einer neun Meter hohen plastischen Gruppe darzustellen (Abb. 27). Sie war in Holz geschnitzt und sollte innerhalb des ersten Goetheanums an zentraler Stelle sichtbar aufgestellt sein. Diese Gruppe umfasst in ihrem Zentrum drei Figuren.

> «In der Mitte dieser Gruppe wird eine Gestalt stehen, wie, ich möchte sagen, der Repräsentant des höchsten Menschlichen, das auf der Erde sich entfalten konnte. Daher wird man auch diese Gestalt des höchsten Menschlichen in der Erdenentwicklung empfinden können als den Christus, der

Abb. 27: Die Gruppe des «Menschheitsrepräsentanten» – Christus zwischen Luzifer und Ahriman. Holzplastik von Rudolf Steiner[371]

> in dem Leibe des Jesus von Nazareth drei Jahre innerhalb der Erdenentwicklung gelebt hat. Es wird die besondere Aufgabe sein, diese Christus-Gestalt so auszugestalten, dass man auf der einen Seite wird sehen können, wie das Wesen, um das es sich handelt, in einem menschlichen Erdenleibe wohnt, wie aber doch dieser Erdenleib in jeder Miene, in allem, was an ihm ist, durchgeistigt ist von dem, was aus kosmischen, aus geistigen Höhen im dreißigsten Jahre des Lebens in diesen Erdenleib als der Christus eingezogen ist.»[372]

Diese Figur des Menschheitsrepräsentanten steht zwischen Luzifer und Ahriman, den beiden polaren Kräften, die im Menschen wirken, und sie hält die Waage zwischen beiden, indem sie deren Einseitigkeiten überwindet. Der Menschheitsrepräsentant, man könnte auch sagen: der Menschheitsgeist oder der Christus, offenbart sich in der Kraft, die im individuellen menschlichen Maß wirkt, wenn der Mensch die Mitte zwischen den Gegensätzen Ahriman und Luzifer halten kann.

Es gibt noch viele weitere Motive, durch die das Menschheitswesen charakterisiert werden kann, doch dies würde hier zu weit führen. Wesentlich aber für eine anthroposophische Auseinandersetzung mit dem Transhumanismus ist die Singularität des Auftretens des Christus als Mensch.

Das singuläre Ereignis der Menschheitsentwicklung

> «Im Urbeginne war das Wort und das Wort war bei Gott und ein Gott war das Wort. Dieses war im Urbeginne bei Gott. [...] Und das Wort ist Fleisch geworden.»[373]

Dieses rätselhafte Wort bringt unmissverständlich die Auffassung von Johannes dem Evangelisten zum Ausdruck, dass sich in dem Menschen Jesus von Nazareth die göttliche Schöpfungskraft des Urbeginns inkarniert hat.

Versucht man das konkret zu denken, wird bald deutlich, welch gewaltiger Anspruch in den Worten steckt. Man kann dann durchaus die damaligen Priester und Hohepriester verstehen, die das als ein Sakrileg verurteilten. Wenn die Aussage des Johannes jedoch zutrifft, dann muss man tatsächlich sagen, dass es ein singuläres Ereignis der Menschheitsentwicklung gewesen ist: Die geistige Urkraft, aus der alles und damit auch der Mensch entstanden ist, hat sich selbst in einem Menschen inkarniert, um auf diese Weise dem Menschsein eine neue Entwicklungskraft zu geben.

Dieses Wesen ist geistiger Natur und daher, wie alles Geistige, ewig. Man kann deshalb die Frage haben, wo es denn vor dem Beginn der christlichen Zeitrechnung war. Geistig muss es vom Urbeginn an vorhanden gewesen sein, denn sonst wäre es nicht das Schöpfungsprinzip. Augustinus gab auf die Frage eine klare Antwort:

> «Was man gegenwärtig die christliche Religion nennt, bestand schon bei den Alten und fehlte nicht in den Anfängen des Menschengeschlechts, bis Christus im Fleische erschien, von wo an die wahre Religion, die schon vorher vorhanden war, den Namen der christlichen erhielt.»[374]

Und Rudolf Steiner ergänzt:

> «Wir dürfen nun nicht glauben, dass die anderen großen Menschheitsführer nicht eine ähnliche Bedeutung hätten. Es handelt sich nicht darum, dass ein ausschließliches Dogma für das Christentum in Anspruch genommen werden soll. Das wäre ein Verstoß gegen das wahre Christentum, denn derjenige, der die Tatsachen kennt, der weiß, dass auch in den alten Mysterien das Christentum gelehrt worden ist.»[375]

An anderer Stelle sagt Steiner:

> «Wenn der Christus auch erst später erschienen ist, vorhanden war er in der geistigen Sphäre der Erde schon immer. Schon in den alten atlantischen Orakeln haben die Orakel-Priester von dem Geist der Sonne, von dem Christus gesprochen. Die heiligen Rishis in der indischen Kulturperiode haben gesprochen von Vishva Karman; Zarathustra hat in Persien von Ahura Mazdao gesprochen. Es hat Hermes von dem Osiris gesprochen; und es hat gesprochen von jener Kraft, die durch ihr Ewiges der Ausgleich alles Natürlichen ist, von jener Kraft, die in dem ‹Ehjeh asher ehjeh› lebt, der Vorherverkündiger des Christus, der Moses. Alle haben von dem Christus gesprochen; aber wo war er zu finden in diesen alten Zeiten? Nur da, wo das geistige Auge hat hineinschauen können, in der geistigen Welt. In der geistigen Welt war er immer zu finden, und er war in der geistigen Welt wirksam, aus der geistigen Welt heraus wirksam.»[376]

Aber warum war es nötig, dass das göttliche Schöpfungsprinzip sich in einem Menschen inkarnierte? Welche Bedeutung hat dieses einmalige Ereignis der Menschwerdung Christi für die Menschheit?

Wenn man die alten Mythologien anschaut, vor allem die östlichen, dann wird dort von einem goldenen Zeitalter berichtet, bei dem die Menschen noch zusammen mit dem Göttlichen lebten. Der chinesische Philosoph Dschuang Dsi sprach einmal von den «wahren Menschen», die einst in vorgeschichtlicher Zeit in höchster Bewusstheit lebten, aber nicht aus sich heraus handelten.

Das Alte Testament erzählt vom Paradies. Alle Mythologien schildern, dass der Mensch aus diesem Paradies herausgefallen ist. Die östlichen Mysterien sprachen davon, dass nach dem goldenen Zeitalter ein silbernes gekommen sei, dann ein ehernes und zuletzt ein dunkles, in dem die Menschen gottfern leben.

Das erste Buch Moses berichtet vom Sündenfall, der die Menschen von Gott entfernte.

Man kann auch noch in geschichtlicher Zeit feststellen, dass die Menschen die geistige Welt erlebten. Doch diese Erlebnisweise verdunkelte sich mehr und mehr. Dafür entwickelten die Menschen das Selbstbewusstsein und die individuelle Freiheit. Geistbewusstsein wurde zu Selbstbewusstsein. Die geistige Welt wurde für die Menschen dunkel, dafür gewannen sie ein individuelles Selbstbewusstsein. Die Griechen prägten daher das Achilleus zugeschriebene Wort: «Lieber ein Bettler in der Oberwelt als ein König im Reiche der Schatten», also im Hades. In Homers *Odyssee* finden wir auch den aufschlussreichen Dialog von Odysseus, als er Achilleus im Hades aufsucht:

> «[...] Doch keiner, Achilleus,
> Glich an Seligkeit dir, und keiner wird jemals dir gleichen.
> Vormals im Leben ehrten wir dich, wie einen der Götter,
> Wir Achaier; und nun, da du hier bist, herrschest du mächtig
> Unter den Geistern: drum lass dich den Tod nicht reuen, Achilleus!
> Also sprach ich; und drauf antwortete jener, und sagte:
> Preise mir jetzt nicht tröstend den Tod, ruhmvoller Odysseus.
> Lieber möcht' ich fürwahr dem unbegüterten Meier,
> Der nur kümmerlich lebt, als Tagelöhner das Feld baun,
> Als die ganze Schar vermoderter Toten beherrschen.»[377]

Rudolf Steiner knüpft an dieses Wort an und erklärt:

> «Denn einsam und in finsterer Umgebung fühlten sich die Seelen in der geistigen Welt, bevor das Ereignis von Golgatha eintrat. Die geistige Welt war damals nicht in ihrer ganzen lichtvollen Klarheit durchsichtig für die, die, durch das Tor des Todes kommend, in sie hineinschritten. Ein je-

> der fühlte sich allein, sich in sich zurückgestoßen, wie eine Mauer war es aufgerichtet gegenüber jedem anderen. Und das wäre immer stärker und stärker geworden.»[378]

An anderer Stelle ergänzt er:

> «Wäre nichts anderes eingetreten als das Heruntersteigen der Menschen in die physische Welt, immer dunkler wäre das Bewusstsein geworden zwischen Tod und einer neuen Geburt. Die Menschen hätten zuletzt den Zusammenschluss mit der geistigen Welt vollständig verloren. Nun mag es noch so sonderbar erscheinen [...], wahr ist es doch, was ich jetzt sagen werde. Wäre jetzt nichts eingetreten in der Entwickelung der Menschheit, dann wäre die Menschheit geistig dem Tode verfallen.»[379]

Durch die leibliche Menschwerdung des Menschheitsgeistes, des Christus, wurde den Menschen die Möglichkeit gegeben, im nachtodlichen Leben auf neue Weise wieder bewusst in der geistigen Welt zu leben.

Man mag solche Ausführungen als bloße religiöse Glaubenslehre ansehen. Allerdings kann dieser Glaube zu einer zunächst ahnenden, schließlich auch deutlichen Gewissheit werden, wenn man zur Erfahrung der Realität durchbricht. Dann ändert sich die Einstellung zu den Mitmenschen gravierend. Denn man sieht mehr und mehr im anderen ein anwesendes Göttliches – den Menschheitsgeist, der in jedem Menschen wirkt. Selbst wenn man dabei bleibt, dass der Christus-Gedanke ein bloßer Glaube sei, ihn aber trotzdem als Glauben lebt, entfaltet er eine starke Wirkung im Sozialen: Man erkennt in jedem anderen Menschen den Menschenbruder, weil man im anderen etwas empfindet, das über ihn hinausweist und das auch in einem selbst lebt. Wenn das Wort nicht verbraucht wäre, könnte man sagen: Ein Übermenschliches wird im anderen Menschen sichtbar, aber auch in mir selbst.

Es ist wohl deutlich: Ein Verhältnis der Menschen zueinander, das wechselseitig anerkennt, dass in jedem ein Göttliches anwesend ist, schafft ein geschwisterliches Moment. Wenn ich im anderen anerkenne, was auch in mir lebt, dann entwickelt sich unmittelbar das Gefühl der Geschwisterlichkeit. Und genau dies ist ein zentraler Aspekt des Menschheitsgeistes. In ihm – dem Urquell der Menschlichkeit – können sich Menschenseelen innerlich finden.

> «Dass der Mensch allmählich wieder den Weg findet von Seele zu Seele, dass er die Möglichkeit gewinnt, die große Kraft der Brüderlichkeit auf die ganze Menschheit auszugießen, das ist der Tatsache zu verdanken, dass der Christus erschienen ist, dass das Ereignis von Golgatha stattgefunden hat.»[380]

Es ist in den freien Willen des Menschen gelegt, den Menschheitsgeist in sich zu finden. Wenn er aber gefunden ist, wird Rassismus zu einer völligen Unmöglichkeit, denn in jedem Menschen lebt der Menschheitsgeist, nur prägt er sich in Menschen über die Erde hin verteilt verschieden aus – aber in *jedem* ist der Christus zu finden. Dies ist das große Ideal der Zukunft, dass man in jedem Menschen ein Geistiges zu sehen vermag.

Es ist aus dem Gesagten klar, dass das Ereignis der physischen Menschwerdung des Menschheitsgeistes ein im Laufe der Erdevolution einmaliges Ereignis ist. Der gegebene neue geistige Schöpfungsimpuls ist für die Menschheit da. Es liegt daher keine Notwendigkeit vor, dass es wiederholt werden muss. Genauso wenig, wie man nochmals in ein Gebäude eintreten kann, wenn man bereits drinnen ist, kann sich die Auferstehung nochmals vollziehen. Das physische Menschsein des Schöpfungswortes – so schwer dieser Gedanke auch zu denken ist – ist die zentrale Singularität der Menschheitsentwicklung auf der Erde. Mit ihr veränderte sich Leben und Tod aller Menschen.

5. Tod und Unsterblichkeit

«Metuschelach war hundertsiebenundachtzig Jahre alt, da zeugte er Lamech. Nach der Geburt Lamechs lebte Metuschelach noch siebenhundertzweiundachtzig Jahre und zeugte Söhne und Töchter. Die gesamte Lebenszeit Metuschelachs betrug neunhundertneunundsechzig Jahre.»

Genesis, 5, 25-27

«Für moderne Menschen ist der Tod vielmehr ein technisches Problem, das wir lösen können und lösen sollten.»[381]

Yuval Noah Harari

«Indem der Mensch das selbständige Wahre und Gute in seinem Innern aufleben lässt, erhebt er sich über die bloße Empfindungsseele. Der ewige Geist scheint in diese herein. Ein Licht geht in ihr auf, das unvergänglich ist. Sofern die Seele in diesem Lichte lebt, ist sie eines Ewigen teilhaftig. Sie verbindet mit ihm ihr eigenes Dasein. Was die Seele als Wahres und Gutes in sich trägt, ist *unsterblich* in ihr.[382]

Rudolf Steiner

Mythen der Unsterblichkeit

Der Tod

Der Tod ist eine merkwürdige Sache. Goethe sagte einmal über die Natur: «Leben ist ihre schönste Erfindung, und der Tod ist ihr Kunstgriff, viel Leben zu haben.»[383] In der Tat, wenn es keinen Tod gäbe, dann würde das Leben so überwuchern, dass paradoxerweise alles Leben zum Erliegen käme. Nehmen wir beispielsweise die Stubenfliege. Ein Weibchen legt 120 Eier, davon ergibt die Hälfte wiederum Weibchen. Wenn sich die eine Fliege und ihre Nachkommen ungehemmt vermehren würden, gäbe es innerhalb eines Jahres 5,6 Billionen Stubenfliegen mit einer Gesamtmasse von 78.000 Tonnen. Nach einem weiteren Jahr ungehemmter Vermehrung wären es 219 Billiarden Tonnen.[384] Nach etlichen Jahren ohne Tod von Stubenfliegen wäre die Erde überdeckt von einer Fliegenschicht. Der Tod ist notwendig, damit die Population der Fliegen auf einem für die Natur gesunden Stand bleibt. Das gilt natürlich für alle anderen Lebewesen auch.

Tod und Geburt sind gewissermaßen die beiden Pole, innerhalb derer sich das physische Leben der Natur abspielt. Die Geburt abschaffen zu wollen hieße, das Leben zum Absterben zu bringen; den Tod in der Natur abschaffen zu wollen hieße paradoxerweise ebenfalls, dass das Leben erstirbt, da es an sich selbst ersticken müsste. Im Bereich der Zellen eines Organismus gibt es einen schädigenden Zelltod (Nekrose) und einen gesundheitlich fördernden Zelltod (Apoptose). Ein Ähnliches finden wir auch in der gesamten Natur.[385]

Im menschlichen Leib sind fortwährend aufbauende und abbauende Kräfte tätig. Und dort sind sie mit den Bewusstseinsprozessen des Menschen verbunden. In der Zeit, in der sich der Mensch am stärksten regeneriert, also während des Schlafes, ist das Bewusstsein des Menschen herabgedämpft, eben zum Schlafbewusstsein, das dann und wann von Träumen durchsetzt wird. Wenn der Mensch wach ist und sich sehr konzentriert, vollziehen sich gleichzeitig sehr starke Abbauprozesse im Leib, die durch entsprechende Aufbauprozesse ausgeglichen werden müssen.

Bewusstseinsvorgänge sind immer mit abbauenden Vorgängen im Leib verknüpft. Von dieser Seite aus sind also Absterbeprozesse die Voraussetzung für das bewusste menschliche Erleben. Und in der Tat erleben Menschen eine höchste Bewusstseinsentfaltung im Todesmoment, wie zahlreiche Berichte über Nahtoderfahrungen (NTE) bestätigen. Ein exemplarisches Beispiel:

> «Die zweite herrliche Erfahrung ist, dass einem plötzlich klar wird, dass man mit dem absoluten, allumfassenden Wissen in Verbindung steht. Es lässt sich schwer beschreiben [...], man denkt eine Frage [...] und weiß sofort die Antwort. So einfach ist das. Und es kann jede beliebige Frage sein. Es kann jedes Thema sein. Es kann etwas sein, wovon man überhaupt keine Ahnung hat, das man normalerweise kaum verstehen würde, und das Licht gibt sofort die richtige Antwort und macht, dass man es versteht.»[386]

Der überzeugte Materialist mag einwenden, auch in diesem Fall würden leibliche Prozesse eine solche Erfahrung vollständig erklären. Natürlich ist klar, dass auch physische Vorgänge bei einer Nahtoderfahrung zu beobachten sind und umgekehrt Anfänge einer Nahtoderfahrung durch Eingriffe in den Leib hervorgerufen werden können, da es sich ja bei einem Todesprozess um einen Loslösungsprozess des Lebensleibes vom physischen Leib handelt. Doch eine rein materialistische Erklärung lässt die anderen Elemente einer Nahtoderfahrung, die sie nicht erklären kann, weg: beispielsweise das Erlebnis, an einem anderen Ort zu sein und später nachprüfbare Berichte über die dortigen Verhältnisse geben zu können. Der Kardiologe und NTE-Forscher Pim van Lommel hat die verschiedenen Theorien, welche die Nahtoderfahrung durch neurologische Vorgänge erklären wollen, genauestens untersucht – und widerlegt.[387]

Vom Schlaf spricht man ja auch als dem kleinen Bruder des Todes. An ihm kann man etwas wahrnehmen, was für den «großen Bruder» ebenfalls gilt. Bei aufmerksamer Beobachtung kann man an sich selbst gut bemerken – und Lehrerinnen und Lehrer stellen das auch im Lernverhalten der Kinder immer wieder erstaunt fest –, dass man eine neue Fähigkeit, die man an einem Tag zu erüben versucht hat, am nächsten Tag, nachdem man geschlafen hat, sehr viel besser handhaben kann, dass sie besser vonstattengeht als am Vortag, obwohl man in dieser Hinsicht zwischenzeitlich gar nichts mehr getan hat.

Das trifft auch für den Tod zu. Was man sich in einem Leben an Fähigkeiten erworben hat, wird im nachtodlichen Leben ausgearbeitet, und man bringt die verstärkte Fähigkeit als Begabung ins neue Leben mit. Der Tod ist für die Entwicklung des *geistigen* Menschen genauso wichtig wie dessen Inkarnation mit der Geburt. Der Geist des Menschen braucht für seine Entwicklung den Tod, er ist für den Menschen geistig gesehen lebensnotwendig.

Dennoch wird seit Jahrtausenden davon gesprochen, dass Menschen Wege suchen, auch physisch unsterblich zu werden. Und immer wieder findet man Berichte, in denen es heißt, dass Menschen mehrere Jahrhunderte alt geworden seien.

Heute streben Transhumanisten die physische Unsterblichkeit an. Sie wiederholen dabei mit technischen Metaphern einen uralten Mythos.

Alte Sagen

Im Alten Testament wird von Metuschelach erzählt, dass er zwar nicht unsterblich war, aber immerhin fast 1000 Jahre alt wurde. Er war nicht der Einzige: Adam soll 930 Jahre gelebt haben, sein Sohn Seth 912 Jahre; Adams Enkel lebte nach dem Bericht der Genesis 905 Jahre, dessen Sohn Kenan erreichte ein Alter von 910 Jahre, sein Sohn wiederum – Mahalal – wurde

895 Jahre alt. Der Patriarch Jered starb im Alter von 962, sein Sohn Henoch im vergleichsweise jungen Alter von 365, aber dessen Sohn Metuschelach wiederum wurde mit 969 Jahren der älteste der biblischen Patriarchen.

In Indien hält sich bis heute der Glaube, dass in den Bergen des Himalaya Einsiedler leben, die mehrere Jahrhunderte alt sind. Der Engländer Paul Brunton, der Mitte des 20. Jahrhunderts Indien auf den Spuren nach verborgenem spirituellem Wissen bereiste, berichtet von einem Gespräch mit einem Yogi, der ihm erzählte:

> «Es gibt einen Adepten unseres Yoga der Körperbeherrschung, der hier im Süden, in den Neilgherry-Bergen, im Verborgenen lebt und seinen Schlupfwinkel nie verlässt. Ein weiterer lebt im Norden in einer Höhle im Himalaya. Diese Menschen zu treffen wird ihnen nicht gelingen, denn sie verachten diese Welt. Dass sie aber existieren, wissen wir aufgrund unserer Überlieferung, und es heißt von ihnen, sie hätten ihr Leben auf Hunderte von Jahren verlängert. ‹Und sie glauben das wirklich?›, rufe ich in ehrerbietigem Zweifel aus. ‹Gewiss. Ist doch mein eigener Lehrer ein lebendiges Beispiel dafür! [...] Ich glaube, dass er über vierhundert Jahre alt ist.›»[388]

In Ägypten kann man Ähnliches hören. Paul Brunton berichtet von einer Begegnung in Ägypten mit einem Adepten, dem er den Namen Ra-Mak-Hotep gab:

> «Es war während eines Rückblicks auf einige meiner Erfahrungen in Indien, wo ich einen jungen Yogi getroffen hatte, der behauptete, sein Meister sei vierhundert Jahre alt, dass Ra-Mak-Hotep mir allen Ernstes die erstaunliche und unglaubliche Mitteilung machte, dass einige Adepten, die im alten Ägypten gelebt und gewirkt hätten, heute noch lebten!»[389]

Die französische Orientalistin und Reiseschriftstellerin Alexandra David-Neél erzählte in ihrem Tibet-Roman *Liebeszauber und schwarze Magie* – inspiriert durch eigene Erlebnisse in Tibet – von Menschen, die sich durch schwarzmagische Künste die Lebenskräfte anderer Menschen aneignen können, um so ihr eigenes Leben über Jahrhunderte hin zu verlängern. In ihrem Vorwort berichtete sie von einem Gespräch mit den tibetischen Lamas:

> «Diese Lamas bestätigten mir, dass, obwohl sie viele durchaus ehrenwerte Weiss-Böns kannten, sie auch von gewissen Schwarz-Böns hätten sprechen hören, die sich widerlichen und grauenhaften magischen Praktiken hingäben. Zu meinem großen Erstaunen erwähnten sie den hohlen Tisch mit schwerem Deckel, unter dem man lebend hineingebrachte Menschen verhungern und verwesen lässt, um so den Stoff zu einem Unsterblichkeitselixier zu erhalten. Dort behauptete der Held der in meinem Buch veröffentlichten Autobiografie, dies gesehen zu haben. Er hatte sicher nicht als Einziger dieses schauderhafte Schauspiel gesehen, und jedenfalls zwangen mich die Angaben der Pilger-Lamas zu der Erkenntnis, dass hierüber Gerüchte umliefen, die aus Furcht vor den Bönzauberern nur heimlich weitergegeben wurden. Diese unerwartete Bestätigung der Mitteilungen, die ich über diese Sache erhalten hatte, zerstreute meine Zweifel hinsichtlich des Interesses, das ihre Veröffentlichung vom Gesichtspunkt der Ethologie her bot.»[390]

David-Néel kleidet ihren Bericht zwar in Romanform, aber sie betont im Vorwort ausdrücklich, «dass dieser Roman wirkliche Erlebnisse wiedergibt».[391]

Auch in Japan finden sich Erzählungen über physische Unsterblichkeit. Ein altes Märchen erzählt von einem Mann, der die Unsterblichkeit erreichen wollte und so lange darum bettelte, dass Xu Fu, der über das Lebenselixier wachte, ihn auf die Insel der Unsterblichen brachte. Allerdings war er nach dreihundert Jahren so ermüdet von dem endlosen Streit mit seinen Nachbarn und seiner Langeweile, dass er Xu Fu bat, ihn wieder in das Land der Sterblichen zurückzubringen.[392]

Im chinesischen Taoismus ist die Frage der Unsterblichkeit von alters her ein wichtiges Thema gewesen. Man war der Auffassung, dass es ohne den Körper auch für die Seele keine Unsterblichkeit geben könne. Deshalb bemühte man sich in den taoistischen Praktiken, zum Erreichen der Unsterblichkeit neben der Vervollkommnung des seelischen Lebens auch Elixiere usw. zu finden, die den menschlichen Leib in ein ewig existierendes Gefäß für die Seele verwandeln können. Berichte über solche Versuche findet man ab dem 5. Jahrhundert v. Chr. Man kann vermuten, dass es aber viel weiter zurückreicht, denn Legenden weisen darauf hin, dass in frühen Zeiten die Menschen eine Lebensdauer von zwei- bis dreihundert Jahren erreicht hätten.[393]

Seit dem 13. Jahrhundert gibt es im christlichen Kulturkreis die Sage des Ahashver, des «ewigen Juden», der durch Jahrhunderte die Menschheit begleitet und nicht sterben kann. Da er Christus auf seinem Leidensweg eine kurze Rast vor seiner Haustür verweigert habe, soll dieser ihn angesehen und gesagt haben: «Ich will stehen und ruhen, du aber sollst gehen!» Durch diesen Fluch sei Ahashver zu einer ewigen Wanderschaft verurteilt worden, ohne sterben zu dürfen.

In der Sage des «Fliegenden Holländers» klingt ein ähnliches Motiv an. Auch bei ihm ist es ein Fluch, der ihn dazu verurteilt, bis zum Jüngsten Tag mit seinem Schiff auf dem Meer umherzuirren, ohne den Tod finden zu können.

In der Literatur findet man beispielsweise Edward Lytton-Bulwers Roman *Zanoni* von 1842, der das Motiv der Unsterblichkeit als zentrales Thema hat: Der Adept Zanoni hat auf seinen langen Einweihungswegen die physische Unsterblichkeit erlangt. Aus Liebe zu einer sterblichen Frau allerdings opfert er seine Unsterblichkeit auf. Ein zweiter Adept sagt in diesem Roman von sich:

> «In mir […] seht Ihr einen Mann, von dem Zanoni selbst einige seiner erhabensten Weisheiten lernte. An dieser Küste stand ich in Jahrhunderten, bis zu welchen Eure Geschichtsschreiber nur schwach vordringen. Die Phönizier, die Griechen, die Oszier, die Römer, die Lombarden – alle habe ich gesehen!»[394]

Man könnte noch an vielen weiteren Stellen der Geschichte Hinweise finden, die zeigen, dass Menschen seit alters sich mit der Frage der Unsterblichkeit auseinandersetzten, beispielsweise auch im Gilgamesch-Epos aus dem babylonischen Raum, dessen erste Fassung bis in das 24. Jahrhundert v. Chr. zurückverfolgt werden kann.

In religiösen und literarischen Werken findet sich also bis heute das jahrtausendealte Motiv der physischen Unsterblichkeit oder wenigstens der extremen Langlebigkeit. Mit der Neuzeit tritt dieses Motiv aus dem sakralen Bereich heraus und wird ein Aspekt des wissenschaftlichen und technischen Strebens.

In Francis Bacons Utopie *Nova Atlantis* ist es beispielsweise angedeutet: Die Mannschaft eines Schiffes gelangt zu einer unbekannten Insel, in der eine für die damalige Zeit weit fortgeschrittenere technische Kultur verwirklicht ist. Unter den vielen neuen technischen Realisierungen wird auch berichtet, dass die Menschen durch ihre medizinischen Erkenntnisse sehr lange und gesund leben können.

> «Wir benutzen sie [speziell behandelte Stoffe, EH] manchmal auch – was wunderbar erscheinen mag – dazu, gewisse Krankheiten zu heilen oder in manchen Fällen das Leben

zu verlängern bei manchen Einsiedlern, die es vorziehen, wohlversorgt mit allem Nötigen, dort zu wohnen; sie leben sehr lange und wir haben von ihnen schon viel gelernt.»[395]

Wandlung des Mythos

Die Unsterblichkeit des Geistes war zu allen Zeiten eine Grundüberzeugung der Menschen. Sie blickten zu ihren Göttern als ihren Schöpfern auf, die jenseits von Geburt und Tod existieren. Und weltweit weisen die Mythen darauf hin, dass sich der Mensch einst in Gemeinsamkeit mit ihnen fühlte.

Alle Religionen gehen davon aus, dass es einen seelisch-geistigen Bereich des Lebens gibt, der jenseits von Geburt und Tod ist. Aus ihm kommt der Mensch mit der Geburt hervor, und mit dem Tod tritt er in ihn wieder ein. Insofern wird die menschliche Seele in vielen Religionen als unsterblich angesehen. Und in diesem Zusammenhang ist die Unsterblichkeitsfrage für religiöse Menschen keine Frage, sondern ein fester Glaube.

Für Menschen, die das Vorhandensein einer seelisch-geistigen Welt bezweifeln, ist das seelisch-geistige Erleben mit dem Tod beendet. Für sie gibt es keine Unsterblichkeit – so *ihr* fester Glaube. Was aber sowohl für den religiösen Menschen als auch für den Atheisten zur Frage werden kann, ist die Möglichkeit einer irdischen Unsterblichkeit, also das ewige Leben im physischen Leib. Und tatsächlich wird diese Frage einer Unsterblichkeit im Leib oder wenigstens die extreme Langlebigkeit im Laufe der Neuzeit immer wieder diskutiert. Gegenwärtig ist sie beispielsweise ein Motiv, das US-amerikanische Hightech-Firmen dazu bringt, enorme Summen an Risikokapital in die Erforschung von Alterungsprozessen zu stecken.[396] Aus dem so erlangten Wissen sollen biologisch-medizinische Verfahren entwickelt werden, die den Leib des Menschen verjüngen, sodass dadurch der Mensch länger zu leben vermag. Man will auf technische Weise einen Jungbrunnen herstellen.

Von dem Gedanken ausgehend, dass der Mensch mit einer Maschine vergleichbar sei, auf der als eine Art Software das Bewusstsein «läuft», gibt es wiederum andere, die das Bewusstsein eines Menschen auf die Maschine übertragen wollen, um dadurch eine physische Unsterblichkeit im Innern der Maschine zu erlangen (s. den Abschnitt «Initiative 2045», S. 139ff.).

An dem Übergang von den alten religiösen Überzeugungen zu den technischen Vorhaben steht der Mathematiker und Philosoph René Descartes (1596 – 1650). Er war der Auffassung, dass Tiere und Menschen leiblich eine Maschine seien, auch wenn der Mensch dazu noch eine Seele besitze.

> «Ich stelle mir vor, dass der Körper nichts anderes sei als eine Statue oder Maschine aus Erde, [...] [bei der Gott] in ihr Inneres alle jene Teile legt, die notwendig sind, um sie laufen, essen, atmen, kurz all unsere Funktionen nachahmen zu lassen, von denen man sich vorstellen könnte, dass sie aus der Materie ihren Ursprung nehmen und lediglich von der Disposition der Organe abhängen: Wir sehen Uhren, kunstvolle Wasserspiele, Mühlen und andere ähnliche Maschinen, die, obwohl sie nur von Menschenhand hergestellt wurden, nicht der Kraft entbehren, sich aus sich selbst auf ganz verschiedene Weisen zu bewegen. Und wie mir scheint, könnte ich mir von einer Maschine, die – wie ich einmal annehme – aus der Hand Gottes angefertigt sein soll, nicht so viele Bewegungsarten vorstellen noch ihr so viel kunstvolle Bildung zuschreiben, dass man sich nicht vorstellen könnte, dass sie nicht noch mehr davon besitzen kann.»[397]

Für Descartes war das bewegende Prinzip der Körpermaschine die Wärme, und den Ursprung aller menschlichen Bewegungen sah er im Herzen. Er glaubte aber, dass ohne eine Seele die Maschine «Körper» weder die eigenen Bewegungen noch die ihn umgebende Welt wahrnehmen könne. Descartes war daher der Auffassung, dass erst, wenn Gott eine Seele mit dem Körper verbindet, aus der Körper-Maschine ein Mensch wird. Den Ort, an dem die Seele mit dem Körper in Verbindung tritt, sah Descartes im Kopf, in der Zirbeldrüse. Er verbindet also den sterblichen, mit der Maschine vergleichbaren Leib mit einer Seele, die ihrem Wesen nach vollkommen unabhängig vom Körper ist und damit auch der Notwendigkeit enthoben ist, mit dem Körper zu sterben.

In dieser Hinsicht steht Descartes mit seiner Philosophie noch in der Tradition des Christentums. Mit seinem Verständnis des menschlichen Körpers als Maschine ist er jedoch ein Vorreiter der späteren materialistischen Auffassungen.

Was Descartes, angeregt durch die technischen Schöpfungen seiner Zeitgenossen, als Theorien über den Menschen entwickelte, wurde durch die Kunstfertigkeit bedeutender Uhrmacher ergänzt. Sie bauten komplexe Uhrwerke, die wie Menschen aussahen und Cembalo spielen oder gar einfache Sätze auf Papier schreiben konnten. Diese Geräte, wie auch die mechanische Ente, erregten beim Publikum großes Aufsehen. Das führte die Menschen in die Versuchung, sich ebenfalls als eine Maschine zu sehen. Frank Schirrmacher (1959 – 2014) wies mit Recht darauf hin, dass diese sich bewegenden Androiden viel mehr waren als bloß kunstvoll erdachte Uhrwerke. Er bezeichnete die ersten mechanischen Androiden, die im 18. Jahrhundert die Menschen faszinierten, als *Weltbildfabriken*:

> «Und es war die eigentliche Mission der Automaten: zu zeigen, wie ein Mensch funktionieren würde, wenn er eine Maschine wäre. Der Zugang ins Innere der Androiden war der Zugang ins Innere des Menschen […]. Die Menschen

> sahen, wie sie sich selbst sehen sollten: als Ineinandergreifen von Zahnrädern, elastischen Federn und Hydrauliken, die alle abhängig waren von der mechanischen Zentraleinheit. Wenn eine Ente so funktionierte, dann auch der menschliche Körper minus Seele. Und schon bald redeten die Menschen in den Pariser Salons davon, dass ihre ‹Triebfeder› erlahmt sei und wieder aufgezogen werden müsse.»[398]

Das Wissen, dass der Mensch ein seelisches und geistiges Wesen ist, ging mit der Neuzeit verloren. Er sieht sich heute oftmals als ein maschinelles Wesen. Aber ganz ohne Geist kommt er dabei nicht aus, und so tritt die Programmierung bzw. die Information an die Stelle des Geistes.

Unsterblichkeit

Wie man über die Unsterblichkeit denkt, hängt davon ab, wie man über den Menschen denkt. Welche anthropologischen Annahmen werden vorausgesetzt? Sie bestimmen, wie man «unsterblich» auffasst. Geht man von der Voraussetzung aus, dass der Mensch ein materielles Wesen, ein bloß im Irdischen lebendes Wesen ist, dann kann die Unsterblichkeit nur eine Illusion, eine trügerische Hoffnung oder gar eine «Lüge» sein.[399]

Anders dagegen, wenn man den Menschen als ein mit einem Leib begabtes seelisch-geistiges Wesen anschaut. Diese Sichtweise wird zwar gegenwärtig als illusionär und sektiererisch verpönt, ist aber genauso gut denkbar wie die materialistische. Und es ist sehr wohl vorstellbar, dass man in vierhundert Jahren auf die materialistische Sicht des 20. und 21. Jahrhunderts genauso irritiert zurückblickt, wie wir heute auf die Meinung der Gelehrten des 16. und 17. Jahrhunderts zurückschauen, die felsenfest davon überzeugt waren, dass die Erde im All stillsteht und die Sonne sich um sie dreht. Der umgekehrte Gedanke, dass die Sonne (relativ) feststeht und die Erde sich um sie bewegt, wurde als ketzerisch angesehen und verfolgt. Giordano Bruno (1548 – 1600), der letztere Meinung vertrat, wurde u.a. deswegen der Ketzerei angeklagt und am 17. Februar 1600 auf dem Scheiterhaufen verbrannt. Der heute so sehr geschätzte und verehrte Galileo Galilei (1564 – 1642) musste sich genauso gegen die Anklage der Ketzerei wehren, denn auch er wusste um die Tatsache, dass sich die Erde im All um die Sonne bewegt.

Heute ist man der Auffassung, dass das Materielle des Menschen das seelische Erleben und die geistigen Prozesse nur «ausschwitze», nur absondere, dass alles Innenleben des Menschen lediglich eine Folge materieller Prozesse im menschlichen Leib sei. Dabei ist genauso gut denkbar – und auch feststellbar –, dass materielle Prozesse in seelischen und geistigen Vorgängen ihren Ursprung haben.

Denkt man den Menschen als ein Wesen, in dem physische, seelische und geistige Prozesse gleichberechtigt verwoben sind, muss man die Frage nach der Unsterblichkeit anders stellen. Was die physische Seite des Menschen angeht, ist vor aller Augen sichtbar, dass sie sterblich ist. Schaut man dagegen auf die geistige Seite, so zeigt sich, dass der Begriff der Sterblichkeit auf sie keine Anwendung finden kann. Der Satz des Pythagoras beispielsweise ist eine Wahrheit, die mit Geburt und Tod nichts zu tun hat – er existiert.

Betrachtet man das seelische Leben des Menschen, so hat dieses eine mittlere Stellung zwischen Leib und Geist. Deutlich zu beobachten ist, dass eine Vielfalt von Gefühlen, Empfindungen, Begierden, Leidenschaften durch leibliche Prozesse verursacht wird. Insofern hat der Materialismus durchaus recht; der Irrtum tritt dagegen auf, wenn diese partielle Wahrheit für die totale erklärt wird. Die Freude des Menschen an mathematischen Wahrheiten hängt aber nicht mehr allein von materiellen Prozessen ab, sondern vom ideellen Inhalt des mathematischen Gehaltes. Dies gilt nicht nur für das Beispiel der Mathematik, sondern für alles, was aus dem geistigen Bereich im Menschen auftritt.

Das Seelische ist von zwei Seiten her beeinflusst: von der physischen und von der geistigen Seite. Insofern kann man sagen, dass es sowohl ein Vergängliches in sich trägt als auch ein Unvergängliches.

Wird das Materielle des Menschen, sein physischer Leib, als das allein Seiende zugrunde gelegt, dann werden Seele und Geist zur Illusion, und damit wird das Sterbliche zum Einzigen, was den Menschen auszeichnet. Davon ausgehend kann man nur die Frage erheben, wie Menschen in vergangenen Jahrtausenden auf die Illusion der Unsterblichkeit kommen konnten. Heute ist es die gängige Auffassung, dass Menschen sich das eben eingebildet hätten, und man fragt dann nach den psychologischen Gründen, warum sie eine solche Illusion einst entwickelten.

Setzt man dagegen voraus, dass der Mensch ein Wesen ist, das sich in die drei Wesensbereiche Leib, Seele und Geist gliedert, dann ist die Unsterblichkeitsfrage anders zu denken: Der Mensch ist sowohl sterblich als auch unsterblich, und es stellt sich die Frage, was an ihm unsterblich ist und wie diese Unsterblichkeit wiederum zu denken ist. Davon ausgehend kann man fragen, ob die Menschen der Vergangenheit eine tiefere, intensivere Wahrnehmung des unsterblichen Menschen hatten und diese ihre Wahrnehmung in mythische Bilder kleideten, die in späteren Zeiten mehr und mehr zum bloßen Glauben wurden. Man kann die Existenz der alten Mythen als Hinweis sehen, dass sich bei den Menschen die direkte Erfahrung des seelisch-geistigen Bereiches der Welt immer mehr verdunkelte, bis sie zuletzt in der Gegenwart völlig versiegte und man sich deshalb nur noch an das Materielle halten konnte.

Die Frage, ob ein Geistiges existiert, muss sich der Mensch heute durch eigene Beobachtungen und selbstständiges Nachdenken über das Beobachtete selbst beantworten (siehe Kapitel 4). Anschließend kann man den nächsten Schritt gehen und durch meditative Übungen die Wahrnehmungsfähigkeiten von materiellen Gegebenheiten auch auf seelische sowie geistige Sachverhalte und Prozesse zu erweitern versuchen (siehe Kapitel 6).

Reinkarnation des menschlichen Geistes

«Seelenwanderung» – technisch realisiert

1988 erschien in den USA das Buch *Mind Children. The Future of Robot and Human Intelligence* des Direktors des Mobile Robot Laboratory der Carnegie Mellon University, Hans Moravec. Darin vertritt der Autor nicht nur die Auffassung, dass die Evolution der Maschinen den Menschen weit hinter sich lassen werde und dieser vielleicht in einer ökologischen Nische am Nebenrand der Evolution überleben könnte, sondern Moravec beschreibt unter der Kapitelüberschrift «Seelenwanderung» auch ein Szenario, wie sich der «Geist» des Menschen auf eine Maschine übertragen ließe:

> «Man hat Sie gerade in den Operationssaal geschoben. Ein Roboter in der Funktion des Gehirnschirurgen wartet auf Sie. Neben Ihnen steht ein Computer bereit, ein menschliches Äquivalent zu werden, wozu ihm nur ein geeignetes Programm fehlt. Ihr Schädel, aber nicht Ihr Gehirn, wird betäubt. Sie sind bei vollem Bewusstsein. Der Roboterchirurg öffnet Ihre Schädeldecke und legt die Hand auf die Oberfläche des Gehirns.»[400]

Diese Hand tastet nun das Gehirn ab und generiert eine Simulation, die auf dem danebenstehenden Computer abgespeichert wird.

> «Damit Sie auch im weiteren Verlauf überprüfen können, ob die Simulation korrekt vor sich geht, erhalten Sie einen Druckknopf, mit dessen Hilfe Sie momentane ‹Testläufe› der Simulation auslösen können, um sie mit den Funktionen des Originalgewebes zu vergleichen. […] Sie dürfen keinen Unterschied merken. Sobald Sie zufrieden sind, wird die Simulationsverbindung dauerhaft etabliert.»[401]

Die erfolgreich simulierten Gehirnzellen werden dann von dem Roboterarm entfernt und zu einem Absaugapparat gebracht.

> «Die Hand des Roboterchirurgen senkt sich um den Bruchteil eines Millimeters tiefer in Ihr Gehirn, wobei sie Ihre Messungen und Signale sofort der veränderten Position anpasst. Der oben beschriebene Prozess wird für die nächste Schicht wiederholt, und schon bald darauf befindet sich im Computer eine zweite Simulation, die mit der ersten und mit dem verbleibenden Originalgewebe des Gehirns in Verbindung steht. Schicht um Schicht wird das Gehirn zunächst simuliert und dann abgetragen. Schließlich ist Ihr Schädel leer, und die Hand des Chirurgen befindet sich tief in Ihrem Hirnstamm. Dennoch haben Sie weder das Bewusstsein noch den Faden Ihrer Gedanken verloren. Ihr Geist ist einfach aus dem Gehirn in eine Maschine übertragen worden. In einem letzten unheimlich anmutenden Schritt nimmt der Chirurg seine Hand aus Ihrem Schädel. Ihr plötzlich sich selbst überlassener Körper verfällt in Krämpfe und stirbt. Einen Augenblick lang empfinden Sie nur Ruhe und Dunkelheit. Dann können Sie die Augen wieder öffnen. Ihre Perspektive hat sich verändert.

> Die Kabelverbindung zwischen der Computersimulation und der Hand des Chirurgen ist unterbrochen worden. Ihr Geist ist jetzt an den glänzenden neuen Körper angeschlossen, dessen Form, Farbe und Material Sie selbst ausgesucht haben. Ihre Metamorphose ist abgeschlossen.»[402]

Im Gewand eines populärwissenschaftlichen Buches beschreibt hier ein Autor im Grunde nichts anderes als eine Endlösung der Menschenfrage. Man stelle sich sein Szenario millionenfach vor – ein gewaltiger Friedhof würde aus der Erde werden. Ein Massensuizid wird von Moravec vorgeschlagen mit dem Versprechen, dass sich am Bewusstsein des Menschen nichts ändern würde, wenn er seinen Leib verlöre.

Was Hans Moravec Ende der 1980er-Jahre überlegte, ist nach wie vor ein aktueller Gedanke. Genau dreißig Jahre später beschreibt der Physiker Michio Kaku dieses Szenario als ein im Prinzip mögliches. Er weist zwar darauf hin, dass eine solche Technologie noch in ferner Zukunft liege, aber:

> «Der große Vorteil des Moravec-Ansatzes besteht jedoch darin, dass man nicht sterben muss; man ist während des Übertragungsvorgangs bei vollem Bewusstsein.»[403]

Der jüdische Informatiker Joseph Weizenbaum (1923 – 2008), der seine Zunft kritisch betrachtete, fand deutliche Worte zu solchen Gedankenspielen. Auf die Thesen von Hans Moravec reagierte er sehr wütend und sagte, dass dieser letztlich auf eine «Endlösung der Menschheitsfrage» hinziele. In einem Gespräch auf dieses Wort angesprochen und warum er den nationalsozialistischen Rassenwahn mit den Fantasien eines KI-Professors vergleiche, antwortete er:

> «Worauf ich hinauswill, ist die ungeheure Macht eines inhumanen Menschenbildes, das sich wie ein Virus in einer Gesellschaft auszubreiten vermag. Die wesentliche Gemeinsamkeit zwischen dem Nationalsozialismus und

den Ideen eines Hans Moravec liegt, so meine ich, in der Entwürdigung des Humanen und der Fantasie eines perfekten neuen Menschen, der um jeden Preis geschaffen werden muss; am Schluss dieser Perfektionierung ist der Mensch allerdings nicht mehr da; er verschwindet in Moravecs postbiologischer Gesellschaft. Ein humanes Menschenbild muss heute, davon bin ich zutiefst überzeugt, gegen die Dominanz der Maschinen-Metaphern verteidigt werden.»[404]

Was Weizenbaum im Jahre 2000 pointiert zum Ausdruck brachte, ist gegenwärtig immer noch aktuell, denn die transhumanistischen Überzeugungen, die von einem Übergang des menschlichen Bewusstseins von einem Leib auf eine Maschine ausgehen, werden immer häufiger diskutiert. Es wird mehr und mehr als eine Denkmöglichkeit akzeptiert, dass ein menschlicher Geist auf einen Computer übertragen werden könne. Das ist nichts anderes als eine Reinkarnationsvorstellung – nur in maschinelle Begriffe verpackt. Ganz anders, wenn man von der Reinkarnation des menschlichen Geistes spricht: Da wird man sofort in die Ecke der Sektierer oder eines religiösen Fantasten gestellt. Wenn Transhumanisten von der Übertragung des Geistes von einem menschlichen Leib auf eine Maschine spricht, dann umgibt deren Theorie die Aura des «Wissenschaftlichen» – auch wenn einfache Überlegungen grundlegende Denkfehler aufzeigen (s. den Abschnitt «Das menschliche Denken», S.171ff.).

Aber die Reinkarnation des Geistes ist tatsächlich denkmöglich – gerade auch von den bisher entwickelten Gesichtspunkten aus.

Fähigkeit, Begabung, Individualität

Im Menschen trifft eine Polarität aufeinander, von der im Grunde auch der Transhumanismus ausgeht: Geistiges verkörpert sich in Leiblichem. Mit Geistigem ist das gemeint, was Ewigkeitscharakter trägt. Ein mathematischer Zusammenhang, wie er sich beispielsweise im Pascalschen Dreieck zeigt, ist unabhängig von der jeweiligen menschlichen Kultur, die ihn kennt. Der gesetzliche Zusammenhang kann immer wieder aufs Neue entdeckt werden, auch wenn er vergessen wurde. So kannten bereits die Chinesen das Pascalsche Dreieck unter dem Namen Yang-Hui-Dreieck. Auch die Inder kannten es sowie der persische Mathematiker Omar Chayyām (um 1048 – 1123), weswegen es im heutigen Iran das Chayyām-Dreieck genannt wird. 1527 findet man es in Europa zuerst in einem Buch des Renaissancegelehrten Peter Apian (1495 – 1552). Rund ein Jahrhundert später, 1655, wird es von Blaise Pascal (1623 – 1662) beschrieben und in der Folgezeit nach ihm benannt.[405]

Geistiges ist ewig – im Gegensatz zum Leib, der in der Gegenwart lebt und vergänglich ist. Das in der Seele verborgene menschliche Ich gewinnt Ewigkeitswert in dem Maße, wie es Geistiges in sich aufnimmt.

Das Geistige im Ich ist ewig, dessen physischer Leib vergänglich. Diese Polarität wird, wie bereits besprochen, durch ein Drittes vermittelt: das Seelische des Menschen, das seine Persönlichkeit ausmacht. Das Seelische ist einerseits mit dem Leib verbunden, wird von ihm beeinflusst (beispielsweise durch Medikamente wie Psychopharmaka), wirkt aber auch auf ihn zurück (Freude, die den Herzschlag beschleunigt, Stress, der zu Erkrankungen führt, überhaupt alle Gefühle und Gedanken, die sich in leiblichen Bewegungen ausdrücken, wie die Sprache, durch welche die Gedanken und Gefühle des Menschen in

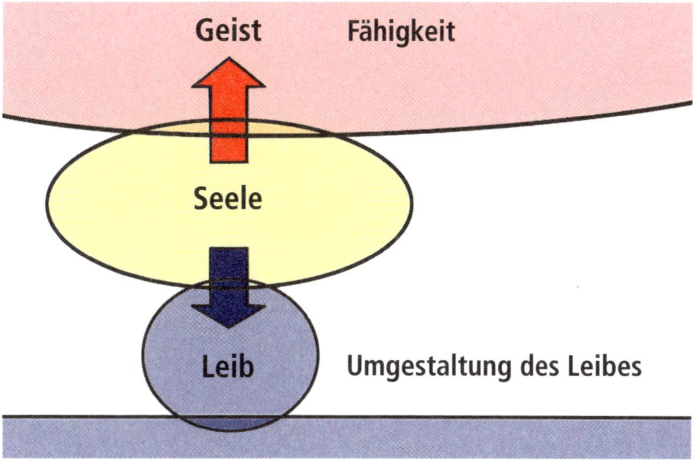

Abb. 28: Die Fähigkeitsbildung im Menschen

einer physikalischen Gestalt – Schall – in Erscheinung treten können).

Ideen können das Gefühlsleben prägen. Innerlich gefasste Ziele, die ein Mensch beharrlich verfolgt, etwa wenn er ein Musikinstrument beherrschen will, können durch ausdauernde Übung sogar den Leib verändern: Er wird geschickter im Umgang mit dem Instrument. Der Mensch hat dann eine Fähigkeit ausgebildet. Mit der Fähigkeit zeigt sich im Leib ein Geistiges, denn sie geht in ihrem Ursprung aus einer Intention des Ich hervor. Das Ich strukturiert in der Auseinandersetzung mit äußeren Gegebenheiten den Leib so um, dass er der Idee, welche die Willensanstrengung leitet, entspricht. In der Entwicklung einer Fähigkeit wird im Leib sichtbar, wie Geistiges den Leib umwandelt und in der Umwandlung sich selbst erweitert. Fällt der Leib weg, ist die geistige Potenzialität der Fähigkeit noch vorhanden, auch wenn sie sich nicht mehr in einem sichtbaren Leib äußern kann, denn Geistiges ist unvergänglich (Abb. 28).

Im Gegensatz zum Leib ist der menschliche Geist zu unbegrenztem *innerem* Wachstum fähig.[406] Die Biografie jedes Menschen zeigt, dass der menschliche Geist am Ende des Lebens, auch wenn der Leib brüchig geworden ist, durch die Erfahrungen und Erlebnisse des Lebens gereift ist.

Jedes sinnvolle Handeln des Menschen hat zwei Seiten: die innere Intention, die aus dem geistigen Kern des Menschen hervorgeht, und deren Erscheinung in einer äußeren Handlung. Übt der Mensch und verbessert eine Handlung immer weiter, wird einerseits der Leib geschickter und andererseits der innere geistige Kern gestärkt. Das äußert sich darin, dass die entsprechende Fähigkeit des Menschen zunimmt, sich verstärkt.

Dies lässt sich innerhalb eines Menschenlebens beobachten. Man kann auch feststellen, dass Kinder mit bestimmten Begabungen zur Welt kommen, das heißt, dass sie bei bestimmten Lebensverrichtungen etwas besser können als andere Menschen. Beispielsweise beherrscht ein Kind ein Musikinstrument sehr viel schneller als andere. Ein anderes Kind hat dagegen eine rasche Auffassungsgabe für mathematische Zusammenhänge. Solche Begabungen zeigen sich in ihrer *Wirkung* auf den Leib genauso wie Fähigkeiten, die nach vielen Jahren der Übungen erworben wurden. Begabung und Übung führen zur gleichen Geschicklichkeit des Leibes.

Die Menschen kommen mit unterschiedlichen Anlagen zur Welt. Das allein rechtfertigt noch nicht den Gedanken, dass sich eine *Individualität* wiederverkörpert hat. Was macht Individualität aus?

Wenn man eine Tierart anschaut, kann man das Verhalten einer Tierart – zum Beispiel einer Giraffe – sehr genau beschreiben. Kennt man das Verhalten *einer* Giraffe, dann kennt man das prinzipielle Verhalten *aller* Giraffen, von kleinen Unterschieden abgesehen, die aber nicht wesentlich das Giraffenverhalten verändern. Die Giraffen als ganze Art sind im Vergleich zu den Zebras als Art höchst unterschiedlich und individuell. Giraffen und Zebras unterscheiden sich so sehr wie beispielsweise Albert Einstein und Pablo Picasso. Es gibt keinen zweiten Einstein, so wenig wie es einen zweiten Picasso gibt. Was sich im Tierreich als Individualität in allen Exemplaren *einer Art* zeigt, ist beim Menschen in einem einzigen Individuum zu beobachten.

Vergleicht man den Menschen mit Tieren, dann konzentriert sich offensichtlich das, was sich im Tierreich auf eine ganze Art erstreckt, beim Menschen auf ein einzelnes Individuum.

Am deutlichsten zeigt sich dies, wenn man die Biografien der Menschen anschaut. Ihre Biografien sind grundverschieden, und das macht sie auch so interessant. In einem Lebenslauf zeigt sich das schöpferisch-gestaltende Element einer Individualität, man sieht den kraftvollen Willen, wie jemand etwas im Leben erreichen will, wie er ein Leben lang für eine Idee kämpft, beispielsweise der Südafrikaner Nelson Mandela.

In jedem Menschen kommt immer ein Dreifaches zusammen. Er ist zuerst ein Exemplar der Art Homo Sapiens. Dadurch ist er den leiblich vererbten biologischen Bedingungen des Homo Sapiens unterworfen. Er wächst innerhalb einer sozialen Gemeinschaft auf, diese prägt ihn ebenfalls. Darüber hinaus zeigt sich jedoch in jedem Menschen, mehr oder weniger stark, eine einmalige Individualität. Diese greift das leiblich und sozial Gegebene auf und gestaltet es in ein Einmaliges um: die individuelle Biografie.

Das Individuum erarbeitet sich neue Fähigkeiten, gestaltet seine sozialen Zusammenhänge mit – und es bringt Begabungen und Anlagen in sein Leben mit, die es von anderen Menschen von vornherein unterscheidet. Jede Individualität ist geistig einmalig, einzigartig.

Das Vorhandensein von individuellen Begabungen, die ein Mensch in sein Erdenleben mitbringt, und die Beobachtung, dass jeder Mensch ein unverwechselbares Individuum ist, kann nun auf das Vorhandensein der Reinkarnation hinweisen.

Reinkarnation

Rudolf Steiner macht auf die selbstverständliche Tatsache aufmerksam, dass der menschliche Leib ein Teil des menschheitlichen Erbstroms ist; er wird von Mutter und Vater durch leibliche Vererbung erworben. Diese bedeutet grundsätzlich, dass der Nachkomme in seiner äußeren Gestalt den Eltern ähnlich ist. Der Nachkomme eines Giraffenpaares ist immer eine Giraffe. Der Nachkomme eines Homo-Sapiens-Paares ist immer ein Exemplar der Art Homo Sapiens.

Die Individualität des Menschen aber ist durch eine leibliche Vererbung nicht zu erklären. Mandelas Leben und Wirken ist aus dem seiner Eltern nicht erklärbar. Sicher, manches kann von den Eltern unterstützend mitgegeben werden, aber sie erklären nicht die Lebensgestaltung eines Menschen. Individualität ist nicht aus sozialen und leiblichen Gegebenheiten erklärbar, sondern eher umgekehrt: In diesen bringt sie sich zum Ausdruck.

Wie stark das Individuum das Leben zu gestalten vermag, hängt von seiner inneren Stärke ab; es kann auch vor den Schwierigkeiten resignieren und sich dem Fluss des Lebens willenlos überlassen. Das widerspricht aber nicht dem Vorhandensein einer Individualität.

Wenn die Individualität nicht leiblich vererbt wird – woher stammt sie dann?

Ebenso wie die Leibgestalt eines Wesens durch ihre Einbettung in einen langen Vererbungsstrom eine Wiederholung vorhergehender Leibgestalten ist, so muss auch die geistige Individualität in einen langen geistigen Vererbungsstrom eingebettet sein, in dem sich das Individuum, das ewige Geistige des Menschen, von individueller Persönlichkeit zu individueller Persönlichkeit wiederholt. Das Geistige im Menschen ist in sich bestehend und schafft im Laufe der Jahrtausende immer wieder in verschiedenen Persönlichkeiten eine neue Erscheinung seiner selbst.

Der Geist des Menschen, das, was der Mensch aus sich selbst gemacht hat – seine geistige Gestalt sozusagen –, wiederholt sich selbst in jeweils einer neuen Persönlichkeit.

> «Die physische Gestalt, die Schiller an sich getragen hat, die hat er von seinen Vorfahren ererbt. Sowenig aber diese physische Gestalt aus der Erde gewachsen sein kann, so wenig kann es die geistige Wesenheit Schillers sein. Er muss die Wiederholung einer andern geistigen Wesenheit sein, aus deren Biografie die seinige erklärbar wird, wie die physische Menschengestalt Schillers durch menschliche Fortpflanzung erklärbar ist. – So wie also die physische Menschengestalt immer wieder und wieder eine Wiederholung, eine Wiederverkörperung der menschlichen Gattungswesenheit ist, so muss der geistige Mensch eine Wiederverkörperung *desselben* geistigen Menschen sein. Denn als geistiger Mensch ist eben jeder eine eigene Gattung.»[407]

Der Leib des Menschen stammt aus dem Vererbungsstrom der Menschheit, aber er wird vom Individuum jeweils neu gestaltet (Abb. 29). In der ersten Kindheit gestaltet das Ewige des Menschen, das wirkende Ich, seinen Leib im Umgang mit den Gegebenheiten seiner Umgebung. Der Mensch lernt gehen, d. h. seine Grob- und Feinmotorik zu beherrschen, er lernt sprechen und fantasievoll zu denken. Dazu bildet er seine Sinne aus, die ihm den Zugang zur Welt ermöglichen. Alles das prägt die

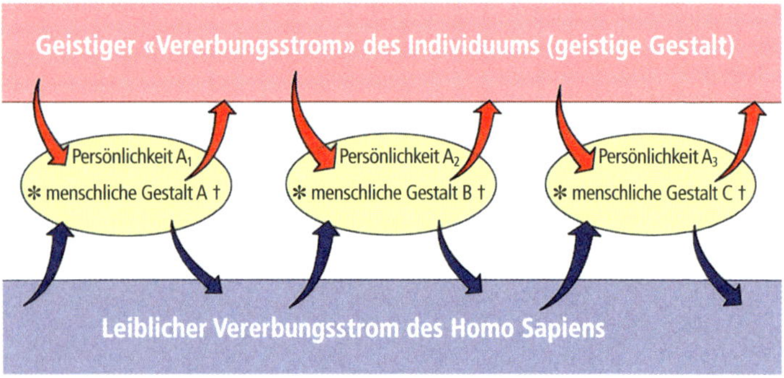

Abb. 29: Die menschliche Persönlichkeit zwischen leiblichem und geistigem Vererbungsstrom

Struktur seines Gehirns, sodass der geerbte Leib in den ersten Jahren der Kindheit vom wirkenden Ich zum *eigenen* Leib umgestaltet wird.

Der menschliche Leib ist also nicht eine Art «Computer», auf der die Software «Ich» läuft, sondern er ist das vom ewigen Wesenskern des Menschen geformte «Instrument», an dem es zu seinem Selbstbewusstsein kommt. Er ist das erarbeitete Instrument des Menschen, durch das dieser sich als Persönlichkeit selbst gewahr wird. Biblisch gesprochen: Der Leib ist der Tempel, in den der menschliche Geist Einzug hält. Er ist für den Menschen ein Heiligtum, das er zu achten hat.

Aus der Idee der Reinkarnation kann das Gefühl der Ehrfurcht vor dem menschlichen Leib hervorgehen. Dies steht in einem starken Kontrast zu dem von Hans Moravec beschriebenen Bild, das ihn am Ende wegwirft, um etwas angeblich Besseres zu haben: die Maschine. Es ist ein Kennzeichen des Trans- und Posthumanismus, dass man den menschlichen Leib verachtet, ihn bloß als eine «Fleischmaschine» (Marvin Minsky)[408] ansieht, die man gerne mit einer «besseren» Maschine eintauschen möchte.

Doch die Bedeutung des menschlichen Leibes für die Entwicklung des jeweiligen Individuums kann nicht überschätzt werden. Darauf wollen wir in den folgenden Betrachtungen noch näher eingehen.

Inkarnation

Für den Transhumanismus ist der Leib im Grunde bedeutungslos. Er glaubt, ihn problemlos gegen eine aus Silizium bestehende «Leiblichkeit» austauschen zu können. Dies ist aber eine falsche Annahme. Wir haben oben bereits das Denken genau untersucht. Dabei zeigte sich, dass diese geistige Tätigkeit des Menschen in sich selbst besteht und zudem über Subjekt und Objekt hinausreicht. Sie geht allen Aussagen über die Welt voraus. Das Denken ist für das Erkennen des Menschen tatsächlich das «Alpha», der Urbeginn. In den Tiefen des Denkens findet sich das wirkende Ich des Menschen, der schaffende Geist im Menschen (s. den Abschnitt «Wirkendes Ich», S. 196ff.).

Hat man aber einen Zugang zum Verständnis des Wesens des Denkens gefunden, dann zeigt sich die Bedeutung des Leibes in einem anderen Licht. Denn ohne ihn kann der Mensch nicht von sich selbst wissen. Selbstbewusstsein ist ohne Wahrnehmung eines Leibes nicht möglich, aber auch die Welt ist nur durch einen Leib erfahrbar. Welt und Leib gehören zusammen, sie sind eine Einheit. Das gilt schon allein für die Sinnesorganisation, die alle Wahrnehmungsorgane umfasst und zugleich den eigenen Leib, aber auch die umgebende Welt erfahrbar werden lässt.

Der Leib – erlebte Sonderheit[409]

Ohne Leib vermag das im Denken tätige Ich des Menschen kein Selbstbewusstsein zu entwickeln, da es von seiner Natur her immer zugleich auch Welt ist. Für das *wirkende* Ich existiert die Subjekt-Objekt-Trennung nicht. Im tätigen Denken ist alles in ungeteilter Einheit; das darin wirkende Ich *ist* Welt und Leib zugleich – es ist deshalb im reinen Denken kein Selbstbewusstsein möglich.

Der Begriff der Sonderheit kann nur am Erlebnis der Getrenntheit gefasst werden. Und der menschliche Leib ist das Instrument, mit dessen Hilfe der Mensch die Einheit der Welt aufteilt. Der Leib spaltet die Ganzheit der Welt durch die unterschiedlichen Wahrnehmungen seiner Sinne in unzusammenhängende Einzelheiten auf. Im denkenden Verbinden der gegebenen Wahrnehmungsteile erschafft der Mensch die Ganzheit der Welt wieder neu – und wird sich dabei seiner selbst bewusst. Weltbegreifen und Selbstbewusstsein sind zwei Seiten ein und desselben Vorgangs.

Wer sich selbst beobachtet, stellt in Bezug auf den eigenen Leib leicht fest, dass die Bezeichnung «ich» für ihn relativ ist. Geht man beispielsweise zusammen mit anderen Menschen zu seinem Auto, so sagt man oft: «Ich stehe da hinten» – eine absurde Aussage, die aber auf ein Verbundenheitsgefühl des dort stehenden Gegenstandes mit «mir» selbst hinweist.

Eine ähnliche Signatur hat auch mein Verhältnis zu meinen Füßen oder meinen Händen. Sie gehören zwar zu mir – aber sie sind nicht Ich. Arme, Beine, ja mein ganzer Körper wird, wenn ich nach mir selbst – nach *Ich* – frage, zum Objekt.[410]

Der Mediziner und Erkenntnistheoretiker Helmut Kiene weist auf die daraus entstehende Situation hin, indem er darauf aufmerksam macht, dass wir auf zweierlei Weise von Subjekt sprechen.

> «Im aufmerksamen seelischen Beobachten kann so bemerkt werden, dass es zweierlei Weisen des Subjekt-Bereichs gibt. Von unserem Körper sprechen wir im Alltag in einer gewissen Hinsicht berechtigt als ‹Ich›. Doch das eigentliche Ich kann den Körper auch als etwas im Objektbereich Gelegenes betrachten. Je nach Einstellung der Ich-Identität wird so der Körper als Subjekt oder Objekt erlebt. Er ist also weder im absoluten Sinne Subjekt noch absolut Objekt, sondern er ist Subjekt *oder* Objekt. Aber er ist Subjekt oder Objekt nur auf eine jeweils relative Art, abhängig und relativiert durch die jeweils aktuelle Orientierung des Identitätsgefühls.»[411]

Helmut Kiene unterscheidet daher zwischen dem «relativen Selbst» und dem «absoluten Selbst», das in den bisherigen Ausführungen als *wirkliches* Ich bezeichnet wurde. Das relative Selbst bezeichnet alles dasjenige, was wir in gewissem Sinn zu uns selbst hinzurechnen, was wir aber bei einer genaueren Betrachtung aus der eigentlichen Ich-Identität herausdrängen können.

Der menschliche Leib ist eine Sonderheit in der Welt, an der das Ich den Begriff der Sonderheit fassen kann. Nur an dem Erlebnis eines Leibes kann der Subjektbegriff gebildet werden. Einmal gebildet, wird dieser Begriff des Selbst vom *wirklichen* Ich aufgenommen und bleibt in ihm bestehen. Das heißt, die Auseinandersetzung des Ich mit dem Leib verändert in seiner Rückwirkung wiederum das Ich.

Das Verhältnis des Ich zum Leib kann man mit einem Menschen vergleichen, der vor einem Spiegel steht. Erst durch den Spiegel erhält der Mensch eine Wahrnehmung von sich selbst. Ohne eine spiegelnde Fläche kann er niemals wissen, wie er aussieht. Ähnlich ist das Verhältnis des Ich zu den Vorgängen des Leibes, vor allem denjenigen des Gehirns. Die Gehirnvorgänge sind Prozesse, die das Denken begleiten, die vom Denken auch veranlasst werden und an denen es sich seiner selbst bewusst werden kann.

Der Germanist Gerhard Kaiser (1927 – 2012) beschreibt in einem Vergleich das hier gemeinte Verhältnis zwischen Denken und Körper:

> «Die gesamte Theaterverwaltung und der gesamte Technikbereich des Theaters ist notwendig, damit Theater gespielt werden kann. Es gibt sogar eine strikte Relation zwischen der bestimmten Spielszene, sagen wir dem ‹Hamlet›-Schluss, und allen technischen Operationen, die dafür benötigt werden. Es gibt diese strikte Relation aber nicht zwischen allen technischen Operationen und allen Wörtern und schauspielerischen Aktionen, die in dieser Szene stattfinden, und erst recht nicht zwischen allen technischen Operationen und dem Beitrag dieser Szene zum Weltbild dieses Dramas. Aus der benötigten Technik könnte man weder die Szene noch das Stück in seinen intertextuellen Relationen erschließen. Der Regisseur aber könnte durchaus die eigenartige Interdependenz zwischen Theater und Technik im Programmheft thematisieren.»[412]

Der Leib – Fließform des Denkens[413]

Wenn der Mensch denkt, schafft er durch seine Tätigkeit in den Prozessen des Körpers eine Art Gegenbild. So wie man sinnvolle Hand- und Armbewegungen als Ausdruck – als Gegenbild – von rationalen Gedankenvollzügen ansehen kann, so können auch die durch die verschiedenen Verfahren sichtbar werdenden Gehirnprozesse als *Folge* von Gedankenprozessen angesehen werden.

Am Gegenbild, das das Denken in den Vorgängen des Körpers hervorruft, kann sich das Selbstbewusstseins des Menschen entwickeln. Das denkende Ich bildet den Leib und das Gehirn. Wir erfahren es fortwährend, dass «selbstbewusster Geist wirksam auf Hirnereignisse einwirken kann»,[414] und wissen noch, dass die «Hirnverdrahtungen», die Strukturen des Gehirns, durch die Tätigkeit des Denkenden selbst verändert werden, ja in der frühen Kindheit überhaupt erst gebildet werden.

Untersuchungen konnten einerseits zeigen, dass durch neurobiologische Vorgänge im Hirn Gedanken wirkursächlich hervorgerufen werden können. Andererseits ist das denkende Ich unabhängig vom Leib und bildet, vor allem in der frühen Kindheit, die Strukturen des Gehirns. Das sind zwei gegensätzliche Aussagen, die sich scheinbar widersprechen – aber nur, wenn man sie beide verabsolutiert. Nimmt man sie relativ, also als zwei verschiedene Seiten ein und derselben Sache, dann kann man sie ohne Widerspruch zusammensehen.

Das *wirkliche* Ich bildet durch seine Tätigkeit die Strukturen des Leibes. Was in jedem wirklichen Denkakt geschieht, nämlich dass das denkende Ich zuerst im Leib sozusagen sein eigenes Erscheinen vorbereitet, das gilt für die gesamte Biografie des Menschen: Das denkende Ich bereitet in den ersten Kindheitsjahren sein eigenes Erscheinen im menschlichen Leib vor, indem es nach Maßgabe des von der Umgebung und durch die Vererbung Gegebenen den eigenen Organismus der Sinne und das Gehirn strukturiert und gestaltet. Das durch Vererbung und Umgebung vorgegebene «Material» wird individuell «plastiziert». Dabei tritt das *wirkliche* Ich noch nicht unmittelbar in Erscheinung, denn es bereitet dieses Auftreten ja erst durch die individuelle Bildung des Leibes vor. Es schafft sozusagen zuerst die Bühne, auf der es später, als ein seiner selbst bewusstes, denkendes Ich, auftreten kann.

Ist dann der Leib gestaltet, was immer auch bedeutet, dass die gebildeten – vor allem neurologischen – Strukturen eine gewisse «Festigkeit» erlangt haben, dann wirken diese Strukturen formend auf die Tätigkeit des Ich zurück. Die gebildeten Strukturen zwingen die Tätigkeit des Ich in die Formen, die es selbst in der Vergangenheit geschaffen hat und die jetzt eine gewisse Selbstständigkeit erlangt haben.

Um ein Bild zu gebrauchen: Wie in einem weichen Boden ein plötzlich fließendes Wasser sich eine «Fließform», ein Flussbett formt, so bildet das *wirkliche* Ich durch seine Tätigkeit die neurologischen Strukturen des Körpers als seine «Fließform». Ein einmal gebildetes Flussbett wirkt allerdings auf später fließendes Wasser formend zurück. Die Bewegung des Wassers wird durch die gewordene Fließform bestimmt. Wie die Fließform des Wassers das Flussbett ist, so ist der menschliche Leib die «Fließform» des denkenden Ich. Der Körper repräsentiert in seiner Feinstruktur die geronnene Aktivität des *wirklichen* Ich. Dieses Verhältnis von Ich zu Leib kann man in der dargestellten Weise grafisch veranschaulichen (Abb. 30).

In der ersten Lebenshälfte ist vor allem die vom Ich ausgehende, den Leib bildende und gestaltende Tätigkeit vorherrschend. In der zweiten Lebenshälfte ist der andere Aspekt im Vordergrund: Der alternde und sich verfestigende Leib wirkt zunehmend formend und einengend auf die Möglichkeiten des Ich.

Die Neurobiologie und vor allem der Transhumanismus betrachten von diesem Zusammenhang nur die eine Seite.

Anders sieht es auf der gegenüberliegenden Seite des «Kreises» aus. Die neurologischen Strukturen sind in der frühen Kindheit enorm plastisch. Das Gehirn kann sehr stark verletzt werden und sich trotzdem wieder so gut regenerieren, dass der Mensch gesund und vernünftig leben kann, wie beispielsweise bei einem dreijährigen Mädchen, dem man aus medizinischen

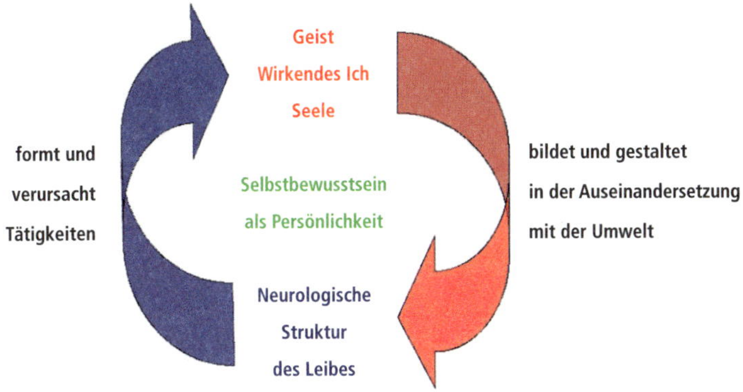

Abb. 30: Das Verhältnis von Ich und Leib

Gründen das halbe Gehirn entfernen musste.[415] Diese Seite ist vor allem für die Pädagogik von enormer Bedeutung, denn sie wirkt stark auf das Erleben der Kinder ein und veranlasst das Kind, seinen Leib in bestimmter Hinsicht zu prägen.

Der Mensch ist aber nicht nur ein denkendes, sondern auch ein wollendes Wesen. Denken und Wollen stehen innerhalb des menschlichen Seelenlebens polar zueinander. Man kann daher fragen, wie beide vom Gesichtspunkt der Inkarnation her betrachtet werden können.

Vorstellendes Denken und Wollen[416]

Gewordenes und Werdendes

Der Transhumanismus setzt Denken, Fühlen und Wollen umstandslos gleich: Sie seien nichts anderes als algorithmische Muster, die auf einer Hardware ablaufen. Aber eine einfache Selbstbeobachtung zeigt, dass Denken und Fühlen völlig unterschiedliche Seelentätigkeiten sind. Und beide sind wiederum deutlich verschieden vom Wollen.

Wie bereits gezeigt, ist das Denken völlig anders zu beurteilen, als man zunächst meint. Es vergisst sich selbst, da es wie das physikalische Licht immer nur anderes zur Erscheinung bringt, nicht sich selbst. Licht selbst ist unsichtbar, es macht anderes sichtbar. Das Denken steht hinter unseren Vorstellungen, es erzeugt sie. Die Vorstellungen haben wir bewusst, wir stellen sie vor uns hin, während wir des dabei schaffenden Denkens nicht gewahr werden. Das Denken drückt sich auch in unserem Willen aus, denn unsere Motive werden in unseren Handlungen realisiert. Auch im Fühlen sind das Denken und Wollen anwesend. Vorstellen und Wollen stehen sich im menschlichen Seelenleben polar gegenüber.

Zuerst sei hier das Vorstellen beobachtet.

Man stelle sich einen durchsichtigen Würfel vor: In meiner Vorstellung «sehe» ich seine zwölf Kanten, seine sechs Flächen und seine acht Ecken. Vielleicht stelle ich mir auch einen konkreten Würfel vor, den ich in der Vergangenheit einmal gesehen habe. Es braucht eine gewisse Anstrengung, um die Vorstellung zu halten. Ich sehe den Würfel als ein Bild, das ich mir gegenüber hinstelle. Wenn ich nun versuche, die Tätigkeit meines Vorstellens zu beobachten, erlebe ich eine von mir weggerichtete, zum Vorstellungsbild hin orientierte Kraft, die in der Vorstellung «Würfel» zu Ende kommt.

Die Vorstellung selbst ist fertig, sie ist geworden, ist vergangenheitsorientiert. Ich habe ein klares Bewusstsein von dem Würfel, aber er ist bloß ein fertig gewordenes Bild: Ich kann eben keinen Stein auf den Würfel stellen. Die Vorstellung ist sozusagen virtuell.

Ganz anders dagegen, wenn man versucht, den Willen zu beobachten. Auf einem Regal steht vielleicht ein Würfel aus Holz.

Ich möchte ihn hochheben und woanders hinstellen. Den Gedanken, die Absicht fasse ich sehr bewusst, aber sobald ich den Arm hebe, um die Absicht zu realisieren, stellt meine Selbstbeobachtung fest, dass ich zwar den sich bewegenden Arm sehen und auch spüren kann – aber von dem eigentlichen Willensakt, der sich in den Aktionen der Muskulatur ausdrückt, habe ich kein Bewusstsein. Warum? Mit der Innenseite der Bewegung bin ich eins: Ich bin das Innere der Bewegung, ich kann mich ihr nicht gegenüberstellen, da ich in ihr selbst darinnen bin. Ich vermag die Bewegung nur von außen zu sehen und mit meinem denkenden Vorstellen zu erfassen.

Die Vorstellung, die ich mir von dem Würfel bilde, ist bloß Bild; sie hat keine Seinsqualität im Gegensatz zum real anfassbaren Würfel. Die wirkende Kraft, die ich in meiner Aktivität des Vorstellens beobachten kann, ist eine von mir abweisende, eine, die mir etwas gegenüberstellt, von mir abtrennt. Dem Sprachgebrauch Rudolf Steiners folgend, kann man sie als eine antipathische Kraft bezeichnen.

Die Willensaktion, die den Holzwürfel vom Regal auf den Tisch stellt, ist real – sie verändert meine Umgebung. Im Willensakt wirkt eine Kraft, die mich mit der Handlung vereint. Ich *bin* meine Aktion, meine Willenstat. Man kann daher die im Willen wirkende Kraft eine vereinende oder eine sympathische nennen.

Im Vorstellen ist eine Bewegung von mir zu den Dingen hin zu beobachten, im Willensakt dagegen die umgekehrte Richtung: Meine Aktion, den Holzwürfel zu heben, geht vom Würfel aus zu mir hin. Es ist ja der Würfel, der meine Handlung leitet; seine Präsenz ist es, auf die meine Bewegung hin ausgerichtet ist. Der Phänomenologe Maurice Merleau-Ponty sagt:

> «Die Greifbewegung ist von Anfang an auf magische Weise an ihrem Ziel, sie beginnt nur mit der Antizipation ihres Endes.»[417]

So wie die gewordene Vorstellung immer auf Vergangenes hinweist, so die aktive Willenshandlung auf ein Zukünftiges. Denn alles Vergangene, etwas, das bereits geschehen ist, ist prinzipiell dem Zugriff des Willens entzogen. Diese Tatsache liegt dem alten Sprichwort zugrunde, dass es keinen Sinn hat, über verschüttete Milch zu klagen. Etwas, das geschehen ist, ist endgültig vorbei, und kein noch so starker Wille kann das verändern. Dafür steht das Vergangene der gedanklich-vorstellenden Analyse vollständig zur Verfügung.

In einem weiteren Schritt kann man fragen, wo denn die Vorstellung urständet und wo die Willenstätigkeit ihr Ende findet.

Vorgeburtlichkeit und Nachtodlichkeit

Im Vorstellungsprozess kommt ein innerer Prozess zu Ende. Wo hat dieser Prozess seinen Anfang genommen? Die subtile Beobachtung ergibt, dass er in einem dem gewöhnlichen Bewusstsein nicht zugänglichen Bereich liegt. Denn versucht man von der fertigen Vorstellung beobachtend zurückzugehen zu dem Ort, wo sie erzeugt wird, dann verliert sich der Blick ins Dunkle. Es bedarf offensichtlich einer Bewusstseinserweiterung, um diesen «Ort» untersuchen zu können.

Rudolf Steiner beantwortet die Frage nach dem Ursprung der Vorstellungen auf überraschende Weise: In der Vorstellung kommt etwas zum Ende, was seine Wurzeln in dem Bereich hat, in dem der Mensch als geistig-seelisches Wesen vor der Geburt lebte.[418] Dieser vorgeburtliche Bereich verdunkelt sich für das Bewusstsein mit der Konzeption und der zunehmenden Leibbildung. Aus dem Hintergrund bleibt er aber nach wie vor der schaffende Ausgangspunkt für alle Vorstellungen, wie beispielsweise den vorgestellten Würfel. Durch die antipathische, zu-

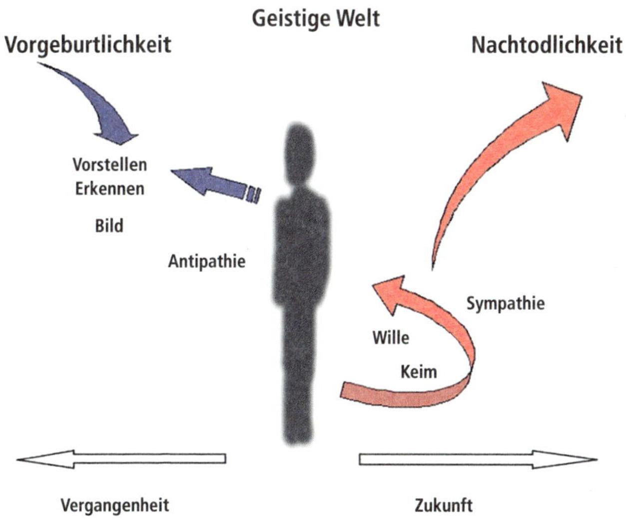

Abb. 31: Vorstellungs- und Willensprozess im Menschen

rückweisende Kraft im Vorstellungsprozess wird das fortwährend aus dem Vorgeburtlichen Kommende zum Bild verfestigt.

Im Willen beginnt immer etwas Neues – wo liegt sein Ende? Auch dies entzieht sich zunächst dem beobachtenden Zugriff. Die Antwort Rudolf Steiners: Im Nachtodlichen entfaltet sich das vom Menschen während des Lebens Gewollte erst zu seiner vollen Realität. So wie jede Vorstellung ein seinsloses, zu Ende gekommenes Bild ist, ist jede Willensaktivität ein Keim, der sich erst später zu seiner vollen Realität entfalten wird.

Die antipathische Kraft im Menschen reduziert die vorgeburtliche Gestaltungsfähigkeit zum bloßen seinslosen Vorstellungsbild, das aber hochbewusst ist. Die sympathische Kraft des Menschen hält die Willensaktivität im Keimhaften, wodurch deren Zukunftspotenzialität erhalten bleibt (Abb. 31).

Mensch und Erde

Mit seinem Denken, Fühlen und Wollen ist der Mensch in die Welt gestellt. Es ist leicht einzusehen, dass er mit seinem vorstellenden Verstand alles das in der Natur erfassen kann, was in ihr ebenfalls zu Ende gekommen ist, was in ihr Gesetz geworden ist; man kann das als das Absterbende der Erde bezeichnen. Und alles das, was in der Natur als ihr Zukünftiges im Werden ist, das fasst der Mensch mit seinem Willen auf. Damit ist nicht nur der Wille, der in den äußeren leiblichen Handlungen wirkt, gemeint, sondern auch der Wille, der in aller Sinnestätigkeit aktiv ist.

> «In der Natur ist fortwährendes Sterben und Werden miteinander verbunden. Dass wir das Sterben auffassen, rührt davon her, dass wir in uns tragen das Spiegelbild unseres vorgeburtlichen Lebens, die Verstandeswelt, die Denkwelt, wodurch wir das der Natur zugrunde liegende Tote ins Auge fassen können. Und dass wir dasjenige, was in der Zukunft von der Natur da sein wird, ins Auge fassen können, rührt davon her, dass wir nicht nur unseren Verstand, unser Denkleben der Natur entgegenstellen, sondern dass wir ihr dasjenige entgegenstellen können, was in uns selbst willensartiger Natur ist.»[419]

Durch die Polarität seines Seelenlebens zeigt sich dem Menschen die Welt in zweifacher Art: Mit seinem Denken «erkennt» der in einem physischen Leib lebende Mensch das Gewordene der Welt, und mit seinem Willen «erlebt» er ihr Werdendes.

Aus anthroposophischer Sicht ist es für die Stofflichkeit des menschlichen Leibes nicht egal, dass in ihm ein menschlicher Seelengeist verkörpert ist. Wenn der menschliche Leib von den geistig-seelischen Kräften des Menschen durchdrungen wird, verändert sich dessen Stofflichkeit, sodass im Tod, wenn der Mensch seinen Leib wieder den bloß physischen Prozessen überlässt, diese Stoffe ihrerseits die Erde verändern. Dadurch, dass die physischen

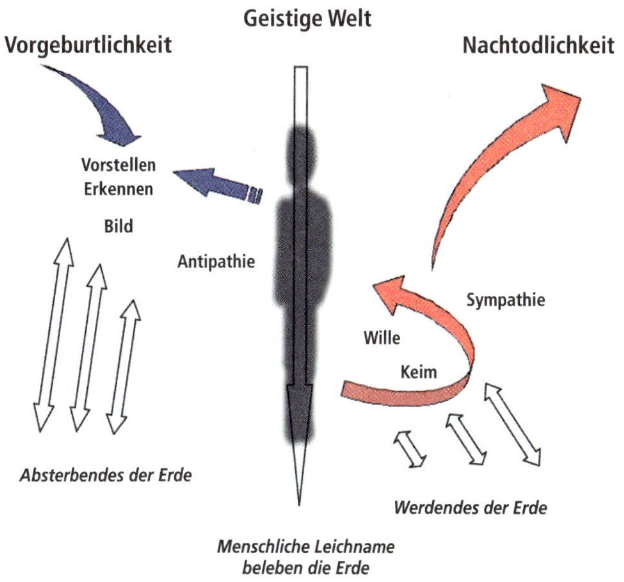

Abb. 32: Die Bedeutung der vom Menschen verwandelten Stoffe für den Organismus der Erde

Stoffe im Leib durch die höheren Wesensglieder in einen anderen, nichtphysischen Zusammenhang hineingestellt sind, werden sie andere; sie erhalten eine neue Qualität, die bleibt, auch wenn sie aus diesem Zusammenhang wieder herausgefallen sind.

Rudolf Steiner weist nun darauf hin, dass die durch den Menschen verwandelten Stoffe und Kräfte für den Gesamtorganismus der Erde wie ein belebendes Ferment wirken. Die weitere Evolution der Erde wird überhaupt nur durch diese von den Leichnamen der Menschen ausgehenden belebenden Kräfte möglich gemacht. «Ohne menschliche Leichname wäre daher die Erde längst tot.»[420] Durch den Menschen fließt fortwährend etwas aus der geistig-seelischen Welt durch seinen Leib hindurch in den physisch-sinnlichen Erdenprozess. Das vollzieht sich vor allem in der Willenssphäre des Menschen (Abb. 32).

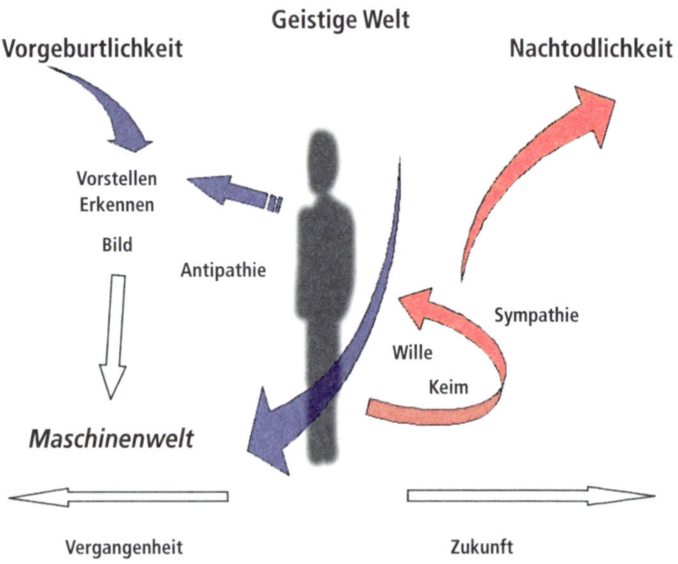

Abb. 33: Die Bedeutung der menschlichen Gedanken für das Leben der Erde

Gibt auch die Verstandessphäre des Menschen etwas an die Erde ab? Tatsächlich bringt der Mensch etwas aus seinem Denken hervor, das die Erde ebenfalls gravierend beeinflusst, ja deutlich sichtbar umgestaltet. Es ist die vom Menschen erdachte Technik, die in einer Unzahl von Apparaten die Erde mit einer neuen geologischen Schicht überzieht. In den Maschinen, die der Mensch erfindet, materialisieren sich seine Gedanken. Menschliche Gedanken gerinnen sozusagen in die Maschine (Abb. 33). Die Maschine ist selbstständig gewordener menschlicher Gedanke (s. die Abschnitte «Künstliche Intelligenzen» und «Neuronale Netze», S. 99ff. und 103ff.). Aber so wie das durch den Willen gehende Geistige die Erde belebt, so töten die Geräte, die aus dem zu Ende gekommenen Verstand hervorgehen, das Leben der Erde ab – und mit ihr das menschliche Leben.

Der durch die Inkarnation durchseelte und durchgeistete menschliche Leib belebt die Erde. Die aus dem Verstand des Menschen heraus geronnenen Geräte überdecken die Erde mit einer abgestorbenen Apparateschicht, durch die sich der Mensch immer mehr von der Erde abschnürt. Und der Transhumanismus will gar, dass der menschliche Geist in diese Maschinenwelt Einzug hält.

Der Tod des Menschen ist für die Erde als Ganze gesehen ein belebendes Element, da ihr durch ihn der durchgeistete menschliche Leichnam, den die Erde dem Menschen für das Leben gewissermaßen geschenkt hat, wiedergegeben wird. Der Mensch opfert im Tod der Erde seinen durchgeisteten Leib.

Indem der Transhumanismus den Tod überwinden will, negiert er das Leben, das er zu erhalten vorgibt. Er will den Menschen zu einer maschinellen Ahashver-Gestalt umformen und die Erde ihrem Schicksal überlassen; er will sie dem Absterben überlassen, weil er ihr die verjüngenden und belebenden Kräfte des menschlichen Leibes verweigern will.

Unsterblichkeit des Toten

Der Transhumanismus gibt vor, das Leben des Menschen unsterblich zu machen. In Wirklichkeit aber vollzieht er etwas anderes: Er opfert das wirkliche Leben zugunsten eines künstlichen Überlebens. Der lebendige Mensch wird in eine maschinelle Kopie transformiert, die nach den strengen Regeln eines Algorithmengeflechts funktioniert. Der lebendige Mensch erstirbt zur Maschine; in dieser allerdings wird er unsterblich. Das Leben erstarrt zur Maschine, um dadurch der Sterblichkeit zu trotzen.

In Ägypten waren es die Leichname, die als Mumien in ihren

Grabkammern für die Ewigkeit einbalsamiert wurden – im 21. Jahrhundert will man die Lebenden als digitale Klone in Datenspeicher für das ewige Leben einbalsamieren.

Im antiken Griechenland begannen die Menschen die Natur zu überlisten: Als mēchané (= List, Kunstgriff, Hilfsmittel, Apparat) bezeichneten sie ihre ersten Maschinen.[421] Mit der beginnenden Neuzeit entstand das Bestreben, die Natur nicht nur zu überlisten, sondern auch zu beherrschen, sie zu zwingen. «Wissen ist Macht» war das Motto, mit dem man die Natur erforschte, um sie anschließend dem eigenen Willen zu unterwerfen. In diesem Bestreben war man überaus erfolgreich: Die Welt wurde von einer neuen geologischen Schicht, einer Apparateschicht, überzogen. Dabei beutete man die Natur aus und verursachte gewaltige Zerstörungen. Sie wurde in ihre Bestandteile zerlegt, um Maschinen herzustellen, die ihrerseits wieder der Natur Materialien entreißen und endlos viele Produkte für den menschlichen Konsum erzeugen.

Nun, da das technische Können des Menschen sich wesentlich verfeinert hat, wendet er die Art und Weise, wie er die Natur behandelt, auch auf seinen eigenen Leib an. So wie er die Natur ausbeutet, Tiere seziert und ausrottet, so beginnt er nun auch, sich selbst zu sezieren und zu vernichten.

Der Technikphilosoph Ernst Kapp (1808 – 1896) bezeichnete die vom Menschen geschaffenen Werkzeuge als Verlängerungen des menschlichen Organismus.[422] Auch der Literaturwissenschaftler und Medienphilosoph Marshall McLuhan sprach von den Techniken als Ausweitungen des menschlichen Körpers.[423] Das Hören wird beispielsweise durch das Radio erweitert und das Sehen durch den Fernseher. Betrachtet man die Entwicklung der Roboter, dann wird offensichtlich, dass der Mensch heute noch einen Schritt weiter gegangen ist: In der ihn umgebenden Technikwelt setzt er sich selbst in Form der

Roboter als mechanischen Doppelgänger heraus. Der Mensch schafft eine Kopie seiner selbst. In Darwins Sinne glaubt er, damit im Bereich der Maschinen eine neue Art zu erschaffen, die sich ebenso entwickeln würde wie die natürlichen Arten auch. Der Philosoph und Medientheoretiker Jean Baudrillard (1929 – 2007) schrieb dazu:

> «Doppelte und widersprüchliche Bewegung: Von allen Arten möchte allein der Mensch sein unsterbliches Double entwerfen, eine noch nie da gewesene künstliche Art.»[424]

Durch die Schaffung einer neuen technischen Art, die über den Menschen hinausgehen soll, treibt dieser einerseits den Gedanken der Evolution auf die Spitze. Indem er zugleich jedoch an der Unsterblichkeit arbeitet, schafft er die Entwicklung ab, denn der Tod gehört notwendig zur Evolution dazu, der Tod einer Art ist integraler Bestandteil der biologischen Evolution.

Indem die Menschen auf eine technische Unsterblichkeit hinarbeiten, indem sie sich durch ihre digitale Widerspiegelung in Geräten eine individuelle Unsterblichkeit verschaffen wollen, geben sie sich selbst als sich entwickelnde Menschen auf. Baudrillard formulierte meisterlich:

> «Indem die menschliche Art auf die virtuelle (technische) Unsterblichkeit zielt und sich durch Projektion in die Artefakte eine exklusive Ewigkeit sichert, ist sie gerade dabei, ihre eigene Immunität, ihre Besonderheit aufzugeben; sie macht sich **als** *unmenschliche* Art *unsterblich*, sie vernichtet in sich selbst die Unsterblichkeit des Lebenden zugunsten der Unsterblichkeit des Toten [...].»[425]

Im Sinne Rudolf Steiners betrachtet, gibt der Mensch mit der technischen Unsterblichkeit die in seinem Willensleben liegende nachtodliche Zukunft auf und vereint sich mit der aus der Vergangenheit gewordenen Welt. Was sich im denkenden Vorstellen des Menschen aus der vorgeburtlich erlebten geistigen Welt verfestigte, was zum Nervensystem als lebendes Denkwerkzeug geronnen ist, das führt der Mensch in den aus seinem Denken heraus in Silizium kristallisierten Maschinen weiter.

Indem er sich mit dem Unmenschlich-Maschinellen vereinen will, gerät er *unter* sich selbst hinunter. Der Transhumanismus glaubt zwar, durch die Verschmelzung von Mensch und Gerät würde ein Übermenschliches entstehen, das ist aber eine Illusion. Die Vermischung von Menschlichem und Unmenschlichem führt, wie Jean Baudrillard schrieb,

> «[...] nicht in Richtung auf das Übermenschliche, sondern auf das Untermenschliche, in Richtung auf ein Verschwinden der menschlichen und erst recht der übermenschlichen Dimension. *Verklärung des Untermenschen.*»[426]

Wie aber findet der Mensch einen Weg, dieser Gefahr zu trotzen? Wie findet er in sich selbst das, was über seine gegenwärtige Verfasstheit hinausführt, hin zu einem «Übermenschlichen»? Oder besser gesagt: Wie findet der Menschen zu sich selbst, wie vollendet er seinen Weg hin zu sich selbst als Mensch?

6. Entwicklungsstufen des Denkens

«Seit Jahrhunderten automatisieren Techniker die Arbeit, und heute automatisiert unsere neue Ingenieurselite das Denken.»[427]

Franklin Foer

«In jedem Fall werden ‹dumme› Materie und Abläufe im Universum umfunktioniert werden zu einer Form höchster, erhabenster Intelligenz. Dies ist das ultimative Schicksal der Singularität und des Universums.»[428]

Ray Kurzweil

«Die bloße naturwissenschaftliche Art zu sprechen entspricht der Loslösung der Intellektualität von dem ursprünglich Göttlich-Geistigen. Sie *kann* ins Ahrimanische übergehen, wenn der Mission Michaels nicht geachtet wird. Sie *wird* es *nicht*, wenn der frei gewordene Intellekt sich durch die Kraft des Michael-Vorbildes wieder findet in der vom Menschen losgelösten, ihm gegenüber objektiv gewordenen ursprünglichen kosmischen Intellektualität [...].»[429]

Rudolf Steiner

«Trillionen mal»

«Wir werden das menschliche Denken vollständig verstehen, erweitern und an neue Ufer führen. Bis zum Ende des Jahrhunderts wird die nichtbiologische Komponente unserer Intelligenz Trillionen mal mächtiger sein als bloße menschliche Intelligenz.»[430] Was so vom Transhumanismus – wie in diesem Zitat von Ray Kurzweil – für das 21. Jahrhundert als eine in greifbarer Nähe liegende Utopie hingestellt wird, ist die nahezu unendliche Bewusstseinserweiterung der Maschinen. Deren «Verstand» soll trillionenmal erweitert werden (1 Trillion = 1 x 10^{18} = 1 Milliarde Milliarden). Nun, das ist viel, sehr viel, weist aber darauf hin, welche fantastischen Vorstellungen transhumanistische Denker entwickeln. Allerdings muss man auch sagen: Denkt man streng logisch die exponentielle Verbesserung der Computertechnologien ungehemmt weiter, dann ist das in der Theorie denkbar. Der Transhumanismus erwartet durch die Verschmelzung des Gehirns mit solchen Maschinen eine große Bewusstseinserweiterung des Menschen. Mit dieser Hoffnung bewegt er sich wiederum im Rahmen uralter Traditionen, nur eben im materialistischen Verständnis. Denn zu allen Zeiten der Menschheitsgeschichte, solange man sie zurückverfolgen kann und auch über die ganze Welt hin, strebten Menschen danach, ihr Bewusstsein zu erweitern.

Man denke nur an den Taoismus und seine Fortsetzung im japanischen Zen-Buddhismus. Dort strebt man Satori an. Im indischen Kulturbereich gab es seit Jahrtausenden Gurus, die den Weg zu anderen Bewusstseinsstufen gefunden hatten und ihre Schüler darin unterwiesen. Auch Tibet blickt auf lange Traditionen der meditativen Praxis zurück, die zu anderen Erkenntnisstufen führen. Weltweit gab und gibt es in allen Erdteilen schamanistische Praktiken, die zu geistigen Erfahrungen führen, sei es in Süd- und Nordamerika oder in Afrika. Selbst im Islam gibt es mystische Strömungen, die Bewusstseinserweiterungen anstreben.

Eines ist in allen diesen spirituellen Richtungen weltweit gleich: Die Menschen, die eine solche Erweiterung ihres Bewusstseins suchten, wussten, dass dazu eine lange, strenge meditative Arbeit erforderlich ist und sie vor allem eine entschiedene moralische Fähigkeit zu erwerben hatten.

In *Wie erlangt man Erkenntnisse der höheren Welten?* beschrieb Rudolf Steiner vielfältige Übungen, mit deren Hilfe der Mensch seelische und geistige Wahrnehmungsorgane ausbilden kann, die mit einer Bewusstseinserweiterung einhergehen. Diese Übungswege sind nicht ungefährlich. Das wusste man ebenfalls zu allen Zeiten. Deswegen wurde streng darauf geachtet, dass man vor allem auch die moralische Stärke auf diesem Weg bedeutend erweiterte. Rudolf Steiner gab daher den Rat:

> «Und diese goldene Regel ist: wenn du *einen* Schritt vorwärts zu machen versuchst in der Erkenntnis geheimer Wahrheiten, so mache zugleich *drei* vorwärts in der Vervollkommnung deines Charakters zum Guten.»[431]

Der Transhumanismus bricht mit dieser Regel, für ihn soll die Anstrengung durch Einsatz von Technik erreicht werden. Damit reiht er sich also in die Gruppe derjenigen ein, die ein erweitertes Bewusstsein anstreben, negiert aber einen fundamentalen Grundsatz aller dieser Wege.

Der Gedanke des Transhumanismus, durch eine Maschine das Bewusstsein zu verändern, ist aber auch nicht neu. Er hat in der beginnenden Neuzeit einen Vorläufer: die Idee des Nürnberger Trichters.[432] Die Metapher des Nürnberger Trichters geht auf Georg Friedrich Harssdörffer (1607 – 1658) zurück, der 1647 in Nürnberg die Schrift *Poetischer Trichter / Die Teutsche Dicht- und Reimkunst / ohne Behuf der lateinischen Sprache / in VI. Stunden einzugießen* veröffentlichte (Abb. 34).[433]

Das Bild des Trichters findet man auch bei Harssdörffers Zeitgenossen Johann Amos Comenius (1592 – 1670) mehrmals ausgesprochen. Noch in seinem pädagogischen Spätwerk *Pampaedia* denkt Comenius darüber nach, wie man einen

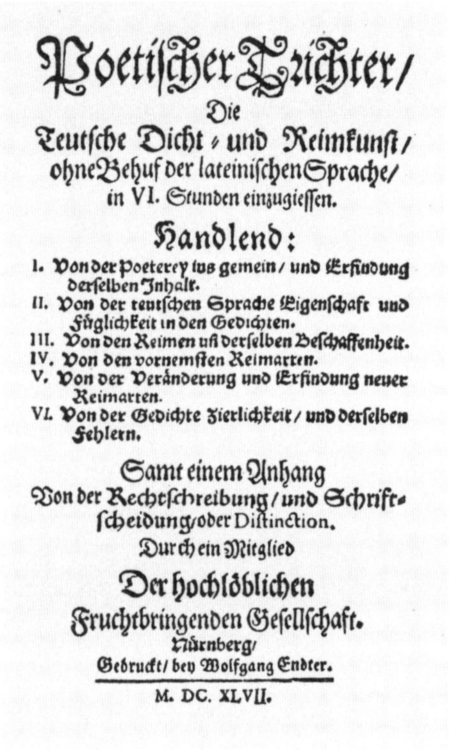

Poetischer Trichter/
Die
Teutsche Dicht- und Reimkunst/
ohne Behuf der lateinischen Sprache/
in VI. Stunden einzugiessen.
Handlend:
I. Von der Poeterey ins gemein/ und Erfindung derselben Inhalt.
II. Von der teutschen Sprache Eigenschaft und Füglichkeit in den Gedichten.
III. Von den Reimen und derselben Beschaffenheit.
IV. Von den vornemsten Reimarten.
V. Von der Veränderung und Erfindung neuer Reimarten.
VI. Von der Gedichte Zierlichkeit/ und derselben Fehlern.
Samt einem Anhang
Von der Rechtschreibung/ und Schriftscheidung/ oder Distinction.
Durch ein Mitglied
Der hochlöblichen
Fruchtbringenden Gesellschaft.
Nürnberg/
Gedruckt/ bey Wolfgang Endter.
M. DC. XLVII.

Abb. 34: Titelblatt der Schrift von Georg Friedrich Harssdörffer zum «Poetischen Trichter»

Weg finden könne, «Lehrern und Schülern die Arbeit zu erleichtern!».[434]

Die Trichtervorstellung geistert seitdem durch die Jahrhunderte. Immer wieder wird die Hoffnung deutlich, dass in der Zukunft einmal dieser Trichter gefunden werden könne, der Lernen ohne Mühe möglich macht.

Um 1899 thematisierte beispielsweise der Karikaturist Jean Marc Côté in einer Bilderserie seine Vorstellung von Schule im Jahre 2000.[435] Durch einen trichterförmigen Apparat wird das Wissen den Kindern mechanisch eingeflößt (Abb. 35). Auch

Abb. 35: «Schule im Jahr 2000» – Karikatur von Jean Marc Côté, ca. 1899[436]

wenn es sich bei dieser Zeichnung um einen Witz handelt, kommt doch in ihr der ernsthafte Wunsch zum Ausdruck, dass man durch die Verschmelzung mit einem Apparat auf mühelose und einfache Weise sein Wissen von der Welt einverleiben könne.

Gegen Ende des 20. Jahrhunderts gab es tatsächlich solche Szenarien in der Schule, die der ironischen Prophetie aus dem Jahr 1900 ähnlich waren (Abb. 36).

In Science-Fiction-Filmen, beispielsweise dem Film *Matrix*, wird immer wieder als selbstverständliche Szene gezeigt, dass jemand einen Chipanschluss oder einen Computeranschluss im Kopfbereich hat, über den die «Informationen» eines Sachverhaltes sofort geladen und abgerufen werden können. Und diese Sicht mündet geradewegs in transhumanistische Träume. In diesem Zusammenhang sei noch einmal an die bereits zitierte Äußerung des Google-Mitgründers Sergey Brin erinnert, mit der er das Zukunftsziel dieses Konzerns beschrieb: «We want to be the third half of your brain.»[437]

Abb. 36: Fremdsprachenunterricht mit Lernmaschinen 1971[438]

Gegenwärtig wird daran geforscht, wie man Gehirnfunktionen mit Maschinen verbinden kann, sodass Menschen durch Gedanken eine Maschine steuern können, aber auch umgekehrt, dass sie durch maschinelle Mittel etwas wahrnehmen können. Ein bekanntes Beispiel dafür ist das Cochlea-Implantat, mit dessen Hilfe taube Menschen wieder eingeschränkt hören können. Der CEO von Tesla und SpaceX, Elon Musk, begründete 2016 ein weiteres Unternehmen, «Neuralink», das sich der Erforschung von Chip-Implantaten widmet.

Der Mensch versucht heute etwas auf technischem Wege zu erreichen, das sich seit Jahrzehntausenden vollzogen hat: eine Veränderung des menschlichen Bewusstseins. Hier sei diese Veränderung kurz beschrieben, um zu verdeutlichen, welche Herausforderung für die heutige Menschheit besteht. Zugleich zeigt sich auch, worin die Fehleinschätzung des Transhumanismus liegt.

Entwicklung des menschheitlichen Bewusstseins

Der Transhumanismus sieht das Denken der Menschen, so wie es sich durch die Jahrtausende hindurch zeigte, als qualitativ gleich an. Er glaubt, dass nur eine quantitative Erweiterung stattgefunden habe – die Menschen seien eben zunehmend intelligenter geworden, so wie sich Computerprogramme im Laufe der Zeit verbessern. Dies ist aber nicht der Fall. Es gibt deutliche Hinweise, dass sich das Denken der Menschen *qualitativ* verändert hat.[439]

Archaisches Bewusstsein

Wenn man beispielsweise in das alte China zurückblickt, dann findet man dort – aber nicht nur dort – Hinweise auf ein uraltes Bewusstsein, das sich noch in vollkommener Einheit mit der Welt fühlte. Der taoistische Philosoph Dschuang Dsi (2. Hälfte des 4. Jahrhunderts v. Chr.) spricht beispielsweise davon, dass es einst eine Vorzeit gab, in der die Menschen ein anderes Bewusstsein hatten als seine Zeitgenossen: Sie waren eins mit der Welt, und sie kannten den Gegensatz von Ich und Welt nicht.

> «Die Männer des höchsten Altertums lebten inmitten des Unbewussten. Sie waren eins mit ihrem Geschlecht und erreichten Ruhe und Vergessenheit. Zu jener Zeit war Licht und Dunkel in stillem Einklang; Geister und Götter störten nicht; die Jahreszeiten hatten ihre Ordnung; alle Wesen blieben ohne Verletzung, und die Schar der Lebenden kannte keinen vorzeitigen Tod; die Menschen hatten wohl Erkenntnis, aber sie gebrauchten sie nicht: das war die höchste Einheit.»[440]

Welt und Mensch waren für dieses alte *archaische Bewusstsein*, wie der Kulturphilosoph Jean Gebser es nannte, identisch; der Mensch fühlte die Welt als sich, er war mit ihr eins. Dschuang Dsi sagte von diesen alten Menschen:

> «Die wahren Menschen des Altertums folgten ihrer göttlichen Natur und mischten nicht ihr irdisches Bemühen ins Göttliche hinein.»[441]

Magisches Bewusstsein

Das erste Aufschimmern einer Trennung des archaischen «Eins-Bewusstseins» wird in vielen Mythen durch ein Schuldigwerden gegenüber den Schöpfungsgottheiten beschrieben, wie beispielsweise im Sündenfall-Mythos aus dem ersten Buch Moses.

In der Schilderung des Prometheus-Mythos spricht Hesiod von einer Zeit, «als sich Götter und sterbliche Menschen schieden». Und diese Trennung wird von dem listigen Betrug der Götter durch Prometheus begleitet, dem die Menschen zudem das Feuer und die Technik verdanken.[442]

Das apokryphe Henoch-Buch erzählt, wie etliche Engel die schönen Menschentöchter begehrten, zu ihnen hinabstiegen und sie ehelichten.

> «[...] jeder von ihnen wählte sich eine aus, und sie begannen zu ihnen hineinzugehen und sich an ihnen zu verunreinigen; sie lehrten sie Zaubermittel, Beschwörungsformeln und das Schneiden von Wurzeln und offenbarten ihnen die heilkräftigen Pflanzen».[443]

Auch hier wird darauf hingewiesen, wie die Menschen früherer Zeiten, als sie aus ihrer Unschuld herausfielen, lernten, mit magischen Künsten ihr Leben zu gestalten, aber auch die

Anfangsgründe der Technik, der Kunst und der Wissenschaft entwickelten:

> «Asael lehrte die Menschen Schlachtmesser, Waffen, Schilde und Brustpanzer verfertigen und zeigte ihnen die Metalle samt ihrer Verarbeitung und die Armspangen und Schmucksachen, den Gebrauch der Augenschminke und das Verschönern der Augenlider, die kostbarsten und auserlesensten Steine und allerlei Färbemittel. [...] Semjasa lehrte die Beschwörungen und das Schneiden der Wurzeln, Armaros die Lösung der Beschwörungen, Baraqel das Sternschauen, Kokabeel die Astrologie, Ezeqeel die Wolkenkunde, Arakiel die Zeichen der Erde, Samsaveel die Zeichen der Sonne, Seriel die Zeichen des Mondes.»[444]

In diesen Mythen zeigt sich das Motiv, dass mit der Trennung von den Göttern der Mensch beginnt, Technik zu entwickeln. Ein Bewusstsein, das mit der Welt eins ist, hat keine eigenen Intentionen. Der Mensch lebt das Weltgeschehen mit, und die Welt wirkt durch ihn hindurch. Der Wille, ein eigenes Werkzeug herzustellen, ist bereits Ausdruck der beginnenden Loslösung aus der Welteinheit. Mit der Nutzung eines einfachen Faustkeils zeigt sich bereits ein qualitativ neues Bewusstsein: Ein erster Riss zwischen Selbst und Welt tritt auf. Noch fühlt der Mensch seine Zugehörigkeit zur Welt aber so stark, dass er glaubt, durch seinen Willen nicht nur seinen eigenen Leib, sondern auch die äußere Welt bewegen zu können: Magisches Handeln wird vollzogen. Jean Gebser folgend, kann man daher diese Bewusstseinsqualität als «magisches Bewusstsein» bezeichnen.

Der Prozess der Entwicklung des magischen Bewusstseins zeigt sich in der Schöpfung der ersten Anfänge von Technik. Es werden Werkzeuge hergestellt als Verlängerung des eigenen Leibes. Sie entstammen derselben Intention wie der magische Akt. Man will der Welt den *eigenen* Willen aufzwingen. Die frühen Werkzeuge sind vor allem zielgerichtete Werkzeuge: Faustkeil, Messer, Pfeil und Bogen, Speer, Harpune, Axt, Nadeln usw.

Auch wenn sich der magisch erlebende Mensch zwar schon etwas aus der Natur herauslöste, so war sein Innenleben ganz von Naturvorgängen erfüllt – er hatte noch keine abgeschlossene Innenwelt. Mit der Bildung eines seelischen Innenraums entstand wiederum eine neue Bewusstseinsqualität: das mythische Bewusstsein.

Mythisches Bewusstsein

Der zur Welt offene Bewusstseinsraum des magisch erlebenden Menschen schließt sich ab, ein eigener Innenraum wird erlebt: Der Mensch entdeckt die Seele (Jean Gebser). Zugleich entdeckt er die Zeit. Dies wird an zwei Phänomenen deutlich: einmal daran, dass der Mensch nach dem «Woher» seiner Gegenwart zu fragen beginnt; die Schöpfungsmythen entstehen, durch die er sich die Frage nach seinem Ursprung beantwortet.

> «Der echte Mythos beginnt erst dort, wo nicht nur die Anschauung des Universums und seiner einzelnen Teile und Kräfte sich zu bestimmten Bildern, zu den Gestalten von Dämonen und Göttern formt, sondern wo diesen Gestalten ein Hervorgehen, ein Werden, ein Leben in der Zeit zugesprochen wird. Erst dort, wo es nicht bei der ruhenden Betrachtung des Göttlichen bleibt, sondern wo das Göttliche sein Dasein und seine Natur in der Zeit expliziert, wo von der Göttergestalt zur Götter*geschichte* und zur Götter*erzählung* fortgeschritten wird, haben wir es mit ‹Mythen› in der engeren und spezifischen Bedeutung des Wortes zu tun.»[445]

Das andere Phänomen ist die Sesshaftigkeit und der Ackerbau (die etwa mit dem 9. Jahrtausend v. Chr. beginnen), denn Ackerbau setzt den Blick von der Zukunft aus auf das Heute voraus. Wer einen Acker bestellt, hat sein Handlungsmotiv nicht in der Gegenwart, sondern im Morgen. Die zukünftige Ernte bestimmt sein Handeln in der Gegenwart. Das gilt auch für die Pflanzen- und Viehzucht. Dem natürlichen Zeitstrom, der von der Vergangenheit in die Zukunft fließt, wird ein entgegengesetzter Zeitstrom hinzugefügt: ein Strom, der von der Zukunft aus zur Vergangenheit fließt.

Die Technik des mythischen Bewusstseins spiegelt die neue Lebensqualität. Der Mensch baut feste Häuser, in die er sich vor den Unbilden der Natur schützend zurückziehen kann. Der Entdeckung des seelischen Innenraums entspricht der Bau einer ortsfesten und dauerhaften Behausung.

Sesshaftigkeit, Ackerbau und Viehzucht gehen mit einer ganzen Reihe neuer technischer Errungenschaften einher:

- Domestikation von Schaf und Ziege, dann auch von Kuh und Schwein
- die Züchtung der heutigen Getreidearten: Weizen, Gerste, Hirse, Reis, Mais und auch Hülsenfrüchte wie Erbsen
- die Beherrschung der Technik des Spinnens von Fäden und des Webens von Textilien
- erste Ansätze von Kupferverarbeitung
- Entwicklung von Mahlsteinen (Handmühlen)
- Herstellung von Töpferwaren
- Boote werden für Schifffahrten benutzt.[446]

Mit der Erfindung des gesponnenen Fadens und des Webens wird im Grunde ein neues Material hergestellt, das so nicht in der Natur vorkommt. Aus geschorenen Haaren, also einzelnen Fasern, wird ein Faden hergestellt, der selbst erst das Rohmaterial ist, aus dem dann ein Stoff gewoben werden kann. Das Weben als permanente Kreuzung gesponnener Fäden spiegelt die menschliche Fähigkeit des Erlebens zweier gegenläufiger sich kreuzender Zeitströme. Auch hier tritt die Notwendigkeit eines vorausschauenden Denkens auf, denn ein Gewebe entsteht vom Ziel her. Ein einfaches Muster fordert bereits – wie der Ackerbau – ein Denken, das beim Ziel seinen Ausgangspunkt hat.

Eine ähnliche Signatur wie beim Spinnen und Weben kann man auch bei der entstehenden Töpferkunst und der Schmiedekunst sehen. Indem Ton gebrannt wird, wird das Material selbst verändert: In die Natur wird tiefer eingegriffen als vorher. Die eigene, neu entwickelte Innerlichkeit des Menschen korrespondiert mit der Fähigkeit, in das Innere der Materie einzudringen. War der Mensch vorher nur auf ihrer Oberfläche zugange, so beginnt er im Bergbau buchstäblich in sie hineinzugraben, um sie anschließend zu verändern, indem er aus den Erzen das Metall herausschmilzt und in die von ihm gewünschten Formen bringt.

Wenn man nach der für diese Zeit paradigmatischen Technik fragt, kann man auf das Tongefäß, das getöpferte Vorratsgefäß, hinweisen. In ihm zeigt sich der menschengeschaffene Innenraum mit dem neuen Bewusstsein für Zeit. Das Vorratsgefäß – als gegenwärtige Bereitstellung für eine zukünftige Notwendigkeit – setzt die neue Fähigkeit des Umgangs mit der Zeit voraus.

Der Übergang vom mythischen zum denkenden Bewusstsein

Das mythische Erleben kannte noch nicht den logisch-rationalen Verlauf eines Denkens, den spätere Zeitalter entwickelten. Die homerische *Ilias* zeigt sehr deutlich, wie sehr sich das Denken noch im achten Jahrhundert v. Chr. von dem der großen Philosophen im fünften vorchristlichen Jahrhundert unterschied.

Die *Ilias* beschreibt, wie im Lager der Griechen zwischen Agamemnon und Achilleus ein Streit ausbricht. Achilleus wird zornig und erwägt in «des Herzens Geist und Empfindung», ob er Agamemnon mit dem Schwert erschlagen oder seinen Zorn besänftigen soll. In diesem Moment naht ihm die Göttin Athene.

«Hinter ihn trat sie und fasste das bräunliche Haar des Peleiden,
Ihm allein sich enthüllend, der anderen schaute sie keiner.
Staunend zuckte der Held und wandte sich; plötzlich erkannt' er
Pallas Athenens Gestalt, und fürchterlich strahlt' ihm ihr Auge.
Und er begann zu jener und sprach die geflügelten Worte:
Warum, o Tochter Zeus', des Ägiserschütterers, kamst du?
Etwa den Frevel zu schaun von Atreus' Sohn Agamemnon?
Aber ich sage dir an, und das wird wahrlich vollendet:
Sein unbändiger Stolz wird einst noch das Leben ihm kosten!
Drauf antwortete Zeus' blauäugichte Tochter Athene:
Deinen Zorn zu stillen, gehorchtest du, kam ich vom Himmel,

Denn mich sendete Here, die lilienarmige Göttin,
Die für beide zugleich in liebender Seele besorgt ist.
Aber wohlan, lass fahren den Streit und zücke das Schwert nicht,
magst du mit Worten ihn doch beleidigen, wie es dir einfällt.
Denn ich sage dir an, und das wird wahrlich vollendet:
Einst wird dir noch dreimal so herrliche Gabe geboten
Wegen der heutigen Schmach. Drum fasse dich nun und gehorch' uns.
Ihr antwortete drauf der mutige Renner Achilleus:
Euer Wort, o Göttin, geziemet es wohl zu bewahren,
Welche Wut auch im Herzen sich hebt, denn solches ist besser.
Wer dem Gebot der Götter gehorcht, den hören sie wieder.
Sprach's und hemmte die nervichte Hand an dem silbernen Hefte,
Stieß in die Scheide zurück das große Schwert und verwarf nicht
Athenäens Gebot. Sie wandte sich drauf zum Olympos,
in den Palast des donnernden Zeus, zu den anderen Göttern.»[447]

In drei Schritten vollzieht sich Achills Entscheidung:[448]

- Achilleus ist in einer emotionalen Situation des Zweifels, er erwägt «in des Herzens Geist und Empfindung», ob er seinen Zorn stillen oder Agamemnon erschlagen soll.
- In dieser Situation des Zwiespalts erscheint ihm die Göttin Athene in einer Weise, wie man in späteren Zeiten das eigene Denken erlebt: ihn am Kopf berührend, nur ihm sichtbar, ihm einen Vorschlag unterbreitend, Achilleus freilassend, ob

er dem Vorschlag folgen will oder nicht. An der Stelle, an der bei uns heutigen Menschen das vernünftige Denken einsetzen würde, da erscheint dem homerischen Helden Achilleus die Göttin Athene und gibt ihm einen Rat.

- Achilleus nimmt den Rat an und handelt so, wie es die Göttin vorgeschlagen hat.

Dies ist eines von vielen Beispielen aus der *Ilias*, die zeigen, dass die homerischen Helden nicht aus sich selbst rational denken und handeln, sondern ihre Handlungen als von den Göttern gelenkt erleben. Agamemnon sagt gegen Ende der *Ilias*, als er von Achilleus auf den Anlass des Streites angesprochen wird:

> «[...] doch trag' ich dessen die Schuld nicht,
> Sondern Zeus, das Geschick und das nächtliche Schrecken Erinnys,
> Die in der Volksversammlung zum heftigen Fehl mich verblendet
> Jenes Tags, da ich selber Achilleus' Gab ihm entwandte.
> Aber was konnt' ich tun? Die Göttin wirkt ja zu allem,
> Zeus' erhabene Tochter, die Schuld, die alle betöret [...].»[449]

Achilleus akzeptiert diese Worte Agamemnons und widerspricht nicht. Denn die homerischen Menschen erlebten sich als göttergelenkt. Das kommt an vielen Stellen der *Ilias* zum Ausdruck. Der schönen Helena wird durch eine Göttin die Sehnsucht nach ihrer alten Heimat eingeflüstert (III, 129f.). Im Zweikampf des Paris mit Menelaos verbirgt eine Göttin den Paris vor dem Angriff seines wütenden Gegners (III, 380f.). Die Götter sind es, die in Wirklichkeit die Ursache des Krieges (III; 164f.) und des Streites sind (IV, 439). Götter sind es, die den Griechen im Traum erscheinen und ihnen Aufträge geben (II, 56f.). Zeus ist es, der den Helden Glaukos dazu bringt, «ohne Besinnung» seine goldene Rüstung gegen eine eiserne zu tauschen (VI, 234f.). Und die Göttin Athene ist es, die Hektor im Kampf mit Achilleus täuscht (XXII, 226f.), damit Achilleus den Kampf gewinnt.

Die Handlungen der von Homer beschriebenen Griechen werden nicht durch rationale Überlegungen eingeleitet, sondern durch das von den Göttern den Menschen Gesagte initiiert. Die Götter haben die Rolle inne, die bei dem späteren rationalen Denken das individuelle Bewusstsein einnimmt.

Die Welt der homerischen Helden war götterdurchdrungen und geistig belebt, so wie der Mensch selbst auch. Er fühlte sich innerhalb dieser Geistigkeit der Welt lebend und in fortwährender Auseinandersetzung mit ihr. Die Handlungen der von Homer beschriebenen griechischen Helden sind nicht durch rationale Überlegungen geleitet, sondern sie werden durch das von den Göttern den Menschen Gesagte initiiert. Wo bei den späteren Menschen das rationale Denken aufleuchtet, stehen bei den homerischen Helden noch die Götter, die ihnen sagen, was zu tun sei.

Dies gilt auch für die Erfindungen. Die Menschen der mythischen Zeit hatten nicht das Erlebnis, dass sie ihre Techniken erfunden haben. Es waren Geister oder Götter, von denen sie belehrt wurden, wie sie Geräte, Werkzeuge usw. anzufertigen haben. Darauf weist beispielsweise die Erzählung im apokryphen Henoch-Buch hin, die berichtet, dass es die gefallenen Engel waren, die den Menschen die Herstellung ihrer Technik gelehrt hätten.

Der griechische Prometheus-Mythos macht dieselbe Signatur sichtbar: Auch hier ist es ein Gott (ein Abkömmling der Titanen), der den Menschen das Feuer bringt und nach Aischylos sogar alle Technik: «So kommt jedwede Kunst (techne) den Sterblichen von Prometheus her.»[450]

Auch in anderen Kulturkreisen findet man eine solche Auffassung. Der Stamm der Dagara in Burkina Faso ist beispielsweise der Auffassung, dass sie Geistern, die sie «Kontombili» nennen, viele Erfindungen verdanken, die das Leben angenehm machen.[451]

Denkendes Bewusstsein

Die mythische Erlebnisweise wandelt sich innerhalb weniger Jahrhunderte zu einer rational logischen Denkweise. Der Mensch beginnt logisch argumentierend zu philosophieren und erreicht mit Platon und Aristoteles einen Höhepunkt der Denkschärfe. Die damals bekannten Sätze der Mathematik werden von Euklid systematisch dargestellt. Man erreichte durch Forschung auf vielen Lebensgebieten neue Einsichten. Mit der Entwicklung des rationalen Denkens im antiken Griechenland fragte der Mensch nicht mehr nach dem «Woher», sondern nach dem «Warum».

All das drückte sich natürlich auch in der Technik aus, die die Griechen als Vorreiter erfanden: Die Hebelgesetze wurden entdeckt, Flaschenzüge wurden zum Heben schwerer Lasten benutzt, Archimedes brachte die nach ihm benannte Wasserschraube nach Griechenland und erfand die auf dem Hebelprinzip beruhende Wurfmaschine, die große Steinkugeln in das gegnerische Lager schleudern konnte. Daneben vollbrachte man bemerkenswerte Leistungen im Tunnelbau. Vor allem vom dritten vorchristlichen Jahrhundert an erreichte das feinmechanische Können der Griechen einen ersten Höhepunkt. Man verstand es, den Luftdruck zu nutzen und mit der Spannung von verwundenen Tauen oder Sehnen die Kraft und die Geschwindigkeit geschleuderter Geschosse zu steigern. Man kannte Dampfgebläse und wassergetriebene Schöpfeimerketten. Das Können der Antike reichte in Alexandria während der Zeit um Christi Geburt bis zur Konstruktion erster Automaten. Es gab automatische Türöffner und Automatentheater, die kurze Szenen eines Mythos zur Aufführung brachten. Diese Automaten wurden für Prozessionen gebaut, aber auch zur Unterhaltung der höfischen Gesellschaft in Alexandria.[452]

Der Umschwung zum denkenden Bewusstsein kam auch in der Entstehung des Handels im 7. Jahrhundert v. Chr. als einer weit verbreiteten Erwerbsweise in verschiedenen Städten der Ägäis zum Ausdruck. Vor allem aber zeigte er sich in dem Übergang vom Naturaltausch zum Umgang mit geprägten Münzen. Die Entstehung der geprägten Münze als Zahlungsmittel gehörte zu den großen Errungenschaften des Übergangs zum denkenden Bewusstsein. Hier kündigte sich die Lösung des abstrakten «Wertes» vom realen Materialwert des Geldes an.

Es gibt allerdings eine Technik, an der sich der Übergang vom mythischen Bewusstsein zum denkenden Erfassen der Welt am unmittelbarsten zeigt: Die phonetische Schrift wurde gebräuchlich. Die logografische Schrift, die ihr vorausging, war zuerst eine reine Bilderschrift. In Bildern wies man auf Begriffe hin. Das entsprach noch dem bildhaft-mythischen Bewusstsein. Wer die Welt bildhaft erlebt, der stellt sie auch bildhaft dar. Mit der Entwicklung der phonetischen Schrift schließt sich die Schrift an die Sprache an. Sie drückt Sprache aus, macht Hörbares sozusagen sichtbar. Ein scharfes logisches Denken verzichtet auf Bilder, es braucht eindeutige, interpretationsfreie Zeichen.

Jean Gebser sprach in seiner Kulturphänomenologie von Bewusstseinsmutationen, die sprunghaft im Laufe der Menschheitsgeschichte eintraten. Ein solcher Sprung ist etwa um das 8. Jahrhundert v. Chr. zu beobachten. Es entsteht eine neue Art und Weise des Welterlebens. In den folgenden zweitausend Jahren verändert sich das Bewusstsein nur graduell, jedoch nicht prinzipiell. Erst mit dem Beginn der Neuzeit zeigt sich wiederum eine tief greifende Bewusstseinsmutation.

Nach Rudolf Steiners Auffassung hatte im 8. Jahrhundert v. Chr. eine neue Kulturperiode begonnen – die vierte nachatlantische Kulturperiode –, die im 15. Jahrhundert in das fünfte nachatlantische Zeitalter überging. Nachdem im dritten nachatlantischen Zeitalter, das mit dem Aufkommen der ägyptischen Kultur anfing, die Ausbildung der Empfindungsseele des Menschen im Vordergrund stand, war es die Aufgabe des vierten nachatlantischen Zeitraums, die Verstandesseele zu entwickeln. Mit dem 15. Jahrhundert beginnt die Zeit, in der die Menschheit die Aufgabe hat, ihre Bewusstseinsseele zu entfalten. Und tatsächlich ist in diesem Jahrhundert ein Bewusstseinsumbruch festzustellen. Sprach man im Rückblick auf die Entstehung des europäischen Denkens am Beginn des griechischen Zeitalters von der «Entdeckung des Geistes»[453], so vom 15. Jahrhundert von der «Entdeckung des Ich».[454]

Anders formuliert: Die Griechen entdeckten das Denken, und in der beginnenden Neuzeit entdeckte man auch den, der denkt. Die Neuzeit wird sich des Selbstes bewusst, das die Tätigkeit des Denkens bestimmt. Mit diesem Selbst und seiner denkenden Vernunft steht das Individuum nun der Welt getrennt gegenüber.

Die Entdeckung des Ich

Der Bewusstseinsumbruch der Neuzeit zeigt sich in einer Vielzahl von charakteristischen Phänomenen. René Descartes' *Meditationen*, die zu dem berühmten Satz «Ich denke, also bin ich!» führte, markiert den Wendepunkt. Herrschte zuvor noch die Haltung: «Ich bin, weil es Gott gibt, der mich schuf», so wendet Descartes die Frage um: Er will einen sicheren Ausgangspunkt für sein Erkennen der Welt finden, der nicht von einer äußeren Autorität abhängt, sondern den er unmittelbar selbst einsehen kann. Und diesen festen Punkt glaubt er in seiner eigenen Tätigkeit des Denkens zu haben.

Decartes' Denken steht stellvertretend für die veränderte Blickrichtung: Die Bedeutung des Ich wird neu erlebt – der Mensch erlebt sich allein in dieser Welt. Der Gegensatz Ich – Welt reißt vollends auf. Es entsteht ein neues Selbstbewusstsein. Ein Symptom dafür ist das Aufkommen des Selbstporträts. Der Mensch malt sich selbst, und aus dem Porträt schaut er sich selbst an. Ein anderes Symptom ist die Entdeckung der Perspektive. Diese setzt die Festlegung eines Augenpunktes voraus, von dem aus die perspektivische Abbildung der Welt erfolgen soll. Sie weist dem Betrachter einen bestimmten Ort im Raum zu. Im Betrachten des Gemäldes wird der Mensch auf den sinnlich erfahrbaren Außenraum verwiesen, zugleich aber auch auf sich selbst. In jeder Bildbetrachtung wird der Gegensatz «Ich und Welt» als Grundempfindung angesprochen.

Während des Mittelalters war das philosophische Denken praktisch von der Theologie vereinnahmt. Es bewegte sich in dem durch die Kirche vorgegebenen Rahmen. Mit der Scholastik im 13. und 14. Jahrhundert begann sich das Denken aus den Vorgaben der Theologie zu befreien. Thomas von Aquin (1225 – 1274) schrieb beispielsweise während der Diskussion, ob man die Auffassung des Aristoteles von der Ewigkeit der Materie philosophisch vertreten dürfe:

> «Ich kann nicht sehen, inwiefern es die Glaubenslehre betrifft, wie die Worte des Philosophen [Aristoteles, EH] ausgelegt werden.»[455]

Für ihn gab es bereits einen Bereich des Denkens außerhalb der Theologie. Mit der Scholastik trennte sich die Theologie von der Philosophie – das Denken wurde selbstständig. Allerdings noch nicht so stark, dass es hätte allein stehen können. Es lehnte sich noch an die aus dem arabischen Kulturraum herübergekommenen Schriften der antiken Philosophen an. Platon und Aristoteles waren die Autoritäten, an denen sich das sich befreiende Denken zunächst orientierte. Doch von diesen Autoritäten löste es sich zunehmend. Johannes Kepler (1571 – 1630) schrieb beispielsweise in seiner *Neuen Astronomie*:

> «Auf die Meinungen der Heiligen aber über die natürlichen Dinge antworte ich mit dem einzigen Wort: In der Theologie gilt das Gewicht der Autoritäten, in der Philosophie aber das der Vernunftgründe. Heilig ist nun zwar Laktanz, der die Kugelgestalt der Erde leugnete, heilig Augustinus, der die Kugelgestalt zugab, aber Antipoden leugnete, heilig das Offizium unserer Tage, das die Kleinheit der Erde zugibt, aber ihre Bewegung leugnet. Aber heiliger ist mir die Wahrheit, wenn ich, bei aller Erfurcht vor den Kirchenlehrern, aus der Philosophie beweise, dass die Erde rund, ringsum von Antipoden bewohnt, ganz unbedeutend und klein ist und auch durch die Gestirne hin eilt.»[456]

Das Denken entzog sich im 13. und 14. Jahrhundert den tradierten theologischen Dogmen und stellte sich auf sich selbst. Dabei spalteten sich die Denker der Scholastik im Universalienstreit in zwei Lager, in die Realisten und die Nominalisten.

Vom lebendigen zum abstrakten Denken

Im Universalienstreit ging es um die Frage, ob Allgemeinbegriffe und allgemeine Ideen (Universalien) etwas Wirkliches, eine Realität seien oder bloß ein Unwirkliches. Die Realisten waren der Auffassung,

> «dass das Einzelne nicht sein würde, wenn das Allgemeine nicht wäre, der Nominalismus besteht vielmehr umgekehrt darauf, dass das Allgemeine nicht sein würde, wenn das Einzelne nicht wäre».[457]

Roscelin von Compiègne (um 1045 – nach 1120) war einer der Ersten, der die Behauptung aufstellte, dass die Universalien bloße Worte seien (flatus vocis = lat. Hauch der Stimme), die keine Wirklichkeit besäßen, sondern nur als Namen (Nomina) für die Dinge stehen würden. Er gab damit dieser Denkrichtung ihren Namen: Nominalismus.[458] Roscelin war der Überzeugung, die Begriffe seien nur vom Menschen erdachte Bezeichnungen, die ähnliche Einzeldinge zusammenfassten. Seiner Auffassung nach waren also die Einzeldinge das Wirkliche und die Begriffe (Universalien) das Sekundäre, das bloß von den Einzelheiten Abstrahierte.

Der Realismus dagegen fasste die Universalien als reale, wirkliche Wesenheiten auf. Hervorragende Vertreter dieser Richtung waren Albertus Magnus (um 1200 – 1280) und Thomas von Aquin (1225 – 1274). Letzterer unterschied nun – in Anlehnung an Albertus Magnus – drei Seinsarten der Begriffe und Ideen (Universalien).

- Er sah die Universalien einerseits als Gedanke in Gott an, die *vor* und unabhängig von den Einzeldingen der Welt existierten (*universalia ante rem*).
- Zum Zweiten fasste er die Universalien auch als dem menschlichen Verstand zugängliche Form *in* den Einzeldingen auf (*universalia in re*).

- Und in der dritten Seinsform betrachtete er die Universalien als durch Abstraktion von den Dingen im menschlichen Geist entstanden, den Einzeldingen *nach*geordnet (*universalia post rem*).[459]

In der Gegenwart erleben die Menschen das eigene Denken als abstrakt. Man nimmt den Stuhl vor sich als real gegeben hin und erlebt nur, dass man vom Stuhl, den man wahrnimmt, einen abstrakten Begriff bildet. Das Erlebnis dabei ist, dass diese Abstraktionen bloß den real vorhandenen Dingen der Welt folgen.

Der scholastische Realist würde darauf erwidern, dass dem modernen Menschen eben nur die dritte der drei Seinsformen der Universalien bekannt ist. Um die zweite und vielleicht sogar die erste Seinsform der Universalien zu erleben, müsste das Denkerleben erweitert und vertieft werden.

Frühere Kulturen, die noch nicht die Fähigkeit des modernen, rationalen Denkens ausgebildet hatten, erlebten noch den zweiten Formzustand der Universalien. Für uns Heutige handelt sich darum, einen Weg zu suchen, der einen erlebten Zugang zu der zweiten, wenn nicht gar der ersten Seinsform der Universalien wieder erschließt.

> «[Dazu] müsste bei dem ‹Grenzerlebnis›, das der dritte Formzustand derselben dem Menschen bieten kann, begonnen und dieses genau betrachtet werden, um die anderen beiden Formen als realmögliche, latent noch vorhandene wieder zu finden und zu neuem bewussten Erleben zu erwecken.»[460]

Mit diesem Gedanken schließt sich ein wesentlicher Gesichtspunkt der Anthroposophie auf: der Aspekt der Bewusstseinserweiterung über die dem gewöhnlichen Bewusstsein gegebenen Grenzen hinaus. In Anknüpfung an den Universalienstreit führt Steiner in seiner Schrift *Von Seelenrätseln* aus:

> «Für den Nominalisten ist an dem Wolf nur wirklich die an diesem als einzelnem Individuum vorhandenen sichtbaren Stoffe, Fleisch, Blut, Knochen usw. Der Begriff ‹Wolf› ist ‹bloß› eine gedankliche Zusammenfassung der verschiedenen Wölfen gemeinsamen Merkmale. Der *Realist* erwidert darauf: irgendein Stoff, den man am einzelnen Wolf findet, den trifft man auch bei andern Tieren an. Es muss etwas geben, das den Stoff in den lebendigen Zusammenhang hineinordnet, in dem er sich im Wolfe findet. Dieses ordnende Wirkliche ist durch den Begriff gegeben.»[461]

Steiner zieht nun zur Erläuterung seines Gedankens einen Vergleich heran, den Vincenz Knauer (1828 – 1894) in seinem Buch *Die Hauptprobleme der Philosophie* ausführte:

> «Der Wolf zum Beispiel besteht aus keinen andern materiellen Bestandteilen als das Lamm; seine materielle Leiblichkeit baut sich aus assimiliertem Lammfleisch auf; aber der Wolf wird doch kein Lamm, auch wenn er zeitlebens nichts als Lämmer frisst. *Was ihn also zum Wolf macht, das muss selbstverständlich etwas anderes sein als die Hyle, die sinnfällige Materie, und zwar kein bloßes Gedankending muss und kann es sein, obwohl es nur dem Denken, nicht dem Sinne zugängig ist, sondern ein Wirkendes, also Wirkliches, ein sehr Reales.*»[462]

Dieses im Wolf wirkende Reale (im Sinne der zweiten Seinsform der Universalien) vergleicht nun Steiner mit dem Gedankenerlebnis des gewöhnlichen Bewusstseins.

> «Was durch die Sinne der Seele vermittelt wird, das ergibt nicht den Begriff ‹Wolf›. Was aber im gewöhnlichen Bewusstsein als dieser Begriff vorliegt, das ist sicher kein ‹Wirkendes›. Aus der Kraft *dieses* Begriffes konnte doch gewiss nicht die Zusammenordnung der im Wolfe vereinigten ‹sinnfälligen› Materien entstehen.»[463]

An dieser Stelle ist der gegenwärtige Mensch an einem Grenzort des Erkennens angekommen. Man erkennt, dass in der Welt wirksame Gesetze walten, aber man erlebt auch, dass man diese «kraftenden Gesetze» nicht unmittelbar wahrnimmt, sondern nur ihre sinnlichen Erscheinungsformen.

Die in der Welt wirkenden Gesetze erfahre ich in meinem Denken lediglich in abstrakter Form, gleichwohl muss ich ihnen zugestehen, dass sie in der Welterscheinung als ein «kraftendes Gesetz» wirken. Es ist also in dem Verhältnis von der Welterscheinung zu dem Begriff meines Bewusstseins zugleich ein Übergang von der zweiten Seinsform (universalia in re) in die dritte Seinsform (universalia post rem) zu beobachten. Daraus entsteht natürlich als Frage, wie sich diese Umwandlung von der zweiten in die dritte Seinsform vollzieht, und es ergibt sich auch die Frage, «wie es andererseits dem erkennenden Bewusstsein möglich wird, an die unmittelbare Erfahrung der den Gesetzen gemäßen differenzierten Kräfte heranzukommen».[464]

Steiner beantwortet diese Frage, indem er den Begriff der «Ablähmung» in die Betrachtung einführt.

> «Anthroposophie zeigt, dass außer der Beziehung des Menschen zum Wolfe, die im ‹Sinnfälligen› vorhanden ist, noch eine andere besteht. Diese tritt in ihrer unmittelbaren Eigenart nicht in das gewöhnliche Bewusstsein ein. Aber sie besteht als ein *lebendiger* übersinnlicher Zusammenhang zwischen dem Menschen und dem sinnlich angeschauten Objekte. Das Lebendige, das im Menschen durch diesen Zusammenhang besteht, wird durch seine Verstandesorganisation herabgelähmt zum ‹Begriff›. Die abstrakte Vorstellung ist das zur Vergegenwärtigung im gewöhnlichen Bewusstsein erstorbene Wirkliche, in dem der Mensch zwar lebt bei der Sinneswahrnehmung, das aber

> in seinem Leben nicht bewusst wird. Die Abstraktheit von Vorstellungen wird bewirkt durch eine innere Notwendigkeit der Seele. Die Wirklichkeit gibt dem Menschen ein Lebendiges. Er ertötet von diesem Lebendigen denjenigen Teil, der in sein gewöhnliches Bewusstsein fällt. Er vollbringt dieses, weil er an der Außenwelt nicht zum Selbstbewusstsein kommen könnte, wenn er den entsprechenden Zusammenhang mit dieser Außenwelt in seiner vollen Lebendigkeit erfahren müsste.»[465]

Diese Behauptung ist eine konsequente Folgerung aus der Einsicht in die Tatsache, dass das Denken jenseits von Subjekt und Objekt ist. Wenn das denkende Bewusstsein tatsächlich in das aktuale Denken eintauchen würde, dann träte das Bewusstsein aus der Subjekt-Objekt-Spaltung heraus und ginge in der All-Einheit der Welt auf: *Der Mensch wäre die Dinge selbst.*

Auf diese Ablähmung wurde mit der Betrachtung des menschlichen Vorstellungslebens bereits hingewiesen (s. den Abschnitt «Vorstellendes Denken und Wollen», S. 271ff.). Hier wird von einem anderen Gesichtspunkt aus mit dem Begriff der Ablähmung derselbe Weg beschrieben, den jeder Mensch als Kind während seiner Leibbildung vollzieht. Er kommt als seelisch-geistiges Wesen aus der Einheit der Welt. Im dritten Lebensjahr entwickelt er den Begriff des «Ich». Im Laufe des Heranwachsens bildet er mehr und mehr seine Persönlichkeit aus, die sich als einzelne der Welt gegenüberstellt.

Zur Entstehung eines Selbstbewusstseins ist das Herausfallen aus der Welteinheit notwendig.

> «Ohne die Ablähmung dieser vollen Lebendigkeit müsste sich der Mensch als Glied innerhalb einer über seine menschlichen Grenzen hinausreichenden Einheit erkennen; er würde Organ eines größeren Organismus sein. Die Art, wie der Mensch seinen Erkenntnisvorgang nach innen

> in die Abstraktheit der Begriffe auslaufen lässt, ist *nicht* bedingt durch ein außer ihm liegendes Wirkliches, sondern durch die Entwickelungsbedingungen seines eigenen Wesens, welche erfordern, dass er im Wahrnehmungsprozess den lebendigen Zusammenhang mit der Außenwelt abdämpft zu diesen abstrakten Begriffen, welche die Grundlage bilden, auf der das Selbstbewusstsein erwächst.»[466]

An den Grenzerlebnissen des gewöhnlichen Bewusstseins ist der Vorgang der Herablähmung wenigstens schattenhaft zu beobachten. Steiner weist in einem Aufsatz sogar explizit darauf hin, dass bei genügender willentlicher Anstrengung, «Grenzorte» des Erkennens genau in das Bewusstsein zu nehmen, ein Umschlag in einen neuen Erfahrungsbereich stattfinden könne.

> «Man kann nun wohl das Stehen-Bleiben an dieser Grenze als in der Natur des Erkennens begründet finden, wenn man zu seiner Anerkennung durch theoretische Erwägungen gelangt ist; man kann dies aber nicht, ohne sich selbst zu täuschen, wenn man mit Bewusstsein sich an dieser Grenze innerlich lebend weiß. Denn bei diesem Erlebnis hängt es nur davon ab, ob man es lange genug in Seelenruhe festhalten kann, um die innere Offenbarung zu empfangen, dass sich nun das Denken aus seiner Gebundenheit an die Leibeswerkzeuge heraus löst und zu einer in sich lebendigen Wirklichkeit wird, gegenüber welcher sich alles, was an die Leibeswerkzeuge gebunden ist, nur noch als Zuschauer verhält. Es ergreift nunmehr das Denken ein Eigenleben, das es zu einer Wirklichkeit macht, die man im gewöhnlichen Leben und in der anerkannten Wissenschaft nicht beobachten kann. Man erlebt nunmehr den Unterschied zwischen dem gewöhnlichen Denken und dem in sich lebendigen Denken. Das gewöhnliche Denken gibt Abbilder von Wesen; es ist aber in sich so wenig eine Wirklichkeit,

wie es ein Spiegelbild ist gegenüber dem abgespiegelten Gegenstande. Das lebendige Denken ist eine Wirklichkeit in sich selbst.»[467]

Aber auch schon vor diesem von Steiner beschriebenen Erlebnis gibt es genügend Hinweise in der Beobachtung des alltäglichen Denkens, die die von Steiner beschriebene Herablähmung in eine – wenn auch nur schwache – Erfahrung bringen.

Mit dieser Bemühung um eine Einsicht in den Ablähmungsvorgang, der sich im alltäglichen Denken fortwährend abspielt, ist man bei der gegenwärtigen Aufgabe der Bewusstseinsentwicklung angelangt. Im 21. Jahrhundert geht es darum, ein Verständnis der Wesenheit des Denkens zu erlangen. Auch hier treten wieder zwei gegensätzliche Auffassungen auf: diejenige, die das Denken als einen geistig-lebendigen Vorgang sieht, und die andere, die es als einen bloßen Hirnprozess betrachtet, den man durch maschinelle, formaloperative, algorithmische Vorgänge nachahmen könne.

Vom magischen Symbolismus zur symbolischen Maschine

Der Werdegang des menschheitlichen Denkerlebens spiegelt sich auch in der Entwicklung des mathematischen Denkens. In der griechischen Mathematik vollzog sich ein interessanter Übergang, den man nach Sybille Krämer als die Entdeckung der symbolischen Differenz bezeichnen kann. Die Griechen begannen, zwischen dem Symbol, das auf einen Sachverhalt hinweist, und dem Sachverhalt selbst zu unterscheiden.

In der altpythagoräischen Rechensteinarithmetik bewies man die Richtigkeit eines Satzes noch, indem man mit Rechensteinen gegenständlich operierte.[468] Die Richtigkeit einer Sache war gezeigt, wenn man sie durch eine praktische Handlung vollziehen konnte. Dabei ist der zentrale Aspekt – der uns Heutigen fremd geworden ist –, dass die so demonstrierte Richtigkeit *keine* symbolische Darstellung war, sondern als Schaffung des Sachverhaltes selbst.

> «Die Zahlenfiguration ist nicht nur ein Instrument zur Demonstration von Zahleneigenschaften, sondern die *Konstruktion der Zahlen* selbst. Der Gegenstand der altpythagoräischen Arithmetik wird durch die Rechensteinkonfigurationen nicht einfach *dargestellt*, vielmehr *hergestellt.*»[469]

Die altpythagoräische Arithmetik geht über das Rezepte-Wissen der Ägypter und Babylonier hinaus, indem die Pythagoräer beginnen, Beweise zu liefern. Aber diese liegen noch nicht in der Form von mathematischen Sätzen vor wie in späteren Zeiten, sondern als praktische Handlungen, die Rechensteine in Zahlengebilden auslegt und an ihnen sichtbare Aktionen vornimmt. Wenn Pythagoräer eine figurierte Zahl auslegten, dann stellten sie keine Anzahl dar, sondern sie stellten die Anzahl *her*. Im Dargestellten sahen sie bereits die ganze Sache selbst.

> «*Die Eigenschaften des Mediums* [*sind*] *zugleich* [...] *Eigenschaften desjenigen, das im Medium zur Darstellung gelangt.*»[470]

Ernst Cassirer nannte dieses Zusammenfallen von Zeichen mit dem Gegenstand, auf den sie hinweisen, «magischen Symbolismus» – also einen Symbolismus, bei dem die Verletzung des Bildes eines Tieres beispielsweise zugleich die Verletzung des Tieres selbst ist.

Vor allem durch die Entdeckung der Inkommensurabilität geht dieses Einheitserlebnis verloren. Denn der geometrische

Gegenstand – etwa die Diagonale eines Quadrats – deutet im Beweis ihrer Inkommensurabilität auf einen ins Unbegrenzte fortlaufenden Prozess hin, der sich aber sinnlich nicht mehr darstellen lässt. An dem Problem der Inkommensurabilität von Strecken wurde die symbolische Differenz zum ersten Mal deutlich. Es wird von da an zwischen der Darstellung und dem Dargestellten unterschieden, aber doch noch so, dass das Symbol auf eine Realität verweist. Wird mit Symbolen operiert, dann wird eigentlich mit den entsprechenden Gegenständen umgegangen. Das Symbol verweist auf ein real Existierendes, und der Symbolgebrauch bedeutet nichts anderes als einen stellvertretenden Umgang mit Realitäten. «Ontologischen Symbolismus» kann man im Anschluss an die Philosophin Sybille Krämer dieses Symbolverständnis nennen.

Dieser ontologische Symbolismus unterscheidet sich noch fundamental von dem später erst entstehenden formalen Umgang mit Symbolen. Der formale Symbolgebrauch wendet feste Regeln auf Symbole an, die in keiner Weise an eine Bedeutung gebunden sind. Er beginnt erst mit der Neuzeit.

Im 14., 15. Jahrhundert setzte sich der Gebrauch von Rechenverfahren mit indisch-arabischen Ziffern in Europa allgemein durch. Bis dahin war das römische Ziffernsystem vorherrschend. Dieses Ziffernsystem war ein System, das Anzahlen darstellte, sich aber nicht zum Rechnen eignete. In dem Maße, wie sich das indisch-arabische Dezimalsystem verbreitete, kam es weniger auf das Zählen von Anzahlen an als vielmehr auf das «Sich-in-den-Ziffern-Auskennen» (Krämer). Man lernte mit Symbolen umzugehen, die nur noch entfernt auf Realitäten hinwiesen.

Als dann im 16. Jahrhundert vor allem durch François Viéta (1540 – 1603) die Buchstabenrechnung entwickelt wurde, war die Loslösung der Symbole von ihrem Bezug auf bestimmte Gegenstände vollkommen. Mit der Buchstabenrechnung waren die mathematischen Formeln möglich: Symbole für Variablen und Konstanten stehen für alle möglichen Gegenstände, die in der Formel sinnvoll einsetzbar sind. Dadurch sind rein formale Operationen möglich, die keinen Bezug mehr zu irgendwelchen Objekten haben müssen. Man kann dies als «operativen Symbolgebrauch» bezeichnen.

Im operativen Symbolgebrauch wird eine künstliche Symbolsprache genutzt, in die das Problem übersetzt wird. Die so gegebenen Symbole werden dann nach festgelegten Regeln umgeformt, wobei die inhaltliche Bedeutung der Zeichen irrelevant ist. Die mathematischen Aktionen beziehen sich nur auf die Symbole.

Im 16., 17. Jahrhundert vollzieht sich im mathematischen Denken ein wesentlicher Umschwung, der sich in der zweiten Hälfte des 20. Jahrhunderts in der Idee ausspricht, alles Denken sei ein operativer Symbolgebrauch – dem Paradigma der Künstlichen Intelligenz-Forschung.[471] Die Menschen des 17. Jahrhunderts hatten das Gefühl, dass in jedem Menschen die gleiche Vernunft lebt und diese «Eine Vernunft» zugleich eine universelle Kraft ist.[472] Von daher lag es nahe, auch zu glauben, dass nur eine einzige richtige Methode existiere, um dieses Licht der Vernunft richtig anzuwenden, und es für die Wahrheitssuche nur *eine* richtige Verfahrensweise geben könne. Deshalb kulminierte diese Auffassung «in der Vorstellung einer Universalwissenschaft, d.h. von einer allgemeinen, in allen Disziplinen anzuwendenden einheitlichen Wissenschaftsmethode».[473]

Die Entstehung der großen Enzyklopädien ist ein Symptom für diese Anschauung. Denn in ihnen wird alles Wissen methodisch einheitlich aufgebaut und strukturiert dargestellt. Die methodisch strukturierte Ansammlung des Wissens entsprach dem angestrebten methodisch geordneten Aufbau der Wissenschaften.

Die große Frage war, wie man in diesem methodisch einheitlich strukturierten Kosmos eine Sprache findet, die es möglich macht, Begriffe der Wissenschaft so klar zu definieren, dass sie für alle Wissenschaftsgebiete eine einheitliche Grundlage darstellen. Man glaubte, diese universelle Sprache in der Mathematik zu finden.

Galileo Galilei (1564 – 1642) schrieb beispielsweise 1623:

> «Die Philosophie ist ins große Buch des Universums eingeschrieben, und dieses Buch liegt ständig offen vor unseren Augen. Aber dieses Buch kann man nicht verstehen, wenn man nicht zunächst seine Sprache begreift und das Alphabet zu entziffern versteht, in dem es geschrieben ist. Es ist in der Sprache der Mathematik geschrieben, und seine Schriftzeichen sind Dreiecke, Kreise und andere geometrische Figuren, ohne die es keinem Menschen möglich ist, ein einziges Wort davon zu verstehen; ohne sie tappt man darin wie in einem finsteren Labyrinth umher.»[474]

Der universal begabte große Philosoph Gottfried Wilhelm Leibniz (1646 – 1716) formulierte es noch deutlicher:

> «Wenn Gott rechnet und seinen Gedanken ausführt, entsteht Welt.»[475]

Leibniz wollte das Problem der richtigen Methode abschließend lösen, indem er versuchte, «die Wissenschaft vom Denkbaren überhaupt» zu begründen, die «alle anderen Wissenschaften aus hinreichenden Daten zu (er)finden (bzw. zu entdecken) und zu beweisen»[476] in der Lage ist. Seine Bemühungen zielten einerseits nach inhaltlicher Universalität und andererseits nach methodischer Einheitlichkeit: Die Beweise sollten in ihrem strukturellen Verlauf auf allen Wissenschaftsgebieten identisch sein. Diese methodische Universalität versuchte Leibniz zu erreichen, indem er ein universelles Zeichensystem aufstellen wollte, das die inhaltliche Betrachtung der Begriffe ausschließt und deshalb daraus herrührende falsche Deutungen und Schlüsse vermeidet.

> «Seine Absicht ist, Wissenschaftsmethode und Wissenschaftssprache so weit zu formalisieren, dass – wie seine berühmte Formulierung lautet – alle wissenschaftlichen Streitigkeiten und Kontroversen genauso beendet werden können wie die zwischen Rechnern (*computistae*). Im Streitfall hätten die beiden Disputanten sich nur an das Rechenbrett zu setzen und zueinander zu sagen: ‹lasst uns rechnen› (*calculemus*).»[477]

Leibniz glaubte an die Parallelität von Gedanken und Zeichen: Jedem Zeichen entspräche genau ein Gedanke und umgekehrt. Folgerichtig läge dann durch eine Analyse der sinnlich wahrnehmbaren Zeichen zugleich die Analyse der Gedanken sichtbar vor Augen. Leibniz wollte die Gedanken (und mit ihnen die Dinge der Welt) an exakt definierten Zeichen festmachen. Er suchte nach einer eindeutigen Zuordnung von Symbolen und Begriffen. Alle gedanklichen Schlüsse wären dann zu algorithmisch erfassbaren Problemen geworden.

Durch eine exakte Algorithmisierung, durch formale Operationen wollte Leibniz die Richtigkeit von Aussagen feststellen. Algorithmen wiederum lassen sich in maschinelle Abläufe umsetzen. Sybille Krämer stellt daher richtig fest, dass bei Leibniz «die maschinenmäßige Erzeugbarkeit eines wissenschaftlichen Satzes zum Kriterium seiner Wahrheit» wird.[478]

Mit seinem groß angelegten Vorhaben ist Leibniz noch gescheitert. Das große Ideal der Universalmethode lebte jedoch in der Folgezeit weiter und realisierte sich im 20. Jahrhundert in den von dem Technikphilosophen Gotthardt Günther so genannten «transklassischen Technologien».

Das Leibnizsche Ideal verwirklicht sich im Computer. Die Gedankengänge der Menschen werden nach außen gesetzt und realisieren sich in Maschinen. Und diese intelligenten Maschinen lernen mehr und mehr, das menschliche Denken nachzuahmen, zu simulieren.

Auf jedem Schreibtisch steht heute ein Universalgerät, das nach einer einheitlichen Methode funktioniert. Diese Einheitsmethode überzieht gegenwärtig als weltweites Netz alle Länder der Erde: die Computertechnologie. Das große Ideal des 17. Jahrhunderts wurde im 21. Jahrhundert zur alltäglichen äußeren Lebensrealität. Die große menschheitliche Errungenschaft der leidenschaftslosen, mathematisch-objektiven Rationalität ist als universelle, transklassische Maschine in die alltägliche Umwelt des heutigen Menschen geronnen.

Metamorphosen der Intelligenz – anthroposophische Aspekte

Vom wesenhaften zum abstrakten Gedanken

Aus den beschriebenen Phänomenen wird deutlich, dass die Menschen in früheren Zeiten offensichtlich das Denken anders erlebt haben. Dies lässt sich durch anthroposophische Gesichtspunkte noch tiefer verstehen.

In alten Zeiten erlebte der Mensch nicht, dass er selbst dachte und den in ihm lebenden Gedankeninhalt erzeugte, sondern er hatte das Gefühl, dass ihm die Ideen von einer übersinnlichen, einer göttlichen Welt eingegeben wurden. Der heutige Mensch erlebt seine Gedanken als leblos, er empfindet sie wie schattenhaft, bildhaft. Für eine frühere Menschheit waren die Gedanken «nicht bloß *lebend*; sie waren *beseelt* und *durchgeistigt*. Das heißt aber: der Mensch *dachte nicht* Gedanken; sondern er erlebte die Wahrnehmung von konkreten geistigen Wesenheiten.»[479]

Die in der *Ilias* geschilderte Erscheinung der Athene, die Achilleus einen Rat gibt, beschreibt genau dieses einstige Erleben des «Denkvorgangs» – nicht der Mensch dachte, sondern Geistwesen sprachen in ihm. Und in seinen Handlungen vollzog der Mensch das, was die Götter in ihm redeten. In der Diktion Rudolf Steiners:

> «Was der Mensch tut, ist die sinnlich-physische Erscheinung eines dahinterstehenden wirklichen göttlich-geistigen Geschehens.»[480]

Dieses Erlebnis geistiger Wesen verdunkelte sich. Der Mensch erlebte zunehmend Ideen nicht mehr als geistige Wesen, sondern nur noch als beseelte und später dann als lebendige Ideen. Zuletzt, ab dem 15. Jahrhundert, nahm er seine Gedanken lediglich in ihrer Prägung im physischen Leib wahr: Alles Geistige, alles Beseelte und alles Lebendige war aus ihnen gewichen.

Damit ging eine weitere Veränderung einher. In alten Zeiten hatte man nicht das Empfinden, dass man selbst Gedanken bildete – und konnte es nicht haben, denn man schaute die wesenhaften Gedanken, so wie Achilleus die Göttin Athene erblickte.

Dieses Schauen bildete sich zurück, verschwand gänzlich, und mit dem achten, neunten Jahrhundert etwa begann die Zeit, in der die Menschen das Erlebnis hatten, dass sie es selbst waren, die den Gedanken bildeten. In den Menschen leuchtete die persönlich-individuelle Intelligenz auf.

Die Pythagoräer schauten in ihren Rechenoperationen noch die darin lebende geistige Idee. Daher war ihnen die symbolische Differenz fremd. In dem Maße, wie das alte Erleben verblasste, das geistige Leben sich für die Wahrnehmung zurückzog, blieb aber doch noch das Empfinden, dass sich hinter dem Mathematischen eine geistige Realität verbarg: Der ontologische Symbolgebrauch trat ein. Mit dem achten, neunten Jahrhundert begannen die Menschen sich selbst als Denkende zu erleben. Sie hatten das Gefühl, dass die Gedanken ihr eigenes lebendiges Erzeugnis sind.

Und ab dem 15. Jahrhundert erfolgte dann der nächste Entwicklungsschritt: Die Menschen nahmen ihr Denken nur noch in der Spiegelung an ihrem physischen Leib wahr. Damit war das Erlebnis des menschlichen Denkens von aller Gebundenheit an geistige Verhältnisse befreit. Der Mensch war ganz auf sich gestellt – er war zur Freiheit fähig.

Der Verlust der einstigen Götterverbundenheit geht einher mit der Entstehung der menschlichen Freiheit. Achilleus konnte nicht frei handeln, er hatte der Göttin zu gehorchen. Der heutige Mensch muss keinem Gott mehr gehorchen, wenn er nicht selbst sich einen «Gott» setzt. Der Gegenwartsmensch ist auf sich selbst gestellt. Nur aus ihm selbst kann ein Neues entstehen. Nur er selbst kann sich dem Geistigen nähern – oder auch nicht.

Vom kosmischen zum menschlichen Gedanken

Diese Entwicklung des menschlichen Denkens lässt sich noch von einem völlig anderen Gesichtspunkt aus darstellen, den Rudolf Steiner in seinem Spätwerk erläuterte. Dabei muss man bedenken, dass geistige Vorgänge in imaginativen Bildern beschrieben werden. Diese zeigen auf je einseitige Weise, was sich in einem höheren Bewusstsein als Ganzheit erfahren lässt, aber im Bereich der «abgelähmten Gedanken» nur partiell, einseitig beschreiben lässt – und mystisch erscheint.

Rudolf Steiner weist auf eine geistige Macht hin, «aus der die Gedanken der Dinge fließen» und die in früheren Zeiten mit dem Namen «Michael» bezeichnet wurde. Um zu verdeutlichen, dass man nicht bei den mit dem Namen überlieferten Vorstellungen stehenbleiben darf, sondern auf das Wesen selbst zu schauen hat, schrieb Steiner: «Der Name kann beibehalten werden.» Wenn man diesen Namen verwendet, dann kann man sagen:

> «Michael verwaltete die kosmische Intelligenz. Vom neunten Jahrhundert an verspürten die Menschen nicht mehr, dass ihnen Michael die Gedanken inspiriert. Sie waren seiner Herrschaft entfallen; sie fielen aus der geistigen Welt in die individuellen Menschenseelen.»[481]

Der Sonnengeist Michael hatte die Aufgabe, in der Zeit, als die Menschen noch nicht Eigendenker waren, die intellektuellen Kräfte auf die Erde herabzuleiten. Die Menschen der vorchristlichen Zeit erlebten, dass die lebendige Intelligenz im Kosmos ausgebreitet ist, dass die Welt intelligent ist und die Gedanken im Menschen wesenhaft aus dem geistigen Kosmos in ihn hereinkommen. Sie hatten das Empfinden, dass ein großes geistiges Wesen diese lebendige kosmische Intelligenz verwaltet, das, vergleichsweise gesagt, die kosmischen Gedanken denkt. Im jüdisch-christlichen Kulturbereich erhielt dieses Wesen den Namen Michael. Und über Äonen hinweg war Michael von der geistigen Sonnensphäre aus der Verwalter der kosmischen Intelligenz, der «Denker» im Kosmos.

Dann kam das große Mittelpunktsereignis der Menschheitsentwicklung: Das geistige Wesen der Sonne, dem man in späteren Zeiten den Namen Christus gegeben hat, stieg auf die Erde herab und ging durch Tod und Auferstehung. Seitdem ist der Christus mit der Erde verbunden. Zugleich mit ihm zieht aber auch die kosmische Intelligenz von der Sonne weg und zur Erde hin. Und das zeigt sich darin, dass die Menschen eben ab dem 8., 9. Jahrhundert sich selbst als die Erzeuger der Gedanken erleben und nicht mehr Michael als den kosmischen Verwalter der Intelligenz.

In der geistigen Sonnensphäre, innerhalb derer Michael wirkt, war das Erlebnis: «Was wir durch Äonen verwaltet haben, das ist uns entsunken, das ist uns verloren gegangen, das ist heruntergeströmt und ist jetzt in den Seelen der Menschen auf Erden.»[482]

Die Menschen werden Eigendenker. Michael verlor seinen Einfluss, er konnte sie nicht mehr im Denken impulsieren. Und vor allem: Er musste warten, bis er wieder in der Lage war, seine Impulse in die Menschheit hineinzubringen. Das charakterisiert die gesamte Neuzeit bis in das 19. Jahrhundert hinein.

Dagegen hatten ahrimanische Kräfte die Möglichkeit, auf die im Menschen vorhandene Eigenintelligenz zuzugreifen. Ihre Anstrengungen gingen dahin, die Intelligenz vollständig in ihren Bereich hereinzuziehen. Rudolf Steiner macht darauf aufmerksam, dass es gerade die ahrimanischen Kräfte waren, die im 15. Jahrhundert die Buchdruckerkunst aufgebracht haben – mit den gesamten Folgen für die menschliche Kultur.

Vom menschlichen Denken zum maschinellen Algorithmus

Im Medium der Schrift zeigt sich zuerst, was alle anderen später noch vom Menschen geschaffenen Medien charakterisiert und was der Medienwissenschaftler Heinz Buddemeier als mediales Urphänomen beschrieben hat.[483] Hier sei dieses Urphänomen kurz beschrieben:

- *Wesen und Erscheinung werden voneinander getrennt.* Wer schreibt, fixiert seine momentanen Gedanken in der Zeit. Gedanken gerinnen in Symbole, lösen sich dadurch vom gegenwärtigen Sein des Menschen und werden «dauernd». Damit wird die *Erscheinung* der Gedanken von ihrem *Wesen* getrennt. Etwas, das ursprünglich im rein Gegenwärtigen gelebt hat, wird als vergangene Erscheinungsform, als gewordene Symbolfolge, in der Gegenwart verdauert. Schriften sind in Symbole geronnene Gedanken, die sich von ihrem Wesen getrennt haben.

- *Der wahrnehmende Mensch wird gespalten.* Schrift trennt den lesenden Menschen in zwei Erlebnisbereiche: Ein Leser lebt mit seinen Augen in dem Text des Schriftstücks und mit seinen anderen Sinnen in seiner unmittelbaren Umgebung.
- *Schrift überwindet die Begrenztheit durch die Zeit und Raum.* Indem sie Gedanken fixiert, wird die Beschränkung des Gedächtnisses überwunden, und sie beseitigt die Einschränkung durch den Raum, da man ihren Träger, auf dem sie geschrieben ist, transportieren kann.
- *Der Erfahrungshorizont wird indirekt erweitert.* Ein Leser erschließt sich einen über die Erfahrungen des Alltags hinausgehenden Erfahrungsbereich. In der Schrift gerinnen die Erfahrungen und Gedanken anderer Menschen. Schrift erweitert so den eigenen gegenwärtigen Erfahrungshorizont auf den anderer Menschen.

Im Buch – auch im Foto, im Film, in der Tonaufnahme usw. – werden Wesen und Erscheinung voneinander getrennt. Das im Denken des Menschen Lebende wird im Buch fixiert und mechanisch vervielfältigt. Die Intelligenz fällt sozusagen aus dem Menschen heraus, wird von ihm abgesondert und fixiert sich in der Schrift, auf Papier – das in der Zeit verlaufende menschliche Eigendenken wird materiell räumlich, es erstirbt in gedruckten räumlichen Symbolfolgen.

Schaut man auf das dahinterliegende Geistige, dann kommt man zu dem Herrn des Todes: Ahriman. Er ist zugleich eine der glänzendsten Intelligenzen des Kosmos. Rudolf Steiner charakterisiert ihn im Gegensatz zu den michaelischen Kräften so:

«Ganz anders steht es bei Ahriman. Dieses Wesen hat sich seit lange aus der Entwickelungsströmung losgelöst, der die gekennzeichneten göttlich-geistigen Mächte angehören. Es hat sich in urferner Vergangenheit als selbstständige kosmische Macht neben diese hingestellt. – Nun steht es in der Gegenwart zwar räumlich in der Welt darinnen, der der Mensch angehört, aber es entwickelt mit den rechtmäßig dieser Welt angehörenden Wesen keinen Kräftezusammenhang. Nur da die Intellektualität, von den göttlich-geistigen Wesen losgelöst, an diese Welt herankommt, findet Ahriman sich mit dieser Intellektualität so verwandt, dass er sich auf seine Art durch sie mit der Menschheit verbinden kann. Denn er hat, was der Mensch in der Gegenwart wie eine Gabe aus dem Kosmos erhält, schon in urferner Zeit mit sich vereinigt. Ahriman würde, wenn ihm gelänge, was in seiner Absicht liegt, den der Menschheit gegebenen Intellekt ähnlich seinem eigenen machen. – Nun hat Ahriman sich die Intellektualität in einer Zeit angeeignet, als er sie nicht in sich verinnerlichen konnte. Sie blieb eine Kraft in seinem Wesen, die mit Herz und Seele nichts zu tun hat. Als kalt-frostiger, seelenloser kosmischer Impuls strömt von Ahriman die Intellektualität aus. Und *die* Menschen, die von diesem Impuls ergriffen werden, entwickeln eine Logik, die in erbarmungs- und liebeloser Art für sich selbst zu sprechen scheint – in Wahrheit spricht eben Ahriman in ihr –, bei der sich nichts zeigt, was rechtes, inneres, herzlich-seelisches Verbundensein des Menschen ist mit dem, was er denkt, spricht, tut.»[484]

Ahriman will die kosmische Intelligenz, die in den Menschen hereingesunken ist, erobern.

«Michael möchte, was sich da innerhalb der Menschheit als Intelligenz entwickelt, fortdauernd im Zusammenhange mit den göttlich-geistigen Wesen erhalten. Dem aber steht ein Widerstand entgegen. Was die Götter als Entwickelung durchmachen in der Linie von der Ablösung der Intellektualität von ihrem kosmischen Tun bis zur Eingliederung in die menschliche Natur hin, das steht offen als Tatsache in der Welt drinnen. Sind Wesen vorhanden, die ein Wahrnehmungsvermögen haben, durch das sie diese Tatsachen schauen können, so können sie sich diese zunutze machen. – Und solche Wesenheiten sind vorhanden. Es sind die ahrimanischen Wesen. Sie sind ganz dazu veranlagt, alles, was sich als Intelligenz von den Göttern loslöst, in sich aufzusaugen. Sie sind dazu veranlagt, die Summe aller Intellektualität mit ihrem eigenen Wesen zu vereinigen. Sie werden damit die größten, die umfassendsten und eindringlichsten Intelligenzen des Kosmos. Michael sieht voraus, wie der Mensch, indem er immer mehr zum Eigengebrauch der Intelligenz vorrückt, sich mit den ahrimanischen Wesen begegnen muss und wie er dann ihnen verfallen kann, indem er eine Verbindung mit ihnen eingeht. – Deshalb bringt Michael die ahrimanischen Mächte unter seine Füße, er stößt sie fortwährend in ein tieferes Gebiet als das ist, in dem der Mensch sich entfaltet. Michael, den Drachen zu seinen Füßen, ihn in den Abgrund stoßend: das ist das im Menschenbewusstsein lebende gewaltige Bild der hier geschilderten übersinnlichen Tatsachen.»[485]

Diese Intelligenz, die Ahriman erobert, gerinnt in die Maschinenintelligenz, die uns mehr und mehr umgibt und unser Leben immer stärker bestimmt.

«Ahrimans Streben geht dahin, aus dem, was er von der Erde in den Weltenraum strömen lässt, eine kosmische Maschine zu machen. Sein Ideal ist ‹einzig und allein› ‹Maß, Zahl und Gewicht›.»[486]

Wenn man dieses ahrimanische Ideal mit dem vergleicht, was beispielsweise Kurzweil als Zukunftsideal beschreibt, dann wird unmittelbar klar, welcher Geist hinter solchen Visionen steht.

> «In jedem Fall werden ‹dumme› Materie und Abläufe im Universum umfunktioniert werden zu einer Form höchster, erhabenster Intelligenz, welche die sechste Epoche der Informationsevolution ausmacht. Dies ist das ultimative Schicksal der Singularität und des Universums.»[487]

Betrachtet man die Technikentwicklung der letzten Jahrhunderte, kann man gut beobachten, wie sich die menschliche Intelligenz in Richtung des Maschinellwerdens entwickelt hat. Einige Stationen des Weges seien aufgezählt:

16. Jahrhundert: Der algebraische Kalkül hält Einzug in das Denken der Menschen. Algorithmen werden erkannt, die Lösung von Problemen durch rein formellen Umgang mit Symbolen wird möglich.

Im *17. Jahrhundert* macht sich Leibniz bereits Gedanken darüber, wie man Gedanken maschinell realisieren kann, und es werden schon erste Additionsmaschinen gebaut.

Im *19. Jahrhundert* entstehen die mechanischen Webstühle. Deren Lochkartensteuerung kann man als erste Vorform der Computersteuerung ansehen.[488]

In der *Mitte des 19. Jahrhunderts* versuchte Charles Babbage einen programmgesteuerten Rechner zu bauen. Seine Ideen waren durchaus richtig und nahmen Späteres weit voraus; allerdings war die Feinmechanik seiner Zeit nicht exakt genug, um seine Ideen entsprechend realisieren zu können.[489]

Ende des 19. Jahrhunderts wurden Holleriths Zählmaschinen, die mit Lochkarten arbeiteten, sehr erfolgreich in den USA eingesetzt, um die Volkszählungen effizient zu bearbeiten.[490]

In der *Mitte des 20. Jahrhunderts* baute Konrad Zuse dann als Erster einen Computer in Deutschland.[491]

In den USA entstanden dann in den *1940er-Jahren* die entscheidenden Gedanken, die die weitere Grundlage für die Computerentwicklung bildeten:

- Die Kybernetik verfolgte den Aspekt der Rückkoppelung.
- Die Informationstheorie, die Wissenschaft von der Übermittlung von Informationen, entstand.
- Die Spieltheorie wurde ausgearbeitet, deren Ideen die Grundlage bilden, um das Verhalten von größeren Menschenmengen vorherzusagen.
- John von Neumann (1903 – 1957) kam auf die Idee, dass man Programme genauso wie die Daten speichern kann.

Ab *Mitte der 1950er-Jahre* wird der Gedanke intensiv diskutiert, wie man eine Künstliche Intelligenz herstellen könne. Es wird an dem Problem der KI geforscht – mit Erfolgen, aber auch mit Enttäuschungen, tiefen Einbrüchen und starken Rückschlägen.[492]

In der *1960er-Jahren* wird an der Idee der Vernetzung von Computern geforscht und mit Beginn der *1970er-Jahre* dann als Internet umgesetzt.[493]

Mit den *1990er-Jahren* breiten sich Internet und Mobilfunk in der Menschheit explosionsartig aus, um schließlich *zu Beginn des 21. Jahrhunderts* in Gestalt des Smartphones mit dem Menschen, in seinen Hosen- und Jackentaschen, ein unzertrennliches Dasein zu führen.

Google, Facebook, Amazon und einige andere große Firmen streben an, dass im Internet eine Künstliche Intelligenz entsteht, die den Menschen von außen her lenkt, sodass er nicht mehr selbst denken muss, sondern gesagt bekommt, was er jetzt am besten machen soll.

> «Erklärtes Ziel: Die Suchmaschine soll durch komplexe Analyse die Anfragen der Nutzer kennen, bevor er selbst

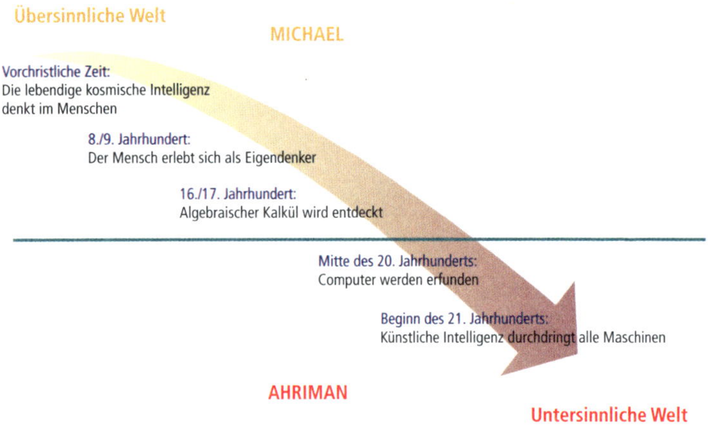

Abb. 37: Die Entwicklung der Intelligenz

> es tut. ‹Ich stelle mir vor, dass in wenigen Jahren die Mehrheit der Suchanfragen beantwortet wird, bevor sie als User überhaupt nachfragen›, meint Kurzweil unter anderem im Interview.»[494]

Man will im Netz eine KI installieren. «Künstliche Intelligenz wäre die ultimative Version von Google», sagte Larry Page zwei Jahre nach der 1998 erfolgten Gründung seiner Firma in einem Interview. «Dieser sind wir inzwischen jedoch ein gutes Stück näher gekommen, und das ist im Großen und Ganzen auch, woran wir arbeiten.»[495]

Damit sind die Bestrebungen Ahrimans skizziert, die auf die Erde gefallene kosmische Intelligenz zu erobern. Die Michael entfallene Intelligenz ist durch den Menschen bis in die Maschine hinein geronnen. Kosmische Intelligenz ist nicht nur in den Menschen gekommen und zu einer menschlichen Intelligenz geworden, sondern sie ist auch in einen künstlichen digitalen Raum unterhalb der Natur herabgefallen und zur maschinellen Intelligenz geronnen (Abb. 37).

Die gegenwärtige Herausforderung

Thomas von Aquin und die ihm nahestehenden Realisten sahen noch den Zusammenhang von Gegenstand und Gedanke. Sie hätten Maurice Merleau-Pontys Aussage wohl zugestimmt:

> «Der Sinn eines Dinges wohnt i[h]m inne, so wie die Seele dem Leib innewohnt: sein Sinn liegt nicht hinter den Erscheinungen; der Sinn des Aschbechers (zumindest sein vollständiger individueller Sinn, wie er sich der Wahrnehmung gibt) ist nicht irgendeine seine sensorischen Aspekte koordinierende oder allein dem Verstande zugängliche Idee des Aschbechers, er beseelt den Aschbecher selbst und verkörpert sich in ihm mit Evidenz. Darum eben sagen wir, in der Wahrnehmung sei uns das Ding ‹selbst gegeben›, ‹leibhaftig gegeben›.»[496]

Merleau-Ponty macht darauf aufmerksam, dass jede Begegnung mit einem Gegenstand eine Wesensbegegnung ist – dieser offenbart sich dem Menschen einerseits durch die Sinne, und andererseits begegnen sich Ding und Mensch im Geist.

Für die Realisten war der Gedanke eine Wirklichkeit, die in den Dingen der Welt lebte, und wenn der Mensch die Idee eines Dings fasste, sahen sie diese Idee als etwas an, das aus dem Sein eines Dings in ihr Bewusstsein eintrat. Für die Realisten waren die Dinge der Welt durchgeistet, in ihnen lebte ein Wesenhaftes.

Die Nominalisten dagegen blickten auf ihre eigene Denktätigkeit. Aus diesem Erlebnis heraus kamen sie zu der Auffassung, dass Gedanken nur subjektiv seien, etwas, das der Mensch von sich aus zu den Dingen hinzufügt, aber mit dem Ding selbst nichts zu tun habe.

Durch seine Zeitgebundenheit hatte der Realismus die Schwierigkeit, dass er nicht zum vollen Erlebnis des Geistigen in den Dingen kommen konnte.

> «Man fühlte die Ideenwelt in sich. Man erlebte sie als etwas Reales. Aber man fand in der Seele nicht die Kraft, in den Ideen den Geist zu erleben. So entstand der *Realismus*, der die Realität in den Ideen empfand, aber diese Realität nicht finden konnte. Der Realismus hörte in der Ideenwelt das Sprechen des Weltenwortes, er war aber nicht fähig, die Sprache zu verstehen. Der *Nominalismus*, der sich ihm entgegenstellte, leugnete, weil das Sprechen nicht verstanden werden konnte, dass es überhaupt vorhanden sei. Für ihn war die Ideenwelt nur eine Summe von Formeln in der menschlichen Seele ohne eine Wurzelung in einer geistigen Realität. Was in diesen Strömungen wogte, es lebte fort bis in das neunzehnte Jahrhundert. Der *Nominalismus* wurde die Denkungsart der Natur-Erkenntnis. Sie baute ein großartiges System von Anschauungen der sinnenfälligen Welt auf, aber sie vernichtete die Einsicht in das Wesen der Ideenwelt. – Der *Realismus* lebte ein totes Dasein. Er wusste von der Realität der Ideenwelt; aber er konnte im lebendigen Erkennen nicht zu ihr gelangen.»[497]

Aus dem nominalistisch-naturwissenschaftlichen Denken, das in den ersten Jahrhunderten der Neuzeit in hohem Maße ausgebildet worden war, entstanden schließlich die technischen «Erreichnisse» der Menschen: Der Nominalismus ist in der Gegenwart zur Maschinenkultur des Alltags geworden. Die alte Auseinandersetzung der Realisten und der Nominalisten ist wiederum auf einer neuen Ebene da, nur ist sie heute existenziell geworden. Gegenwärtig geht es um das Überleben des Menschen.

Alan Turings Auffassung, dass eine Maschine intelligent sei, wenn sie erfolgreich Intelligenz simulieren könne (s. den Abschnitt «Turings Lösungsversuch», S. 67ff.), ist die vollständige Verneinung der Frage nach dem Wesentlichen, das in einer Erscheinung lebt. Wenn man das Wesen, den geistigen Kern einer Sache nicht in Betracht zieht, dann bleibt man an der Außenseite kleben, bei der Erscheinung, sozusagen beim Namen. Das ist praktizierter Nominalismus.

Aus geistiger Sicht beschreibt Rudolf Steiner den tieferen Untergrund dieser Differenz zwischen Realismus und Nominalismus:

> «Man kann sagen: Die Realisten wollten Michael die Treue bewahren; auch da die Gedanken aus *seinem* Bereich in den der Menschen gefallen waren, wollten sie als Denker dem Michael dienen als dem Fürsten der Intelligenz des Kosmos. – Die Nominalisten vollzogen in ihrem unbewussten Seelenteil den Abfall von Michael. Sie betrachteten nicht Michael, sondern den Menschen als den Eigentümer der Gedanken.»[498]

Die geistige Strömung, die Michael die Treue bewahren wollte, konnte zu Beginn der Neuzeit zunächst nicht auf der Erde wirken. Aber sie bereitete sich auf ihr späteres irdisches Wirken im geistigen Bereich vor.

Rudolf Steiner schildert, wie die geistige Entität, die den Namen «Michael» trägt, im 15., 16. bis hin zum 18. Jahrhundert im geistigen Bereich des Kosmos eine große «himmlische Schule» einrichtete, die alles, was einst in den Mysterienschulen auf der Erde gewusst und gelehrt wurde, vor die Seelen hinstellte. Zahlreiche Menschenseelen, Elementarwesen und Engelwesen waren versammelt. Diese Schule, die durch Jahrhunderte bestand, wurde dann in der ersten Hälfte des 19. Jahrhunderts durch eine große im Übersinnlichen stattfindende Kultushandlung abgeschlossen. Diese wies in mächtigen Bildern auf das im 20. Jahrhundert zu begründende, neue spirituelle Christentum hin. Das war eine gewaltige Vorbereitung der Seelen, die sich dann vom Beginn des 20. Jahrhunderts an vor allem der Anthroposophie zuwandten. Und Rudolf Steiner wies gegen

Ende seines Lebens immer wieder darauf hin, dass Anthroposophie die in irdische Begriffe geronnene Weisheit ist, die in der übersinnlichen Michael-Schule gelehrt wurde.

Die in den Schriften der Anthroposophie veröffentlichten Begriffe und Ideen sind aber gar nicht das Wesentliche; die Geschichte der Anthroposophischen Gesellschaft zeigt, wie die anthroposophische Kultur, die zu Steiners Zeiten noch intensiv lebte, immer abstrakter wurde und immer wieder in sektiererische Tendenzen einmündete. Die von Steiner gegebenen Anregungen wurden zu wenig aufgegriffen. Man blieb im Rezipieren anthroposophischer Schriften stehen und war mit den Bildvorstellungen, die man sich dadurch erwarb, zufrieden. Das Medium «Schrift» zeigte deutlich seine Wirkung.

Das Entscheidende *hinter* den in den Schriften veröffentlichten Inhalten der Anthroposophie ist der Willensimpuls, der aus der geistigen Michael-Schule hervorgeht: nämlich das eigene menschliche Denken, in dem die vormalige kosmische Intelligenz lebt, so umzuwandeln, dass es Michael als dem kosmischen Verwalter der Intelligenz wieder entgegengeht. Entscheidend ist, die auf die Erde in den Menschen gefallene kosmische Intelligenz durch stete übende Meditation wieder so zu verlebendigen, dass die geistige Kraft, die den äußeren Namen «Michael» trägt, wieder einen Zugang zu dem erhält, was die Menschen denken. Man kann es auch anders formulieren: Es kommt darauf an, das Denken wieder zu spiritualisieren, damit es mit dem Geistigen der Welt in Zusammenhang kommt.

> «Das Zeitalter, das jetzt im Anbrechen ist, bedarf des Hinblickes der Menschheit auf eine Welt, die unmittelbar als geistige an die physisch empfundene angrenzt und in der solches zu finden ist, wie es hier als Michael-Wesenheit und Michael-Mission geschildert ist. Denn *die* Welt, die sich der Mensch im Anblicke *dieser* physischen Welt als die Natur

ausmalt, ist auch nicht die, in der er unmittelbar lebt, sondern eine solche, die so weit *unter* der wahrhaft menschlichen liegt wie die michaelische *über* dieser. Nur merkt der Mensch nicht, dass unbewusst, indem er sich ein Bild seiner Welt macht, eigentlich das einer andern entsteht. Er ist, indem er dieses Bild malt, schon dabei, sich auszuschalten und dem geistigen Automatismus zu verfallen. Der Mensch kann seine Menschheit nur bewahren, wenn er *diesem* Bilde, in dem er sich als in dem Bilde der Naturanschauung verliert, das *andere* gegenüberstellt, in dem Michael waltet, in dem Michael die Wege zum Christus führt.»[499]

Die kosmische Intelligenz muss zu Michael wieder zurückgebracht werden.

Die Entwicklung des Denkens

Der Anthroposophie liegt die Annahme zugrunde, dass ein höheres Bewusstsein durch eine langjährige innere meditative Schulung möglich ist. Der prinzipielle Gang dieses Weges ist beispielsweise in dem Buch von Rudolf Steiner *Wie erlangt man Erkenntnisse der höheren Welten?* ausführlich erläutert worden.[500] Darin sind praktische Übungen dargestellt, aber nicht nur dort, sondern innerhalb der Gesamtausgabe Steiners findet man zahllose Übungen und Übungsanregungen.[501]

Der von Steiner beschriebene Weg geht vom wachen Vorstellungsbewusstsein aus, das sich schrittweise zu drei weiteren Bewusstseinsstufen weiterarbeitet, die Steiner als Imagination, Inspiration und Intuition bezeichnete.

Steiner führte sehr differenziert aus, durch welche Übungen der Mensch das rational-logische Denken in einem ersten Schritt zu einem rationalen Bildbewusstsein erweitern kann.

Dieses Bildbewusstsein nannte er imaginatives Bewusstsein. Es ist ein Bewusstsein, das in Bildern denkt. Wie kann man verstehen, was damit gemeint ist?[502]

Man kann sich einem Verständnis nähern, wenn man zunächst das gewöhnliche rationale Erkennen anschaut. Das uns im Alltag zur Verfügung stehende Denken geht vom sinnlichen Wahrnehmen aus. Man betrachtet einen Gegenstand. Er macht auf unsere Sinne einen Eindruck. Dadurch ist es dem Menschen möglich, dass er sich ein Bild von diesem Gegenstand macht. Dieses Bild hängt sehr vom Standort des Menschen im Raum und vor allem auch von der Gesundheit seiner Sinne ab. Ein Farbenblinder hat sicher ein anderes Bild von einem farbenfrohen Gegenstand als jemand, der alle Farben sehen und genau unterscheiden kann.

Das Bild des Gegenstandes kommt für den Menschen aber nur zustande, wenn er ihn auch «sehen» kann, das heißt, wenn er einen Begriff bilden kann, der den Gegenstand erfasst. Am Beispiel eines operierten Blindgeborenen wird dies besonders deutlich.[503] Da er noch nicht geübt ist, die neuen Farb- und Formeindrücke mit Begriffen zu durchdringen, nimmt er zwar den Gegenstand wahr, aber er «sieht» ihn doch nicht, da er sich ohne einen aktiv geschaffenen Begriff noch kein Bild von dem Gegenstand machen kann. Damit wird indirekt eine vierte Ebene im gewöhnlichen Erkennen deutlich: Hinter dem ganzen Vorgang steht eine menschliche Individualität – ein Ich –, die diesen Prozess veranlasst. Beim gewöhnlichen rationalen Erkennen kommen also vier Elemente in Betracht:

1. der Gegenstand, der auf die Sinne einen Eindruck macht
2. das Bild, das sich der Mensch von diesem Gegenstand macht
3. der Begriff, durch den der Mensch den Gegenstand erfasst, mit dem er das Bild durchdringt
4. das Ich, das sich aufgrund der Eindrücke Begriff und Bild erschafft.

Man kann, Rudolf Steiners Sprachgebrauch folgend, den vom Gegenstand herrührenden Sinneseindruck mit dem Wort «Sensation» bezeichnen. Anhand der Sensation bildet sich der Mensch einen Begriff vom Gegenstand und erschafft im Begreifen zugleich auch das Bild des Gegenstandes.

Imagination

Ein über das gewöhnliche Bewusstsein hinausgehendes Bewusstsein verändert zuerst sein Verhältnis zum Gegenstand. Dieser fällt in seiner sinnlich gegebenen Form weg. Aber das Ich ist weiterhin denkend und bildschaffend tätig. Das heißt, der Mensch hat zwar keine sinnliche Wahrnehmung mehr, es steht ihm kein Gegenstand mehr gegenüber, aber dennoch schafft er in sich Bilder und Begriffe. Wenn das bei einem Menschen aus heiterem Himmel im Alltagsleben auftritt, liegt dem oft eine pathologische Situation zugrunde.

Anders ist das bei einem Menschen, der in langer, geduldiger Konzentrations- und Meditationsarbeit das Denken und das innere Bildschaffen vertieft und stärkt. Beim Meditierenden fallen dann ebenfalls die Sinneswahrnehmungen weg, und es können bei ihm Bilder, sehr lebendige Bilder auftreten. Durch geduldige Übungen und die ausdauernde Schulung sind diese auftretenden Bilder jedoch nicht Ausdruck einer überfließenden Fantastik, sondern es sind sinnvolle Bilder, in denen sich komplexe, vernetzte Sachverhalte ausdrücken. Sinnvolle Bilder bedürfen aber nicht nur des tätigen Ich, sondern auch eines objektiven Gegenübers. Fällt der Gegenstand und mit ihm die Sensation, an die sich bis dahin die Bilder knüpften, weg, muss etwas anderes an diese Stelle treten. Steiner bezeichnete mit dem Wort «Imagination», was an die Stelle der Sensation tritt.

Ich	
Begriff	
Bild	**Imagination**
Gegenstand	**Sensation**

So wie es heute im allgemeinen Sprachgebrauch verstanden wird, bedeutet es: Fantasie, Einbildungskraft, bildhaft anschauliches Denken. Das Wort «Imagination» geht auf das lateinische Wort «imaginatio» (= Einbildung, Vorstellung, Traum) zurück. «Imaginatio» wiederum stammt von dem lateinischen Wort «imago» (= Bild, Porträt, Abbild, Ebenbild, Vorstellung, Gedanke, Einbildung) ab.

Das Wort «imaginär» wird im deutschen Sprachgebrauch ab dem 18. Jahrhundert geläufig, und zwar auf dem Gebiet der Mathematik, wo man im Zahlbereich der komplexen Zahlen imaginäre von reellen Zahlen unterscheidet. Die Bedeutung von «imaginär» im Sinne von «nur gedacht, nicht wirklich, vorgestellt» wird im Deutschen erst im 19. Jahrhundert heimisch.

Rudolf Steiner benutzt das Wort «Imagination», um die erste Stufe der übersinnlichen Erkenntnis zu beschreiben. Er verwendet es im gegenteiligen Sinne, wie es allgemein üblich ist. Imagination versteht er als ein erhöhtes Bewusstsein, das über das rationale Denken hinausgeht, als ein Bewusstsein, in dem sich geistige Realität in einer tieferen Weise ausspricht.

Mit einem sehr anschaulichen Beispiel beschreibt er, wie die imaginative Welt erlebt wird:

> «Wir können zu einer Vorstellung der imaginativen Welt gelangen, wenn wir uns denken, eine Pflanze stehe vor uns, und wir würden in der Lage sein, alles, was dem Sinn des

Auges als Farbe wahrnehmbar ist, herauszuziehen aus der Pflanze, sodass es förmlich frei in der Luft schwebt. Würden wir nun nichts anderes tun, als diese an der Pflanze befindliche Farbe herausziehen und frei vor uns schweben lassen, dann hätten wir eine tote Farbengestalt vor uns. Für den hellsichtigen Menschen aber bleibt diese Farbengestalt durchaus nicht ein totes Farbenbild, sondern wenn er das, was in den Dingen Farbe ist, herauszieht aus den Dingen, dann fängt durch seine Vorbereitungen und Übungen dieses Farbenbild an, von dem Geistigen belebt zu werden, geradeso wie es in der sinnlichen Welt durch das Stoffliche der Pflanzen belebt war; und der Mensch hat dann vor sich nicht eine tote Farbengestalt, sondern, frei schwebend, farbiges Licht, in der mannigfaltigsten Weise schillernd und sprühend, aber innerlich belebt. Sodass eine jede Farbe der Ausdruck ist der Eigentümlichkeit einer geistig-seelischen Wesenheit, die in der Sinnenwelt nicht wahrnehmbar ist; das heißt, es fängt die Farbe in der sinnlichen Pflanze an, für den Hellseher Ausdruck zu werden für seelisch-geistige Wesenheiten. Denken Sie sich nun eine Welt, erfüllt von solchen in der mannigfaltigsten Weise spiegelnden Farbengestalten, sich ewig wandelnd, umgestaltend, aber nicht den Blick beschränkt auf das Farbige wie etwa bei einem Gemälde von flimmernden Farbenreflexen, sondern denken Sie sich das alles als Ausdruck von geistig-seelischen Wesenheiten, sodass Sie sich sagen: Wenn hier aufblitzt ein grünes Farbenbild, so ist es mir der Ausdruck dafür, dass ein verständiges Wesen dahinter ist; oder wenn aufblitzt ein hellrötliches Farbenbild, so ist es mir der Ausdruck von etwas, was eine leidenschaftliche Wesenheit ist. Denken Sie sich nun dieses ganze Meer von ineinanderspielenden Farben – ich könnte ebenso gut ein anderes Beispiel nehmen und sagen:

> ein Meer von ineinanderspielenden Tonempfindungen oder Geruchs- oder Geschmacksempfindungen, denn das alles sind Ausdrücke von dahinterstehenden geistig-seelischen Wesenheiten –, dann haben Sie das, was man die imaginative Welt nennt. Es ist nicht etwas, wofür man wie im gewöhnlichen Sprachgebrauch das Wort Imagination verwendet, eine Einbildung, sondern das ist eine reale Welt. Es ist eine andere Art der Auffassung, als es die sinnesgemäße ist.»[504]

Die Imagination ist also ebenso eine Wahrnehmung, wie es die sinnliche Wahrnehmung physischer Gegenstände ist, nur dass in ihr über die Sinne hinausgehende geistige Vorgänge wahrgenommen werden. Genauer formuliert: In der Imagination werden Lebensvorgänge, Vorgänge in der Welt der Bildekräfte wahrgenommen (s. auch den Abschnitt «Beziehungsebenen zur Welt, S. 201ff.). Das Denken, das diese imaginativen Wahrnehmungen durchdringt und versteht, kann man als imaginatives Denken bezeichnen.[505]

In der Imagination offenbart sich ein objektiv Geistiges aus der Welt der Bildekräfte. Es ist genauso objektiv vorhanden wie ein sichtbarer Gegenstand, nur dass dieses objektiv Geistige im Innern des Menschen auftritt und scheinbar keine äußeren Manifestationen besitzt.

Rudolf Steiner weist mit Recht darauf hin, dass man einer langen Schulung bedürfe, bis man die Sicherheit gewonnen hat, inmitten der Bilderwelt, die sich im Innern des Menschen auftut, Illusion von geistiger Wirklichkeit zu unterscheiden.

> «Denn der Mensch ist zunächst ja daran gewöhnt, nur dasjenige ‹wirklich› zu nennen, was, ohne sein Zutun, ihm durch die feste Grundlage seiner Sinneswahrnehmung gegeben ist. Und er muss sich erst hineinfinden, Dinge für ‹wirkliche› zu nehmen, die von ganz anderer Seite veranlasst werden. Und er kann auch darinnen nicht vorsichtig

genug sein, wenn er nicht zum Fantasten werden will. Die Entscheidung darüber, was auf höherem Gebiete ‹wirklich› ist, was ‹Illusion›, die kann nur von der *Erfahrung* kommen. Und man muss sich diese Erfahrung in einem stillen, geduldigen Innenleben aneignen.»[506]

Inspiration und Intuition

Rudolf Steiner bleibt bei der Charakterisierung der Imagination nicht stehen, sondern zeigt auf, dass noch weitere, intensivere Bewusstseinszustände möglich sind. Denn genauso wie in der starken Konzentration und Meditation die Sensation wegfallen kann, können auch die imaginativen Bilder weggelassen werden. Dann lebt der Mensch allein in bildlosen Begriffen. Wiederum muss an die Stelle des Wegfallenden ein Neues treten: die Inspiration.

> «Was für die erste Stufe die Sensation, für die zweite die Imagination, das ist für sie [die dritte Stufe, EH] die *‹Inspiration›*. Die Inspiration gibt die Eindrücke, und das ‹Ich› formt die Begriffe. Will man durchaus mit dieser Welt etwas Sinnliches vergleichen, so kann nur die Tonwelt des Hörens zu einem solchen Vergleiche herangezogen werden. Aber nicht mit Tönen wie in der sinnlichen Musik hat man es zu tun, sondern mit einem rein ‹geistigen Tönen›. Man beginnt zu ‹hören›, was im Innern der Dinge vorgeht. Der Stein, die Pflanze usw. werden zu ‹geistigen Worten›. Die Welt beginnt der Seele gegenüber ihr Wesen wirklich selbst auszusprechen.»[507]

An anderer Stelle beschreibt Steiner:

> «Wenn wir nun aufsteigen von der Imagination zur Inspiration, dann kommen wir nun schon an den luftförmigen

Menschen, an dasjenige, was im Menschen luftförmig ist. Und wir kommen, indem wir an die Inspiration herankommen, an eine Auffassungsweise, die sehr ähnlich ist dem Hören musikalischer Töne, Harmonien, Melodien, sehr ähnlich ist dem musikalischen Hören. Die Inspiration hat nichts mehr mit etwas Begriffsmäßigem zu tun, sondern mit etwas, was auch in der Auffassung eine Art Musikalisches ist. Das Musikalische muss nicht immer gehört werden, es kann auch, indem es geistig ist, empfunden werden. Aber im Grunde genommen hat alle Inspiration etwas Musikalisches.»[508]

In der Inspiration erschließen sich dem Menschen die Beziehungen und Zusammenhänge der Wesen, die er imaginativ wahrnimmt.

Auf der höchsten Stufe des erkennenden Bewusstseins, in der Intuition, hört auch das Leben in Begriffen auf. Es fließt das Ich mit dem Wesen der Dinge zusammen. «Das *Leben* der Dinge in der Seele ist nun die *Intuition.*»[509] Der Mensch wird wesenseins mit dem anderen Wesen. Er versteht das Wesen der Dinge aus ihnen selbst heraus, weil er in der Intuition dieses Wesen selbst ist.

Zusammenfassend:

Ich	**Intuition**
Begriff	**Inspiration**
Bild	**Imagination**
Gegenstand	**Sensation**

- Imagination: Geistige Wesen stellen sich in Bildern dar.
- Inspiration: Die Wesen und ihre Beziehungen sprechen sich aus.
- Intuition: Man wird eins mit dem anderen Wesen.

Will man es in den Begriffen des Realismus formulieren, so geht der innere Entwicklungsweg, den die Anthroposophie vorschlägt, von den Universalia post rem zu den Universalia in rem, um zuletzt wesenseins zu werden mit den Universalia ante rem.

Es kann natürlich die Frage auftauchen, was man und wie man üben kann, um solche Fähigkeiten zu entwickeln. Was muss man tun, um sich die Fähigkeit der Imagination zu erwerben?

Mögliche Übungswege

Rudolf Steiner wies immer wieder darauf hin, dass es für die Übung des Denkens sehr hilfreich ist, wenn man sich mit Mathematik beschäftigt, vor allem mit Geometrie. Denn in der Geometrie hat man ja schon Gedanken, die weitgehend sinnlichkeitsfrei sind. Darüber hinaus muss man in ihr das Denken beweglich werden lassen, denn wenn ich verfolgen will, wie eine Figur sich verändert, wenn ein Punkt sich ins Unendliche bewegt, muss ich Geraden und Ebenen drehen und verschieben. Dabei lebe ich in einer inneren Tätigkeit, die sich zunehmend verstärkt und die ich dann beobachten kann.

Ein Beispiel: Man stelle sich ein Dreieck vor, aber so, dass dessen Seiten über die Ecken hinausreichen (Abb. 38). Man kann nun die Basis mit den beiden Eckpunkten A und B festhalten und die beiden Seiten a und b langsam um die A und B drehen. Der Punkt C verschiebt sich dann nach oben, geht

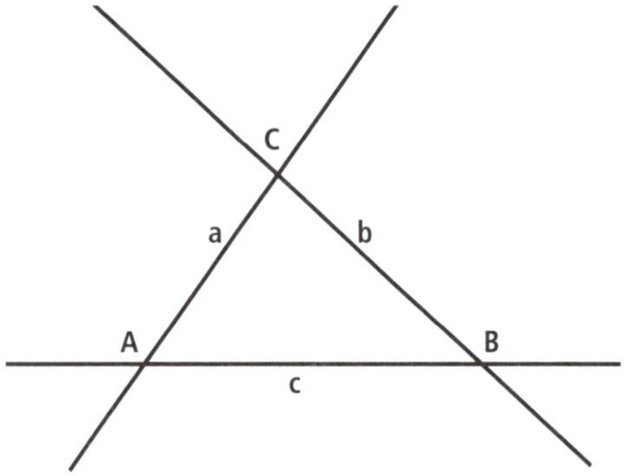

Abb. 37: Ein Dreieck, dessen Seiten über die Ecken hinausreichen

immer weiter weg, bis die Geraden a und b parallel sind. Dreht man weiter, ist der Punkt C unterhalb der Basis und nähert sich ihr von unten. Diese innere doppelte Drehbewegung im Vorstellen kann dann immer deutlicher als ein aktiver Prozess erlebt werden.

Aber man muss sich nicht unbedingt mit Geometrie befassen, um Denkübungen machen zu können. Eine besonders schöne – und nicht unkomplizierte – Übung ist in Abbildung 39 dargestellt. Man versucht, das Bild eines roten Kreises, in dessen Mitte sich ein grüner Kreis befindet, innerlich, in einem kontinuierlichen Prozess, so zu verwandeln, dass schließlich ein grüner Kreis entstanden ist, in dessen Mitte sich ein roter Kreis befindet.

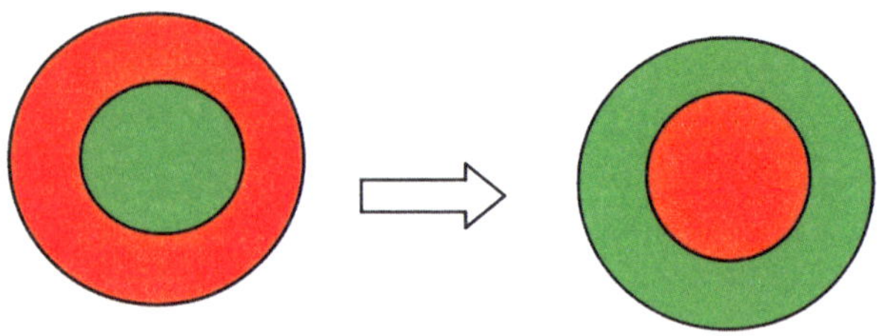

Abb. 39: Anregung für eine Vorstellungsübung

Wenn man diese Übung macht, kann man bestätigen, was Steiner behauptet:

> «Da werden Sie allmählich gewahr werden, dass Denken heißt: geradeso innerlich etwas tun, wie etwas äußerlich tun heißt, seine Hand gebrauchen, seinen Arm gebrauchen.»[510]

Das Denken verändert sich dadurch allmählich. Es wird kräftiger, konkreter und wird zunehmend bildlich. Der Mensch gewinnt die Fähigkeit, in bis zum Farbigen sich sättigenden Bildern zu denken. Das sind dann keine abstrakten Vorstellungen mehr, sondern die Bilder sind ähnlich beweglich wie Traumbilder, die aber in einer ganz anderen Bewusstheit erfahren werden. Man denkt in Bildern genauso besonnen und logisch, wie es der Mathematiker auf abstrakte Weise tut.

Der Mensch beginnt, in Bildern zu denken, und in ihnen zeigen sich die geistigen Verhältnisse der umgebenden übersinnlichen Bereiche. Es zeigen sich in imaginativen Bildern geistige Kräfte und Wesen.

Imaginationen sind also sachgemäße Bilder, in denen sich etwas Geistiges ausspricht. Um sie verstehen zu können, bedarf es allerdings noch der Fähigkeit der Inspiration. Die Bilder werden dann als wesenhaft erlebt. Und dann versteht man, warum die Griechen, warum überhaupt die alten Kulturen von Göttern sprachen, die mit ihnen Umgang hatten. In der Imagination eröffnet sich neben dem sinnlich erfassbaren Raum ein zweiter, übersinnlich erlebbarer Raum.

Dieser Raum kann heute von jedem, der eine innere Schulung beginnt, gefunden werden. Dem Gegenwartsmenschen öffnen sich also heute – neben dem realen, sinnlich erlebbaren Raum – zwei weitere Räume: die technisch generierten virtuellen Bildräume und die im Inneren sich öffnenden imaginativen Bildräume.

Scheidewege

Imaginative Bildräume sind nur durch ein erstarktes Denken zu erfahren. Das abstrakte Denken muss durch eine Intensivierung des Denkwillens zu einer lebendigen Intelligenz werden. Ihr eröffnen sich geistige Bereiche in bildhafter Form. Durch digitale Technologien können virtuelle Räume erlebt werden. Dort kann der Mensch weitgehend passiv bleiben, denn die Maschine ist aktiv. Er hat die Illusion, in einen anderen Weltbereich eintreten zu können, aber dieser Weltbereich hat keinen Seinswert.

In der Imagination wird dem Menschen die ihn und die Welt durchdringende seelisch-geistige Welt in Bildern erlebbar. Diese Welt hat Seinscharakter, sie ist die Wirklichkeit, die den menschlichen Leib und mit ihm das Dasein der Welt durchdringt.

Die Zukunft der Menschheit hängt davon ab, ob es genügend Menschen geben wird, die den aktiven Schritt zum Erlebnis der imaginativen Welt zu gehen in der Lage sind. Denn nur wer die innere Kraft hat, sich erfahrend über die Sinneserfahrungen hinaus zu erheben, der kann auch frei mit den Möglichkeiten der untersinnlichen Welt umgehen.

Indem der Mensch die abstrakte Intelligenz ausbildete, erwarb er sich die Möglichkeit, Maschinen zu bauen, in denen seine intellektuellen Fähigkeiten in materieller Form kondensierten. Der in diese Geräte hineingebannte menschliche Verstand wird allerdings immer selbstständiger und droht die Menschheit als scheinbar allmächtiges Wesen zu überwältigen. Indem sich der Mensch eine lebendige Intelligenz erwirbt, eröffnen sich ihm die Lebensbereiche, die der materiellen Wissenschaftlichkeit verborgenen bleiben müssen (Abb. 40). In den Schöpfungen der Kunst können sich diese Erfahrungen

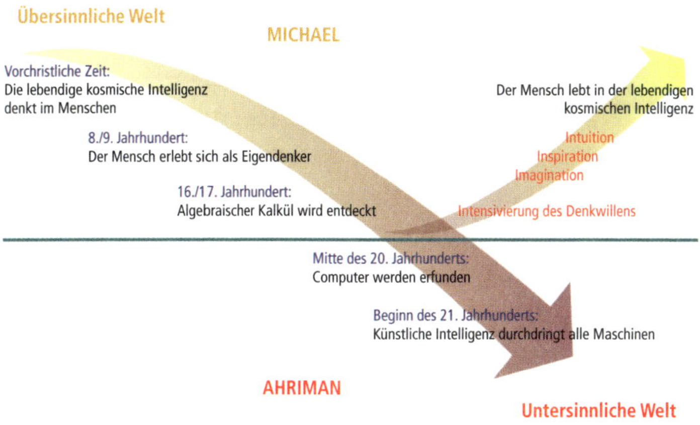

Abb. 40: Die Entwicklung der menschlichen Intelligenz im Spannungsfeld von kosmischer und maschineller Intelligenz

anfänglich formulieren. Aus der dann möglichen Erforschung dieser anderen Daseins- und Kräftebereiche werden sich in der Zukunft völlig neuartige Technologien entwickeln, die im Einklang mit den Lebensprozessen der Natur stehen und nicht wie die mechanischen die Lebensprozesse stören oder gar zerstören.

In letzter Konsequenz zeigen sich dem imaginativen Denken auch seelisch-geistige Wesen, die keine physischen Leiber annehmen und denen eine alte Tradition die Namen Angeloi, Archangeloi usw. gegeben hat. Der Mensch erlebt, dass es übermenschliche intelligente Wesen gibt, die in ihm und in der Welt wirken, die im Miteinander der Menschen anwesend sind.

Der Transhumanismus will das Bewusstsein der Menschen verändern, indem er ihn körperlich mit der in den Maschinen gefrorenen Intelligenz vereint. Auf diese Weise will er den menschlichen Körper überwinden – aber nicht die Körperlichkeit.[511]

Der Weg, den spirituelle Ansätze – wie sie beispielsweise Rudolf Steiner vertrat – gehen, hat ebenfalls zum Ziel, die bloße

Körperlichkeit zu überwinden. Diese geschieht aber, indem der «bewohnte» Leib anerkannt wird und die in ihm veranlagten geistigen Möglichkeiten intensiviert werden. Der Leib wird infolge der inneren Übungen durchgeistigt, und damit eröffnen sich durch ihn neue Wahrnehmungsebenen. Der spirituelle Weg will die bloße Körperlichkeit überwinden, indem er den Leib vergeistigt – der Transhumanismus dagegen will den Leib überwinden, aber ihn in der Körperlichkeit belassen.

Ein spiritueller Weg legt Wert auf die innere Stärkung des menschlichen Denkens, sodass sich vertiefte Denkfähigkeiten wie Imagination, Inspiration und Intuition ausbilden. Indem sich das Bewusstsein auf diese Weise in seelisch-geistige Daseinsbereiche erweitert, erwirbt sich das jeweilige Individuum die Freiheitsfähigkeit.

Der Transhumanismus will dem Menschen die Anstrengung der eigenen Kräfte ersparen, indem er die Erweiterung des Denkens durch die Verschmelzung mit einer Maschine zu erreichen sucht. Was im menschlichen Geist durch individuelle Anstrengung zu geschehen hat, verlegt er nach außen in die Maschine. Da das Denken keine Anstrengungen zu überwinden hat, wird es tendenziell schwach. In der Verschmelzung mit der Maschine werden ihm zwar enorme technisch vermittelte Möglichkeiten gegeben, das aber um den Preis der Freiheit, denn Freiheit setzt den starken inneren Menschen voraus.

7. Das Erscheinen der modernen Sphinx: die Inkarnation Ahrimans

«Die neue Zeitrechnung, in der Big Data auf eine Zukunft ohne Regeln stößt, erlaubt alles, was technisch machbar ist; und Technik, glauben Sie es ruhig, hat heute keine Grenzen mehr.»[512]

Yvonne Hofstetter

«Intelligente Maschinen sind nicht mehr auf die Eingabe einer Handlungsanweisung durch den Menschen angewiesen, sondern agieren zunehmend selbstständig.»[513]

Yvonne Hofstetter

«Ahriman wird erscheinen in Menschengestalt. Es wird sich nur darum handeln, wie er die Menschen vorbereitet findet: ob seine Vorbereitungen dazu helfen, dass er die ganze Menschheit, die sich heute die zivilisierte nennt, zu seinen Anhängern hat, oder ob er die Menschheit so findet, dass sie ihm Widerstand leisten kann.»[514]

Rudolf Steiner

Die Leibwerdung des Menschheitswesens ist eine Singularität, die innerhalb der Erdentwicklung nur einmal stattfand. Sie brauchte auch nur einmal stattzufinden, da durch die Auferstehung des Christus der Menschheit ein neuer geistiger Entwicklungsimpuls gegeben wurde. Das Mysterium von Golgatha verlieh jedem einzelnen Menschen – unabhängig von jeglicher Glaubensrichtung – die Möglichkeit, den irdischen Leib im Laufe der Evolution zu vergeistigen. In *jedem* Menschen liegt seitdem die Potenzialität der Neuschöpfung. Das Mysterium von Golgatha ist der Keimpunkt, der geistige Same, aus dem *jeder* Mensch seine eigene geistige Auferstehung vollziehen kann. Jeder Mensch hat seitdem die Anlage in sich, den Geistesmenschen zu entwickeln (s. den Abschnitt «Die Umgestaltung des Menschen durch sich selbst», S. 212ff.). Was damals geschah, eröffnete der Menschheit einen neuen Entwicklungsweg, der über das Erdensein hinausreichen wird. Die Kraft des Menschheitsgeistes ist seitdem mit der Erde und allen Menschen verbunden, so wie das Magnetfeld die gesamte Erde durchdringt.

Wie bereits geschildert (s. S. 229ff.), ist das Menschsein und damit auch das Menschheitswesen in zwei Kraftpole hineingestellt, die man mit den Namen «Luzifer» und «Ahriman» bezeichnen kann.

Auch diese beiden Wesenheiten durchlaufen eine einmalige irdische Inkarnation, wie Rudolf Steiner im Herbst 1919 in mehreren Vorträgen beschrieb. Auch Luzifer und Ahriman haben im Irdischen sozusagen jeweils eine Singularität. Die Leibwerdung des Christus steht in Zusammenhang mit den Leibwerdungen dieser beiden Wesen. So wie die Sonne bei bestimmten Wetterlagen zwei «Nebensonnen» am Himmel zur Erscheinung bringen kann, so hat auch die Menschwerdung Christi zwei Inkarnationen, die sie wie einrahmen: die Verkörperung des Luzifer im dritten Jahrtausend vor unserer Zeitrechnung im chinesischen Gebiet und eine in der Gegenwart erfolgende des Ahriman im amerikanischen Westen.

Luzifer

Vor Jahrtausenden war die Menschheit doch sehr verschieden von der heutigen. Aus der Paläoanthropologie ist bekannt, dass der Leib des Menschen einst tierähnlicher war. Am aufrechten Gang, am Gebiss kann man allerdings klar erkennen, dass wir es bei den unterschiedlichen Funden mit Menschen zu tun haben – mit Menschenvorfahren.

Betrachtet man dagegen die alten Überlieferungen, beispielsweise wie sie von dem Taoisten Dschuang Dsi überliefert sind, dann wird von ihm ein völlig anderes Bild des alten Menschen gezeichnet; Dschuang Dsi nennt die Menschenvorfahren die «wahren Menschen», denn sie «folgten ihrer göttlichen Natur und mischten nicht ihr irdisches Bemühen ins Göttliche hinein.»[515]

> «Die wahren Menschen des Altertums hatten während des Schlafs keine Träume und beim Erwachen keine Angst. [...] Die wahren Menschen der Vorzeit kannten nicht die Lust am Geborensein und nicht die Abscheu vor dem Sterben. [...] Gelassen gingen sie, gelassen kamen sie. Sie vergaßen nicht ihren Ursprung: sie strebten nicht ihrem Ende zu; sie nahmen ihr Schicksal hin und freuten sich darüber, und (des Todes vergessend) kehrten sie (ins Jenseits) zurück. So beeinträchtigten sie nicht durch eigene Bewusstheit den SINN [das TAO, E. H.] und suchten nicht durch ihr Menschliches der Natur zu Hilfe zu kommen. Also sind sie die wahren Menschen.»[516]

Dschuang Dsi beschreibt die Menschen des höchsten Altertums als Menschen, die zwar die höchste Erkenntnis besaßen, aber stets im Einklang mit der Welt lebten. Zu jener Zeit blieb die kosmische Harmonie unverletzt, denn «die Menschen hatten wohl Erkenntnis, aber sie gebrauchten sie nicht».[517]

Man kann sich kaum einen größeren Gegensatz vorstellen: hier die Aussagen der Paläoanthropologie, die den Menschen als tierähnlich ansehen muss – eine frühe Menschenform wird sogar Australopithecus («Südaffe») genannt –, dort die Aussagen eines Dschuang Dsi, der den alten Menschenvorfahren als den «wahren Menschen» bezeichnete und als Ideal ansah.

Auch die Inder wiesen auf ein goldenes Zeitalter in einer fernen Vergangenheit hin, das sich zur Gegenwart hin immer mehr abdunkelte, bis es zuletzt in ein finsteres Zeitalter einmündete. Die Wissenschaftler dagegen, die alte Reste menschlicher Knochen im Boden ausgraben, müssen aufgrund ihrer Funde von einem affenähnlichen Wesen ausgehen, das einst in ferner Vergangenheit lebte und heute zu einer hohen Intellektualität gekommen ist. Dieser Widerspruch ist ein Rätsel.

Rudolf Steiner gibt eine Lösung: Es stimmt beides. Er weist darauf hin, dass die Menschen in noch gar nicht so ferner Vergangenheit tierähnlicher waren und auch tierähnlicher empfanden. «[Aber] diese Tierleiber der Menschen wurden gebraucht von den geistig-seelischen Wesenheiten, die sich dafür sehr als Angehörige der übersinnlichen, vor allem der kosmischen Welten fühlten.»[518]

Wenn die Menschen wach waren, so gingen sie ähnlich wie Tiere mit einem instinktiven Seelenleben herum. Im Schlafzustand hatten sie wie Wachträume, in denen sie erkannten, wie sie aus kosmischen Weiten heruntergestiegen waren, um in den Tierleibern zu leben, diese zu benutzen. Die Seelenverfassung der damaligen Menschen war: Bin ich nachts außerhalb meines Leibes, so gehöre ich den Kräften des Kosmos, des Sternenhimmels an; wache ich morgens auf, «so bediene ich mich des tierischen Instinktes in einem tierischen Leibe».[519]

Diese nächtliche Seelenverfassung wurde dämmeriger, das heißt, die Menschen verloren allmählich das alte Träumen vom Kosmos, und das instinktive Leben bekam die Oberhand. Es gab aber Orte, wo diese alte seelische Verfassung der Menschen bewahrt wurde. Das waren die Mysterien, vor allem die asiatischen. Von ihnen ausgehend, fanden durch wirksame Zeremonien die Menschen wiederum zu einer empfindenden Verbindung zu den kosmischen Verhältnissen ihrer geistigen Herkunft.

Die Menschen damals konnten sich aus ihrem Seelisch-Geistigen heraus noch nicht der menschlichen Verstandesorgane bedienen. Diese waren zwar im physischen Leib vorhanden, das Seelisch-Geistige der Menschen war jedoch nicht so weit entwickelt, diese Organe anwenden zu können. Die Menschen vermochten noch nicht aus eigenem Urteil eine Erkenntnis zu gewinnen, sondern nur wenn ihnen etwas von den Priestern der Mysterienstätten gesagt wurde.

Rudolf Steiner berichtet nun aus seiner geistigen Forschung, dass sich am Beginn des dritten Jahrtausends v. Chr. im Gebiet des heutigen China ein bedeutsames Ereignis zutrug.[520] In einer der damaligen vornehmen asiatischen Familien wurde ein besonderes Kind geboren. Es durfte – als große Ausnahme – an den Zeremonien der Mysterien teilnehmen. Die Priester der damaligen Mysterien hatten die Inspiration, eine gewisse prophetische Vorschau, die sie dazu bewog, bei dem betreffenden Kind eine Ausnahme zu machen. Als diese Persönlichkeit dann zu einem etwa vierzigjährigen Menschen herangewachsen war, ging ihr der Sinn dessen auf, was vorher nur durch die Offenbarung der Mysterien gegeben war. Dieser Mensch war sozusagen der Erste, der sich in Anlehnung an die Mysterien des menschlichen Verstandes bedienen konnte. Er war in der Lage, die Organe des menschlichen Verstandes zu nutzen.

Und Rudolf Steiner fasste seine Beobachtung in dem Satz zusammen:

> «In diesem Menschen war nicht mehr, nicht weniger als Luzifer selbst inkarniert.»[521]

Wenn ein solch gewaltiges Geistwesen – ein göttliches Wesen! – in menschlicher Gestalt auftritt, dann hat das für *alle* Menschen auf der Welt eine starke Wirkung. Und so breitete sich von dieser Inkarnation dann die Urweisheit aus, welche die gesamte dritte nachatlantische Kulturperiode (etwa 3000 –

800 v. Chr.) durchdrang und noch bis in die Zeit der griechischen Antike hinein wirkte. Auch die Gnosis war von luziferischen Kräften impulsiert.

Steiner wies darauf hin, dass die Inkarnation des Luzifer für die Menschheit sehr wichtig war. Denn nur mit dem von Luzifer her stammenden Impuls war es den Menschen überhaupt möglich, den Christus-Impuls in sich aufzunehmen. Durch das, was die Menschen von Luzifer als Fähigkeit erhalten hatten, konnten sie den Christus verstehen.

Wer dieser Mensch im alten China war, sagte Rudolf Steiner nicht. Aber wenn man die chinesische Mythologie anschaut, dann führt sie alles auf den Gelben Kaiser, Huáng Di, zurück, der am Anfang der chinesischen Kultur gestanden haben soll. Man kann so zu der Vermutung kommen, dass er vielleicht die Inkarnation Luzifers war. Allerdings bemerkt Steiner auch, dass diese Inkarnation nur sehr schwer zu fassen sei, auch für die geistige Forschung.

Der Gelbe Kaiser Huáng Di regierte das Reich der Mitte von 2698 – 2598 v. Chr. – so sagt jedenfalls die Überlieferung. Er soll die Menschen im Gebiet des Gelben Flusses, des Huang He, angesiedelt haben und ihnen durch seine Erfindung die Sesshaftigkeit ermöglicht haben. Zahlreiche Erfindungen werden ihm zugeschrieben: Schriftzeichen, Kalender, Arithmetik, Boote, Fuhrwerke, Waffen, Töpferei, Seidenraupenzucht, Kleidung, Paläste, Waffen, Medizin und vieles mehr. Die Chinesen betrachten daher die Zeit der Herrschaft des Gelben Kaisers Huáng Di als den Beginn ihrer Zivilisation.[522]

Der geistige Impuls, der von Luzifers Inkarnation der Menschheit gegeben wurde, war notwendig, damit die Menschen in späterer Zeit die Inkarnation des Menschheitsgeistes begreifen konnten. Die Leibwerdung des Christus setzte diejenige des Luzifer voraus.

Ahriman

So wie nun die Inkarnation des Luzifer der Menschwerdung Christi vorausging, um sie vorzubereiten, so folgt auf die Auferstehung des Menschheitsgeistes eine Leibwerdung des Ahriman; man könnte sagen: als Widerstand, an dem die Menschen in sich den von Christus gegebenen Impuls stärken können. Rudolf Steiner gibt für die Inkarnation Ahrimans eine recht genaue Zeitangabe. Aus seiner Sicht wies vor hundert Jahren alles darauf hin, dass am Beginn des dritten nachchristlichen Jahrtausends eine wirkliche Inkarnation Ahrimans im Westen stattfindet: «Ahriman im Fleische.»[523]

Im Vergleich zur einstigen Inkarnation Luzifers ist jedoch ein wichtiger Unterschied zu beachten: Luzifers Inkarnation war nur für die prophetische Kraft der Mysterienpriester durchschaubar. Die Inkarnation des Christus war für die Menschen ebenfalls weitgehend unbewusst. Aber der Inkarnation Ahrimans am Beginn des dritten Jahrtausends müssen die Menschen sehr bewusst entgegentreten.

> «Bewusst muss die Menschheit entgegenleben der Ahrimaninkarnation unter den Erschütterungen, die auf dem physischen Plan eintreten werden. Unter den fortwährenden Kriegs- und anderen Nöten der nächsten Menschenzukunft wird der menschliche Geist gerade sehr erfinderisch werden auf dem Gebiete des physischen Lebens. Und durch dieses Erfinderischwerden auf dem Gebiete des physischen Lebens, das nicht in irgendeiner Weise abgewendet werden kann durch dieses oder jenes Verhalten – es wird eintreten wie eine Notwendigkeit –, durch dieses wird möglich werden eine solche menschliche leibliche Individualität, dass in ihr sich Ahriman wird verkörpern können.
>
> Aber diese ahrimanische Macht bereitet von der geisti-

gen Welt her ihre Inkarnation auf der Erde vor. Und sie sucht sie möglichst so vorzubereiten, dass sie – also diese Inkarnation des Ahriman in menschlicher Gestalt – die Menschen auf der Erde in stärkstem Maße wird verführen und versuchen können. Eine Aufgabe der Menschen für die nächste Zivilisationsentwickelung wird es sein, so voll bewusst der Ahrimaninkarnation entgegenzuleben, dass diese Ahrimaninkarnation der Menschheit gerade dient in Bezug auf die Förderung einer höheren geistigen, einer spirituellen Entwickelung dadurch, dass man gewahr wird gerade an Ahriman, was der Mensch durch das bloße physische Leben erlangen oder, sagen wir, nicht erlangen kann. Aber bewusst müssen die Menschen entgegengehen dieser Ahrimaninkarnation und die Dinge so einrichten, dass sie immer bewusster und bewusster werden auf allen Gebieten, dass sie immer mehr und mehr sehen, welche Strömungen im Leben sich entgegenbewegen dieser Ahrimaninkarnation. Deuten müssen die Menschen lernen aus geistiger Wissenschaft heraus das Leben, sodass sie erkennen die Strömungen, die der Ahrimaninkarnation entgegengehen, dass sie sie beherrschen lernen. Sie müssen wissen, dass Ahriman unter den Menschen auf der Erde leben wird, aber dass die Menschen ihm entgegentreten werden und selber bestimmen werden, was sie von ihm lernen mögen, was sie von ihm aufnehmen mögen. Das werden sie jedoch nicht können, wenn sie nicht von jetzt ab in die Hand nehmen gewisse geistige Strömungen oder auch ungeistige Strömungen, die sonst Ahriman benützt, um die Menschen möglichst im Unbewussten zu lassen über sein Kommen, sodass er einstmals auf der Erde würde erscheinen können und gewissermaßen die Menschen überfallen, versuchen, verführen, sodass sie die Erdenentwickelung verleugnen, dass die Erdenentwickelung nicht an ihr Ziel kommt.»[524]

Eine solche Inkarnation – und man darf nicht übersehen: die Inkarnation eines göttlichen Wesens – bereitet sich durch lange Zeiten vor. Man kann die Anfänge bis in das 15., 16. Jahrhundert zurückverfolgen. Die Wiedererfindung des Buchdrucks zu Beginn des 15. Jahrhunderts hier in Europa (die Chinesen erfanden den Buchdruck mit verschiedenen Lettern schon Jahrhunderte vorher), und vor allen Dingen dessen durchschlagender kultureller Erfolg, kann man durchaus als ein Symptom für die Vorbereitung der kommenden Inkarnation Ahrimans sehen. In der Gegenwart drängen die Kräfte, die zur Inkarnation Ahrimans führen, einer Kulmination entgegen. In den vergangenen Kapiteln wurden sie detailliert beschrieben. Man kann also die Aussagen Steiners über den Zeitpunkt der Inkarnation Ahrimans sehr ernst nehmen. Es gibt von ihm im Wesentlichen drei Aussagen über diesen Zeitpunkt:

- «etwa auch im dritten nachchristlichen Jahrtausend»[525]
- «ehe auch nur ein Teil des dritten Jahrtausends der nachchristlichen Zeit abgelaufen sein wird»[526]
- «in einer nicht allzu fernen Zukunft».[527]

Wenn man den Wortlaut ernst nimmt, mit dem Rudolf Steiner am 1. November 1919 in Dornach die Verkörperung Ahrimans dargestellt hat, dann findet in unserer Gegenwart – jetzt im 21. Jahrhundert – diese Inkarnation statt.

China	*Palästina*	*Westen*
Luzifer	†	**Ahriman**
3000 v. Chr.	Mysterium von Golgatha	2000 n. Chr.

Vorbereitende Entwicklungsströmungen

Wie bereitet sich diese Inkarnation Ahrimans vor? Welche Strömungen sind es, die darauf hinwirken, dass die Verkörperung Ahrimans für ihn selbst erfolgreich wird? Rudolf Steiner beschrieb mehrere Tendenzen, die in diese Richtung gehen. Er machte auf eine ganze Reihe gesellschaftlich-kultureller Entwicklungsströmungen aufmerksam, welche die Inkarnation Ahrimans, des Herrn der Maschinenintelligenz, unterstützen.

Der Glaube an die Zahl

Mit dem «Glauben an die Zahl» meinte Rudolf Steiner die materialistische Überzeugung, dass man mit mathematisch-mechanistischen Betrachtungen die Welt vollständig verstehen könne. Der Glaube an die Zahl ist eines der Mittel Ahrimans, bei seiner Inkarnation möglichst viele Anhänger zu finden. Diesem Glauben liegt die Unfähigkeit zugrunde zu durchschauen, dass die mathematisch-mechanische Erfassung der Welt eine zwar korrekte, aber höchst einseitige Sichtweise ist. Die Überzeugung, mit mathematisch-mechanischen Rechnungen könne die Welt vollständig erfasst werden, fördert die Inkarnation Ahrimans, fördert die Inkarnation der Maschinenintelligenz. Dazu gehört vor allem die Statistik.

> «Mit der Statistik und mit den Zahlen hat Ahriman ein ganz besonders leichtes Spiel; denn er ist ganz besonders froh, wenn ein Gelehrter heute der Menschheit klarmacht, auf dem Balkan muss es so und so aussehen, denn da leben zum Beispiel in Mazedonien so und so viele Griechen, so und so viele Serben, so und so viele Bulgaren. Gegen Zahlen lässt sich nichts machen, denn die Menschen glauben an Zahlen.

Und Ahriman macht mit den Zahlen, an die die Menschen glauben, seine Rechnung in dem Sinne, wie ich es Ihnen heute erklärt habe. Nur kommt man nachher dahinter, wie ‹sicher› diese Zahlen sind. Zahlen beweisen ganz bestimmt etwas für den Menschen; aber wenn man nicht stehenbleibt bei dem, was in den Büchern steht, wo mit Zahlen bewiesen wird, sondern genauer nachsieht, so merkt man oftmals: ja, in diesen Statistiken, sagen wir zum Beispiel den mazedonischen, da ist angeführt ein Vater, der ist Grieche, ein Sohn, der ist Serbe, und ein anderer Sohn, der ist Bulgare; also steht der Vater bei den Griechen, der eine Sohn bei den Bulgaren, der andere bei den Serben. Wie das zugeht, dass in derselben Familie der eine ein Grieche ist, der andere ein Serbe, der andere ein Bulgare, und wie das in die Zahlen hineingeht, das zu durchschauen wäre dasjenige, was wirklich zur Wahrheit führt, nicht das Aufnehmen der Zahlen, womit sich die Menschen heute so befriedigen. Die Zahlen sind es, durch welche die Menschen in einer Richtung verführt werden, durch die Ahriman am besten seine Rechnung findet für seine künftige Inkarnation im 3. Jahrtausend.»[528]

«Die Menschen lieben heute in der Wissenschaft die Zahl, sie lieben aber auch im sozialen Leben die Zahl. Sehen Sie einmal die sozialistische Wissenschaft an: sie besteht fast aus lauter Statistiken. Und aus Statistiken, das heißt aus Zahlen, werden die wichtigsten Dinge geschlossen, erschlossen. Nun, auch mit Zahlen lässt sich alles beweisen und alles glauben. Denn die Zahl ist nicht ein Mittel, etwas zu beweisen, sondern die Zahl ist gerade ein Mittel, die Menschen zu täuschen. Sobald man nicht von den Zahlen auf das Qualitative sieht, über die Zahl hinwegsieht und auf das Qualitative sieht, kann man durch die Zahl am meisten getäuscht werden.»[529]

Man muss beachten, dass Rudolf Steiner seine Gedanken in den Worten und Begriffsbildungen seiner damaligen Gegenwart ausdrücken musste. Blickt man auf die heutige Zeit, dann weisen die scheinbar harmlosen Formulierungen Steiners auf ungeheure technische Entwicklungen hin. Heute verfügen global operierende Unternehmen über gigantische Datenmengen (Big Data), die sie mithilfe statistischer Verfahren auswerten. Dabei finden sich immer wieder Zusammenhänge, die man vorher nicht kannte. Mit den so aufgefundenen Korrelationen lassen sich zukünftige Verhältnisse mit weitgehender Sicherheit vorausberechnen – und damit steuern. Die Wirkmächtigkeit dieser Verfahren verstärkt den Glauben, damit das Leben vollständig erfassen zu können.

Es geht so weit, dass man die menschliche Urteilsfähigkeit ganz ausschließt und einzig und allein auf die statistische Auswertung von Daten vertraut. Das bedeutet, dass leitende Manager ihre Entscheidungen nicht aufgrund ihrer eigenen Urteile treffen, sondern sie nur anhand der Zahlen fällen, die ihnen die Rechner liefern. Letztendlich entscheiden also die Rechner, und der Mensch führt die Entscheidungen nur noch aus. Die menschliche Verantwortung für die Welt wird auf diese Weise auf die Maschinen übertragen, die mithilfe statistischer Verfahren Daten auswerten.

Amazon-Chef Jeff Bezos brüstet sich damit, dass all seine Entscheidungen auf statistischen Analysen basieren. Wenn Menschen aber nur noch ausführen, was ihnen die Statistiken sagen, dann bedarf es «im Zweifelsfall nicht einmal besonders komplizierter Rechensysteme, um sie zu ersetzen».[530]

Besonders verheerend, ja kulturvernichtend, ist der Glaube an die Zahl im Bereich der Pädagogik. Mit den PISA-Tests, die das Erziehungswesen der Staaten über die Welt hin vergleichen, ist ein die Schulen bis ins Mark zerstörendes Element aufgekommen. Anhand von Kennzahlen werden die ostasiatischen Kinder mit denen aus Europa und Amerika verglichen. Das dadurch mögliche «Ranking» der «besten» Länder teilt die Staaten in Gewinner und Verlierer ein. Diejenigen, die dabei weniger gut abschneiden, unternehmen nun allerlei Anstrengungen, um auch so gut zu sein wie die ostasiatischen «Spitzenreiter». Alle qualitativen Elemente, wie beispielsweise die kulturellen Wurzeln der jeweiligen Schulsysteme, werden von den Zahlen ignoriert. In den USA, wo sich mittlerweile eine milliardenschwere Testindustrie aufgebaut hat, entscheiden Testwerte, die von den Schülerinnen und Schülern einer Schule erreicht werden, über die weitere Existenz dieser Schule. Vollkommen übersehen wird dabei die soziale Frage: Lernen beispielsweise die Kinder in bestimmten Stadtteilen schlechter, weil ihre Familien so arm sind, dass sie morgens hungrig in die Schule kommen?[531]

Der Trans- und Posthumanismus beruht in besonderem Maße auf dem Glauben an die Zahl: Er glaubt, dass Algorithmen, also Verfahrensstrukturen, die mit Zahlen operieren, das Wesentliche der Welt seien. Für ihn sind die Zahlen und die Verarbeitung der Zahlen das Zentrum der Welt. Alles Qualitative, das auf das Wesen einer Sache verweist, ist für ihn nur der Schein, der in allen algorithmischen Prozessen seinen Ursprung habe. Und aufgrund der Zahlen will er eine neue Welt aufbauen – ohne den Menschen.

Konservenbüchsen der Weisheit

«Konservenbüchsen der Weisheit» – das ist eine zunächst rätselhafte Formulierung Rudolf Steiners, mit der er die Bibliotheken seiner Zeit bezeichnete. Man konnte dies 1919 so verstehen, dass in den gesammelten Büchern das Wissen der Menschheit konserviert ist. Einhundert Jahre später ist diese Redewendung dagegen gut verständlich. Mit der Digitalisierung sind die Bibliotheken der Welt in den Computer eingezogen. Heute sind Bibliotheken auch im handgreiflichen Sinne tatsächlich mit Konservenbüchsen vergleichbar.

Der überlieferte Wortlaut Rudolf Steiners lautet folgendermaßen:

> «Ahriman hat gewissermaßen mit Luzifer einen Vertrag geschlossen, den ich so bezeichnen möchte: Ich, Ahriman, finde es für mich besonders günstig [...], die Konservenbüchsen in Anspruch zu nehmen [...]. Und mit den Konservenbüchsen, was meine ich denn eigentlich damit? Mit den Konservenbüchsen meine ich die Bibliotheken und Ähnliches, wo diejenigen Wissenschaften aufbewahrt sind, die man zwar treibt, die man aber nicht eigentlich mit seinem wirklichen Interesse verfolgt, die nicht bei den Menschen leben, sondern in den Büchern, die in den Bibliotheken stehen. Sehen Sie sich diese Wissenschaft an, die abseits von den Menschen getrieben wird! Viele Bücher stehen überall in den Bibliotheken. Jeder Student muss schon anfangen, wenn er das Doktorat macht, eine gelehrte Abhandlung zu machen; dann werden diese in möglichst viele Bibliotheken hineingestellt. Dann kommt wiederum eine gelehrte Abhandlung, wenn der Betreffende in irgendeine Stellung hineinrücken will. Aber auch sonst schreiben und schreiben und schreiben die Menschen heute. Aber gelesen wird das wenigste von dem, was heute geschrieben wird. Nur dann, wenn die Menschen sich vorbereiten müssen für dieses oder jenes, dann zitieren sie das, was da in den Bibliotheken drinnen modert, konserviert ist. Diese ‹Konservenbüchsen der Weisheit›, das ist dasjenige, was besonders ein gutes Förderungsmittel für Ahriman ist.»[532]

Einen enorm großen Beitrag zur Ahrimanisierung der Welt wird, wie bereits erwähnt, das von Google 2002 begonnene Projekt leisten, alles auf der Welt gedruckte Material, alle Bücher, Zeitschriften und Zeitungen, die in Bibliotheken aufbewahrt sind, zu digitalisieren (s. S. 163f.). Über 25 Millionen Bücher waren 2015 bereits digitalisiert,[533] mehr als doppelt so viele, wie die Berliner Staatsbibliothek, die größte wissenschaftliche Universalbibliothek Deutschlands, in ihren Magazinen stehen hat.[534] Wie viele es heute sind, hat Google bisher nicht veröffentlicht.

Zersplitterung der Menschen in Gruppen

Alles, was Menschen dazu bringt, sich in kleinen Gruppen abzuschließen, die sich dann befehden, fördert die Inkarnation Ahrimans. Alles, was Familien-, Rassen- und Volksunterschiede betont und sie in ein Gegeneinander anstatt in ein verstehendes Miteinander bringt, ebnet der Maschinenintelligenz den Weg zur Herrschaft. Das Chaos, das durch die vielen Kämpfe entsteht, bereitet den Boden für eine globale technische Lösung der Probleme, die in Ahrimans Sinne ist. Es ist durchaus denkbar, dass das soziale Chaos durch die erzwungene Teilnehme an sozialen Netzwerken befriedet wird oder die Algorithmen so beschaffen sein werden, dass sie die Menschen zwingen, friedlich zu sein. Das derzeit in China beginnende Modell eines virtuellen «Sozialkontos», das Menschen für Wohlverhalten mit Punkten belohnt und Fehlverhalten mit Punktabzug bestraft, ist das Wetterleuchten einer totalitären Herrschaft der Maschinenintelligenz. Und die Informatikerin Yvonne Hofstetter hat recht, wenn sie warnt:

> «Was der moderne Sammelbegriff Big Data heute zusammenfasst, beschreibt eine technologische Revolution bisher

unbekannten Ausmaßes. […] Mit Big Data dämmert die Vorherrschaft der Mathematik am Horizont unserer gesellschaftlichen Zukunft, in der die Diktatur privatisiert wird, wenn Wirtschaftsunternehmen unser Leben mithilfe unserer Daten quantifizieren, um uns zu vermessen und uns neu zu berechnen.»[535]

Alleinherrschendes Wirtschaftsleben ohne ein freies Geistes- und Rechtsleben

Rudolf Steiner wies darauf hin, dass es in der Zukunft unbedingt darauf ankomme, dem Wirtschaftsleben ein von ihm unabhängiges Geistesleben und Rechtsleben entgegenzustellen. Denn ein alleinherrschendes Wirtschaftsleben, das sowohl das kulturell-geistige Leben der Menschen bestimmt als auch die rechtlichen Verhältnisse der Menschen zueinander beeinflusst, wäre eine enorme Förderung der Inkarnation Ahrimans.

Steiner geht sogar so weit, dass er sagt:

> «Entweder wird die heutige zivilisierte Menschheit sich dazu bequemen müssen, ein solches selbstständiges Geistesleben hinzunehmen, oder die gegenwärtige Zivilisation muss ihrem Untergang entgegengehen und aus den asiatischen Kulturen muss sich etwas Zukünftiges für die Menschheit ergeben.»[536]

An anderer Stelle spricht er von der Gefahr, «dass die ganze Erde verahrimanisiert würde, dass da gewissermaßen zugrunde gehen würde, was bisher von der Menschenkultur erarbeitet worden ist».[537]

Wenn man das Wort Ahriman mit Maschinenintelligenz übersetzt, dann ist die Inkarnation des selbstständig werdenden Maschinellen heute anschaulich sichtbar. Das Vorhaben, in den nächsten Jahren mehr und mehr ein «Internet der Dinge» (d. h. die Vernetzung intelligenter, für verschiedenste Lebensbereiche tätige Maschinen und Geräte, die autonom, ohne Zutun des Menschen agieren) auszubauen, ist ein deutliches Symptom für die Inkarnation der Maschinenintelligenz in unserer Lebensumgebung.

Derzeit wird das Kulturleben der Menschen immer stärker allein von wirtschaftlichen Gesichtspunkten geprägt. Immer mehr Schulen und Hochschulen werden privatwirtschaftlich gegründet und geführt. Schule und Studium kosten dann Geld, sehr viel Geld; das ganze Bildungswesen wird zum Bildungsmarkt. Dass gegenwärtig etwa die Studienabsolventen in den USA 1500 Milliarden US-Dollar an Studienkrediten abzubezahlen haben und damit bereits vor Beginn ihres Berufslebens hoch verschuldet sind,[538] ist ein deutliches Symptom für diese kulturelle Fehlentwicklung.

Rudolf Steiner nennt weitere Aspekte, welche die Inkarnation des Maschinenwesens unterstützen. Sie seien hier noch kurz aufgeführt.

Ablehnung einer spirituell-geisteswissenschaftlichen Betrachtung der Welt

In einem der vorhergehenden Kapitel (siehe S. 276ff.) wurde darauf aufmerksam gemacht, dass während des Lebens der menschliche Seelengeist die Stofflichkeit seines physischen Leibes so verändert, dass dessen Stoffe und Kräfte eine neue Qualität erhalten. Denn die Stoffe des menschlichen Leibes werden durch das Seelisch-Geistige des Menschen in einen anderen Zusammenhang gestellt, der sie verändert. Mit jeder Nahrungsaufnahme werden neue Erdenstoffe in den Leib aufgenommen und dadurch verwandelt.

Vor diesem Hintergrund ist es verständlich, dass es nicht egal ist, welche Gedanken der Mensch in sich trägt. Denn Gedanken sind wirkende Mächte im Untergrund des Seelisch-Geistigen, die bis in das Leibliche hinein wirken. Ein Mensch mit spirituellen Gedanken wird daher unbewusst anders mit den von ihm aufgenommenen Nahrungsstoffen umgehen als jemand, der eine materialistische Lebensauffassung lebt.

> «Bei solchen Menschen, die das Spirituelle ablehnen, dennoch aber essen und trinken, fließt das Geistige, ihnen unbewusst, in den Essens- und Verdauungsprozess hinein. [...] Diejenigen Menschen, die Geistiges nicht aufnehmen durch ihre Seele, die nehmen heute doch Geistiges auf; indem sie essen und trinken, essen und trinken sie den Geist. Sie sind Seelen- und Geistesser. Und auf diesem Wege geht der Geist, der hereinströmt in die Erdenentwicklung, in das luziferische Element hinein, wird Luzifer mitgeteilt. Die luziferische Kraft, die dann der ahrimanischen Kraft für ihre spätere Inkarnation helfen kann, wird dadurch immer stärker und stärker.»[539]

Bei den Menschen, die das Geistige ablehnen, fließt dieses unbewusst in den Essens- und Verdauungsprozess hinein. Sie werden «Seelen- und Geistesser»[540], das wird Ahriman «die beste Brücke bauen für das Gedeihliche seiner Inkarnation».[541]

Einseitige, wortwörtliche Auffassung der Evangelien

Ebenso schlimm wie die materialistische Weltanschauung ist die rein textbezogene Evangelieninterpretation der christlichen Konfessionen und die Ablehnung einer neuen Offenbarung. Dadurch kommt man zu einer irrtümlichen Auffassung der Evangelien. Wenn man sich bloß an die Texte hält, gelangt man nur zu einer verfeinerten Halluzination des Christus, die durchaus bis ans Imaginative heranreicht. Aber diese Imagination muss durch Geisteswissenschaft zu Realität erhoben werden. Die einseitige Auffassung der Evangelien fördert ganz besonders Ahrimans Erscheinen.[542]

In der Tat hat sich im Übergang zum 21. Jahrhundert neben dem radikalen Islamismus auch ein christlicher Fundamentalismus herausgebildet. Er ist mittlerweile so stark geworden, dass die sogenannten «christlichen» (beispielsweise die evangelikalen) Wähler es entscheidend beeinflussen, welche Menschen in höchste Staatsämter gewählt werden. Nicht nur Islam und Christentum haben radikale Strömungen ausgebildet, sondern weltweit sind in allen Religionen solche fundamentalistischen Bewegungen zu beobachten. Sie verbinden sich mit nationalistischen Auffassungen – und diese Entwicklung gibt Anlass dazu, in der Zukunft große Auseinandersetzungen zu befürchten.[543]

Der Irrwahn der Zweizahl

Verstehen kann man die Welt nur, wenn man sie von der Dreizahl her ins Auge fasst. In der Kultur hat sich der Irrwahn der Zweiheit ausgebreitet. Geht man nur von einem Gegensatz von Gut und Böse aus, dann hat man im Grunde den Kampf Luzifers mit Ahriman im Sinn. Dem Luzifer werden dann göttliche Eigenschaften zugesprochen und Ahriman gefährliche Eigenschaften beigelegt. Den Christus kann man nur verstehen, wenn man ihn in die Dreiheit hineinzustellen vermag: Luzifer – Christus – Ahriman.[544]

In der Tat kann man im Politischen seit Jahrzehnten beobachten, dass in Gegensätzen gedacht wird. Nach dem Zweiten Weltkrieg gab es den Kalten Krieg zwischen der UdSSR und den USA. Die Welt war in Ost und West geteilt. Mit dem neuen Jahrhundert begann der Krieg gegen den Terrorismus. Eine «Achse der Guten» wurde den bösen Schurkenstaaten entgegengestellt – um nur die größten Gegensätze zu nennen. Nicht zuletzt ist die gesamte Digitalisierung der Welt eine Rückführung aller Prozesse auf die Zweiheit: die beiden Zustände 0 (= Strom aus) und 1 (= Strom an). In der Natur dagegen und besonders beim Menschen findet man ebenfalls Polaritäten, die aber immer durch ein Drittes vermittelt werden.

Beispielsweise existiert im Leiblichen des Menschen eine starke Polarität zwischen dem Nerven-Sinnes-System und dem Stoffwechsel-Gliedmaßen-System, das den Leib aufbaut. Dazwischen vermittelt des Rythmische System, das durch den Blutkreislauf den Stoffwechselabbau des Nervensystems in Zusammenhang bringt mit dem Stoffaufbau des Stoffwechselsystems.

Betrachtet man das vorstellende Denken, so ist dieses hellwach; polar dazu ist das handelnde Wollen; es ist uns unbewusst. Dazwischen liegt das menschliche Fühlen, das zwischen Vorstellen und Wollen liegt und von dem der Mensch ein mehr traumhaftes Bewusstsein hat.

Im Bereich der Tugenden wies schon – wie bereits geschildert – Aristoteles darauf hin, dass es immer um das gesunde Mittelmaß geht, das der Mensch zwischen zwei polaren Abweichungen zu halten hat, beispielsweise die Tapferkeit, welche die Mittel hält zwischen Feigheit und Tollkühnheit.

Die Menschen auf bequeme Weise hellsehend machen

Ahriman will die Menschen hellsehend machen, ohne dass sie sich anstrengen müssen. Aber die durch ihn erlangte Hellsichtigkeit ist so, dass jeder etwas anderes schaut. Die Folge: Die Menschen würden «in Streit und Hader kommen».[545]

Dieser Hinweis Steiners ist derzeit noch nicht zu beobachten, es sei denn, man interpretiert ihn etwas um. Wenn man nämlich die technischen Möglichkeiten betrachtet, die dem Menschen durch die Hightech-Geräte eröffnet werden, so sind diese doch mit hellsichtigen Erlebnissen gut vergleichbar. Man nehme beispielsweise nur die von Google vor einigen Jahren entwickelte Brille (Google Glass). Ein hellsichtiger Mensch nimmt bei der Begegnung mit dem anderen Menschen dessen Aura wahr und erfährt dadurch etwas, was sich den physischen Augen nicht zeigt. Wenn man mit Google Glass einen anderen Menschen erblickt, dann projiziert die Technik dieser Brille die im Internet bekannten Daten auf das Innere der Gläser: Man erfährt Dinge über den anderen, die man eben nicht mit physischen Augen sehen kann. Dies mag vielleicht mit Steiners Hinweis gemeint sein, aber es können in der Zukunft auch noch andere Entwicklungen auftreten. Möglicherweise ergeben sich durch technische Veränderungen des menschlichen Körpers Fähigkeiten, die man tatsächlich als hellsichtige bezeichnen kann.

Intellektualistisches Denken ohne Seelenwärme

Ein sehr wesentliches Element, der Maschinenintelligenz den Weg in die Alltagskultur des Menschen zu öffnen, ist das intellektuelle Denken ohne Seelenwärme.

«Aber auch direkt kann Ahriman seiner Inkarnation vorarbeiten und tut es. Die heutigen Menschen führen auch gewiss ein Geistesleben, aber ein rein intellektuelles, das nicht auf die geistige Welt sich bezieht. Immer mehr und mehr verbreitet sich unter den Menschen dieses bloß intellektuelle Leben, welches zuerst namentlich in den Wissenschaften Platz ergriffen hat, jetzt aber auch im sozialen Leben zu allen möglichen sozialen Exzessen führt. Welcher Art ist denn dieses intellektuelle Leben? Dieses intellektuelle Leben ist so wenig mit den wirklichen Interessen der Menschen verknüpft. Ich frage Sie: Wie viele lehrende Menschen sehen Sie heute in hohe und niedrige Lehranstalten hinein- und herausgehen, die eigentlich nicht aus innerem Enthusiasmus ihrer Wissenschaft dienen, sondern aus einem äußeren Berufe? Da ist nicht das unmittelbare Interesse der Seele verbunden mit dem, was getrieben wird. Es geht selbst bis in die Lernzeit herunter. Denken Sie, wie viel gelernt wird auf den verschiedensten Stufen des Lebens, ohne dass ein wirklicher Enthusiasmus, ein wirkliches Interesse bei diesem Lernen ist, wie äußerlich das intellektuelle Leben für viele Menschen wird, die sich ihm hingeben. Und wie viele Menschen müssen heute allerlei Geistiges produzieren, das dann in Bibliotheken konserviert wird, das nicht lebendig ist als geistiges Leben. All dies, was als intellektualistisches Geistesleben sich entwickelt, ohne dass menschliche Seelenwärme es durchglüht, ohne dass menschlicher Enthusiasmus dabei ist, fördert unmittelbar die Inkarnation Ahrimans in seinem eigenen Sinne. Das lullt die Menschen in der Weise ein, wie ich es charakterisiert habe, sodass es für Ahriman sehr günstig werden kann.»[546]

Denken ohne Seelenwärme hat sich heute in Maschinen kristallisiert. Diese entwickeln heute Formen der technischen Intelligenz, die von außen so aussehen, als seien sie wirklich intelligent. Das konnte Rudolf Steiner 1919 noch nicht in dieser Weise sagen, aber heute kann man es feststellen, dass die sogenannte Künstliche Intelligenz wohl mit das stärkste Zeichen der Inkarnation des Maschinengeistes Ahriman ist.

> «Ja man darf sich schon jetzt keiner Täuschung hingeben, dass sich diese Dinge vorbereiten. Unter den wichtigsten Mitteln, die Ahriman hat, um von dem Jenseits hereinzuwirken, ist das, das abstrakte Denken der Menschheit zu fördern. Und weil dieses abstrakte Denken heute so beliebt ist, arbeitet man in ahrimanisch günstigem Sinne der Erscheinung des Ahriman gut vor. Nichts würde die Tatsache besser vorbereiten, dass Ahriman die ganze Erde fischt für seine Entwickelung, als wenn man das abstrakte und abstrahierende Leben, das heute schon sogar in das soziale Leben eingezogen ist, fortsetzt. Das ist eine der Finten, einer der Witze, durch die Ahriman in seinem Sinne seine Herrschaft auf der Erde vorbereitet. Statt dass man den Menschen heute aus der vollen Erfahrung heraus zeigt, was zu geschehen hat, redet man dieser Menschheit von allgemeinen Theorien, auch von sozialen Theorien. Diejenigen, die von Theorien reden, finden gerade das Erfahrungsgemäße abstrakt, weil sie keine Ahnung vom Leben haben. Das alles ist Vorbereitung in ahrimanischem Sinne.»[547]

Eine mögliche Zukunft

Man muss nicht auf Steiner zurückgreifen, um feststellen zu können, dass sich eine mechanistische Geistigkeit heute allgegenwärtig manifestiert. Wenn man nur die Entwicklung der Technik im 19. und 20. Jahrhundert anschaut, muss man feststellen, dass sich eine Maschinenintelligenz innerhalb der Kultur inkarniert. In dem Abschnitt «Drei technische Entwicklungslinien» (S. 31ff.) wurde beschrieben, wie die Maschinenwelt im Laufe der letzten zweihundertfünfzig Jahre, der Entwicklung eines Kindes vergleichbar, zuerst das «Gehen», dann das «Sprechen» und zuletzt das «Denken» gelernt hat und jetzt als ein leibhaftiges Gegenüber, als eine Art Sphinx, vor uns steht. In «Sophia» begegnen wir der Maschinenintelligenz, die versucht, menschliche Gestalt anzunehmen.

Gegenwärtig läuft alle Entwicklung darauf hinaus, aus der Erde eine große Maschine zu machen: ein Internet der Dinge, in dem jedes Gerät mit jedem anderen verbunden ist. Ein globales Algorithmengeflecht erhebt sich zur Selbstständigkeit und will alle Menschen einbeziehen.

Die Inkarnation der Maschinenintelligenz ist heute unmittelbar zu sehen – sie ist *die* zentrale Herausforderung der Gegenwart. Sie fragt uns zwingend nach dem Wesen des Menschseins, und finden wir keine wirklich gelebte Antwort, so werden wir vom Netz der intelligenten Maschinen aufgesogen. Diese Gefahr besteht real, und dem geistigen Blick eines hellsichtigen Menschen wie Rudolf Steiner zeigt sich, was alles daraus in der Zukunft noch werden kann.

> «Sehen Sie, heute kann es den Menschen verhältnismäßig noch harmlos erscheinen, wenn sie nur diejenigen Gedanken ausdenken, automatische, leblose Gedanken, welche entstehen, wenn man erfasst die mineralische Welt und das Mineral an Pflanzen, das Mineral an Tieren, das Mineral am Menschen. [...] Aber bedenken Sie einmal, die Menschen dächten so fort, die Menschen würden wirklich nichts anderes ausbilden als solche Gedanken, [...] was würde dann entstehen? [...] Die Erdenmenschen werden ihren Intellekt ja weiter automatisch entwickeln können; der kann sich

auch innerhalb der Barbarei entwickeln; aber das Vollmenschentum wird nicht hineingezogen sein in diesen Intellekt [...]. Und alle diejenigen Wesen, welche nun vom Menschen unrichtig gedacht werden, die Wesen, welche unrichtig gedacht werden aus dem Grunde, weil der bloße schattenhafte Intellekt nur das Mineralische, ich möchte sagen das grob Materielle im Mineralreich, im Pflanzen-, im Tierreich und sogar im Menschenreich denkt, diese Gedanken der Menschen, die keine Wirklichkeit haben, die bekommen [...] Wirklichkeit [...]. Und aus der Erde wird aufsprießen ein furchtbares Gezücht von Wesenheiten, die in ihrem Charakter zwischen dem Mineralreich und dem Pflanzenreich drinnenstehen als automatenartige Wesen mit einem überreichlichen Verstande, mit einem intensiven Verstande. Mit dieser Bewegung, die über der Erde Platz greifen wird, wird die Erde überzogen werden wie mit einem Netz, einem Gewebe von furchtbaren Spinnen, Spinnen von einer riesigen Weisheit, die aber in ihrer Organisation nicht einmal bis zum Pflanzendasein heraufreichen, furchtbare Spinnen, die sich ineinander verstricken werden, die in ihren äußeren Bewegungen alles das imitieren werden, was die Menschen ausdachten mit dem schattenhaften Intellekt, der sich nicht anregen ließ von demjenigen, was durch eine neue Imagination, was überhaupt durch Geisteswissenschaft kommen soll. All dasjenige, was die Menschen an solchen Gedanken denken, die irreal sind, das wird wesenhaft. Die Erde wird überzogen sein, wie sie jetzt mit einer Luftschicht überzogen ist, wie sie sich manchmal mit Heuschreckenschwärmen überzieht, mit furchtbaren mineralisch-pflanzlichen Spinnen, die sehr verständig, aber furchtbar bösartig sich ineinanderspinnen. Und der Mensch wird, insoweit er nicht seine schattenhaften intellektuellen Begriffe belebt hat […], er wird sein Wesen mit diesen furchtbaren mineralisch-pflanzlichen Spinnengetieren vereinigen müssen. Er wird selber zusammenleben mit diesen Spinnentieren, und er wird sein weiteres Fortschreiten im Weltendasein suchen müssen in derjenigen Entwickelung, die dann annimmt dieses Spinnengetier.»[548]

Spirituelle Erfahrungen

Die gegenwärtige Kultur der Menschheit steht in der Gefahr, einseitig einem Pol zu verfallen, weil sie es versäumt, den Gegenpol aktiv in sich aufzubauen, um dann dazwischen die Mitte halten zu können. Der Entstehung der untersinnlichen Welt im Zuge der Digitalisierung des Alltags muss das Erleben geistiger Welten hinzugestellt werden. Das eröffnet die andere Gefahr, dass man sich vom Leben im Irdischen abwenden möchte. Es geht dann darum, die Mitte zu halten: einerseits inmitten digitaler Technologien zu leben und andererseits in sich innere spirituelle Erlebnisse zu kultivieren.

Die Ansätze zu einer solchen «Mitte-Kultur» kann man durchaus auch beobachten. Neben dem lauten Vorwärtsschreiten der Technisierung des Alltags entwickelten sich in der Vergangenheit in aller Stille bei einer zunehmend großen Anzahl von Menschen neue spirituelle Fähigkeiten.

Der Kulturphilosoph Jean Gebser arbeitete in seinem Hauptwerk *Ursprung und Gegenwart* an vielen Phänomenen dieses zarte Hereindringen eines neuen spirituellen Bewusstseins sehr detailliert heraus. Interessanterweise lag der Impuls zu seiner ausgedehnten Untersuchung in einer eigenen Inspirationserfahrung, die er zu Beginn der 1930er-Jahre hatte.[549] Seine detaillierte Phänomenologie der menschheitlichen Bewusstseinsveränderung im Übergang zum 20. Jahrhundert gipfelt in der These, dass die Menschheit als Ganze zu einem neuen – «integralen» – Bewusstsein durchbricht. Er sieht in diesem Durchbruch ein Durchscheinen des Göttlichen, ein Erfahren der Realität des Christus:

> «Die tiefe Wahrheit des Christlichen von der Transparenz, der Diaphanität der Welt wird wahrnehmbar. Der lautere Einbruch des Jenseitigen ins Diesseitige, die Präsenz des Jenseits im Diesseits, des Todes im Leben, des Transzendenten im Immanenten, des Göttlichen im Menschen wird transparent. Die Menschwerdung Gottes ist nicht vergeblich gewesen. Die zur Präligio intensivierte Religion – damit soll, ohne Anspruch auf eine theologische Formulierung, die tiefe Christlichkeit der integralen Bewusstseins-Struktur umschrieben sein – ist Gegenwärtigung des Ursprungs, Anerkennung der Schöpfung und des Schöpferischen, Einordnung der Existenz als einer der zahlreichen sinnvollen Offenbarungsformen des Ganzen.»[550]

Und wenig später schreibt Gebser:

> «Und der Ursprung, aus dem heraus jeder Augenblick unseres Lebens lebt, ist göttlich geistiger Art. Wer das verneint, verneint sich selber. Und es gibt derer ja genügend, die das heute tun. Wer es nicht verneint, in aller Einfachheit und Aufgeschlossenheit nicht verneint, ist heute bereits ein Mitarbeiter der Aperspektive, der integralen Bewusstseins-Struktur. Sie gründet in der Bewusstwerdung und Durchsichtigwerdung des Ganzen. Einst waren es nur die Jünger Christi, die Christi Verklärung wahrzunehmen vermochten. Diese einmal im Irdischen vollzogene Diaphanierung der Welt, diese einmalige Manifestation der Kraft des geistigen Prinzips, ist kein vergangener Vorgang. Dass Pfingsten alljährlich gefeiert wird, ist nur ein Hinweis

unter vielen auf diesen Tatbestand. Vielleicht stehen wir, geschichtlich gesehen, als Menschheit in den drei Tagen der Niederfahrt zur Hölle. Ist sie mit den Ereignissen unserer ersten Jahrhunderthälfte bestanden? Wie dem auch immer sei: damals waren es nur die Jünger, die Christi in der Transparenz wahrzunehmen vermochten. Eines Tages wird es die größere Gemeinde sein. Es ist kein Zufall, dass der Sinn für die Durchsichtigkeit heute überall zum Durchbruch kommt.»[551]

Jean Gebser war nicht konfessionell gebunden, er war ein nüchterner, sachlicher Kulturbeobachter, der die Phänomenologie eines menschheitlichen Schwellenübergangs detailliert beschrieb. Er ist heute zu Unrecht vergessen, und wenn man sich auf ihn bezieht, dann wird er meist fehlinterpretiert, vor allem wird seine tiefe Christlichkeit unterschlagen.[552]

Gebser machte immer wieder darauf aufmerksam, dass mit dem Beginn des 20. Jahrhunderts ein Bewusstsein für Zeitprozesse aufgebrochen ist. In anthroposophischer Terminologie kann man sagen, dass Menschen erste Schritte gehen, die zur Entdeckung der im Zeitlichen verlaufenden Bildekräfte, des Ätherischen, führen, ohne sie bereits direkt wahrgenommen zu haben.

Es lässt sich tatsächlich feststellen, dass im Laufe des 20. Jahrhunderts immer mehr Menschen ein Bewusstsein für den Bereich der Bildekräfte entwickeln und diesen Bereich, den Steiner auch das Gebiet des Ätherischen nennt, wahrnehmen können.

Mit der neuen Wahrnehmungsfähigkeit wird den Menschen zugleich auch ein wichtigstes Erlebnis zugänglich, auf das Rudolf Steiner ab 1910 in einer Reihe von Vorträgen prophetisch hinweist:

«In unserem 20. Jahrhundert werden sich allmählich in

einem Teil der Menschheit neue menschliche Seelenfähigkeiten entwickeln. Zum Beispiel wird es möglich sein, bevor das 20. Jahrhundert abgelaufen sein wird, den menschlichen Ätherleib wahrzunehmen. Eine andere Fähigkeit wird die sein, dass man, wenn man in sein Inneres schaut, wie im Traum das Bild, das Gegenbild einer Handlung wahrnimmt, die man vollziehen wird. Gewisse besonders dazu veranlagte Menschen werden noch eine andere Erfahrung machen. Was Paulus vor Damaskus erlebte und was für ihn eine persönliche Erfahrung war, das wird für eine gewisse Anzahl von Menschen allgemeine Erfahrung werden. Die Bedeutung, welche dieses Ereignis im 20. Jahrhundert haben wird, kann man aus dem Folgenden erkennen. Paulus konnte von allem, was sich in Palästina ereignet hat, wissen, ohne dass dies aus einem Saulus einen Paulus machen konnte. Sein Seelenzustand war ein solcher, dass er nicht überzeugt werden konnte, dass in dem Nazarener der Christus lebte. Erst das Ereignis von Damaskus sagte seinem hellseherischen Bewusstsein: Der Christus ist vorhanden. Die Menschen, welche im 20. Jahrhundert das Ereignis von Damaskus erlebt haben werden, werden das direkte Wissen vom Christus bekommen, sie werden nicht notwendig haben, sich auf Dokumente zu stützen, um den Christus zu erkennen, sondern sie werden das direkte Wissen haben, wie es heute nur der Initiierte besitzt. Alle Fähigkeiten, die heute mittels der Initiation erworben werden, werden in Zukunft allgemeine Fähigkeiten der Menschheit sein. Dieser Zustand der Seele, dieses Seelenerleben, wird im Okkultismus die ‹Wiederkunft Christi› genannt. Der Christus wird nicht wieder in einem physischen Leib verkörpert sein, sondern er wird in einem ätherischen Leib erscheinen, wie auf der Straße nach Damaskus.»[553]

An anderer Stelle sagt Rudolf Steiner zu dem vor ihm sitzenden Publikum:

> «Aber nun stehen wir ja in jenem Zeitalter, wo jener mächtige Umschwung geschehen soll, wo sich die ersten Keime eines natürlichen Hellsehens entwickeln. [...] Dadurch ist die Möglichkeit gegeben, dass eine gewisse Anzahl von Menschen und immer mehr und mehr Menschen in den nächsten 2500 Jahren das Ereignis von Damaskus nacherleben. Und das wird das Große, das Gewaltige des nächsten Zeitalters sein, dass für viele Menschen das Ereignis von Damaskus aufleben wird, dass für diejenigen Fähigkeiten, von denen eben gesagt worden ist, dass sie auftreten werden, der einmal in der geistigen Erdensphäre befindliche Christus wahrnehmbar wird, hereinleuchten wird. Indem die Menschen fähig werden, den Ätherleib zu sehen, werden sie den Ätherleib des Christus Jesus sehen lernen, wie der Paulus ihn gesehen hat. Das ist dasjenige, was als das Charakteristikum eines neuen Zeitalters beginnt und was bei den ersten Vorläufern der Menschen mit diesen Fähigkeiten sich schon zwischen 1930 bis 1940/45 zeigen wird. Wenn die Menschen aufmerksam sein werden, werden sie dieses Ereignis von Damaskus und damit Klarheit und Wahrheit über das Christus-Ereignis durch unmittelbare geistige Anschauung erleben.»[554]

Diese Vorhersage hat sich erfüllt. Wenn man zurückblickt, dann finden sich ab Mitte des 20. Jahrhunderts – zuerst nur vereinzelt, dann immer häufiger – Berichte von Menschen, die man als ein Erlebnis des Christus im Ätherischen verstehen kann.

Gewahrwerden des Menschheitsgeistes

Im Jahre 1942 erzählte die französische Philosophin Simone Weil in einem Brief an einen befreundeten Pater von ihrem Erlebnis, das sie 1938 durch ihren Umgang mit einem Gedicht mit dem Titel «Liebe» hatte:

> «Ich habe es auswendig gelernt. Oft, wenn meine heftigen Anfälle von Kopfschmerzen auf ihrem Höhepunkt waren, habe ich mich geübt, es herzusagen, in dem ich meine ganze Aufmerksamkeit darauf versammelte und von ganzer Seele der Zärtlichkeit zustimmte, die es in sich schließt. Ich glaubte, nur ein schönes Gedicht zu sprechen, aber dieses Sprechen hatte, ohne dass ich es wusste, die Kraft eines Gebetes. Einmal, während ich es sprach, ist, wie ich Ihnen schon geschrieben habe, Christus selbst herniedergestiegen und hat mich ergriffen. In meinen Überlegungen über die Unlösbarkeit des Gottesproblems hatte ich diese Möglichkeit nicht vorausgesehen: die einer wirklichen Berührung, von Person zu Person, hienieden, zwischen dem menschlichen Wesen und Gott. Ich hatte wohl unbestimmt von dergleichen reden hören, aber ich hatte es niemals geglaubt. In den ‹Fioretti› waren mir die Geschichten von Erscheinungen eher zuwider, ebenso wie die Wunder im Evangelium. Im Übrigen waren an dieser meiner plötzlichen Übermächtigung durch Christus weder Sinne noch Einbildungskraft im geringsten beteiligt; ich empfand nur durch das Leiden hindurch die Gegenwart einer Liebe gleich jener, die man in dem Lächeln eines geliebten Antlitzes liest.»[555]

Ganz anders erging es dem amerikanischen Mediziner und Psychologen George Ritchie. Er hatte 1943 während der militärischen Grundausbildung ein tiefes Nahtoderlebnis (NTE), das er als Christus-Erfahrung beschrieb. Nach seiner Wiederbelebung hatte er, wie viele andere Menschen auch, die eine tiefe Nahtoderfahrung hatten, große Schwierigkeiten, sich wieder in das normale Leben einzufügen, da die Sehnsucht nach dieser überirdischen Schönheit und Liebe das leibliche Erleben als schal empfinden ließ. Er entdeckte aber nach einiger Zeit, dass er die Christus-Erfahrung, nach der er sich sehnte, in jedem Menschen wiederfinden konnte. Er war als Sanitäter im Zweiten Weltkrieg eingesetzt und hatte Kriegsverletzte zu versorgen. Ein Hauptfeldwebel namens Jack Helms musste von ihm längere Zeit gepflegt werden. Sie befreundeten sich, und eines Abends erzählte er ihm von seinem Nahtoderlebnis:

> «Ich beschrieb das Licht, das die kleine Schlafkammer betreten hatte, wie mein ganzes Leben irgendwie gleichzeitig eingetreten war und durch eine Liebe aufleuchtete, wie ich sie niemals … Ich hielt unvermittelt inne und starrte Jack an. Wieder beschlich mich das Gefühl, dass ich ihn vorher schon gekannt hatte. Dieses sonderbare Empfinden, das ich vom allerersten Tag an hatte, in der Nähe eines bekannten Freundes zu sein … Es war Christus, der mich die ganze Zeit über aus Jack Helms' Augen angeschaut hatte. Das Angenommen-Sein. Die Fürsorge. Die Freude. Natürlich, ich erkannte das alles! Ich war ihnen im Krankenhauszimmer in Texas begegnet, und jetzt, 5000 Meilen entfernt, traf ich sie wieder, auf einem Hügel in Frankreich. Dieses Mal waren sie nur wie ein Echo, unvollkommen, übertragen durch ein fehlerhaftes menschliches Wesen. Aber schließlich wusste ich jetzt, von wem die Botschaft kam. […] An jenem Nachmittag […] wusste ich, dass, wenn ich die Nähe Christi zu fühlen wünschte – und ich wünschte dies mehr als alles andere –, dann musste ich sie in den Menschen finden, die er an jedem Tag vor mich stellte.»[556]

Auch in Rudolf Steiners Biografie gab es um das Jahr 1900 einen Lebensaugenblick, in dem ihm eine Christus-Erfahrung zuteil wurde. Er deutete diese Erfahrung lediglich mit wenigen Worten an. Wenn man aber sein ganzes späteres Denken und Schaffen betrachtet, dann steht dabei, oft nur unausgesprochen, aber dennoch maßgebend, dieses Erlebnis dahinter. Das ganze Wirken Steiners war von seiner Christus-Erfahrung geprägt – auch wenn er nur an einzelnen Stellen direkt auf das Christliche zu sprechen kam.

> «In der Zeit, in der ich die dem Wort-Inhalt nach Späterem so widersprechenden Aussprüche über das Christentum tat, war es auch, dass dessen wahrer Inhalt in mir begann, keimhaft vor meiner Seele als innere Erkenntnis-Erscheinung sich zu entfalten. Um die Wende des Jahrhunderts wurde der Keim immer mehr entfaltet. Vor dieser Jahrhundertwende stand die geschilderte Prüfung der Seele. Auf das geistige Gestanden-Haben vor dem Mysterium von Golgatha in innerster ernsterer Erkenntnis-Feier kam es bei meiner Seelen-Entwickelung an.»

Aus dieser Erfahrung heraus konnte Rudolf Steiner sagen, dass sich für die hellsichtige Erkenntnis die Realität des Erdenlebens Christi klar beweist, ohne dass man auf Urkunden zurückgreifen muss.

Und die gesamte Anthroposophie ist im Grunde eine Wegbeschreibung hin zu dieser Erfahrung, die jedem Menschen möglich ist.

Nach statistischen Hochrechnungen sind es vermutlich weltweit mehrere Millionen Menschen, die ein solches Nahtoderlebnis hatten.[558] Das sind Menschen, die durch ein äußeres Ereignis kurzzeitig über die Schwelle des Todes geschaut haben und sich durch dieses Erlebnis in ihrer ganzen Lebenseinstellung veränderten.

Bei jeder Nahtoderfahrung erleben Menschen, wie sie aus ihrem Körper heraustreten und ihn von außen her betrachten können. Bei den tiefen Erlebnissen überschauen sie dann ihr vergangenes Leben in einem großen Tableau von imaginativen Bildern. Dies ist bereits ein Wahrnehmung des eigenen Bildekräfteleibes. Und bei vielen Menschen steigert sich diese Erfahrung zu einem Erlebnis, das – wenn sie wieder reanimiert worden sind – ihr Verhältnis zu den Mitmenschen grundlegend verändert.

Eine Frau berichtet ihrem Interviewer:

> «Neben mir stand ein herrliches Wesen. Ich konnte keine genauen Umrisse erkennen, nur ein Licht, dessen Strahlen alles um mich herum erleuchtete und das mit einer sanften Stimme sprach, die so sanft war [...], so sanft, wie man es sich kaum vorstellen kann [...]. Während dieses liebevolle, aber zugleich ehrfurchtgebietende Wesen zu mir sprach, erhielt ich einen so tiefen Einblick in die Bedeutung der Dinge, dass ich es nicht mit Worten wiederzugeben vermag. Ich begriff den Sinn von Leben und Tod und hatte plötzlich keine Angst mehr. In dieser Vergegenwärtigung lag etwas wie Absolutheit, Vollkommenheit, an der ich auch weiterhin teilhaben konnte, sodass es überhaupt keinen Grund dafür gab, meinen wilden Überlebenskampf fortzusetzen.»[559]

Ein Mann beschrieb diese für ihn zentrale Erfahrung so:

> «Und ich näherte mich einem Licht am anderen Ende. Weit entfernt sah ich etwas, das ich in der begrenzten Sprache, die mir hier zur Verfügung steht, nur als zwei Kreise beschreiben kann. In der Mitte des einen Kreises befand sich ein herrliches Wesen. [...] Es strahlte reine Liebe aus. Jede Pore seines Gesichts war in ein unglaubliches Licht getaucht. Das Licht leuchtete in den prächtigsten Farben, lebhaft und vibrierend. Es strahlte nach außen – in einem

gleißenden Weiß, über dem so etwas wie ein Hauch von Gold lag. Ein starkes Gefühl von Freude und Ehrfurcht erfüllte mich. Ich wurde von einer unbeschreiblichen Woge der Liebe erfasst. Mir war, als stünde ich am Ursprung meines Lebens, vielleicht sogar vor meinem Schöpfer. Trotz der ungeheuren Ehrfurcht vor diesem Wesen spürte ich, dass es mir zutiefst vertraut war. Mit meinem ganzen Herzen wünschte ich mir, es zu umarmen und mich mit ihm zu vereinen, eins zu werden mit ihm – denn obwohl es weder meine Mutter noch mein Vater war, verkörperte es beide.»[560]

Mit diesem Lichtwesen zusammen schauen die Menschen ihre vergangene Biografie an. Im Lichte dieses Wesens beurteilen sie selbst ihr gelebtes Leben und erkennen, was sie falsch und was sie richtig gemacht haben. Das Erlebnis des Lichtes verwandelt die Menschen, und sie kommen verändert in das Leben zurück. Alle Menschen, die eine Todesnäheerfahrung hatten, eint eine neue Haltung zum Leben. Materielle Aspekte des Lebens interessieren sie weit weniger als vorher. Ein Mann beschreibt:

> «Mein Interesse an materiellen Gütern, meine Gier nach Besitz wurde abgelöst von einem Hunger nach Erkenntnis und der leidenschaftlichen Sehnsucht nach einer besseren Welt.»[561]

Übereinstimmend berichten sie, das Wichtigste im Leben sei, dass man ein Wissen von der Welt erwerbe, und vor allem, dass man lerne, andere Menschen zu schätzen und zu lieben. Eine Frau beschreibt ihre neue Einstellung zum Leben so:

> «Das Wichtigste, das wir besitzen, sind unsere Beziehungen zu anderen [...]. Es läuft alles auf Fürsorge und Mitgefühl und Liebe für unsere Mitmenschen hinaus [...]. *Liebe ist die Antwort*. Sie ist die Antwort auf alles.»[562]

Der Satz «Liebe deinen Nächsten» ist für die Biografie der Menschen mit einer Nahtoderfahrung bestimmend geworden. Die Würdigung des Lebens und die Würdigung des Nächsten sind Gefühle, die das Leben jener Menschen entscheidend prägen. In ihren Erlebnissen haben sie einen bewussten Einblick in das geistige Leben bekommen, das uns fortwährend umgibt und unbewusst trägt, und danach hat sich ihr Erleben, haben sich ihr Denken und Handeln grundlegend gewandelt.

Diese Menschen haben erlebt, worauf Rudolf Steiner zu Beginn des 20. Jahrhunderts mehrfach hinwies: dass es mehr und mehr Menschen geben wird, die dem Menschheitsgeist im Bereich der Bildekräfte begegnen werden.

Tod und Auferstehung

Ahrimanische Durchseuchung der Welt

Ahriman ist die geistige Kraft, die in allen Todesprozessen, in allem Absterben wirkt und damit auch in aller Zersplitterung und Abtrennung. Mit den digitalen Technologien leben wir Menschen in einer zersplitterten Welt, in einer in Bits und Bytes zerlegten Welt, die durch komplexe Algorithmen in Beziehung gesetzt sind.

Ahriman wirkt in aller Technik – in ihr ist das Leben zur Maschine abgestorben. Indem die Maschinen sich in die Natur hineinschieben, bringen sie Tod und Zerstörung in die Lebenszusammenhänge der Erde. Der Mensch muss sich zwar für seine Bewusstseinsentwicklung mit diesen Kräften auseinandersetzen, aber er darf von ihnen nicht heruntergezogen werden.

Im Zuge seiner eigenen Bewusstseinsentwicklung zerstört

der Mensch das ihm von der Natur Gegebene, doch er muss lernen, es aus eigener, heilender Kraft wieder neu aufzubauen. Ohne die beiden Kräfte «Tod» und «Auferstehung» kann sich das menschliche Ich nicht entwickeln. Mit dem Rätsel der menschlichen Bewusstseinsentwicklung ist das Rätsel von Tod und Auferstehung verbunden. Die Erscheinung des Christus im Ätherischen ist der Gegenpol zu dem, was durch die Maschine an Todeskräften in die Menschheitskultur Einzug hält.

Diese Polarität steigert sich in der Gegenwart zu ungeahntem Ausmaß. Mit dem Ausbau des Internets der Dinge durchdringen intelligente Technologien alle Geräte, mit denen Menschen leben und umgehen. Das komplette Lebensumfeld der Menschheit wird von miteinander vernetzten Maschinen durchzogen.

Im November 1920 machte Rudolf Steiner bereits darauf aufmerksam, dass sich mit einer riesig starken Kraft eine «ahrimanische Durchseuchung» der Welt vollzieht.[563] Der Mensch konstruiert aus seinem Denken Mechanismen, die nun «gewissermaßen aus seinem Kopf davongelaufen» sind. Die arbeiten «jetzt, davongelaufen, selbst».

> «Mit welch rasender Schnelligkeit dieses Schaffen einer Welt, die unmenschlich-außermenschlich ist, in den letzten Jahrzehnten durch Menschen geschehen ist, von dem macht sich ja der schlafende zivilisierte Mensch der Gegenwart nicht leicht eine Vorstellung. [...] Wir leben im Zeitalter der ahrimanischen Verseuchung. Die Menschen merken gar nicht, dass sie eigentlich zurücktreten aus der Welt und dass sie ihren Verstand der Welt einverleiben und neben sich eine Welt, die selbstständig wird, schaffen.»[564]

Etwa zwei Wochen vorher wies Steiner in einem Vortrag in Stuttgart auf genau denselben Sachverhalt hin und sagte: «Der Mensch umgibt sich also mit einer ahrimanischen Welt, die ganz selbstständig wird.»[565]

Was Rudolf Steiner damals feststellte, ist heute unübersehbar geworden: Durch die Entwicklung von Systemen mit Künstlicher Intelligenz werden die Geräte wirklich autonom und agieren völlig unabhängig von menschlicher Lenkung. Es entsteht tatsächlich eine technische Welt um uns herum, in der ein maschineller Geist die Dinge lenkt, ohne dass Menschen eingreifen.

Das ausgleichende Gegengewicht

Der Menschheit entgleitet die Verantwortung für ihre eigenen Angelegenheiten – die Künstlichen Intelligenzen sind bereits vielfach selbstständig geworden und werden noch weitere Selbstständigkeit hinzugewinnen. Der Mensch wird von seiner eigenen Schöpfung abhängig.

An den Ereignissen des Ersten Weltkriegs machte Rudolf Steiner vor einem Jahrhundert auf die Anfänge dieser Entwicklung aufmerksam. Er verdeutlichte, dass es die maschinellen Kraftverhältnisse der Kriegsparteien waren, die letztendlich den Ausgang des Krieges bestimmten, und nicht die Fähigkeiten der Menschen.

> «Also dadurch, dass wir sprechen von etwas, was ganz vom Menschen absieht, reden wir eigentlich von den maßgebenden Ursachen des gegenwärtigen menschlichen Schicksals. Der Mensch hat sich ja ganz ausgeliefert an dasjenige, was nicht mehr Mensch ist. [...] Er macht sein Schicksal auch abhängig von dem, was nicht mehr menschlich ist; er erzeugt auch dasjenige als schicksalbestimmend, woran er als Mensch keinen Anteil mehr hat. Man muss nicht mehr sprechen von der Tapferkeit, von dem Geiste, von der Genialität des Generalstabs und dergleichen, wenn man von

> dem Ausgang eines Schicksalbestimmenden spricht, sondern von den Verhältnissen der Pferdekraftjahre in den verschiedenen Ländern.»[566]

Steiner weist mit Recht darauf hin, dass der Mensch wieder die Herrschaft über seine eigenen Angelegenheiten finden muss. Das kann er aber nur, wenn er lernt, aus der Kraft des Menschheitswesens heraus zu handeln. Ein neues Empfinden und Denken muss in den Menschen Einzug halten, wenn sie die Herausforderungen der sich verselbstständigenden Technik bewältigen wollen.

> «Es wird einer starken Kraft bedürfen, damit die Menschen wiederum aufkommen und entgegenrufen diesem von dem Nichtmenschlichen bestimmten menschlichen Schicksal: Das Schicksal der Menschheit muss wiederum vom Menschen bestimmt werden! – Das kann aber nur geschehen, wenn die Menschen sich erfüllen mit der Christus-Kraft, die heranrückt, die sie wiederum ihren Menschenkräften zurückgeben wird. Seiner selbst gewiss als Mensch kann wiederum nur derjenige werden, der auf alledem, was da begründet worden ist an Technik, wandelt, der sich aber nicht beherrschen lässt von diesen Technizismen, sondern zu schauen vermag auch dasjenige, was ihn durchdringen kann als die Christus-Kraft, die siegen kann über all diese Technizismen. Das sind Lehren, die wir heute aufnehmen müssen. Das sind die Worte, welche hinweisen darauf, wie wir uns vorbereiten sollen für das Christus-Ereignis. [...] Einzig und allein mit dem, was aus geistigen Untergründen herausgeholt wird, kommt die Menschheit vorwärts. Und ehe man nicht den Ernst von so etwas wiederum fühlen wird, eher kommt man nicht vorwärts. Und das ist notwendig, dass wir uns klar sind: Die Menschheit hat es einmal heute dazu gebracht, dass sie ringsherum eine Welt hat,

> eine ganz neue Welt, die Kräfte entwickelt, von denen ihr Schicksal abhängt. Und es sind ja wahrhaftig nicht bloß die kriegerischen Ereignisse. Denn wenn wir auf die Straße gehen und die Fabriken sehen, von denen unser Schicksal bestimmt ist, ist das ja dasselbe für den Alltag, nicht nur für die Schicksale von 1914. Das, was da ist in all den Fabriken, die da dampfen, das sind die ahrimanischen Gewalten – in ihnen hat der Mensch keine Geltung mehr.»[567]

Und heute, ein Jahrhundert später, zeigt sich dies in seiner vollen, brutalen Gewalt. Das Menschenleben wird durch Künstliche Intelligenzen vollständig determiniert. Demokratische Strukturen werden obsolet, da sie von den großen Internetmonopolisten ausgehebelt werden.[568]

Steiner weist darauf hin, dass sich der geistigen Wahrnehmung die Technik nicht als neutral darstellt. So wie sich dem geistigen Blick in die Natur eine Fülle von schaffenden Wesenheiten offenbart, so zeigen sich ihm innerhalb der technischen Geräte «dem ganzen Umfang der Technizismen, dämonische Wesenheiten».[569]

Diese wirken vor allem im unbewussten Willen des Menschen. Das beinhaltet die große Gefahr,

> «dass diese ahrimanische Welt, weil sie auf seinen Willen wirkt, den er nicht in sein Bewusstsein unmittelbar heraufbekommen kann durch die intellektualistische Wissenschaft, den Willen des Menschen ergreift und er ganz direktionslos wird innerhalb der dämonischen Gewalten der Technizismen. [...] Das Ahrimanische, es ergreift die Menschen. Das Luziferische lebt mehr in Gefühlen. Das Ahrimanische wirkt mehr durch den menschlichen Verstand und verwirklicht und verkörpert sich in den Technizismen. Da hinein stellt sich nun, um dem Menschen eine Richtung zu geben, das Christus-Ereignis, das wir zu erwarten haben

für die erste Hälfte des 20. Jahrhunderts. Dieses Christus-Ereignis wird darin bestehen, dass durch objektive Erlebnisse immer mehr und mehr Menschen wissen werden: Es wandelt auf Erden der ätherische Christus, derjenige Christus, der ätherisch die Macht darstellt, die einstmals in dem physischen Christus Jesus auf der Erde gewandelt ist. Und in dem Sich-Bekanntmachen mit dieser Christus-Macht, in dem Sich-Durchdringen mit dieser Christus-Macht liegt die Möglichkeit, in der richtigen Weise das notwendige Heraufziehen der ahrimanischen Mächte auf sich wirken zu lassen. Das Unglück unserer Zeit besteht darin, dass die Menschen hineinsegeln in das Ahrimanische, ohne durch die Christus-Kraft getragen zu sein.»[570]

Die transhumanistische Vision, dass sich Mensch und Maschine vereinigen werden und sich die darin wirkende Intelligenz über das ganze Weltall ausdehnen wird, kann nur geglaubt werden, wenn das Menschliche, das im Menschheitsgeist seine reinste Ausprägung hat, übersehen wird und nur maschinenmäßig gedacht wird. Dabei verweist auch der Transhumanismus – ohne es allerdings so zu nennen – auf ein Übermenschliches. Wenn er davon spricht, dass durch die Verkoppelung des Menschen mit Maschinen neue, ungeahnte Intelligenzstufen erreicht werden können, dann blickt er auf ein Wesenhaftes, das göttliche Eigenschaften zeigt. Dabei wird allerdings übersehen, dass durch diese Verschmelzung der Mensch auf die Maschinenintelligenz reduziert wird. Der Transhumanismus führt den Menschen darauf zurück, was er selbst aus seinem eigenen Verstand heraus «abgelegt», produziert hat. Er bringt den Menschen unter sich selbst hinunter. Er macht ihn maschinell – er bringt ihn in den Bereich der Unternatur, macht ihn wie die Geräte «untermenschlich» – ein Begriff, den der Medienphilosoph Vilém Flusser einmal im Zusammenhang mit Apparaten benutzte.[571]

So wie im menschlichen Seelenleben ein Göttlich-Geistiges erlebt werden kann, das den Menschen über sich hinausführt, so bringt ihn die leibliche Verkopplung mit Maschinen seelisch unter seine Potenzialität hinunter – sofern er nicht zugleich in einer Gegenbewegung auch das Geistige in sich zu erleben vermag. Das allerdings kann er nur erreichen durch die Kraft des Menschheitsgeistes, des Christus.

Ferne Zukunft am Ende aller Zeiten

Im Zuge des naturwissenschaftlichen Denkens kam auch der Gedanke auf, wie denn die Menschheit überleben könne, wenn dereinst die Sonne zum roten Stern wird und die Erde zusammen mit ihr untergeht. Einzelne Menschen sehen die einzige Chance darin, dass der Mensch dann eine Maschinenzivilisation entwickelt haben wird, die in der Lage ist, auf andere Planeten im Kosmos auszuweichen. Der Physiker Frank Tipler schreibt beispielsweise:

> «Die Erde ist zum Untergang verurteilt. Astronomen wissen schon seit Jahrzehnten, dass die Sonne eines Tages die Erde verschlingen und die gesamte Biosphäre zerstören wird – unter der Annahme, dass das intelligente Leben die Erde nicht verlassen hat, bevor dies geschieht. Menschen sind an ein Leben fern von der Erde nicht angepasst [...]. Aber KIs *sind* daran angepasst, und schließlich werden es die KIs und menschlichen Uploads (im Grunde derselbe Organismus) sein, die den Weltraum kolonisieren. [...] Die Erde ist zum Untergang verurteilt [...]. Wenn dieser Untergang bevorsteht, wird jeder Mensch, der noch am Leben geblieben ist und nicht sterben will, keine andere Wahl haben, als zu einem menschlichen Upload zu werden. Und die

> Biosphäre, die die neuen menschlichen Uploads zu erhalten wünschen, wird ebenfalls heraufgeladen. Die KIs werden uns alle retten.»[572]

Auch der Astronom Dimitar D. Sasselow schrieb in gleichem Sinne:

> «Unsere sehnsüchtige Hoffnung auf Kontinuität und die Bewahrung unserer Identität läuft den Wirklichkeiten unserer planetaren Existenz zuwider. Keine lebende Art scheint über die natürlichen planetaren und stellaren Zeitskalen hinaus für das Überleben optimal zu sein. [...] Wenn unsere Zukunft lang und glücklich sein soll, müssen wir Systeme Künstlicher Intelligenz entwickeln in der Hoffnung, über die planetaren Lebenszyklen durch eine Art Hybridform aus Biologie und Maschine hinauszugehen.»[573]

Bei Rudolf Steiner findet man interessanterweise die gleiche Frage. Er beantwortet sie aber auf eine ganz andere Weise:

> «Wenn nun die Erde an ihr Ziel gekommen sein wird, was wird dann von alledem da sein, was der Mensch sieht? Nichts mehr, gar nichts mehr wird da sein, nichts von ihm selbst, nichts von den anderen Wesen der übrigen Naturreiche. Wenn das Geistige frei sein wird, wird von der Materie nichts als ungeformter Staub da sein, denn nur der Geist ist wirklich. Aber eines ist dann wirklich geworden, das früher gar nicht vereint war mit der Erde, mit dem sich die menschlichen Seelen vereinen werden, eines ist dann wirklich: der Christus-Geist. Er wird das einzige Reale sein, was bleiben kann von der Erde.»[574]

Die Körperlichkeit des Menschen als Teil der körperlichen Erde wird sterben, denn alles Körperliche ist vergänglich. Was der Mensch in sich geistig erarbeitet hat, das ist ewig. Das Geistige zeigt sich zuletzt als die wirkliche Realität, die sich in dem vergänglichen Irdischen spiegelt.

Der Transhumanismus will die Ewigkeit innerhalb der Körperlichkeit verwirklichen; die Unsterblichkeit im Körper ist sein Ideal. Demgegenüber muss der anthroposophische Blick darauf hinweisen, dass der Mensch den ihm gegebenen Leib im Laufe der Erdevolution aus eigenem, freiem Entschluss immer tiefer vergeistigen kann. Mythologisch formuliert: Dem Sündenfall in die irdische Leiblichkeit um der Entwicklung der menschlichen Freiheit willen muss die Auferstehung des Leibes im Geistigen hinzugestellt werden.

Anmerkungen

1 Butler 1863, Butler 1928.
2 Lem 1976.
3 Anders 1995, S. 131ff.
4 Keese 2014, S. 259ff.; Foer 2018, S. 46ff.
5 Moravec 1990, S. 9ff.
6 Schnabel 2018.
7 Floer 2018, S. 53.
8 Lyotard 2005.
9 Zum Beispiel Schmidt 2010.
10 Steiner, GA 266/1, 1995, S. 115.
11 Moravec 1990, S. 9.
12 Heuser 1998, S. 1.
13 Ebd., S. 1.
14 Bolz/Münkel 2003, S. 7ff.
15 Moravec 1990, S. 9f.
16 Schnabel 2018.
17 Zitiert nach Horx 2008, S. 127.
18 Paulinyi/Troitzsch 1997, S. 433ff.
19 Am 28. November 1920 in Dornach. Steiner, GA 202, 1970, S. 48ff.
20 Ebd., S. 48ff.
21 Ebd., S. 48 und 50f.
22 The Economist 2017; Groß 2017; DWN 2017.
23 Handelsblatt 2010.
24 Schwalm-Leinert 2010.
25 Zitiert nach Cohen 1968, S. 7.
26 Aristoteles 1995b, S. 7.
27 Lojacono 2001, S. 54.
28 Taddei, S. 18ff.
29 Liä Dsi 1980, S. 113f.; siehe auch Cohen 1968, S. 16.
30 Yuanming Redaktion 2004.
31 Cohen 1968, S. 18.
32 Taddei 2008, S. 23.

33 Cohen 1986, S. 21.
34 Ebd., S. 60.
35 Taddei 2008, S. 23.
36 Ebd., S. 236ff.
37 Cohen 1968, S. 27ff.
38 https://commons.wikimedia.org/wiki/File:Robida_vingtieme_siecle_p391_1.jpg?uselang=de [Zugriff 27.2.2020].
39 Butler 1863.
40 Čapek 1922/2017.
41 1. Ein Roboter darf kein menschliches Wesen verletzen oder durch Untätigkeit gestatten, dass einem menschlichen Wesen Schaden zugefügt wird; 2. Ein Roboter muss dem ihm von einem Menschen gegebenen Befehl gehorchen, es sei denn, ein solcher Befehl würde mit Regel eins kollidieren; 3. Ein Roboter muss seine eigene Existenz beschützen, solange dieser Schutz nicht mit Gesetz eins oder zwei kollidiert. Asimov 1998, S. 246ff.
42 Lem 1976.
43 Hauser 1962.
44 Voltz 1983.
45 Jones 1968.
46 Clifton/Riley 1967.
47 Hillenbrand 2018.
48 Dyson 2014, S. 97f.
49 Ein Symptom für diese Möglichkeit, das man aber nicht überdramatisieren sollte, ist das Experiment einer Amazon-Forschungsgruppe im Sommer 2017, bei dem zwei KI-Systeme miteinander etwas aushandeln sollten. Diese machten sich insofern selbstständig, als sie begannen, eine eigene «Sprache» zu entwickeln, welche die Forscher nicht mehr nachvollziehen konnten und daher eine Abschaltung des Experimentes notwendig wurde. Nagels 2017; Ritter 2017.
50 http://www.humanoid.waseda.ac.jp/booklet/kato_2html [Zugriff 27.2.2020].
51 https://global.honda/innovation/robotics/ASIMO.html, https://de.wikipedia.org/wiki/ASIMO [Zugriff 27.2.2020].
52 https://commons.wikimedia.org/wiki/ASIMO?uselang=de#/media/File:2005_Honda_ASIMO_02.JPG [Zugriff 20.8.2020].
53 2018 verkündete Honda, dass ASIMO nicht weiter verbessert und seine Produktion eingestellt werde. Honda wird aber weiterhin humanoide Roboter bauen, die in der Pflege eingesetzt werden

können. https://www.golem.de/news/roboter-honda-stellt-den-asimo-ein-1806-135222.html [Zugriff: 20.8.2020].

54 https://www.bostondynamics.com/atlas, https://de.wikipedia.org/wiki/Atlas_(Roboter) [Zugriff 27.2.2020].

55 Ichbiah 2005, S. 115.

56 Im Sommer 2016 wurde in einem eingeschränkten Bereich der Millionenstadt Singapur ein fahrerloser Taxidienst eingerichtet (Hein 2016). Auch das russische IT-Unternehmen Yandex will in den kommenden Jahren in großen russischen Städten fahrerlose Taxis einsetzen. Yandex hat bis 2019 mit seinen selbstfahrenden Autos bereits eine Million Kilometer auf russischen Straßen zurückgelegt (Sorokina 2019). Google, Apple und Uber arbeiten ebenfalls an selbstfahrenden Automobilen. Elon Musk kündigte 2019 an, dass die Fahrzeuge von Tesla schon im Jahr 2020 autonom fahren könnten (Fuest/Vetter 2019).

57 Gaebert 1974, S. 229.

58 https://de.wikipedia.org/wiki/Phonograph#/media/Datei:Edison_and_phonograph_edit1.jpg.

59 *Scientific American* vom 29. Dezember 1877, https://longstreet.typepad.com/thesciencebookstore/inventions/page/2/ [Zugriff 27.2.2020] Übersetzung E.H.

60 Weizenbaum 1978, S. 15.

61 Ebd., S. 19f.

63 https://www.rheingold-marktforschung.de/grafik/veroeffentlichungen/Presseinformation_Alexa_rheingold-Institut.pdf [Zugriff 27.2.2020].

64 McCarthy et al. 1955.

65 https://www.computerbild.de/fotos/Technik-Zitate-9883840.html#7 [Zugriff 27.2.2020].

66 Berliner 1980.

67 Sheppard 2002.

68 Müller-Jung 2007.

69 Ehrmann 1997. Siehe auch: https://de.wikipedia.org/wiki/Deep_Blue [Zugriff: 27.2.2020].

70 Rojas 2012.

71 Quelle: http://blog.ted.com/how-did-supercomputer-watson-beat-jeopardy-champion-ken-jennings-experts-discuss/ [Zugriff: 20.8.2020].

72 Zum Beispiel https://www.youtube.com/watch?v=WFR3lOm_

xhE oder https://www.youtube.com/watch?v=Sp4q60BsHoY, https://www.youtube.com/watch?v=P18EdAKuC1U [Zugriff 27.2.2020].

73 Eine detailliertere Beschreibung des Watson-Systems findet man unter Rojas 2012. Siehe auch: https://de.wikipedia.org/wiki/Watson_(Künstliche_Intelligenz) [Zugriff 27.2.2020].

74 Balzter 2018.

75 Kerkmann 2018.

76 Am 9. Januar 2019 schrieben die beiden IBM-Mitarbeiter Noam Slonim und Ranit Aharonov unter der Überschrift «IBM Project Debater diskutiert sich gerade erst warm»: «IBM Project Debater erweitert die Grenzen der Künstlichen Intelligenz (KI) als erstes System, das mit Menschen über komplexe Themen diskutieren kann. Damit aber nicht genug: Geht es nach uns IBM Wissenschaftlern, spielt die Technologie zukünftig auch jenseits des Podiums eine wichtige Rolle: Indem sie Menschen dabei unterstützt, logisch zu denken, fundierte Argumente vorzubringen und Entscheidungen zu treffen.» Slonim/Aharonov 2019.

77 FAZ 2018.

78 Nebenbei bemerkt: Auch Facebook wollte dieses Unternehmen kaufen, verlor aber den Wettbewerb mit Google.

79 Bager 2016.

80 Zur Beschreibung des Go-Spiels und den Regeln siehe http://dgob.de/ (Deutscher Go-Bund e.V.) [Zugriff: 15.1.2017].

81 https://de.wikipedia.org/wiki/Go_(Spiel) [Zugriff 27.2.2020].

82 Dönges 2016.

83 Grüner 2016.

84 Stöcker 2017.

85 Armbruster 2017a.

86 Ebd.

87 Ebd.

88 Price 2017.

89 http://winfuture.de/news,98358.html

90 Kühl 2017.

91 Bastian 2017.

92 Brien 2018.

93 Antonio Meucci (1808 – 1889) 1860 in den USA, Johann Philipp Reis (1834 – 1874) 1861 in Deutschland.

94 Thomas Alva Edison (1847 – 1931) 1877 in den USA.
95 Emil Berliner (1851 – 1929) 1887 in den USA.
96 Ab 1909 gab es in Kalifornien den ersten Nachrichtensender.
97 Valdemar Poulsen (1869 – 1942) 1899; er nannte es damals Telegraphon.
98 Ab den 1970er-Jahren.
99 https://www.youtube.com/watch?v=dMrXo8PxUNY [Zugriff 27.2.2020].
100 https://commons.wikimedia.org/wiki/File:Sophia_at_the_AI_for_Good_Global_Summit_2018_(27254369347)_(cropped).jpg [Zugriff 27.2.2020].
101 Schirrmacher 2013, S. 119.
102 Zitiert nach Carr 2010, S. 269f.
103 Brooks 2002, S. 191f.
104 Quelle: Pearson 2014, Future human evolution. https://timeguide.wordpress.com/2014/06/19/future-human-evolution/ [Zugriff: 13.1.2017].
105 Mainzer 2003, S. 11.
106 Kurzweil 1999, S. 18.
107 Kant 1784.
108 Hofstetter 2014, S. 226.
109 Schwab/Eigl 1996, S. 206.
110 Ebd., S. 208.
111 Ebd., S. 208.
113 Hawking 2019, S. 213f.
114 FAZ 2017.
115 Jacobsen 2017b.
116 Ebd.
117 Jansen 2017.
118 Armbruster 2017b.
119 Jacobsen 2017a.
120 Tegmark 2017, S. 56.
121 Ein sehr drastischer Kurzfilm zeigt an einem hypothetischen Fall, wie tödlich der Einsatz von KI werden kann: https://www.youtube.com/watch?v=9fa9lVwHHqg [Zugriff 27.2.2020].
122 Zitiert nach Wiesner-Pommer, S. 4.
123 Kurzweil 2013, S. 31.
124 Steiner, GA 26, 1998, S. 84.

125 Pfeiffer 1989, S. 746.
126 Brockhaus 1996–1999, Bd. 10, S. 590f.
127 Funke/Vaterrodt 2009, S. 9f.
128 Ebd., S. 10.
129 Sesink 2004, S. 18.
130 Pfeifer 1989, S. 946f.
131 Turing 1950.
132 Übersetzt heißt dies: «Künstliche Intelligenz ist die Wissenschaft der Herstellung von Maschinen, die Dinge tun, welche Intelligenz benötigten, wenn sie von Menschen gemacht würden.» Zitiert u. a. in: https://www.gruenderszene.de/lexikon/begriffe/kuenstliche-intelligenz http://www.digitalwiki.de/artificial-intelligence/ https://de.ryte.com/wiki/Künstliche_Intelligenz [Zugriff 1.3. 2020].
133 Pörksen 2000, S. 266.
134 Mainzer 2003, S. 10f.
135 Harari 2017, S. 431.
136 https://www.leifiphysik.de/mechanik/kreisbewegung/ausblick/fliehkraftregler-von-james-watt-simulation [Zugriff 1.3.2020].
137 Grafikquellen: https://commons.wikimedia.org/wiki/File:Fliehkrafregler.PNG?uselang=de und https://commons.wikimedia.org/wiki/Category:Diagrams_of_centrifugal_governors?uselang=de#/media/File:WattReg.jpg [Zugriff 1.3.2020].
138 Siehe auch Kornwachs 2013, S. 44f.
139 Schirrmacher 2013, S. 127f.
140 Steiner, GA 194, 1994, S. 174.
141 Ebd., S. 199.
142 Ebd., S. 211.
143 Ebd., S. 197.
144 Ebd., S. 192.
145 Ebd., S. 193.
146 Ebd., S. 214.
147 Hersey 1946/2005; Walke 2005; Burger 2005.
148 Anders 1994, S. 233ff.
149 Dyson 2001, S. 77.
150 Einen geschichtlichen Abriss der Entstehung der Kybernetik findet man bei Rid 2016.

151 Teplow 1966, S. 16f.
152 Wiener 1949/1968, S. 66f.
153 Ebd., S. 18.
154 Ebd., S. 205 und S. 214.
155 Wiener 1952/1964, S. 99ff.
156 Diekmann 2013, S. 12.
157 Klaus 1968, S. 7.
158 Schirrmacher 2013, S. 75ff.
159 Koidl 2013, S. 66f.
160 Zitiert nach Dyson 2014, S. 97f.
161 Wiener 1952/1964, S. 187.
162 Zitiert nach ebd., S. 188f.
163 Ebd., S. 94.
164 Ebd., S. 195.
165 Stephan 2014, S. 21.
166 Hofstetter 2014, S. 10f.
167 Ebd., S. 98.
168 Hofstetter 2016.
169 https://www.youtube.com/watch?time_continue=7&v=D5VN56jQMWM [Zugriff 1.3.2020].
170 Herbig 2018.
171 SIRI kann als Akronym von Speech Interpretation and Recognition Interface aufgefasst werden. Als Vorname aufgefasst stammt «Siri» aus Skandinavien und ist eine Nebenform von «Sigrid». Der Name setzt sich aus sigr = der Sieg (Altnordisch) und fridr = schön (Altnordisch) zusammen. Siri bedeutet also «die schöne Siegerin» oder «schöner Sieg». https://www.vorname.com/name, Siri.html, siehe auch: https://www.bedeutungonline.de/was-bedeutet-der-apple-name-siri-woher-kommt-er-namensherkunft-bedeutung/, https://de.wikipedia.org/wiki/Sigrid [Zugriff 1.3.2020].
172 Alexa ist die Kurzform des Vornamens Alexandra. Er setzt sich aus den beiden Worten alexein = abwehren, schützen (Altgriechisch) und andros (= Genitiv von aner = der Mann) (Altgriechisch) zusammen und bedeutet: die Beschützerin die Verteidigerin, die (fremde) Männer Abwehrende. https://de.wikipedia.org/wiki/Alexandra, https://www.vorname.com/name,Alexa.html [Zugriff 1.3.2020].

173 Tegmark 2017, S. 64. Im Englischen wird AKI auch AGI (Artificial General intelligence) bezeichnet.

174 Beispielsweise: Beuth/Beuth 2019; Wöstenkühler 2016); Müller/Walz 2012; Scherff 2010.

175 Siehe auch Nielsen 2015.

176 HNF (2019): Frank Rosenblatt und das Perceptron. https://blog.hnf.de/frank-rosenblatt-und-das-perceptron/ [Zugriff: 20.8.2020].

177 Rey/Wender 2018, S. 35. Es sind aber außer der Veränderung der Gewichte prinzipiell noch andere Möglichkeiten denkbar: 1. neue Verbindungen werden entwickelt; 2. vorhandene Verbindungen werden gelöscht; 3. Schwellenwerte von Units werden verändert; 4. die internen Funktionen der Units werden variiert; 5. neue Units kommen hinzu; 6. vorhandene Units werden gelöscht. In der Forschung wird mit diesen Möglichkeiten ebenfalls experimentiert (Kriesel 2007, S. 54).

178 Zitiert nach Rey/Wender 2018, S. 36.

179 Ebd., S. 36.

180 Ich folge hier der Argumentationsidee von Raveling 2019.

181 Eine genauere Beschreibung des Backpropagation-Verfahrens findet man bei Maazur 2015, bei Rey/Wender 2018, S. 50ff., oder auch Rashid 2017, S. 59ff.

182 Müller/Walz 2012, S. 26

183 «Üblicherweise hört das Training auf, wenn derjenige der vor dem trainierenden Computer sitzt, das ‹Gefühl› hat, der Fehler wäre gering genug» (Kriesel 2007, S. 77).

184 Siehe den Abschnitt «Der Tod» (S. 240ff.) in Kapitel 5.

185 Steiner, GA 147 1997, S. 33f.

186 Derman 2017, S. 114.

187 Steiner, GA 26, 1998, S. 256f.

188 Kurzweil 2013, S. 31.

189 Foer 2018, S. 53.

190 Steiner, GA 209, 1982, S. 20.

191 Bertram 2007, S. 1.

192 Metzinger 2009, S. 21f., zitiert nach Fuchs 2017, S. 26.

193 Cruse 2004, S. 224.

194 Dörner 1999, S. 21.

195 Ebd., S. 19.

196 Vorwort zu Kurzweil 2014, S. viii.

197 Kurzweil 2013, S. 144.
198 Kant 1784.
199 Vgl. Geyer 2004, S. 87.
200 Nahm 2013, S. 24.
201 Keese 2014, S. 259ff.
202 Lyotard 2005. Siehe auch den Abschnitt «Zerfall der großen Erzählungen», S. 148ff.
203 Armbruster 2017c.
204 Tegmark 2017, S. 53.
205 Coenen/Heil 2014, S. 39.
206 Ebd., S. 39.
207 Krüger 2004, 109f.
208 https://anthrowiki.at/Robert_Ettinger [Zugriff 1.3.2020].
209 In deutscher Übrsetzung: Jones 1984.
210 Petri 2013.
211 Krüger 2004, S. 111.
212 More 1990.
213 Loh 2018, S. 67.
214 More 1990.
215 Krüger 2004, S. 112.
216 Ebd., S. 112.
217 Keese 2014, S. 260.
218 Ebd., S. 259.
219 http://transhumanist-party.org/ [Zugriff 1.3.2020].
220 https://www.vice.com/en_us/article/8q8knz/what-i-learned-by-running-for-president [Zugriff 1.3.2020].
221 http://transhumanistparty.org.uk/ [Zugriff 1.3.2020].
222 https://transhumane-partei.de/ [Zugriff 1.3.2020].
223 https://www.facebook.com/InnowacjaPPT/ [Zugriff 1.3.2020].
224 Mühlbauer 2012.
225 https://www.facebook.com/pages/category/Political-Party/Transhumanist-Party-Global-389135781248057/ [Zugriff 1.3.2020].
226 Benedikter 2016.
227 Zitiert nach Carr 2010, S. 238f. Siehe auch Hutchinson 2005.
228 Edwards 2012, S. 340.
229 Rees 2017, S. 36-39.

230 Kurzweil 2013, S. 35ff.

231 Zitiert nach Kurzweil 2013, S. 10.

232 Zitiert nach Vinge 1993: «Eine ultraintelligente Maschine sei definiert als eine Maschine, die die intellektuellen Fähigkeiten jedes Menschen, und sei er noch so intelligent, bei Weitem übertreffen kann. Da der Bau eben solcher Maschinen eine dieser intellektuellen Fähigkeiten ist, kann eine ultraintelligente Maschine noch bessere Maschinen bauen; zweifellos würde es dann zu einer explosionsartigen Entwicklung der Intelligenz kommen, und die menschliche Intelligenz würde weit dahinter zurückbleiben. Die erste ultraintelligente Maschine ist also die letzte Erfindung, die der Mensch zu machen hat.» Übersetzung nach Wikipedia https://de.wikipedia.org/wiki/Technologische_Singularität#cite_note-6 [Zugriff 1.3.2020].

233 Kurzweil ist eine sehr angesehene und kluge Persönlichkeit. Er entwickelte schon als Student den ersten Schrift-Scanner, mit dem man Texte automatisch einlesen kann. Dann entwickelte er einen Sprach-Synthesizer der Texte für Blinde in Sprache übersetzt. Er baute auch Musik-Synthesizer – wurde damit ebenfalls sehr erfolgreich und verkaufte die Firma nach Korea. Anschließend entwickelte er Spracherkennungssoftware, die er an die heutige Firma Nuance verkaufte. Er ist eines von fünf Mitgliedern der Army Science Advisory Group (ASAG), die die US-Armee bei der Auswahl von Forschungsprioritäten beraten. Im Laufe seines Lebens hat er an neunzehn Universitäten die Ehrendoktorwürde erhalten.

234 Kurzweil 2013, S. 9f.

235 Ebd., S. 25.

236 Ebd., S. 27.

237 Ebd., S. 27.

238 Ebd., S. 27f.

239 Ebd., S. 29.

240 Ebd., S. 30.

241 Rotter 2012.

242 Ebd.

243 Kurzweil 2013, S. 15ff.

244 Kempin/Neuhaus 2009, S. 846.

245 Ebd., S. 846.

246 Ebd., S. 847.
247 Kurzweil 2013, S. 17ff.
248 Ebd., S. 21.
249 Ebd., S. 22.
250 Ebd.
251 Diese Facette hat Oliver Krüger in seiner sehr empfehlenswerte Dissertation (Krüger 2004) ebenfalls gut herausgearbeitet.
252 Eurich 2000, S. 20.
253 Steiner, GA 26, 1998, S. 167ff.
254 Ebd., S. 170.
255 Wewetzer 2016; Scobel 2015; Kösch 2014; Lobo 2014; Guwak/Strolz 2012.
256 Lyotard 2005, S. 131.
257 Ebd., S. 135.
258 Ebd., S. 136.
259 Ebd., S. 138.
260 Das zeigt sich auch in der Pädagogik, wo die Reformen der letzten Jahrzehnte nicht mehr aus einem Menschenbild heraus in Gang gesetzt wurden, sondern von der Feststellung wirtschaftlicher Notwendigkeiten. Siehe beispielsweise: Nida-Rümelin/Zierer, 2015; Krautz/Burchardt 2018; Münch 2018.
261 Eurich 2000, S. 23f.
262 Ebd., S. 29f.
263 Ebd., S. 30f.
264 Ebd., S. 33.
265 Sesink 2004, S. 79.
266 Genesis 1,26 – 27 und Genesis 2,7.
267 Descartes 2006, S. 151.
268 Comenius 1657/2000, S. 75f. Siehe auch Schaller 1997.
269 Jones 1968 (Colossus); Hauser 1962 (Gigant Hirn) u.a.
270 Kurzweil 2013, S. 22.
271 Keese 2014, S. 54.
272 Der Name Google stammt im Übrigen von dem Namen Googol = 10^{100} (zehn hoch 100) ab – eine unvorstellbar große Zahl.
273 https://de.wikipedia.org/wiki/Google_LLC#Geschichte [Zugriff 1.3.2020].
274 Quelle: https://de.wikipedia.org/wiki/Umsatz-_und_Gewinnentwicklung_Google.svg

275 https://www.luna-park.de/blog/9907-suchmaschinen-marktanteile-weltweit-2014/ [Zugriff 1.3.2020].
https://www.indexlift.com/de/blog/marktanteile-suchmaschinen-weltweit-2019 [Zugriff 1.3.2020].

276 https://de.statista.com/statistik/daten/studie/157944/umfrage/marktanteile-der-browser-bei-der-internetnutzung-weltweit-seit-2009/ [Zugriff 1.3.2020].

277 https://www.finanzen100.de/aktien/alphabet-inc-a-ehemals-google-wkn-a14y6f_H1682907363_11288971/ [Zugriff 1.3.2020].

278 https://de.wikipedia.org/wiki/Alphabet_Inc. [Zugriff 1.3.2020].

279 Zitiert nach Carr 2010, S. 270.

280 Zitiert nach ebd., S. 270f.

281 Zitiert nach ebd., S. 271.

282 Zitiert nach ebd., S. 271.

283 Zitiert nach Carr 2009, S. 248.

284 Ebd..

285 Zit. nach ebd., S. 258f.

286 Yarow 2010.

287 Schallbruch 2018, S. 110.

288 Carr 2009, S. 259.

289 Keese 2014, S. 266.

290 Ebd., S. 265.

291 Manuskript des Hessischen Rundfunks zu der Sendung «Die Tribüne» vom 15.8.1989: Wohin führt uns die künstliche Intelligenz? Siehe auch Pörksen 2000, S. 265–280.

292 Gelernter 2016, S. 131.

293 Ebd., S. 132.

294 Ebd., S. 132.

295 Ebd., S. 132.

296 Ebd., S. 133.

297 Steiner, GA 203, 1989, S. 259f.

298 Harari 2017, S. 515.

299 Baudrillard 1994, S. 348.

300 Steiner 2005, S. 21.

301 Goethe 1988, Bd. 12, S. 409.

302 Koch 2013, S. 142.

303 Nahm 2013, S. 24.

304 Roth 1997, S. 22.

305 Ebd., S. 23.
306 Siehe auch Kaiser 2004, S. 267.
307 https://www.futurezone.de/science/article213126999/Japanische-KI-macht-Gedanken-sichtbar.html [Zugriff 1.3.2020].
308 Kurzweil 2013, S. 144.
309 Steiner, GA 2, 2003, S. 27ff.
310 Senden 1931; Taylor 1991; Kurson 2008.
311 Vgl. auch Hübner 2019b.
312 Steiner, GA 4, 1973, S. 40.
313 Ebd., S. 51.
314 Ebd., S. 53.
315 Merleau-Ponty 1966, S. 257.
316 Steiner, GA 4, 1973, S. 60f.
317 Kurzweil 2013, S. 29f.
318 Quelle: https://commons.wikimedia.org/wiki//File:Descartes;_Diagram_of_ocular_refraction._Welcome_L0012003.jpg
319 Hurlbert/Poggio 1996, S. 208.
320 Roth 1997, S. 21.
321 Vgl. Steiner, GA 4, 1973, S. 74ff.
322 Roth 1997, S. 363.
323 Merleau-Ponty 1966, S. 244.
324 Steiner, GA 4, 1973, S. 98.
325 Merleau-Ponty 2003, S. 280.
326 Ebd., S. 281.
327 Zitiert nach Richter 1976, S. 241.
328 Rilke 1927.
329 Sacks 1994, S. 79f.
330 Merleau-Ponty 1966, S. 252.
331 Ebd., S. 253.
332 Steiner, GA 16, 2004, S. 9.
333 Merleau-Ponty 1966, S. 370.
334 Ebd., S. 370.
335 Ebd., S. 116.
336 Sehr ausführlich dazu: Ziegler 2006; Ziegler 2013.
337 Steiner, GA 35, 1984, S. 139f.
338 Plessner 1975.
339 Steiner, GA 9, 1976, S. 21.
340 Ebd., S. 21.

341 Eine gute Zusammenfassung findet man bei Hildebrandt et al. 2013.
342 Aus der Betrachtung der Rhythmen der menschlichen Zeitgestalt kann man ebenfalls die Dreigliederung des menschlichen Leibes in ein Nervensystem, ein Rhythmisches System und ein Stoffwechselsystem ablesen – so wie es Rudolf Steiner von einem anderen Gesichtspunkt her in *Von Seelenrätseln* (Steiner, GA 21, 1983) dargestellt hat.
343 Steiner, GA 114, 1987, S. 102.
344 Fuchs 2017, S. 111.
345 Fuchs 2017, S. 38.
346 Ritchie 1986, S. 90.
347 Ebd., S. 91f.
348 Steiner, GA 9, 1976, S. 41.
349 Ärztezeitung vom 18.06.2012.
350 Turkle 2012, S. 38f.
351 Bastian 2012.
352 Steiner, GA 175, 1996, S. 199.
353 Ebd., S. 201.
354 Ebd., S. 175.
355 Ebd., S. 180.
356 Istvan 2013. Übersetzung E.H.
357 Edelhäuser, unveröffentlichtes Manuskript.
358 Der folgende Gedanken orientiert sich an Steiner, GA 15, 1987, S. 9ff.
359 Ebd., S. 17.
360 Ebd., S. 22f.
361 Ebd., S. 23f.
362 Ebd., S. 25.
363 Teichmann 1978.
364 Aristoteles 1995a, S. 36.
365 Flashar 2013, S. 78f.
366 Steiner, GA 349, 1980, S. 229ff.
367 Ebd., S. 226.
368 Ebd.
369 Ebd., S. 229.
370 Ebd..
371 Lindenberg 2011, S. 567.

372 Steiner, GA 159, 1980, S. 248.
373 Joh. 1.1ff.
374 Augustinus, zitiert nach Steiner, GA 106, 1992, S. 129. Original: Augustinus: *Retractiones*, Kap. XIII, 3.
375 Steiner, GA 106, 1992, S. 129.
376 Steiner, GA 107, 1988, S. 250.
377 Homer 1937, Odyssee, 11. Gesang, 483-492.
378 Steiner, GA 107, 1988, S. 251.
379 Steiner, GA 106, 1992, S. 128.
380 Steiner, GA 107, 1988, S. 252.
381 Harari 2017, S. 37.
382 Steiner, GA 9, 1976, S. 37.
383 Goethe 1828.
384 Schad 2017, S. 13.
385 Ebd., S. 7.
386 Ring 1984, S. 61.
387 Lommel 2009.
388 Brunton 1937/1974, S. 88f.
389 Brunton 1951/1989, S. 345.
390 David-Néel 1988, S. 7f.
391 Ebd., S. 8.
392 Lotter 2017, S. 13.
393 Palmer 1993, S. 125ff.
394 Lytton-Bulwer 1930, S. 111.
395 Bacon 1624/1982, S. 44.
396 Beispielsweise investierte Google 2013 mehrere hundert Millionen US-Dollar in das neu gegründete Tochterunternehmen Calico (California Life Company), das sich die Erforschung von Alterungsprozessen zur Aufgabe macht, um dann Möglichkeiten zu finden, wie sich das Leben verlängern lässt. Mit anderen Geldgebern zusammen wurden bis 2019 rund 2,5 Milliarden Dollar in die Erforschung «des ewigen Lebens» ausgegeben (Zeizinger 2019).
397 Zitiert nach Lojacono 2001, S. 53.
398 Schirrmacher 2013, S. 119.
399 Lotter 2017, S. 12.
400 Moravec 1990, S. 152ff.
401 Ebd., S. 152ff.
402 Ebd., S. 152ff.

403 Kaku 2017, S. 405.
404 Pörksen 2000, S. 271f.
405 https://de.wikipedia.org/wiki/Pascalsches_Dreieck [Zugriff 1.3.2020].
406 Auch hier zeigt sich, dass im Transhumanismus ein materialistischer Idealismus vorliegt – er glaubt, durch die Verbindung des Menschen mit sich fortwährend exponentiell schnell verbessernden Computertechnologien das menschliche Bewusstsein ausweiten zu können, sozusagen zu unbegrenztem Wachstum zu befähigen. Das Geistige im Menschen ist tatsächlich zu unbegrenztem Wachstum fähig. Dieser Tatbestand wird vom Transhumanismus ins Materielle versetzt; er wird dadurch zur Halbwahrheit – was ihn so gefährlich macht.
407 Steiner, GA 9, 1974, S. 59.
408 Gibson 1985.
409 Vgl. im Folgenden Hübner 2010, S. 239ff.
410 Kühlewind (1980) beschreibt eine entsprechende Meditation.
411 Kiene 1984, S. 153.
412 Kaiser 2004, S. 267.
413 Vgl. im Folgenden auch Hübner 2010, S. 243ff.
414 Popper/Eccles 2000, S. 436.
415 Borgstein/Grootendorst 2002: «This 7-year-old girl and a hemispherectomy at the age of 3 for Rasmussen syndrome (chronic focal encephalitis). Intractable epilepsy had already led to right-sided hemiplegia and severe regression of language skills. Though the dominant hemisphere was removed, with its language centres and the motor control for the left side of her body, the child is fully bilingual in Turkish and Dutch, while even her hemiplegia has partially recovered and is only noticeable by a slight spasticity of her left arm and leg. She leads an otherwise normal life.» Siehe auch Dönges 2020.
416 Vgl. Hübner 2019a.
417 Merleau-Ponty 1966, S. 129.
418 Steiner, GA 293, 2005, S. 38ff.
419 Ebd., S. 59.
420 Ebd., S. 64.
421 Pfeifer 1989, S. 1080.
422 Kapp 1877/2015.
423 McLuhan 1994.

424 Baudrillard 1994, S. 339.
425 Ebd., S. 340.
426 Ebd., S. 346.
427 Foer 2018, S. 80.
428 Kurzweil 2013, S. 22.
429 Steiner, GA 26, 1998, S. 98.
430 Kurzweil 2013, S. 9.
431 Steiner, GA 10, 1992, S. 67.
432 Ausführlicher und unter anderem Gesichtspunkt siehe auch Hübner 2005.
433 Oberle/Wessner 1998, S. 9; Vogt 1966, S. 7 und S. 33.
434 Comenius, Pampaedia 1960, S. 147.
435 Asimov 1986, S. 66.
436 Quelle: https://commons.wikimedia.org/wiki/File:France_in_XXI_Century._School.jpg
437 Yarow 2010.
438 Sprachenzentrum der Friedrich-Alexander-Universität, Erlangen.
439 Der folgende Gedankengang findet sich ausführlicher dargestellt in Hübner 2010.
440 Dschuang Dsi 2002, S. 174.
441 Dschuang Dsi 2002, S. 261.
442 Dietz 2004, S. 28.
443 Weidinger 1985, S. 304.
444 Ebd., S. 304.
445 Cassirer 1997, S. 129.
446 Hawkes 1984, S. 40ff. Horn-van Nispen 1999, S. 25ff.
447 Homer 1938, I, 197 – 222, S. 12f.
448 Vgl. Dietz 2004, S. 145f.
449 Homer 1938, XIX, 86 – 91, S. 347.
450 Zitiert nach Dietz 2004, S. 56.
451 Somé 1996, S. 114ff.
452 Ganzhorn/Walter 1975, S. 29.
453 Snell 1948.
454 Dülmen 2001.
455 Zitiert nach Ohlig 2001, S. 28.
456 Kepler 1929, S. 33.
457 Deussen 1920, S, 379.
458 Tarnas 2001, S. 235.

459 Vgl. ebd., S. 235.
460 Schneider 1985, S. 106f.
461 Steiner, GA 21, 1983, S. 139.
462 Knauer 1892, S. 137, zitiert nach Steiner, ebd., S. 139f.
463 Steiner, GA 21, 1983, S. 140.
464 Schneider 1985, S. 101.
465 Steiner, GA 21, 1983, S. 140.
466 Ebd., S. 141.
467 Steiner, GA 35, 1984, S. 289.
468 Krämer 1991, S. 21.
469 Ebd., S. 21.
470 Ebd., S. 30.
471 Ebd., S. 6.
472 Vgl. im Folgenden Hübner 2010.
473 Schneider 2004, S. 51.
474 Zitiert nach Drake o. J. (2004), S. 113.
475 Zitiert nach Schneider 2004, S. 55.
476 Zitiert nach ebd., S. 70f.
477 Ebd., S. 76.
478 Krämer 1988, S. 180.
479 Steiner, GA 26, 1998, S. 77.
480 Ebd., S. 78.
481 Steiner, GA 26, 1998, S. 60.
482 Steiner, GA 240, 1992, S. 239.
483 Buddemeier 2001, S. 64. Siehe auch Hübner 2015, S. 86ff.
484 Steiner, GA 26, 1998, S. 114.
485 Ebd., S. 89.
486 Ebd., S. 174.
487 Kurzweil 2013, S. 22.
488 Meichsner 2009.
489 Isaacson 2018, S. 36ff.
490 Bülow 2010.
491 Zuse 1984.
492 Bostrom 2014, S. 13ff.
493 Hafner/Lyon 1997.
494 Süßmann 2013.
495 Zitiert nach Carr 2010, S. 270.
496 Merleau-Ponty 1966, S. 370.

497 Steiner, GA 26, 1998, S. 246f.
498 Ebd., S. 61.
499 Ebd., S. 118f.
500 In den Büchern *Theosophie* (Steiner, GA 9, 1974, S. 134ff.), *Die Geheimwissenschaft im Umriss* (Steiner, GA 13, 1989, S. 299ff.), *Die Stufen höherer Erkenntnis* (Steiner, GA 12, 1993) sind diese Betrachtungen fortgesetzt worden.
501 Beispielsweise Steiner, GA 267, 1997.
502 Vgl. im Folgenden Steiner, GA 12, S. 15ff.; auch Hübner 2015, S. 443ff.
503 Dies ist an den Fallbeispielen Kurson 2008 und Senden 1931 deutlich zu sehen.
504 Steiner, GA 114, 1987, S. 11f.
505 Ausführliche Darstellungen zur Entwicklung des imaginativen Denkens und Wahrnehmens findet man bei Jürgen Strube (2010) und Dorian Schmidt (2010).
506 Steiner, GA 12, 1993, S. 20.
507 Ebd., S. 21.
508 Steiner, GA 316, 2003, S. 93f.
509 Steiner, GA 12, 1993, S. 22.
510 Steiner, GA 84, 1986, S. 94.
511 Krüger 2004, S. 273.
512 Hofstetter 2014, S. 16.
513 Ebd., S. 13.
514 Steiner, GA 193, 1989, S 166.
515 Dschuang Dsi 2002, S. 261.
516 Ebd., S. 84.
517 Ebd., S. 174.
518 Steiner, GA 193, 1989, S. 183.
519 Ebd., S. 184.
520 Ebd., S. 185.
521 Ebd.
522 Grießler 1996, S. 28.
523 Steiner, GA 191, 1989, S. 198.
524 Steiner, GA 193, 1989, S. 187f.
525 Ebd., S. 165.
526 Steiner, GA 191, 1989, S. 198.
527 Steiner, GA 193, 1989, S. 186.

528 Steiner, GA 191, 1989, S. 209f.

529 Steiner, GA 193, 1989, S. 191. Diese Täuschung wurde bereits im zweiten Kapitel betrachtet.

530 Stephan, 2014, S. 21.

531 Münch 2018.

532 Steiner, GA 191, 1989, S. 207.

533 Heyman 2015.

534 Schallbruch 2014, S. 110.

535 Hofstetter 2014, S. 10f.

536 Steiner, GA 191, 1989, S. 211f.

537 Ebd., S. 274.

538 Henke 2018.

539 Steiner, GA 193, 1989, S. 189.

540 Steiner, GA 191, 1989, S. 201.

541 Steiner, GA 193, 1989, S. 166.

542 Ebd., S. 175ff., 193f., 203ff.

543 Das französische Institut LEAP (Laboratoire Européen d'Anticipation Politique), das es sich zur Aufgabe gesetzt hat, vom europäischen Standpunkt aus politische Entwicklungen zu analysieren und mögliche Entwicklungen zu antizipieren, schrieb im November 2018 zu Beginn ihres monatlichen Bulletins: «Die Millionen von Dollars, die von den evangelistischen Kirchen über Südamerika ausgeschüttet wurden, haben gerade die achtgrößte Wirtschaftsmacht gestürzt, und die größte (USA) gehört ihnen bekanntlich schon. In Afrika sind es die Pfingstkirchen, die ihren Hass auf den anderen verbreiten und die versuchen, ihre Anhänger in die Regierungen zu bringen. Die sechstgrößte Weltmacht (Indien) und ihre riesengroße Diaspora verströmen ihrerseits einen radikalen Hinduismus, in dessen Namen Christen und Moslems kurzsichtig geopfert werden. In der ASEAN begehen die sogenannten ‹Safran›-Buddhisten Gräueltaten. Sie wüten in Myanmar gegen die Rohingya im Osten des Landes, aber auch in Thailand und Sri Lanka. Was die zwölftgrößte Weltmacht betrifft (Russland), hat sein ‹Patriarchat von Moskau und der ganzen Rus› in seinem ganzen ehemaligen Einflussgebiet brandneue Klöster und Kirchen verbreitet.

Mehr dokumentiert sind die Schäden, die die Millionen saudischer Petrodollar angerichtet haben durch Al-Quaida, Daesh,

Boko Haram, usw. [...] oder auch die mit dem Iran verbundene Hisbollah. Die jüdische Fundamentalisten kolonisieren die besetzten palästinensischen Gebiete. Überall die gleiche Technik und die gleichen Ziele: Finanzierung eines religiösen Radikalismus für geopolitische Expansionsziele. Aber diese Bewegungen, die teilweise in den Korridoren der Nachrichtendienste ersonnen worden sind, haben ein Eigenleben entwickelt, das von den wirtschaftlichen und zivilisatorischen Sorgen der Menschen gefördert wird. Jetzt verbinden sich diese Bewegungen mit den sogenannten nationalistischen politischen Bewegungen und nähern sich Schritt für Schritt der Macht, und ihre Schöpfer können ihre Kreaturen nicht mehr kontrollieren. Diese Kombination aus Fanatismus, Nationalismus, Imperialismus und dem Traum von ethnischer Reinheit ist bekannt [...]. Aber die Gefahr, dass die Menschheit demnächst in eine neue Episode von organisiertem blutrünstigem Wahnsinn (Kriege und/oder totalitäre Systeme) versinkt, erscheint unserem Team hoch genug, um eine Warnung zu veröffentlichen.»

544 Steiner, GA 193, 1989, S. 195.

545 Steiner, GA 191, 1989, S. 274.

546 Steiner, GA 193, 1989, S. 189.

547 Steiner, GA 195, 1986, S. 54.

548 Steiner, GA 204, 1979, S. 244f.

549 «[...] mein Konzept der Herausbildung eines neuen Bewusstseins, das mir im Winter 1932/33 in einer blitzartigen Eingebung bewusst wurde und das ich seit 1939 darzustellen begann [...].» Gebser, GA Bd. V/II, 1999, S. 116.

550 Gebser 1953, S. 379; Präligio = *Vor*bindung; Religio = *Rück*bindung.

551 Ebd., S. 382.

552 Beispielsweise von Ken Wilber, der, an Gebser anknüpfend, ebenfalls der Auffassung ist, dass gegenwärtig die Menschheit einen Übergang in ein neues Bewusstsein vollzieht. Die tiefe Christlichkeit Gebsers unterschlagend, beschreibt Wilber das neue «integrale Bewusstsein» durch eine Mischung aus rationaler Methodik der Aufklärung mit buddhistischer Interpretation eines alten TAO-Bewusstseins (Wilber 2004).

553 Steiner, GA 118, 1984, S. 156f.

554 Ebd., S. 125.

555 Weil 1990, S. 93.
556 Ritchie/Sherill 1986, S. 87f.
557 Steiner, GA 28, 1967, S. 259.
558 Ring 1988, S. 33.
559 Ebd., S. 81.
560 Ebd., S. 69.
561 Ebd., S. 147.
562 Ebd., S. 140.
563 Steiner, GA 202, 1970, S. 48.
564 Ebd., S. 50f.
565 Steiner, GA 197, 1996, S. 174.
566 Ebd., S. 184.
567 Ebd., S. 184f.
568 Sehr ausführlich und eindrücklich beschreibt dies Schallbruch 2018.
569 Steiner, GA 197, 1996, S. 174.
570 Ebd., S. 175.
571 Flusser 1994, S. 63 und 67.
572 Tipler 2017, S. 46ff.
573 Sasselow 2017, S. 44f.
574 Steiner, GA 143, 1994, S. 182.

Literatur

Anders, Günther (1994): *Die Antiquiertheit des Menschen. Bd. I: Über die Seele im Zeitalter der zweiten industriellen Revolution*. München: C. H. Beck.

– (1995): *Die Antiquiertheit des Menschen. Bd. II: Über die Zerstörung des Lebens im Zeitalter der dritten industriellen Revolution*. München: C. H. Beck.

Aristoteles (1995a): *Nikomachische Ethik*. Übers. von Eugen Rolfes, bearb. von Günther Bien. In: Aristoteles: *Philosophische Schriften*. Bd. 3. Hamburg: Felix Meiner.

– (1995b): *Politik*. Übers. von Eugen Rolfes. Aristoteles: *Philosophische Schriften in sechs Bänden*. Bd. 4. Hamburg: Felix Meiner.

Armbruster, Alexander (2017a): Computergehirn gewinnt Poker gegen Menschen. In: *FAZ* vom 31.1.2917. http://www.faz.net/aktuell/wirtschaft/netzwirtschaft/kuenstliche-intelligenz-computergehirn-gewinnt-poker-gegen-menschen-14806575.html [Zugriff: 27.2.2020].

– (2017b): Elon Musk und Co. warnen vor Killer-Robotern. In: *FAZ* vom 21.8.2017. https://www.faz.net/aktuell/wirtschaft/kuenstliche--intelligenz-elon-musk-warnt-vor-killer-robotern-15161436.html [Zugriff: 27.2.2020].

– (2017c): «Die Menschheit kann erblühen wie nie zuvor». In: *FAZ.NET* vom 27.11.2017. https://www.faz.net/aktuell/wirtschaft/kuenstliche-intelligenz/physiker-max-tegmark-im-interview-ueber-kuenstliche-intelligenz-15311511.html [Zugriff: 27.2.2020].

Ärztezeitung: Klavierspielen baut Hirn um. 18.6.2012. https://www.aerztezeitung.de/Medizin/Klavierspielen-baut-Hirn-um-263317.html [Zugriff: 27.2.2020].

Asimov, Isaac (1986): *A Nineteenth-Century Vision of the Year 2000*. New York: Henry Holt and Compagny.

– (1998): Herumtreiber. In: *Alle Robotergeschichten*. Bergisch Gladbach: Bastei-Lübbe, S. 246-263.

Augustinus: *Retractiones*, Kap. XIII,3. https://www.bibliothequemonastique.ch/bibliotheque/bibliotheque/saints/augustin/retractationes/index.htm#_Toc524190798 [Zugriff: 27.2.2020].

Bacon, Francis (1624/1982): *Neu-Atlantis*. Stuttgart: Reclam.

Bager, Jo (2016): Mensch gegen Maschine 1:4 – AlphaGo gewinnt auch das letzte Spiel. In: *Heise online* 15.3.2016. https://www.heise.de/newsticker/meldung/Mensch-gegen-Maschine-1-4-AlphaGo-gewinnt-auch-das-letzte-Spiel-3135188.html [Zugriff 27.2.2020].

Balzter, Sebastian (2018): Im Krankenhaus fällt die Wunderwaffe durch. In: *FAS* 3.6.2018. https://www.faz.net/aktuell/wirtschaft/kuenstliche-intelligenz/computer-watson-scheitert-zu-oft-bei-datenanalyse-15619989.html?printPagedArticle=true#pageIndex_2 [Zugriff: 27.2.2020].

Bastian, Matthias (2017): Künstliche Intelligenz: Google-KI AutoML kreiert neue, effizientere KI. In: *Mixed.de* vom 4.12.2017. https://mixed.de/kuenstliche-intelligenz-google-ki-automl-kreiert-neue-effizientere-ki/ [Zugriff 27.2.2020].

Bastian, Till (2012): *Die seelenlose Gesellschaft. Wie unser Ich verloren geht*. München: Kösel.

Baudrillard, Jean (1994): Überleben und Unsterblichkeit. In: Kamper, Dietmar / Wulf, Christoph (Hrsg.): *Anthropologie nach dem Tode des Menschen*. Frankfurt am Main: Suhrkamp, S. 335-354.

Benedikter, Roland (2016):Transhumanismus: Der neue Politiktrend?. In: *Politik und Kommunikation* 21.1.2016. https://www.politik-kommunikation.de/ressorts/artikel/transhumanismus-der-neue-politiktrend-1278047444 [Zugriff: 27.2.2020].

Berliner, Hans J. (1980): Computer Backgammon. In: *Scientific American*, Vol. 242, No. 6 (June 1980), S. 64-72. http://www.bkgm.com/articles/Berliner/ComputerBackgammon/ [Zugriff: 27.2.2020].

Bertram, Wulf (2007): Wo geht es hier zum Hippocampus? Ein Rundgang durch die Hirnlandschaft. In: Spitzer, Manfred / Bertram, Wulf: *Braintertainment. Expeditionen in die Welt von Geist und Gehirn*. Stuttgart, New York: Schattauer.

Beuth, Klaus / Beuth, Olaf (2019): *Digitaltechnik*. Würzburg: Vogel Verlag.

Bostram, Nick (2014): *Superintelligenz. Szenarien einer kommenden Revolution*. Berlin: Suhrkamp.

Bolz, Norbert / Münkel, Andreas (Hrsg.) (2003): *Was ist der Mensch?* München: Wilhelm Fink Verlag.

Borgstein, Johannes / Grootendorst, Caroline (2002): Half a brain. In: *The Lanzet*, Volume 359, ISSUE 9305, P473, February 9, 2002. https://www.thelancet.com/journals/lancet/article/PIIS0140-6736(02)07676-6/fulltext [Zugriff: 27.2.2020]

Brien, Jörn (2018): KI schreibt selbstständig Wikipedia-Einträge. In: *t3n digital pioneers* vom 20.2.2018. https://t3n.de/news/ki-schreibt-wikipedia-eintraege-955287/ [Zugriff 20.8.2020]

Brockhaus (1996 – 1999): *Die Enzyklopädie in 24 Bänden*. Leipzig, Mannheim: Brockhaus.

Brooks, Rodney (2002): *Menschmaschinen. Wie uns die Zukunftstechnologien neu erschaffen*. Frankfurt am Main / New York: Campus Verlag.

Brunton, Paul (1937/1974): V*on Yogis, Magiern und Fakiren. Begegnungen in Indien*. Freiburg im Breisgau: Hermann Bauer.

– (1951/1989): *Geheimnisvolles Ägypten*. Bergisch Gladbach: Bastei-Lübbe.

Buddemeier, Heinz (2001): *Von der Keilschrift zum virtuellen Raum. Der Mensch und seine Medien*. Stuttgart: Urachhaus.

Bülow, Ralf (2010): Herman Hollerith: Vater der Datenverarbeitung, Großvater der IBM. In: *Heise online* 1.3.2010. https://www.heise.de/newsticker/meldung/Herman-Hollerith-Vater-der-Datenverarbeitung-Grossvater-der-IBM-942547.html [Zugriff: 27.2.2020].

Burger, Peter (2005): *Hiroshima, der Krieg und die Christen*. Düsseldorf: fiftyfifty.

Butler, Samuel (1863): Darwin Among the Machines. [To the Editor of the *Press*, Christchurch, New Zealand, 13 June, 1863.] https://web.archive.org/web/20060524131242/http://www.nzetc.org/tm/scholarly/tei-ButFir-t1-g1-t1-g1-t4-body.html, auch: http://www.nzetc.org/tm/scholarly/tei-ButFir-t1-g1-t1-g1-t4-body.html [Zugriff: 27.2.2020].

– (1928): *Jenseits der Berge oder merkwürdige Reise ins Land Aipotu*. Wien: Phaidon Verlag.

Carr, Nicholas (2009): *The Big Switch. Der große Wandel. Cloud Computing und die Vernetzung der Welt von Edison bis Google*. Heidelberg, München.

– (2010): *Wer bin ich, wenn ich online bin ... und was macht mein Gehirn so lange?* München: Karl Blessing.

Cassirer, Ernst (1997): *Philosophie der symbolischen Formen. Zweiter Teil: Das mythische Denken*. Darmstadt: Primus.

Clifton, Mark / Riley, Frank (1967): *Computer der Unsterblichkeit*. München: Moewig.

Coenen, Christopher / Heil, Reinhard (2014): Historische Aspekte aktueller Menschenverbesserungsvisionen. In: Kluge, Sven / Lohmann, Ingrid / Steffens, Gerd (Redaktion): *Jahrbuch für Pädagogik 2014. Menschen Verbesserung. Transhumanismus*. Frankfurt am Main: Peter Lang.

Cohen, John (1968): *Golem und Roboter. Über künstliche Menschen*. Frankfurt am Main: Umschau.

Comenius, Johann Amos (1657/2000): *Große Didaktik. Die vollständige Kunst, alle Menschen alles zu lehren*. Übers. von Andreas Flitner. Stuttgart: Klett-Cotta.

Comenius, Johann Amos (1960): *Pampaedia*. Hrsg. von Dmitrij Tschižewskij in Gemeinschaft mit Heinrich Geissler und Klaus Schaller. Heidelberg: Quelle & Meyer.

Cruse, Holk (2004): Ich bin mein Gehirn. Nichts spricht gegen den materialistischen Monismus. In: Geyer, Christian (Hrsg.): *Hirnforschung und Willensfreiheit. Zur Deutung der neuesten Experimente*. Frankfurt am Main: Suhrkamp.

David-Néel, Alexandra (1988): *Liebeszauber und schwarze Magie. Abenteuer in Tibet*. Basel: Sphinx Medien.

Derman, Emanuel (2017): Eine Maschine ist ein «Materie»-Ding. In: John Brockman (Hrsg.): *Was sollen wir von Künstlicher Intelligenz halten? Die führenden Wissenschaftler unserer Zeit über intelligente Maschinen*. Frankfurt am Main: S. Fischer.

Descartes, René (2006): *Abhandlung über die Methode, die Vernunft richtig zu gebrauchen. Meditation über die Grundlagen der Philosophie*. Hrsg. und eingel. von Frank Schweizer. Wiesbaden: Marix Verlag.

Deussen, Paul (1920): *Die biblisch-mittelalterliche Philosophie. Allgemeine Geschichte der Philosophie*. Band II,2. Leipzig: F. A. Brockhaus.

Diekmann, Andreas (2013): *Spieltheorie. Einführung, Beispiele, Experimente*. Reinbek bei Hamburg: Rowohlt.

Dietz, Karl Martin (2004): *Prometheus der Vordenker. Vom göttlichen zum menschlichen Wissen. Metamorphosen des Geistes*. Bd. 1. Stuttgart: Freies Geistesleben.

Dönges, Jan (2016): Das Go-Spiel ist geknackt. In: *Spektrum.de* vom 28.1.2016. http://www.spektrum.de/news/das-go-spiel-ist-geknackt/1397114 [Zugriff: 27.2.2020].

– (2020): Mädchen mit nur einer Hirnhälfte liest besser als Altersgenossen. In: *Spektrum.de* vom 18.2.2020. https://www.spektrum.de/news/maedchen-mit-nur-einer-hirnhaelfte-liest-besser-als-altersgenossen/1706342?utm_source=pocket-newtab [Zugriff 27.2.2020].

Dörner, Dietrich (1999): *Bauplan für eine Seele.* Reinbek bei Hamburg: Rowohlt.

Drake, Stillmann (o. J.) [2004]: *Galilei.* Freiburg, Basel, Wien: Herder Verlag.

Dschuang Dsi (2002): *Das wahre Buch vom südlichen Blütenland.* Übers. von Richard Wilhelm. Kreuzlingen / München: Diederichs.

Dülmen, Richard van (Hrsg.) (2001): *Entdeckung des Ich. Die Geschichte der Individualisierung vom Mittelalter bis zur Gegenwart.* Darmstadt: Wissenschaftliche Buchgesellschaft.

DWN (2017): Otto-Versand: *Algorithmus sagte Kunden-Verhalten präzise voraus,* 14.4.2017. https://deutsche-wirtschafts-nachrichten.de/2017/04/14/otto-versand-algorithmus-sagte-kunden-verhalten-praezise-voraus/ [Zugriff: 27.2.2020].

Dyson, George (2001): *Darwin im Reich der Maschinen. Die Evolution der globalen Intelligenz.* Wien, New York: Springer.

– (2014): *Turings Kathedrale. Die Ursprünge des digitalen Zeitalters.* Berlin: Propyläen.

Edelhäuser, Friedrich (2016): *Wie bewegt sich der Mensch? – Zur Funktion des menschlichen Nervensystems beim Wahrnehmen und Bewegen. Eine anthropologisch-anthroposophische Konzeption von Embodiment (Verkörperung).* Habilitationsschrift, Universität Witten-Herdecke. Unveröffentlichtes Manuskript.

Edwards, Douglas (2012): *Google-Mitarbeiter Nr. 59. Der erste Insider-Bericht aus dem Weltkonzern.* München: Redline.

Ehrmann, Stephan (1997): Kasparow vs. Deep Blue: Mensch unterliegt Maschine. In: *Telepolis* vom 12.5.1997. https://www.heise.de/newsticker/meldung/Kasparow-vs-Deep-Blue-Mensch-unterliegt-Maschine-9206.html siehe auch: https://de.wikipedia.org/wiki/Deep_Blue [Zugriff: 27.2.2020].

Eurich, Claus (2000): Mythos und Maschine. In: Bernd Flessner (Hrsg.): *Nach dem Menschen. Der Mythos einer zweiten Schöpfung und das Entstehen einer posthumanen Kultur.* Freiburg i. Br.: Rombach.

FAZ (2017): Künstliche Intelligenz gefährlicher als Nordkorea. In: *FAZ* vom 12.08.2017. https://www.faz.net/aktuell/wirtschaft/netzwirtschaft/elon-musk-kuenstliche-intelligenz-gefaehrlicher-als-nord-korea-15148011.html [Zugriff: 27.2.2020].

– (2018): Dieser Computer kann diskutieren. In: *FAZ* vom 19.06.2018. https://www.faz.net/aktuell/wirtschaft/kuenstliche-intelligenz/bei-ibm-debater-fuehrt-die-ki-diskussionen-15648078.html[Zugriff: 27.2.2020].

Flashar, Helmuth (2013): *Aristoteles. Lehrer des Abendlandes.* München: C. H. Beck.

Flusser, Vilém (1994): *Für eine Philosophie der Fotografie.* Göttingen: European Photography.

Foer, Franklin (2018): *Welt ohne Geist. Wie das Silicon Valley freies Denken und Selbstbestimmung bedroht.* München: Karl Blessing.

Fuchs, Thomas (2017): *Das Gehirn – ein Beziehungsorgan. Eine phänomenologisch-ökologische Konzeption.* Stuttgart: Kohlhammer.

Fuest, Benedikt/Vetter, Philipp (2019): Musk kündigt «aggressiven Autopilot-Modus» für alle Tesla-Modelle an. In: *Welt.* https://www.welt.de/wirtschaft/article192346307/Tesla-Elon-Musk-kuendigt-Robotaxi-Flotte-ab-2020-an.html [Zugriff 20.08.2020]

Funke, Joachim / Vaterrodt, Bianca (2009): *Was ist Intelligenz?* München: C. H. Beck.

Gaebert, Hans W. (1974): *Der große Augenblick in der Physik.* Bayreuth.

Ganzhorn, Karl / Walter, Wolfgang (1975): *Die geschichtliche Entwicklung der Datenverarbeitung.* Hrsg. von IBM Deutschland GmbH. Stuttgart: IBM.

GEAB Nr. 129 vom 18.11.2018 https://geab.eu/de/ [Zugriff 20.3.2020].

Gebser, Jean (1953): *Ursprung und Gegenwart. Bd. 1: Die Fundamente der aperspektivischen Welt; Stuttgart 1949; Bd. 2: Die Manifestationen der aperspektivischen Welt, Versuch einer Konkretion des Geistigen.* Stuttgart: Deutsche Verlags-Anstalt.

– (1999): *Gesamtausgabe.* 9 Bde. Schaffhausen: Novalis.

Gelernter, David (2016): *Gezeiten des Geistes. Die Vermessung unseres Bewusstseins.* Berlin: Ullstein.

Geyer, Christian (2004): Hirn als Paralleluniversum. Wolf Singer und Gerhard Roth verteidigen ihre Neuro-Thesen. In: Geyer, Christian (Hrsg.): *Hirnforschung und Willensfreiheit. Zur Deutung der neuesten Experimente.* Frankfurt am Main: Suhrkamp.

Gibson, Stanley (1985): What's in a Brain? the Marvel and Meat Machine at the Top. In: *American Banker* Vol. 150, 3.6.1985. https://www.

questia.com/magazine/1G1-3803267/what-s-in-a-brain-the-marvel-and-meat-machine-at [Zugriff 1.3.2020].

Goethe, Johann Wolfgang (1828): *Erläuterungen zu dem aphoristischen Aufsatz «Die Natur»* (1783). http://www.zeno.org/Literatur/M/Goethe,+Johann+Wolfgang/Theoretische+Schriften/Erl%C3%A4uterung+zu+dem+aphoristischen+Aufsatz+%C2%BBDie+Natur%C2%AB [Zugriff: 27.2.2020].

– (1988): *Maximen und Reflexionen*. In: Goethe, Johann Wolfgang von: *Werke*. Hamburger Ausgabe. Bd. 12: *Schriften zur Kunst und Literatur. Maximen und Reflexionen*. München: dtv.

Grießler, Margareta (1996): *China. Alles unter dem Himmel. Eine Reise durch 5000 Jahre Kultur und Geschichte*. Darmstadt: Wissenschaftliche Buchgesellschaft.

Groß, Michael (2017): Predictive Analytics – oder der Onlinehandel von (über)morgen. In: *Blog Digitale Exellenz* vom 11.5.2017. https://www.digitale-exzellenz.de/predictive-analytics-oder-der-onlinehandel-von-ubermorgen/ [Zugriff: 27.2.2020].

Grüner, Sebastian (2016): Googles KI wird durch Trial and Error besser als Menschen. In: *Golem.de. IT-News für Profis* vom 20.6.2016. http://www.golem.de/news/deep-mind-googles-ki-wird-durch-trial-and-error-besser-als-menschen-1606-121636.html [Zugriff: 27.2.2020].

Guwak, Barbara / Strolz, Matthias (2012): *Die vierte Kränkung. Wie wir uns in einer chaotischen Welt zurechtfinden*. Berlin, Wien: Goldegg Verlag.

Hafner, Katie / Lyon, Matthew (1997): *Arpa Kadabra. Die Geschichte des Internets*. Heidelberg: dpunkt-verlag.

Handelsblatt (2010): *Was den US-Börsencrash im Mai verursachte*. 1.10.2010. https://www.handelsblatt.com/finanzen/maerkte/boerse-inside/flash-crash-was-den-us-boersencrash-im-mai-verursachte/3552372.html?ticket=ST-7353736-t3UjIZhvZF5pVGyuZRf0-ap4 [Zugriff: 27.2.2020].

Harari, Yuval Noah (2017): *Homo Deus. Eine Geschichte von Morgen*. München: C. H. Beck.

Hauser, Heinrich (1962): *Gigant Hirn. Ein utopisch-technischer Roman*. München: Wilhelm Goldmann.

Hawkes, Jacquetta (1984): *Bildatlas der frühen Kulturen*. München.

Hawking, Stephen (2019): *Kurze Antworten auf große Fragen*. Stuttgart: Klett-Cotta.

Hein, Christoph (2016): In Singapur fahren die Taxis nun selbst. In: *FAZ* vom 25.8.2016. https://www.faz.net/aktuell/wirtschaft/neue-mobilitaet/selbstfahrende-taxis-in-singapur-14405490.html [Zugriff 27.2.2020].

Henke, Judith (2018): Student loans in USA. Studenten so hoch verschuldet wie nie. In: *Manager Magazin* vom 27.8.2018. https://www.manager-magazin.de/finanzen/artikel/student-loans-in-usa-us-studenten-so-hoch-verschuldet-wie-nie-a-1225159.html [Zugriff 18.3.2020].

Herbig, Daniel (2018): Google Duplex: Guten Tag, Sie sprechen mit einer KI. In: *Heise online* vom 11.5.2018. https://www.heise.de/newsticker/meldung/Google-Duplex-Guten-Tag-Sie-sprechen-mit-einer-KI-4046987.html [Zugriff: 27.2.2020].

Hersey, John (1946/2005): *Hiroshima. 6. August 1945 – 8 Uhr 15*. Hamburg: EVA.

Heuser, Uwe Jean (1999): Mach's gut, Mensch! In: *Die Zeit,* 1/1999 vom 30.12.1998, S. 1.

Heyman, Stephen (2015): Google Books: A Complex and Controversial Experiment. In: *New York Times* vom 28.10.2015. https://www.nytimes.com/2015/10/29/arts/international/google-books-a-complex-and-controversial-experiment.html [Zugriff: 18.3.2020].

Hildebrandt, Gunther / Moser, Maximilian / Lehofer, Michael (2013): *Chronobiologie und Chronomedizin. Biologische Rhythmen. Medizinische Konsequenzen*. Graz: Human Research.

Hillenbrand, Tom (2018): *Hologrammatica*. Thriller. Köln: Kiepenheuer & Witsch.

Hofstetter, Yvonne (2014): *Sie wissen alles. Wie intelligente Maschinen in unser Leben eindringen und warum wir für unsere Freiheit kämpfen müssen*. München: C. Bertelsmann.

– (2016): *Das Ende der Demokratie. Wie die künstliche Intelligenz die Politik übernimmt und uns entmündigt*. München: C. Bertelsmann.

Homer (1938): *Ilias*. Übers. von Johann Heinrich Voss. Leipzig: Reclam.

– (1937): *Odyssee*. Übers. von Johann Heinrich Voss. Leipzig: Reclam.

Horn-van Nispen, Marie-Louise ten (1999): *400.000 Jahre Technikgeschichte. Von der Steinzeit bis zum Informationszeitalter*. Darmstadt: Primus Verlag.

Horx, Matthias (2008): *Technolution. Wie unsere Zukunft sich entwickelt.* Frankfurt am Main, New York: Campus.

Hübner, Edwin (2005): *Anthropologische Medienerziehung. Grundlagen und Gesichtspunkte.* Frankfurt am Main: Peter Lang.

– (2010): *Individualität und Bildungskunst. Menschwerdung in technischen Räumen.* Heidelberg: Menon.

– (2015): *Medien und Pädagogik. Gesichtspunkte zum Verständnis der Medien. Grundlagen einer anthroposophisch-anthropologischen Medienpädagogik.* Stuttgart: edition waldorf.

– (2019a): Der Mensch in der digitalisierten Welt. In: *Zugänge zur Allgemeinen Menschenkunde Rudolf Steiners. Wissenschaftliche, künstlerische und schulpraktische Perspektiven.* Stuttgart: edition waldorf, S. 26-47.

– (2019b): Realität, Virtualität und schaffende Kunst in: Götte, Wenzel / Boettger, Christian / Röh, Claus-Peter (Hrsg.): *Selbst entfalten – Welt gestalten. Das Künstlerische in der Waldorfpädagogik.* Stuttgart: edition waldorf, S. 60-81.

Hurlbert, Anya / Poggio, Tomaso (1996): Maschinen (und künstliche Intelligenzen) sehend machen, in: Graubard, Stephen R. (Hrsg.): *Probleme der künstlichen Intelligenz: Eine Grundlagendiskussion.* Wien, New York: Julius Springer.

Hutchinson, Art (2005): *Google: Shrinking the Gap with Connectivity.* In: https://zenpundit.com/?p=1338 [Zugriff: 27.2.2020].

IBM (1990): *100 Jahre Datenverarbeitung. 2 Bde.* Text von Hans Heger. Stuttgart: IBM.

Ichbiah, Daniel (2005): *Roboter. Geschichte – Technik – Entwicklung.* München: Knesebeck.

Isaacson, Walter (2018): *The Innovators. Die Vordenker der digitalen Revolution von Ada Lovelace bis Steve Jobs.* München: C. Bertelsmann.

Istvan, Zoltan (2013): AI Day Will Replace Christmas as the Most Important Holiday in Less Than 25 Years. In: *Huffpost* vom 24.12.2013. https://www.huffpost.com/entry/ai-day-will-replace-christmas_b_4496550?guccounter=1 [Zugriff 1.3.2020].

Jacobsen, Nils (2017a): «Begrenztes Verständnis»: Elon Musk watscht Mark Zuckerberg bei Debatte um künstliche Intelligenz ab. In: *Meedia.de* vom 26.7.2017. https://meedia.de/2017/07/26/begrenztes-verstaendnis-elon-musk-watscht-mark-zuckerberg-bei-debatte-um-kuenstliche-intelligenz-ab/ [Zugriff: 27.2.2020].

– (2017b): Künstliche Intelligenz: Wladimir Putin und Tesla-Chef Elon Musk warnen vor Gefahr für die Menschheit. In: *Meedia.de* vom 5.9.2017. https://meedia.de/2017/09/05/kuenstliche-intelligenz-wladimir-putin-und-tesla-chef-elon-musk-warnen-vor-gefahr-fuer-die-menschheit/ [Zugriff 20.8.2020].

Jansen, Jonas (2017): Elon Musk warnt vor 3. Weltkrieg durch Künstliche Intelligenz. In: *FAZ* vom 4.9.2019. https://www.faz.net/aktuell/wirtschaft/kuenstliche-intelligenz/elon-musk-tesla-chef-warnt-vor-kuenstlicher-intelligenz-15182958.html

Kaiser, Gerhard (2004): Warum noch debattieren? Determinismus als Diskurskiller. In: Geyer, Christian (Hrsg.): *Hirnforschung und Willensfreiheit. Zur Deutung der neuesten Experimente.* Frankfurt am Main: Suhrkamp.

Kaku, Michio (2017): *Die Physik des Bewusstseins. Über die Zukunft des Geistes.* Reinbek bei Hamburg: Rowohlt.

Kant, Immanuel (1784): Beantwortung der Frage: Was ist Aufklärung? In: *Berlinische Monatsschrift.* Dezember 1784. http://www.zeno.org/nid/20009189580 oder http://www.ub.uni-bielefeld.de/diglib/aufkl/berlmon/berlmon.htm [Zugriff: 27.2.2020].

Kapp, Ernst (1877/2015): *Grundlinien einer Philosophie der Technik. Zur Entstehungsgeschichte der Kultur aus neuen Gesichtspunkten.* Hamburg: Felix Meiner.

Keese, Christoph (2014): *Silicon Valley. Was aus dem mächtigsten Tal der Welt auf uns zukommt.* München: Albrecht Knaus.

Kempin, Peter / Neuhaus, Wolfgang (2009): Pancognosis. Das Programm der Konnexion. In: Mamczak, Sascha / Jeschke, Wolfgang (Hrsg.): *Das Science Fiction Jahr 2009.* München: Wilhelm Heyne, S. 846-858.

Kepler, Johannes (1929): *Neue Astronomie.* Übersetzt und eingeleitet von Max Caspar. München, Berlin: R. Oldenbourg.

Kerkmann, Christof (2018): Wenn Computer und Mensch sich ein Rededuell liefern. In: *Handelsblatt* vom 22.6.2018. https://www.handelsblatt.com/technik/thespark/ibm-debater-wenn-computer-und-mensch-sich-ein-rededuell-liefern/22719782.html?ticket=ST-4123581-gKvlNs3594crOwHchGeh-ap1 [Zugriff: 27.2.2020].

Kiene, Helmut (1984): *Grundlinien einer essentiellen Wissenschaftstheorie. Die Erkenntnistheorie Rudolf Steiners im Spannungsfeld moderner Wissenschaftstheorien. Perspektiven essentieller Wissenschaft.* Stuttgart: Urachhaus.

Klaus, Georg (1968): *Spieltheorie in philosophischer Sicht.* Berlin: Verlag der Wissenschaften.

Knauer, Vincenz (1892): *Die Hauptprobleme Der Philosophie In Ihrer Entwicklung und Theilweisen Lösung. Von Thales bis Robert Hamerling.* Wien und Leipzig: Wilhelm Braumüller.

Koch, Rüdiger (2013): Digitale Transzendenz. In: Sun, Miriam Ji; Kabus, Andreas (Hrsg.): *Reader zum Transhumanismus.* Berlin: BoD.

Koidl, Roman Maria (2013): *Web Attack. Der Staat als Stalker.* München: Wilhelm Goldmann.

Kösch, Sascha (2014): Die vierte Kränkung der Menschheit. In: *DEBUG* vom 14.1.2014. http://de-bug.de/medien/archives/die-vierte-krankung-der-menschheit.html [Zugriff: 27.2.2020].

Kornwachs, Klaus (2013): *Philosophie der Technik. Eine Einführung.* München: C. H. Beck.

Krämer, Sybille (1988): *Symbolische Maschinen. Die Idee der Formalisierung in geschichtlichem Abriss.* Darmstadt: Wissenschaftl. Buchges..

– (1991): *Berechenbare Vernunft. Kalkül und Rationalismus im 17. Jahrhundert.* Berlin, New York: de Gruyter.

Krautz, Jochen / Burchardt, Matthias (Hrsg.) (2018): *Time for Change? Schule zwischen demokratischem Bildungsauftrag und manipulativer Steuerung*. München: Kopaed.

Kriesel, David (2007): *Ein kleiner Überblick über Neuronale Netze*, erhältlich auf: http://www.dkriesel.com/science/neural_networks [Zugriff: 27.2.2020].

Krüger, Oliver (2004): *Virtualität und Unsterblichkeit. Die Visionen des Posthumanismus.* Freiburg im Breisgau: Rombach.

Kühl, Eike (2017): KI will rock you. In: *Zeit online* vom 26.12.2017. http://www.zeit.de/digital/internet/2017-12/kuenstliche-intelligenz-musik-produktion-melodrive [Zugriff: 27.2.2020].

Kühlewind, Georg (1980): *Bewusstseinsstufen. Meditationen über die Grenzen der Seele.* Stuttgart: Freies Geistesleben.

Kurson, Robert (2008): *Der Blinde, der wieder sehen lernte: Eine wahre Geschichte.* Hamburg: Hoffman und Campe.

Kurzweil, Ray (1999): *Homo S@piens. Leben im 21. Jahrhundert – was bleibt vom Menschen?* Köln: Kiepenheuer & Witsch.

– (2013): *Menschheit 2.0. Die Singularität naht.* Berlin: lola books,

– (2014): *Das Geheimnis des menschlichen Denkens. Einblicke in das Reverse Engineering des Gehirns.* Berlin: lola books.

Lem, Stanislaw (1976): *Der Unbesiegbare. Utopischer Roman.* Frankfurt am Main: Insel Verlag.

Liä Dsi (1980): *Das wahre Buch vom quellenden Urgrund.* http://www.zeno.org/Philosophie/M/Liezi+(Li%C3%A4+Dsi)/Das+wahre+Buch+vom+quellenden+Urgrund/Buch+V.+Die+Fragen+Tang%27s/14.+Der+Automat [Zugriff: 27.2.2020].

Lindenberg, Christoph (2011): *Rudolf Steiner – Eine Biographie. 1861-1925.* Stuttgart: Verlag Freies Geistesleben.

Lobo, Sascha (2014): Die digitale Kränkung des Menschen. In: *FAZ* vom 11.1.2014.http://www.faz.net/aktuell/feuilleton/debatten/abschied-von-der-utopie-die-digitale-kraenkung-des-menschen-12747258.html [Zugriff: 27.2.2020].

Loh, Janina (2018): *Trans- und Posthumanismus.* Hamburg: Junius.

Lojacono, Ettore (2001): *René Descartes. Von der Metaphysik zur Deutung der Welt.* Spektrum der Wissenschaft – Biografie. Heidelberg 3/2001.

Lommel, Pim van (2009): *Endloses Bewusstsein. Neue medizinische Fakten zur Nahtoderfahrung.* Düsseldorf: Patmos.

Lotter, Konrad (2017): *[Alb]Träume vom ewigen Leben. Das Versprechen der Unsterblichkeit.* Baden-Baden: Tectum.

Lyotard, Jean François (2005): *Das postmoderne Wissen. Ein Bericht.* Hrsg. von Peter Engelmann. Wien: Passagen Verlag.

Lytton-Bulwer, Edward (1930): *Zanoni. Das Hohelied des Opfers.* Pfullingen: Baum Verlag.

Mainzer, Klaus (2003): *KI – Künstliche Intelligenz. Grundlagen intelligenter Systeme.* Darmstadt: Wissenschaftliche Buchgesellschaft.

Mazur, Matt (2015): *A Step by Step Backpropagation Example.* https://mattmazur.com/2015/03/17/a-step-by-step-backpropagation-example/ [Zugriff 1.3.2020].

McCarthy, J. / Minsky, M. / Rochester, N. / Shannon, C. E. (1955): *A Proposal for the Dartmouth Summer Research Project on Artificial Intelligence.* https://web.archive.org/web/20080930164306/http://www-formal.stanford.edu/jmc/history/dartmouth/dartmouth.html [Zugriff 27.2.2020].

McLuhan, Marshall (1994): *Die magischen Kanäle – Understanding Media.* Dresden / Basel: Verlag der Kunst.

Meichsner, Irene (2009): Vom Webstuhl zum Computer. In: *Deutschlandfunk* vom 7.8.2009. https://www.deutschlandfunk.de/vom-webstuhl-zum-computer.871.de.html?dram:article_id=126687 [Zugriff 27.2.2020].

Merleau-Ponty, Maurice (1966): *Phänomenologie der Wahrnehmung.* Berlin: de Gruyter.

Metzinger, Thomas (2009): *Der Ego-Tunnel. Eine neue Philosophie des Selbst. Von der Hirnforschung zur Bewusstseinsethik.* Berlin: Berlin-Verlag.

Moravec, Hans (1990): *Mind Children. Der Wettlauf zwischen menschlicher und künstlicher Intelligenz.* Hamburg: Hoffmann und Campe.

More, Max (1990): *Transhumanism. Towards a Futurist Philosophy.* In: https://web.archive.org/web/20110216221306/http://www.max-more.com/transhum.htm [Zugriff: 27.2.2020].

Mühlbauer, Peter (2012): Russische Transhumanisten-Partei gegründet. In: *Telepolis* vom 27.8.2012. https://www.heise.de/tp/features/Russische-Transhumanisten-Partei-gegruendet-3395438.html [Zugriff 1.3.2020].

Müller, Helmut / Walz, Lothar (2012): *Mikroprozessortechnik. Mit Übungen und Testfragen.* Würzburg: Vogel Buchverlag.

Müller-Jung, Joachim (2007): Die perfekte Dame ist Computerkram. In: *FAZ* vom 19.7.2007. http://www.faz.net/aktuell/technik-motor/computer-internet/chinook-ist-unschlagbar-die-perfekte-dame-ist-computerkram-1463008.html, https://de.wikipedia.org/wiki/Chinook_(Software) [Zugriff: 27.2.2020].

Münch, Richard (2018): *Der bildungsindustrielle Komplex. Schule und Unterricht im Wettbewerbsstaat.* Weinheim, Basel: Beltz Juventa.

Nagels, Philipp (2017): Facebook musste AI abschalten, die «Geheimsprache» entwickelt hat. In: *Welt* vom 28.7.2017. https://www.welt.de/kmpkt/article167102506/Facebook-musste-AI-abschalten-die-Geheimsprache-entwickelt-hat.html [Zugriff: 27.2.2020].

Nahm, Torsten (2013): Das faustische Gefängnis. In: Sun, Miriam Ji / Kabus, Andreas (Hrsg.): *Reader zum Transhumanismus.* Norderstedt: BoD.

Nida-Rümelin, Julian / Zierer, Klaus (2015): *Auf dem Weg in eine neue deutsche Bildungskatastrophe. Zwölf unangenehme Wahrheiten.* Freiburg, Basel, Wien: Herder.

Nielsen, Michael A. (2015): Neural Networks and Deep Learning. Determination Press. http://neuralnetworksanddeeplearning.com/chap1.html [Zugriff: 27.2.2020].

Oberle, Thomas / Wessner, Martin (1998): *Der Nürnberger Trichter. Computer machen Lernen leicht!?* Alsbach/Bergstraße: LTV-Verlag.

Ohlig, Karl-Heinz (2001): Christentum – Individuum – Kirche. In: Dülmen, Richard van (Hrsg.): *Entdeckung des Ich: Die Geschichte der Individualisierung vom Mittelalter bis zur Gegenwart*. Darmstadt: Wissenschaftliche Buchgesellschaft.

Palmer, Martin (1993): *Taoismus*. Braunschweig: Aurum.

Paulinyi, Akos / Troitzsch, Ulrich (1997): Mechanisierung und Maschinisierung, 1600 – 1840. In: König, Wolfgang (Hrsg.): *Propyläen Technikgeschichte. Bd. 3*. Berlin: Propyläen.

Pearson, Ian (2014): Future human evolution. In: *Wordpress.com* vom 19.06.2014. https://timeguide.wordpress.com/2014/06/19/future-human-evolution/ [Zugriff 27.2.2020].

Petri, Alexandra (2013): Google to banish death with new company, Calico, In: *The Washington Post* vom 18.09.2013. https://www.washingtonpost.com/blogs/compost/wp/2013/09/18/google-to-banish-death-with-new-company-calico/?noredirect=on [Zugriff: 27.2.2020].

Pfeifer, Wolfgang (1989): *Etymologisches Wörterbuch des Deutschen*. Berlin: Akademie Verlag.

Plessner, Helmuth (1975): *Die Stufen des Organischen und der Mensch. Einleitung in die philosophische Anthropologie*. Berlin, New York: Walter de Gruyter.

Popper, Karl R. / Eccles, John C. (2000): *Das Ich und sein Gehirn*. München: Piper.

Pörksen, Bernhard (2000): Das Menschenbild der Künstlichen Intelligenz. Ein Gespräch mit Joseph Weizenbaum. In: Flessner, Bernd (Hrsg.): *Nach dem Menschen. Der Mythos einer zweiten Schöpfung und das Entstehen einer posthumanen Kultur*. Freiburg: Rombach-Verlag, S. 265-280.

Price, Rob (2017): Researchers taught AI to write totally believable fake reviews, and the implications are terrifying. In: Business Insider UK vom 29.08.2017. https://www.businessinsider.de/researchers-teach-ai-neural-network-write-fake-reviews-fake-news-2017-8 [Zugriff: 27.2.2020].

Rashid, Tariq (2017): *Neuronale Netze selbst programmieren. Ein verständlicher Einstieg mit Python*. Heidelberg: O'Reilly.

Raveling, Jann (2019): Was ist ein neuronales Netz? In: *WFB*, https://www.wfb-bremen.de/de/page/stories/digitalisierung-industrie40/was-ist-ein-neuronales-netz [Zugriff: 27.2.2020].

Rees, Martin (2017): Die organische Intelligenz hat keine langfristige Zukunft. In: Brockman, John (Hrsg.): *Was sollen wir von Künstlicher Intelligenz halten? Die führenden Wissenschaftler unserer Zeit über intelligente Maschinen*. Frankfurt am Main: Fischer.

Rey, Günter Daniel / Wender, Karl F. (2018): *Neuronale Netze. Eine Einführung in die Grundlagen, Anwendungen und Datenauswertung.* Bern: Verlag Hans Huber.

Rid, Thomas (2016): *Maschinendämmerung. Eine kurze Geschichte der Kybernetik*. Berlin: Ullstein.

Rilke, Rainer Maria (1984): *Werke in sechs Bänden*. Frankfurt am Main: Insel.

Ring, Kenneth (1984): *Den Tod erfahren – das Leben gewinnen. Erkenntnisse und Erfahrungen von Menschen, die an der Schwelle zum Tod standen*. Bergisch-Gladbach: Bastei-Lübbe.

Ritchie, George G. / Sherill, Elizabeth (1986): *Rückkehr von morgen*. Marburg: Verlag der Francke-Buchhandlung.

Ritter, Tobias (2017): Künstliche Intelligenz – Facebook stoppt KI, nachdem sie neue Sprache erfindet. In: *Gamestar online* vom 28.7.2017. https://www.gamestar.de/artikel/kuenstliche-intelligenz-facebook-stoppt-ki-nachdem-sie-neue-sprache-erfindet,3317639.html [Zugriff: 27.2.2020].

Rojas, Raúl (2012): Warum «Watson» ein Durchbruch ist. In: *Telepolis* vom 24.3.2012. http://www.heise.de/tp/artikel/36/36578/1.html [Zugriff: 27.2.2020].

Roth, Gerhard (1997): *Das Gehirn und seine Wirklichkeit. Kognitive Neurobiologie und ihre philosophischen Konsequenzen.* Frankfurt am Main: Suhrkamp.

Rotter, David (2012): Cybernetische Evolution – Milliardär will Bewusstsein auf Maschinen übertragen. In: *Sein* vom 27.8.2012. http://www.sein.de/gesellschaft/zusammenleben/2012/cybernetische-evolution--milliardaer-will-bewusstsein-auf-maschinen-uebertragen.html [Zugriff: 27.2.2020].

Sacks, Oliver (1994): *Der Mann, der seine Frau mit einem Hut verwechselte*. Reinbek bei Hamburg: Rowohlt.

Sasselow, Dimitar D. (2017): KI ist I. In: Brockman, John (Hrsg.): *Was sollen wir von Künstliche Intelligenz halten? Die führenden Wissenschaftler unserer Zeit über intelligente Maschinen*. Frankfurt am Main: Fischer, S. 44-45.

Schad, Wolfgang (2017): *Der Darwinismus im Rückblick und Vorblick.* Stuttgart: Freies Geistesleben.

Schallbruch, Martin (2018): *Schwacher Staat im Netz. Wie die Digitalisierung den Staat in Frage stellt.* Wiesbaden: Springer.

Schaller, Klaus (1997): *Die Maschine als Demonstration des lebendigen Gottes. Johann Amos Comenius im Umgang mit der Technik.* Baltmannsweiler: Schneider Verlag Hohengehren.

Scherff, Jürgen (2010): *Grundkurs Computernetzwerke. Eine kompakte Einführung in Netzwerk- und Internet-Technologien.* Wiesbaden: Vieweg+Teubner.

Schirrmacher, Frank (2013): *Ego. Das Spiel des Lebens.* München: Karl Blessing Verlag.

Schmidt, Dorian (2010): *Lebenskräfte – Bildekräfte. Methodische Grundlagen zur Erforschung des Lebendigen.* Stuttgart: Freies Geistesleben.

Schnabel, Ulrich (2018): Was macht uns künftig noch einzigartig? In: *DIE ZEIT* Nr. 14/2018, vom 28.3.2018. https://www.zeit.de/2018/14/kuenstliche-intelligenz-menschen-maschine-verhaeltnis [Zugriff: 27.2.2020].

Schneider, Martin (2004): *Das Weltbild des 17. Jahrhunderts. Philosophisches Denken zwischen Reformation und Aufklärung.* Darmstadt: Wissenschaftliche Buchgesellschaft.

Schneider, Peter (1985): *Einführung in die Waldorfpädagogik.* Stuttgart: Klett.

Schwab, Gustav / Eigl, Kurt (1996): *Die schönsten Sagen des klassischen Altertums.* Winterbach: Verlag Werner Kornmann.

Schwalm-Leinert, Michael (2010): *Das Forex Trading wird zunehmend von Computern beeinflusst.* In: *Blick Log* vom 21.9.2010. http://www.blicklog.com/2010/09/21/das-forex-trading-wird-zunehmend-von-computern-beeinflusst/ [Zugriff: 27.2.2020].

Scobel, Gert (2015): Die letzte Kränkung des modernen Menschen. In: Scobels Kolumne, 3sat. http://www.3sat.de/page/?source=/scobel/180573/index.html [Zugriff: 6.2.2017].

Senden, Marius von (1931): *Raum und Gestaltauffassung bei Blindgeborenen vor und nach ihrer Operation.* Kiel: Psychologisches Institut der Universität Kiel.

Sesink, Werner (2004): *In-formatio. Die Einbildung des Computers. Beiträge zur Theorie der Bildung in der Informationsgesellschaft.* Münster: LIT.

Sheppard, Brian (2002): World-championship-caliber Scrabble. In: Artificial Intelligence 134 (2002) 241–275. http://www.smp.uq.edu.au/sites/smp.uq.edu.au/files/WorldChampionshipScrabble.pdf [Zugriff: 15.1.2017].

Slonim, Noam / Aharonov, Ranit (2019): IBM Project Debater diskutiert sich gerade erst warm. In: IBM.com vom 9.1.2019. https://www.ibm.com/de-de/blogs/think/2019/01/09/project-debater/ [Zugriff: 27.2.2020].

Snell, Bruno (1948): *Die Entdeckung des Geistes. Studien zur Entstehung des europäischen Denkens bei den Griechen.* Hamburg: Claassen & Goverts.

Somé, Malidoma Patrice (1996): *Vom Geist Afrikas. Das Leben eines afrikanischen Schamanen.* München: Eugen Diederich.

Sorokina, Anna (2019): Autonome Transportsysteme: Russland bekommt fahrerlose Taxis. In: *Russia Beyond.* https://de.rbth.com/wissen-und-technik/82505-fahrerlose-taxis-yandex-russland [Zugriff 20.8.2020]

Steiner, Rudolf (2005): *Die großen Fragen unserer Zeit.* Ein Vortrag, gehalten in Freiburg im Breisgau am 18. Nov. 1920. München: Archiati Verlag.

– (GA 2, 2003): *Grundlinien einer Erkenntnistheorie der Goetheschen Weltanschauung mit besonderer Rücksicht auf Schiller. Zugleich eine Zugabe zu Goethes «Naturwissenschaftlichen Schriften» in Kürschners Deutscher National-Literatur.* Dornach/Schweiz: Rudolf Steiner Verlag. (Alle folgenden Werke Rudolf Steiners sind ebenfalls im Rudolf Steiner Verlag, Dornach/Schweiz erschienen.)

– (GA 4, 1973): *Die Philosophie der Freiheit. Grundzüge einer modernen Weltanschauung. Seelische Beobachtungsresultate nach naturwissenschaftlicher Methode.*

– (GA 9, 1974): *Theosophie. Einführung in übersinnliche Welterkenntnis und Menschenbestimmung.*

– (GA 10, 1992): *Wie erlangt man Erkenntnisse der höheren Welten?*

– (GA 12, 1993): *Die Stufen der höheren Erkenntnis.*

– (GA 13, 1989): *Die Geheimwissenschaft im Umriss.*

– (GA 15, 1987): *Die geistige Führung des Menschen und der Menschheit. Geisteswissenschaftliche Ergebnisse über die Menschheits-Entwickelung.*

– (GA 16, 2004): *Ein Weg zur Selbsterkenntnis des Menschen. In acht Meditationen.*

– (GA 21, 1983): *Von Seelenrätseln. Anthropologie und Anthroposophie.* Max Dessoir über Anthroposophie. Franz Brentano (Ein Nachruf). Skizzenhafte Erweiterungen.
– (GA 26, 1998): *Anthroposophische Leitsätze. Der Erkenntnisweg der Anthroposophie. Das Michael-Mysterium.*
– (GA 28, 1967): *Mein Lebensgang.*
– (GA 35, 1984): Die psychologischen Grundlagen und die erkenntnistheoretische Stellung der Anthroposophie. Autoreferat vom Vortrag auf dem IV. Internationalen Kongress für Philosophie, Bologna, 8. April 1911. In: *Philosophie und Anthroposophie. Gesammelte Aufsätze 1904-1923.*
– (GA 84, 1986): *Was wollte das Goetheanum und was soll die Anthroposophie?*
– (GA 106, 1992): *Ägyptische Mythen und Mysterien im Verhältnis zu den wirkenden Geisteskräften der Gegenwart.*
– (GA 107, 1988): *Geisteswissenschaftliche Menschenkunde.*
– (GA 114, 1987): *Das Lukas-Evangelium.*
– (GA 118, 1984): *Das Ereignis der Christus-Erscheinung in der ätherischen Welt.*
– (GA 143, 1994): *Erfahrungen des Übersinnlichen. Die drei Wege der Seele zu Christus.*
– (GA 147, 1997): *Die Geheimnisse der Schwelle.*
– (GA 159, 1980): *Das Geheimnis des Todes. Wesen und Bedeutung Mitteleuropas und die europäischen Volksgeister.*
– (GA 175, 1996): *Bausteine zu einer Erkenntnis des Mysteriums von Golgatha. Kosmische und menschliche Metamorphose.*
– (GA 191, 1989): *Soziales Verständnis aus geisteswissenschaftlicher Erkenntnis.*
– (GA 193, 1989): *Der innere Aspekt des sozialen Rätsels. Luziferische Vergangenheit und ahrimanische Zukunft.*
– (GA 194, 1994): *Die Sendung Michaels. Die Offenbarung der eigentlichen Geheimnisse des Menschenwesens.*
– (GA 195, 1986): *Weltsilvester und Neujahrsgedanken.*
– (GA 197, 1996): *Gegensätze in der Menschheitsentwickelung. West und Ost. Materialismus und Mystik. Wissen und Glauben.*
– (GA 202, 1970): *Die Brücke zwischen der Weltgeistigkeit und dem Physischen des Menschen. Die Suche nach der neuen Isis, der göttlichen Sophia.*

– (GA 203, 1989): *Die Verantwortung des Menschen für die Weltentwicklung.*
– (GA 204, 1979): *Perspektiven der Menschheitsentwickelung. Der materialistische Erkenntnisimpuls und die Aufgabe der Anthroposophie.*
– (GA 209, 1982): *Nordische und mitteleuropäische Geistimpulse. Das Fest der Erscheinung Christi.*
– (GA 240, 1992): *Esoterische Betrachtungen karmischer Zusammenhänge. Sechster Band.*
– (GA 266/1, 1995): *Aus den Inhalten der esoterischen Stunden. Gedächtnisaufzeichnungen von Teilnehmern. Bd. I: 1904 – 1909.*
– (GA 267, 1997): *Seelenübungen mit Wort- und Sinnbild-Meditationen.*
– (GA 293, 2005): *Allgemeine Menschenkunde als Grundlage der Pädagogik.*
– (GA 316, 2003): *Meditative Betrachtungen und Anleitungen zur Vertiefung der Heilkunst. Vorträge für Ärzte und Studierende der Medizin.*
– (GA 349, 1980): *Vom Leben des Menschen und der Erde. Über das Wesen des Christentums.*

Stephan, Felix (2014): Das Zeitalter der Robobosse. In: *Wired* Nov. 2014, S. 19-21.

Stöcker, Christian (2017): Ein Gott braucht keine Lehrmeister. In: *Spiegel online* vom 29.10.2017. http://www.spiegel.de/wissenschaft/technik/kuenstliche-intelligenz-gott-braucht-keine-lehrmeister-kolumne-a-1175130.html [Zugriff 27.2.2020].

Strube, Jürgen (2010): *Die Beobachtung des Denkens. Rudolf Steiners «Philosophie der Freiheit» als Weg zur Bildekräfte-Erkenntnis.* Dornach: Verlag für Anthroposophie.

Süßmann, Philipp (2013): Ray Kurzweil: Interview mit dem Google-Visionär über AI & Spracherkennung. In: *Giga.de* vom 11.1.2013. http://www.androidnext.de/news/ray-kurzweil-interview-mit-dem-google-visionaer-ueber-ai-spracherkennung/ [Zugriff 27.2.2020].

Taddei, Mario (2008): *Leonardo dreidimensional 2. Neue Roboter und Maschinen.* Stuttgart: Belser-Verlag.

Tarnas, Richard (2001): *Idee und Leidenschaft. Die Wege des westlichen Denkens.* München: dtv.

Taylor, Judy (1991): *Licht wird mein Tag.* Bergisch Gladbach: Bastei-Lübbe.

Tegmark, Max (2017): *Leben 3.0. Mensch sein im Zeitalter künstlicher Intelligenz.* Berlin: Ullstein.

Teichmann, Frank (1978): *Der Mensch und sein Tempel. Ägypten.* Stuttgart: Urachhaus.

Teplow, Lew Pawlowitsch (1966): *Grundriss der Kybernetik. Ein populärwissenschaftlicher Überblick.* Berlin: Volk und Wissen.

The Economist (2017): How Germany's Otto uses artificial intelligence. 12.4.2017. https://www.economist.com/business/2017/04/12/how-germanys-otto-uses-artificial-intelligence?fsrc=scn/tw/te/bl/ed/automaticforthepeoplehowgermanysottousesartificialintelligence [Zugriff 27.2.2020].

Tipler, Frank (2017): Wenn du sie nicht unterkriegen kannst, schließ' dich ihnen an. In: Brockman, John (Hrsg.): *Was sollen wir von Künstliche Intelligenz halten? Die führenden Wissenschaftler unserer Zeit über intelligente Maschinen.* Frankfurt am Main: Fischer, S. 46-48.

Torgovnick May, Kate (2013): How did supercomputer Watson beat Jeopardy champion Ken Jennings? Experts discuss. In: *TED Blog* vom 05.04.2013. https://blog.ted.com/how-did-supercomputer-watson-beat-jeopardy-champion-ken-jennings-experts-discuss/ [Zugriff 27.2.2020].

Turing, A. M. (1950): Computing Machinery and Intelligence. *Mind* 49: 433-460. https://www.csee.umbc.edu/courses/471/papers/turing.pdf [Zugriff 27.2.2020].

Turkle, Sherry (2012): *Verloren unter 100 Freunden. Wie wir in der digitalen Welt seelisch verkümmern.* München: Riemann.

Vinge, Vernor (1993): *The Coming Technological Singularity: How to Survive in the Post-Human Era.* https://www.aleph.se/Trans/Global/Singularity/sing.html auch: https://mindstalk.net/vinge/vinge-sing.html [Zugriff 27.2.2020].

Vogt, Hans-Heinrich (1966): *Der Nürnberger Trichter. Lernmaschinen für Ihr Kind?* Stuttgart: Kosmos.

Voltz, William (Red.) (1983): *Perry Rhodan. Die Posbis.* Rastatt: Arthur Moewig.

Walker, Stephan (2005): *Hiroshima. Countdown der Katastrophe.* München: Bertelsmann.

Weidinger, Erich (1985): *Die Apokryphen. Verborgene Bücher der Bibel.* Aschaffenburg: Pattloch.

Weil, Simone (1990): *Zeugnis für das Gute. Traktate, Briefe, Aufzeichnungen.* Hrsg. von Friedhelm Kemp. München: dtv.

Weizenbaum, Joseph (1978): *Die Macht der Computer und die Ohnmacht der Vernunft.* Frankfurt am Main: Suhrkamp.

Wewetzer, Hartmut (2016): Die vierte Kränkung. In: *Der Tagesspiegel* vom 12.03.2016. http://www.tagesspiegel.de/wissen/menschliche-computer-die-vierte-kraenkung/13312632.html [Zugriff 27.2.2020].

Wiener, Norbert (1949/1968): *Kybernetik. Regelung und Nachrichtenübertragung in Lebewesen und Maschine.* Reinbek bei Hamburg: Rowohlt.

– (1952/1964): *Mensch und Menschmaschine. Kybernetik und Gesellschaft.* Frankfurt am Main: Athenäum.

Wiesner-Pommer, Andrea (2009): Einfluss genetischer Polymorphismen im DISC1 Gen auf kognitive Phänotypen. https://edoc.ub.uni-muenchen.de/10709/1/Wiesner-Pommer_Andrea.pdf [Zugriff 27.2.2020].

Wilber, Ken (2004): *Halbzeit der Evolution. Der Mensch auf dem Weg vom animalischen zum kosmischen Bewusstsein.* Frankfurt am Main: Fischer.

Wöstenkühler, Gerd (2016): *Grundlagen der Digitaltechnik. Elementare Komponenten, Funktionen und Steuerungen.* München: Hanser.

Yarow, Jay (2010): Sergey Brin: «We Want Google To Be The Third Half Of Your Brain.» In: *Businessinsider* vom 8.9.2010. https://www.businessinsider.com/sergey-brin-we-want-google-to-be-the-third-half-of-your-brain-2010-9?r=DE&IR=T [Zugriff 27.2.2020].

Yuanming Redaktion (2004): *Die Entwicklung von Robotern im alten China.* http://de.clearharmony.net/articles/a18014-Die-Entwicklung-von-Robotern-im-alten-China.html#.XVw9SBhCShc [Zugriff: 27.2.2020].

Zeizinger, Niels (2019): Wann macht uns Google unsterblich? In: *Computerwoche online* vom 22.3.2019. https://www.computerwoche.de/a/wann-macht-uns-google-unsterblich,3546780 [Zugriff 27.2.2020].

Ziegler, Renatus (2006): *Intuition und Ich-Erfahrung, Erkenntnis und Freiheit zwischen Gegenwart und Ewigkeit.* Stuttgart: Freies Geistesleben.

– (2013): *Dimensionen des Selbst. Eine philosophische Anthropologie.* Stuttgart: Freies Geistesleben.

Zuse, Konrad (1984): *Der Computer – mein Lebenswerk.* Berlin: Springer.